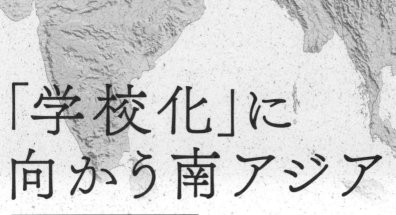

「学校化」に向かう南アジア

教育と社会変容 押川文子 南出和余 編著
Oshikawa Fumiko　Minamide Kazuyo

昭和堂

序　文

押川 文子・南出 和余

南アジアの「学校化社会」

　一定の年齢に達した子どもたちが学校に通うことが社会のなかで当然と見なされ、学校に通うことではなく、学校に通わないことに理由が必要となるような社会を「学校化社会」と呼ぶならば、今、南アジアはようやくその時期に達している。本書でおもに取り上げるインド、バングラデシュ、パキスタンのうち、とくに前二者では初等教育段階の粗学校登録率（GER）が、1990年代から2000年代にかけていずれも100％に近い水準に達した。いまだに相当の脱落が見られるとはいえ、おおむね5歳に達した子どもたちはなんらかの学校に「登録」することが社会に定着してきたのである。高等教育の発展は、初等教育よりもさらに目覚ましい。中等教育段階を超えて教育を継続している若者の比率はインドではすでに20％に達し、情報技術や理工系人材を中心に、その「優秀さ」への国際的な関心も高い。中間層や富裕層だけでなく低所得層を含めて、それぞれの資源の許す限り、それぞれの方法で、教育に熱い期待を寄せながら、子どもたちを学校に、カレッジに、さらにその後の高等教育に送る時代が到来している。

　しかし同時に、南アジア社会の「学校化」は、この地域の教育発展の特質を反映し、きわめて複雑な様相を示している。

　まず、南アジアの「学校化」は、すべての子どもが等しく教育の機会を与えられるということを意味するものではない、という点を確認する必要があ

る。例えばインドの場合、子どもたちの通う「学校」は、机や黒板さえ十分にない土間のような農村部の学校から、コンピューターが設置され音楽教室や理科実験室が完備された高級ホテルのような学校まで、千差万別である。英語を教授言語として海外の高等教育機関への進学も可能なカリキュラムで運営されている学校、各地域の言語で運営される公立学校、低授業料の私立学校、NGOや宗教団体が運営する学校、通信教育による学校、さらに学校としての認可を受けていない無認可「学校」まで、多様な形態の学校が格差をもちつつ併存している。同様に、高等教育機関のなかには、ほとんど講義も行われない名前だけのカレッジからインド工科大学諸校やインド経営大学諸校のようにきわめて高い水準にある教育機関も含まれている。インドに限らず、バングラデシュやパキスタンについても、農村と都市、私立と公立、世俗的な教育機関と宗教団体が運営する教育機関など、学校の多様性はきわめて大きい。生徒登録率を指標として「学校化」社会が到来しているといっても、その背後にはこうしたきわめて複雑で階層的な学校の実態があり、子どもたちにとっての就学の意味は一様ではないのである。しかし見方を変えれば、「さまざまな学校」が受け皿にあるからこそ、ほぼすべての子どもが初等教育段階にまで進む状況が生まれたともいえる。南アジア社会の「学校化」とは、こうした多様性と格差が学校化に付随しているというよりも、むしろそれを前提として成立している。

　また、南アジアの「学校化社会」を考えるうえで、学校教育と雇用や所得、社会的威信などとの接続に関わる問題も見落とすことができない。多くの社会において「学校化」の進展は、子どもたちのほぼすべてにとって学校が当然になるとともに、社会のさまざまな側面で「就学したこと」や「就学によって得られる資格」が必要とされ、有効に作用することを前提としている。中卒、高卒といった資格が少なくとも当該社会での一定の共通認識をもち、個人にとってその後の就職や結婚などに際しての指標の重要事項になるとともに、役所や企業などが就学を前提とした人的配置や運営を行い、学校経験が個人を計る有効な手段となった社会といってよいだろう。それは、産

業構造の変化を経て、学校のような規律的環境のなかで訓練される行動様式や一定の知識を必要とする雇用が拡大し、新聞や出版が普及して文字を介した情報伝達の必要性が家庭など個人生活のなかにまで浸透してきた時期とも重なる。南アジア諸国の状況はどうだろうか。南アジア諸国、とくにインドとバングラデシュの場合、2000年代に入るころから明確に経済成長が認められるようになり、農業・農村を中心とする社会から徐々に非農業部門の比重が大きくなってきている。しかし、雇用市場への影響はまだ限定的であり、非農業部門雇用拡大の多くは必ずしも学歴を要しないインフォーマル・セクターに偏っている。就業という点では農業部門の比重もいまだ大きい。加えて、前述のような「学校」自体の多様性や格差のなかで、就学年数だけでは広く通用する学歴指標になりにくく、画一的な年数ではなくエリート校と非エリート校、英語による教育であるか否かといった教育の質に関わる指標によって、当事者が期待する学歴効果とその実際の通用性には大きな乖離が生じやすい。とくに従来では教育から事実上排除されてきたような階層ではその傾向が強い。学歴と雇用との関係には、密接に関連している部分とミスマッチが大きく残された部分とが混在する、いわば「まだら模様」のような状況が続いている。その結果、教育への期待が実態的な効果以上に膨張する学歴インフレがみられるとともに、就学が雇用やモビリティに結びつかない現象も顕著に認められる。南アジアの「学校化」は、雇用市場や産業構造の変化に対応して進行したというよりも、むしろそれに先立つかたちで、広い階層の人々が、それぞれに学歴の効果を想像しながら抱くようになった「学校への期待」を梃に拡大してきたのである。

　こうした南アジアにおける学校教育の性格を考慮すると、この地域の学校化社会の到来の特質は、制度研究と教育統計を中心にその「発展」や「普及」を追うだけでは理解できないことは明らかだろう。そのために本書では、第Ⅰ部でインド、パキスタン、バングラデシュの教育制度をその歴史的な背景も含めて概説したうえで、第Ⅱ部、第Ⅲ部において、多様な学校のあり方の実態や、子ども・保護者たちの学校教育への視線、そして学校教育と雇用や

序　文●——iii

所得との関連などについて、フィールド調査を含めてその様相を描き、可能な限り「教育」を立体的に捉えることを試みた。南アジアはきわめて多様かつ広大な地域であり、本書が扱うことができた地域や課題は、地域全体の教育の様相からみればまさに点としか言いようもない限定的なものにすぎない。ただ、こうした試みを通じて、問題の所在や性格について考える手かがりになることを期待している。

植民地経験と教育制度

　いうまでもなく近代教育制度は、国家を前提として成立し、当該国の国家と社会の性格や経済政治の動きと密接に関連している。南アジア諸国、とくに本書が主に取り上げたインド、パキスタン、バングラデシュの3か国は、ともに英領インドおよびその強い影響下にあった藩王国の領域から独立したにも関わらず、独立後の教育制度や教育行政の展開には大きな違いが認められる。

　その違いを考える第1点は、おなじく「イギリス植民地」を経験したといっても、独立後に残された遺産にはかなり違いがあったことである。もともとイギリスのインド支配は同一制度を一斉に導入したものではなく、編入された時期や各地域の民族構成や経済・社会状況、さらに当該地域の行政の中枢を担った官僚の資質や思想といったさまざまな要因によって、かなり異なった様相を示していた。独立後の国家建設を考える場合、植民地という状況のもとでインド社会がたどった変化のありかたや、独立後の国家形成の中核をになうことになるいわゆる「ミドル・クラス」の形成の程度やその性格の地域的な違いも大きな影響をもった。例えば、現在の国家ではバングラデシュとインドの西ベンガル州にあたるベンガル地方は、インド亜大陸のなかで最初にイギリスが領土支配に乗り出した地域であり、植民地都市として形成されたコルカタ（当時はカルカッタ）を中心に、ボッドロロクと呼ばれる、ヒン

ドゥーのカースト位階では中─上層、その多くは土地資産をもち、英語教育にも早くから馴染んだ層が形成された。これらの人々の多くは、何らかのかたちでの近代教育を前提とする官吏や弁護士や教師などの専門職、企業主などに進出し、新聞や雑誌などの出版活動や、女子教育推進といった社会改革運動においても中心的な役割を果たした。程度の差はあれ、また中心となったコミュニティの違いはあれ、チェンナイ（当時はマドラス）、ムンバイ（当時はボンベイ）などでも同様の動きが見られた。一方、例えば内陸部の広い地域では、こうした動きは限定的であり、独立した国家に残された「学校」の種類や数、学校教育を支える人材、そして「学校教育」という考え方の浸透の度合いには大きな地域的差異があったのである。また、イギリスの直接支配地、すなわち英領インドのなかにモザイクのように残された藩王国地域では、先進的な教育普及を試みた藩王国から近代教育がほとんど普及しなかった藩王国まで、状況は千差万別だった。

　こうした植民地の状況を現在の国境に当てはめてみると、独立後の各国に残された植民地の教育遺産の質的、量的な差異をある程度推し量ることができる。分離独立時、インド側に残されたコルカタ、ムンバイ、チェンナイなどの港湾部都市に加えて、北部であればデリー、イッラーハバード（アラハバード）、ラクナウ、ヴァラーナスィー（ベナレス）、パトナ、西部のプネ（プーナ）、アフマダバード、ヴァドーダラ（バローダ）、南部のハイデラバード、トリヴァンドラム、バンガロールなど各地域の行政中心都市には、大学・カレッジなど高等教育機関もすでに設置され、英語教育から高等教育につながる学校システムもほぼ形成されていた。ただし、農村部、とくに北部から中部にかけての広大な農村部には、まだ初等教育の普及は見られず、第1章で述べられているように、下位カーストなど社会の弱者層や女児などの教育にも多くの課題が残されていた。

　一方、1947年に東西両翼をもつ国家として独立したパキスタンのうち、西翼側には、インド国境に近いラホールなど行政や文化の中心として植民地期に高等教育機関が設置された都市を除くと、大半の農村地域における学校

序　文●──v

教育の普及は限定的だった。東翼、現在のバングラデシュにあたる地域については、その中心都市コルカタがインド側に含まれたために、ダッカなどを除くと近代教育の蓄積は限定的なものにとどまった。一言でいえば、植民地時代の近代学校教育の遺産は、東西両翼パキスタンではなくインドにその大半が残されたことになる。良きにつけ悪しきにつけインドはその蓄積のうえに独立国家の教育制度を設計することになった。ただし、こうした差異は大きいとはいえ、英語教育と現地語教育の二重性や教育行政のあり方など、3か国に共通して残された面も多い。

　この植民地遺産の問題は、3か国の教育制度の特質を考える第2点、すなわち宗教集団やコミュニティと教育制度との関連とも密接にかかわっている。1947年のインドとパキスタンの分離独立の背景には、ヒンドゥーが多数派を占めることになる「統一インド」に対してムスリム諸勢力が抱かざるをえなかった危機感がある。両大戦間期には、地方レベルの選挙も導入され、民族運動体が徐々に政党として編成されるなかで、独立後の「インド」の姿が現実感をもって捉えられるようになっていたのである。1947年、百万を超える犠牲者を出した分離の混乱のなかで誕生した両国は、インドは「セキュラリズム」を、パキスタンは時期によってさまざまなニュアンスがあるもののムスリム国家であることを掲げて国家建設に取り組むことになった。ただしインドのセキュラリズムは、政教分離、あるいは公的な場における宗教性の否定というよりも多宗教併存を意味することが多く、実態としてはヒンドゥーイズムを国家の基本としようとする考え方も根強く存在し、多数派集団としてのヒンドゥーの利益が優先される事態も数多く経験することになる。一方、ムスリム国家となったパキスタンにおいても、第2章で詳述されるように教育政策の基本は世俗的な教育にあり、いわゆる「イスラーム教育」が主流になったわけではない。2000年代前後から顕著になるイスラームの国際的な潮流のなかでパキスタンのなかに存在するイスラーム教育の場に注目が集まったが、それは全体からみれば一部の現象だった。本書では、インドはセキュラリズム国家、パキスタンはムスリム国家といった単純な対比で

はなく、多言語・多宗教社会における教育と社会の関係をめぐる課題の問題として、その難しさやさまざまなアプローチを丁寧に観ていきたい。

　この問題に関連するもう一つの局面は、1971年のバングラデシュの独立である。第3章にも書かれているように、パキスタンからのバングラデシュの独立は、パキスタンの国家運営における西翼側の優位性に対して、東翼側が「ベンガル」という地域的アイデンティティを掲げて独立を図ったものだった。ただし、「ベンガル」という地域がそのままバングラデシュという国家に重なったわけではない。ベンガルの西半分、とくに近代においてその文化と政治の中心であったコルカタは1947年にすでにインドに残され、その後背地はインド連邦の1州として西ベンガル州に編成されていた。1971年のバングラデシュ独立は、ベンガルという地域が国家の枠組みでは二つの領域に分かれて存在するようになったことを意味する。インド側西ベンガル州は、人口比でみればヒンドゥーが多数派を占め、1970年代からインド共産党を中心とする州政権が成立した。1971年に独立したバングラデシュは、世界でも最貧国の一つに数えられた経済状況と軍政が繰り返される不安定な政治状況のもとで、イスラームとベンガルという二つのアイデンティティを掲げて困難な国家建設に取り組むことになった。

　上記のように、インド、パキスタン、バングラデシュは、同じくイギリス植民地として近代学校教育の端緒を経験しながらも、それぞれ異なる出発点から国家としてのアイデンティティを模索しつつ独立後の教育を形成することになった。このことは、教育と国家の関係、教育行政、教育供給の担い手、教育を支える社会的基盤のすべてにおいて、3か国の教育の発展経路に大きな違いを生むことになった。

多様な担い手による教育供給

　南アジアにおける教育普及の論点には、教育制度とも密接にかかわる課

題として、各国における教育の担い手の特色がある。3か国のいずれにおいても、イギリス植民地期にすでに一定の定着をみていた私立の英語ミディアムの学校は、独立以降も存続した。独立後に各国が取り組んだ主として現地語をミディアムとする公立学校の設置は、当初よりその二重性を前提として展開されたといってもよい。この私立、公立の二重性に加えて、NGOや市民社会の関与、さらに宗教団体が設立する学校など、3か国ともに多様な主体が教育の供給を担うことになったが、それぞれの役割や教育システムのなかでの比重には、国ごとに重点の置き方に違いがあり、また時期によっても変化してきている。とくに2000年前後から各国で取り組まれた教育改革のなかでは、政府、市場、民間の関係や役割の再調整が大きな課題となった。独立後、国際機関や国内・国際NGOが教育、とくに初等教育の普及に大きな役割を果たしてきたバングラデシュでは、第3章でも触れるように公立学校の整備による初等教育の再編が図られている。私立学校が急増するなかで、インドでも2009年には初等教育における国家の役割と責任を再確認した「無償義務教育に関する子どもの権利法（RTE）」が連邦レベルで成立している。しかし趨勢としてはパキスタン、インド、バングラデシュともに、英語教育を重視した私立学校への需要が高まる傾向があり、教育の質や教育における平等と市場化をめぐる議論が大きな関心を呼んでいる。学校教育普及における国家の役割とはどういったものか。教育の市場化は、学校教育の格差をさらに拡大するのか。あるいは、教育の市場化は、貧困層も含めて良質の教育提供に資するものになりうるのだろうか。学校教育の公的資源が限られるなかで、教育の市場化がもたらすメリットとデメリットの問題は、南アジア諸国に限らず、多くの途上国に共通する課題である。南アジア3か国それぞれの模索は、教育の市場化に対するアプローチを考えるうえでも有用な示唆に富んでいる。本書では、こうした供給教育の主体に関わる課題について、低授業料私立学校（LFP）の実例等も含めて考察を加えている。

　教育供給の担い手に関わる課題として、宗教団体による教育活動も重要である。南アジアは世界最大のムスリム人口をもつ地域であり、さまざまなイ

スラーム系学校が運営され、とくに農村部や低所得層など、近代学校教育へのアクセスが不利な層への教育普及において、大きな役割を果たしてきた。そのなかにはバングラデシュのアリア・マドラサのようにイスラーム系学校に一定の世俗教育を義務づけて公教育の一部に位置づける動きもあれば、むしろ公教育システムから離れてイスラーム教育に徹しようとするコオミ・マドラサのような動きもある。こうした動きは、近年注目を集めているイスラームの国際的連携強化の文脈だけでなく、イスラーム系学校の地域社会における位置づけや役割、生徒・保護者の視点も含めて理解する必要があるだろう。本書では、バングラデシュやインド、パキスタンのイスラーム系学校について、それぞれの国家の教育システムにおける位置づけとともに、フィールド調査に基づいた議論を試みている。

教育を通じたモビリティ

　南アジアの教育を考えるもう1つの視点として、本書では、教育を通じたモビリティや教育と雇用との関連に注目する。近年の経済成長のなかで、インドやバングラデシュでは大都市部を中心に一定のホワイトカラー雇用やビジネス機会の拡大がみられ、学歴が高所得に直結する事例も増加している。しかし、その規模はまだ小さく、農村中―下層や都市中間層―低所得層の多くにとっては、学歴が雇用や安定的な所得に結びつかない例も多い。この点は、「雇用なき経済成長」とも呼ばれてきた南アジアについて、すでに多くの研究が指摘している。しかし、より実態に即してみると、同じような学歴であっても雇用との結合がある程度認められる地域や集団、あるいは世帯もあり、その様相は一様ではない。こうした「まだら模様」の現象こそが、多くの人々に実態としての機能以上に教育への期待を膨らませる要因でもある。また、たとえ雇用に結びつかなかったにせよ、教育があらたなアスピレーションや現状についての認識に影響を与え、次世代の教育への見方を変えて

序　文●──ix

いく場合もある。「雇用なき経済成長」のもとで、一見すると「無駄」にも見える教育拡大がもつ多面的な影響やその役割、人々の教育への意識の変化こそが、教育という視点を入れて経済成長を考える利点でもあるだろう。本書では、非エリート高等教育で学んだ若者や大都市部の低所得層の若者たちなどに注目しながら、学歴と雇用のミスマッチの要因やそれに対する若者の意識、雇用への資格や技能付与を謳って急成長しているさまざまな学校の実態、さらに農村部の階層変動と教育との関連、低授業料私立学校に子どもを通わせる父母などを対象にしたフィールド調査に基づく論考を含めることによって、制度と社会の両面から教育を捉えることを試みている。

　このような状況に注目し、本書は、現地調査と統計分析等を用いた学際的手法によって、南アジアの教育について、その全体像と特質を解明しようとするものである。本書は3部構成になっている。第1部では、南アジアのなかの、とくにインド、パキスタン、バングラデシュという主要3か国の教育制度の特徴をたどる。その他の国々、ネパール、スリランカ、ブータン、モルディブについては、各地域専門の方々から、その国の特徴的な側面を取り上げて、教育との関連についてコラムというかたちでご紹介いただいている。第2部と第3部は各論として、第2部では教育の機会の拡大および多様化の側面について、各地域の事例から議論する。第3部は、教育の普及がもたらす社会変容について、「教育のモビリティ」という視点から、その限界も含めて議論している。

目　次

序　文 ……………………………………………………………………… i

南アジアの「学校化社会」　i／植民地経験と教育制度　iv／多様な担い手による教育供給　vii／教育を通じたモビリティ　ix

第Ⅰ部　変革する南アジアの教育制度

第1章　インドの教育制度
──国民国家の教育制度とその変容──　………押川文子……3

はじめに ………………………………………………………………… 3

第**1**節　1950年代から60年代
──ポスト・コロニアル国家インドの教育の課題──………… 4

◆1　植民地期の遺産　4／◆2　国民国家の教育制度の課題　8／◆3　国民国家としての教育政策　15

第**2**節　1970年代から80年代へ
──教育の政治化とパッチワーク的な制度改革──……………… 23

◆1　制度改革の試み（1）留保制度の強化　23／◆2　制度改革の試み（2）モデル校の設置　26

第**3**節　1990年代からの教育をめぐる状況
──子どもの人権、市場化、能力主義──…………………… 28

◆1　教育における政府、市民社会、市場のパートナーシップと国際人権条約　29／◆2　国家知識委員会：経済成長と「教育」　35／◆3　政治状況：NDA政権からUPA政権へ──教育政策立案における権力関係の変化　36／◆4　初等教育の改革「無償義務教育に関する子どもの権利法」──制定のプロセスとその内容　40／◆5　高等教育：量的拡大と質保証　46

おわりに …………………………………………………………… 51

第2章　パキスタンの教育制度の特徴と課題………黒崎卓… 58

はじめに …………………………………………………………… 58

第**1**節　歴史的経緯 ……………………………………………………… 60
　　　◆1　植民地期　60 ／◆2　東西パキスタン期　61 ／◆3　バング
　　　ラデシュ独立以降　64

第**2**節　現代パキスタンにおける教育制度・統計・成果 ………… 70
　　　◆1　教育制度　70 ／◆2　政府統計でみるパキスタンの教育の現状　73 ／
　　　◆3　民間調査が明らかにするパキスタンの教育の質　82

第**3**節　教育普及の阻害要因と効果的政策介入の方向性 ………… 83
　　　◆1　公立学校教育「失敗」の説明　83 ／◆2　教育の質確保のため
　　　の革新的試み　85

　おわりに ………………………………………………………………… 87

第3章　バングラデシュの教育制度
　　　　──多様な担い手による普及と政策── ……**南出和余**… 95

　はじめに ………………………………………………………………… 95

第**1**節　英領期ベンガルにおける教育と教育政策 ………………… 96
　　　◆1　イギリス人宣教師がみたベンガルの多様な学校　96 ／◆2　植
　　　民地政府による教育政策「ウッズ教育通達」　99

第**2**節　東パキスタン期の教育 ………………………………………… 101
　　　◆1　東パキスタンにおける初等教育の様子　102 ／◆2　独立につ
　　　ながる教育行政と政策　103

第**3**節　独立後バングラデシュにおける教育と教育政策
　　　　──初等教育を中心に── …………………………………… 105
　　　◆1　多様な担い手による学校普及　105 ／◆2　セキュラリズムと
　　　イスラーム教育　110 ／◆3　国家建設と開発のなかの教育政策　114

第**4**節　残される課題 …………………………………………………… 120
　　　◆1　中等教育──初等教育の積み上げの限界──　120 ／◆2　高
　　　等教育──College と University の格差──　124 ／◆3　グローバ
　　　ル化対応の英語ミディアム教育　130

　おわりに ………………………………………………………………… 132

【コラム】────────────────────────────

　ネパールの国民統合における民族、宗教、言語の多様性と教育　138

　スリランカ、コロンボ周辺の富裕層を対象とした障害児の教育　142

　ブータンの国民総幸福（Gross National Happiness）教育と

　特別支援教育 …………………………………………………………… 146

　モルディブの人々と教育 ……………………………………………… 150

第Ⅱ部　教育機会の拡大と多様化

第4章　初等教育の就学における社会階層間格差
　　　　　──ビハール州農村の事例から── ……………伊藤高弘… 157

　　はじめに ……………………………………………………………… 157

　　第1節　社会階層間の教育格差とその要因 …………………………… 160
　　　　◆1　供給サイドにおける要因　160／◆2　需要サイドにおける
　　　　要因　161

　　第2節　ビハール州および調査地の教育状況 ………………………… 163
　　　　◆1　ビハール州について　163／◆2　調査地の社会経済状況　164
　　　　◆3　就学学年に見る社会階層間格差　166

　　第3節　就学遅延の決定要因分析 ……………………………………… 168
　　　　◆1　就学決定の理論モデル　168／◆2　分析で用いる変数につい
　　　　て　169／◆3　推計結果　170

　　おわりに …………………………………………………………………… 173

第5章　インドの初等教育における有償教育の拡大
　　　　　──デリーの低所得地域における低授業料私立学校と

　　有償の補習指導── …………………………………小原優貴… 177

　　はじめに ……………………………………………………………… 177

　　第1節　本章の分析対象 ………………………………………………… 180
　　　　◆1　LFPと低所得地域　180／◆2　貧困層　181

　　第2節　インドにおける有償教育の拡大 ……………………………… 181

　　第3節　低所得地域における有償教育の実態 ………………………… 185
　　　　◆1　シャーダラのLFP　185／◆2　シャーダラの有償の
　　　　補習指導　187

　　第4節　有償の補習指導への投資と家庭での学習支援………………… 189

　　おわりに …………………………………………………………………… 193

第6章　インドにおけるノンフォーマル教育とNGO
　　　　　──デリー、ストリートチルドレンを対象とした教育実践と

　　子どもの権利── …………………………………針塚瑞樹… 197

はじめに ……………………………………………………………… 197

第1節　インドにおける教育普及とノンフォーマル教育の役割 …… 198
　　◆1　教育普及キャンペーンと無償義務教育のための子どもの権利
　　法　198／◆2　学校に通うことのできない子どものための教育と
　　NGO　200／◆2　オルタナティブ教育の実践とNGO　204

第2節　ストリートチルドレンを対象としたNGOの教育実践…… 206
　　◆1　社会的弱者層の子どもを対象とした教育とNGO　207／
　　◆2　NGO‘A’の教育——自立・自律のための教育——　211

おわりに——子どもの教育を担う政府、NGO、家族—— ………… 215

第7章　チェンナイにおけるSC/ST/OBCs学生の
　　　　学歴形成と教育制度……………………………牛尾直行… 221

はじめに ………………………………………………………………… 221

第1節　SC/ST/OBCs学生の教育機会と本調査の概要 ………… 222
　　◆1　調査の前提　222／◆2　タミル・ナドゥ州の教育概観　223
　　◆3　調査結果全体の概観　225

第2節　教育第一世代の学歴形成 ……………………………………… 226
　　事例1　ディーバの場合　226／事例2　バルの場合　228／事例3
　　S.マノージの場合　229

第3節　教育第二世代の学歴形成 ……………………………………… 230
　　事例4　ナレンドランの場合　231／事例5　ディーバの場合　232

第4節　調査結果からわかってきたこと ……………………………… 234
　　◆1　私立学校系統と公立学校系統の選択——単線型学校体系の中の
　　複線制　234／◆2　マイノリティ・エデュケイショナル・インスティ
　　チューションの利用　235／◆3　セルフ・フィナンシング・コース
　　(Self-financing Course) 等の利用　237／◆4　クリーミーレイヤー
　　としてのOBCs大学生　238

まとめとして——チェンナイの公教育における教育機会の複層性——　239

第8章　パキスタンにおける識字教育
　　　　——パンジャーブ州識字行政改善プロジェクト（2004-2007）
　　　　　より—— …………………………………… 小出拓己… 242

はじめに ………………………………………………………………… 242

第1節　パキスタンの識字率と初等就学率……………………………… 243

xiv

第2節　政府による識字教育事業 ·· 245
◆1　ノンフォーマル初等学校と成人識字センター　246／◆2　識字事業の課題とパンジャーブ州政府の対応　247／◆3　モデル県の選定とターゲット・グループ　249／◆4　世帯調査　250／◆5　識字マネジメント情報システム LitMIS によるデータ管理　250／◆6　ノンフォーマル学校等設置計画の作成　250／◆7　教員の採用など　252

おわりに ··· 253

第9章　パキスタンにおけるマドラサ改革の問題 ················

·· フユマン・カビル··· 256

はじめに ··· 256

第1節　パキスタンにおけるマドラサの役割 ····························· 257
◆1　初等教育レベルにおける「モスク学校」　258／◆2　マドラサ教育システム　260

第2節　現代のマドラサ改革計画 ··· 263
◆1　マドラサ改革への抵抗　268

おわりに ··· 270

第10章　バングラデシュにおけるマドラサ教育の
複線性と多様性 ····································· 日下部達哉··· 274

はじめに──バングラデシュにおけるマドラサの二つの系譜── ······ 274

第1節　マドラサの多義性──定義の困難性とマドラサへのまなざし──
275

第2節　南アジアにおけるマドラサの発展 ································ 276
◆1　デーオバンド系コウミマドラサの台頭　278

第3節　バングラデシュ農村部におけるマドラサの位置づけ ········ 279
◆1　マドラサの制度的現状と役割　279

第4節　コウミマドラサの独自性維持か、国家教育制度への統合か ··· 281

第5節　住民とマドラサの関係性に関する村落レベルの地域間比較 ··· 282
◆1　廃校寸前になったマドラサ　283／◆2　マドラサの廃校と再出発　285／◆3　むしろ生徒数が増加したマドラサ　286／◆4　近代教育と共存を図ったマドラサ　289

おわりに ··· 291

【コラム】

インド・デリーのリキシャ引きの子どもと教育 ·················· 296

第Ⅲ部　教育のモビリティ

第11章　インド高等教育におけるテクニカル教育ブーム
──ウッタル・プラデーシュ州ワーラーナシーのマネジメント教育の事例的検討── ················ 佐々木宏··· 303

はじめに ···························· 303

第**1**節　インドの高等教育制度におけるマネジメント教育 ·········· 305

第**2**節　UP 州 VNS におけるマネジメント教育の展開 ·············· 307

第**3**節　International Management Academy ············ 311

第**4**節　IMA 入学者の属性と MBA 取得後の進路 ················· 313

おわりに──テクニカル教育ブームの評価をめぐって── ·········· 316

第12章　若者の教育と雇用
──デリー低所得地域の調査から──·········· 村山真弓··· 321

はじめに ···························· 321

第**1**節　調査地・調査世帯の概要·························· 323
　　◆1　調査地　323 ／◆2　調査世帯の状況　325

第**2**節　若者調査：学校経験 ······················ 326
　　◆1　若者のプロフィール　326 ／◆2　学校経験　329

第**3**節　若者調査：雇用の実態·························· 332
　　◆1　平均年収・月収・学歴　332 ／◆2　雇用地位別の特徴 332

第**4**節　若者調査：学校から仕事へ ···················· 338
　　◆1　就職に関する意思決定、情報源、教育の役割　338 ／◆2　若者の情報ニーズ　340

おわりに ···························· 342

第13章　南インド村落の30年
——職業と教育の変化を中心に—— 柳澤悠… 348

はじめに ……………………………………………………………………… 348

第**1**節　1979-81年調査時点の特徴 ……………………………………… 348

第**2**節　職業構成の変化 ……………………………………………………… 352
◆1　非農業分野への進出と農業との結びつき　352／◆2　職業・所得・就業　354／◆3　修学年数の増大　358／◆4　職業と修学年数　360／◆5　高い教育への要求　363

おわりに ……………………………………………………………………… 364

第14章　教育第一世代の教育経験
——バングラデシュにおける教育と社会移動—— 南出和余… 369

はじめに ……………………………………………………………………… 369

第**1**節　「教育第一世代」の子どもたち……………………………………… 370
◆1　調査地の概要と教育普及状況　370／◆2　「教育第一世代」の進路　373

第**2**節　学校がもたらす「子ども時代」 …………………………………… 375

第**3**節　教育と移動—青年期の進路選択 ………………………………… 377
◆1　教育VS都市出稼ぎ労働　378／◆2　上昇する女子の学歴　382／◆3　「よりよい教育」を求めて　385

おわりに ……………………………………………………………………… 387

【コラム】————————————————————————————

バングラデシュ農村における教育の自立発展性
——僻地農村と近郊農村の比較から—— ……………………………… 390

あとがき　394

各章タイトル写真一覧（扉内写真と同じ）

序章　バングラデシュ農村のカレッジ。後期中等教育から高等教育まで備える。（撮影：南出和余）

第Ⅰ部扉
第1章　ビハール州農村部の公立初等学校のなかには未だに青空学校も。この学校ももうすぐ新しい校舎ができるという。（撮影：押川文子）
第2章　パンジャーブ州シェイフープーラ県、州政府が日本のODAを受けて運営しているノンフォーマル基礎教育（NFBE）学校。5年生までの47人の生徒を地域出身の教員1名が教える。（撮影：黒崎卓）
第3章　バングラデシュ・ジャマルプール県農村部でNGOが運営するノンフォーマル初等学校で試験をうける子どもたち。（撮影：南出和余）

第Ⅱ部
第4章　ビハール州農村部、村の公立初等学校。（撮影：押川文子）
第5章　シャーダラの無認可学校における朝礼の様子。（撮影：小原優貴）
第6章　ニューデリー、NGOによるノンフォーマル教育。（撮影：針塚瑞樹）
第7章　チェンナイ市内の被補助中等学校で学ぶ生徒たち。（撮影：牛尾直行）
第8章　パキスタン、ノンフォーマル学校の様子。（撮影：小出拓己）
第9章　パキスタン、ラホールにあるワズィル・カーン・モスク。（撮影：日下部達哉）
第10章　バングラデシュ、ブラフモンバリアのコウミ・マドラサで試験中の生徒。（撮影：日下部達哉）

第Ⅲ部
第11章　ワーラーナシーの街の随所にある、進学塾や公務員予備校などの壁広告。（撮影：佐々木宏）
第12章　スンデルナガリの若者ディネーシュが開く英語塾。将来を夢見る若者が集う。（撮影：村山真弓）
第13章　タミルナードゥ州、昼休みの子どもたち。（撮影：伊藤高弘）
第14章　バングラデシュ農村の教育第一世代の若者たち。幼い頃は皆一緒に学校に通っていたが、今は11人11色。（撮影：南出和余）

第Ⅰ部

変革する南アジアの教育制度

第 1 章

インドの教育制度

——国民国家の教育制度とその変容——

押川　文子

はじめに

　学校教育制度は、それぞれの社会の近代化の軌跡と国家のあり方をもっと
も明確に示す制度の一つである。とりわけインドを含む新興独立国家におい
ては、学校教育制度は国民形成と国家建設の両面できわめて重要な課題で
あった。同時に、学校教育制度の確立とは、国家単位で統合性をもつ制度を
国民の生活のなかに定着させる過程であり、社会のあり方や変化が制度運用
の実態を既定し、制度そのものにも影響を与える。独立後のインドの教育制
度とその現実的な定着過程をみると、この社会と交錯する制度という教育制
度の特質が如実に浮かび上がってくる。

　周知のように、インドには多数の言語や宗教が存在し、事実上特定の集団
を学びから排除する理念をもつ社会身分制度が存在してきた。さらに植民地
期に一定程度発達した近代学校教育制度は、きわめて少数の人々のみがアク
セス可能な、しかし制度としては確立した英語による教育システムを出現さ
せていた。一方で、インドの独立は、19 世紀以降の長い時間をかけて形成
された、対立や差異を含む民族主義（あるいは複数の民族主義）を背景にして
おり、多様な利害とイデオロギーが政党として作動する代表制の制度もすで
に 1930 年代にはその原型ができていた。ただし、自立した誇りある国民国
家の建設という点では一致していたとしても、その国民国家の具体像や国民

第 1 章　インドの教育制度●——3

のあり方については多様な立場があり、とくに独立当初の社会の弱者層の政治的発言権は限定的だった。また長い植民地期の経験は、学校制度が定着する以前に、今日の近代学校教育批判にもつながる多くの教育思想や実践も生み出していた。インドの教育制度は、こうした教育の極端な偏在という社会的現実、教育理念をめぐるさまざまな模索、制度としての代表民主制の導入と事実上の政治的不平等のもとに出発し、その後も漸進的に発展することになる。その意味において、インドの教育制度の形成と変化は、東アジアやアフリカなど他の諸地域と比較すると類をみない軌跡を描いてきた。

　本章では、20世紀半ばの独立時から現在までの教育制度の概要を、こうした政治や社会との接点にある制度として概観する。後述するように、インドの場合、制度としての教育は、連邦政府と州政府の共管事項とされており、州による制度的な違いも多くすべてに触れることはできないため、ここでは、独立後の制度的変化のうえで重要であった時期を区分し、それぞれの特徴を述べることとしたい。

第*1*節　1950年代から60年代
——ポスト・コロニアル国家インドの教育の課題——

◆1　植民地期の遺産

　独立インドの教育制度は、独立後にゼロから出発したのではなく、ポスト・コロニアル国家として植民地期に形成された教育の制度と実態の遺産の上に形成された。それは、どのような性格の遺産であったのだろうか。この点についてはすでに別稿で概論をまとめたので［押川 2013］、ここでは筆者の論点のみまとめておきたい。

　第1点は、少数の大学、さらに本国イギリスの教育制度や法曹資格などに結合する英語による学校教育がすでに成立し、現地語による初等教育は量的にも限定的であっただけでなく英語高等教育への接合がきわめて難しい、という教育の二重構造が定着しており、それが独立後にも残されたことである。

植民地支配の最終期である1930—40年代には、人口比ではきわめて限定的であれ絶対数としては相当規模の英語で考え英語で書く「ミドル・クラス」層が成立し、独立後のインドの国家形成に大きな役割を果たすことになる。後述のようにその制度設計は、国民の母語による教育普及を掲げながらも、教育言語選択の自由を保証するという論理のもとに、地域言語による教育とともに英語教育を残すこと、すなわち植民地期に形成された複層的な教育システムを温存するものでもあった。

　植民地遺産として注目したい第2点は、上記のような複層的な教育状況と国民のなかで多様な集団とが結びついていたことである。英語教育を有利に利用できたのは、ヒンドゥーの上位カースト、とくにすでに都市化していた不在地主層やイギリス植民地のもとで官僚や法曹職、教員など専門職などについていた「ミドル・クラス」である。現地語の初等学校から英語高等教育学校にまで行きついたのは、上層農民や都市の商業コミュニティ等などだった。農村部人口の圧倒的多数および大半の都市人口は、「現地語」教育からも排除されていた。宗教集団別にみると、英語高等教育の普及がみられたのは、パールスィー（ゾロアスター教徒）、ジャイナ教徒などの小規模コミュニティなどとヒンドゥーの上位カーストなどに限られ、カーストによる大きな教育格差がすでに生じていた。また、ムスリムは都市部の一部を除いて近代教育への参入は限定的だった。英領期以前の行政用語であり言語として完成度の高いペルシャ語やウルドゥー語（ヒンディー語と多くの共通点があるが、アラビア文字表記を用いる。語彙の点でもペルシャ語起源の言葉を多く含む）に馴染んできたムスリムの旧支配層や上層は、同等の経済的地位にあるヒンドゥー上位カーストよりも英語教育への対応が遅れたのである。人口比ではムスリム人口の大半をしめるのは織物などの職人、漁民、農業労働者／零細農だった。村／町レベルのコーラン学校など独自の学びの場をもっていた例もあるものの、その多くは現地語による近代学校教育からも大きく後れをとっていた。こうした学校教育の偏在と「特定の集団」との結合は、その後の教育制度設計に大きな影を残すことになる。どのような教育制度をデザインしたとして

第1章　インドの教育制度●——5

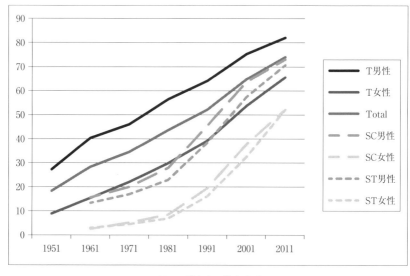

図1　識字率の推移（％）
出所：各年次のセンサス資料
凡例：T：全コミュニティ　SC：指定カースト　ST：指定部族
1971年までは5歳以上人口、81年以降は7歳以上人口

も、その効果にはコミュニティごとの差が生じるため「どの集団に有利になるか」という錯綜した実態を考慮せざるを得なかったのである。また、こうした学校教育普及の集団間格差を背景に19世紀後半から20世紀初頭の時期になると、上位カーストではない地域の有力カーストのなかから「ノン・ブラーフマン運動」と総称される運動がおきるようになる。上位カーストがほぼ独占していた高等教育入学比率や公的雇用比率に制限を要求する運動は、政府側の「分割して統治せよ」政策にも結合しつつ、西部および南部インドを中心に、独立後の留保制度の先鞭をつけるような特定コミュニティに枠を設けて優先する政策の導入を実現させていた。

　植民地期からの遺産の第3点は、上記とも若干重なるが、より明確に平等の問題、つまり教育から明示的に「排除」されてきた人々の存在である。インドの多くの地域のヒンドゥー上層の間では女児教育をタブー視する風潮が19世紀後半まで存在し、その後も長く就学率の男女差が残った。また、と

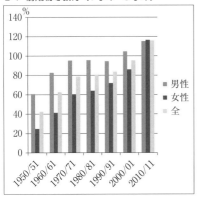
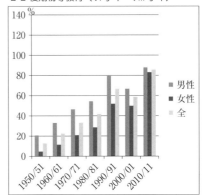
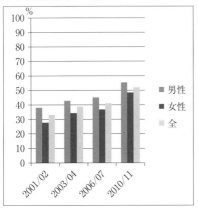
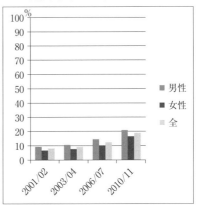

図2 児童登録率（GER）の推移（%）

出所 Ministry of Human Resource Development, *Statistics of School Education*, 2009-10, New Delhi, 2014

くに被差別の社会的弱者層（不可触民カースト）や少数民族集団など、独立時点ではほぼ教育から排除されていた人々の存在も大きい。これらの集団の人々については、教育は不平等の是正の鍵としてとくに重要であることが独立前から、民族運動や社会改革運動のなかで繰り返し強調されていた。インド・パキスタン分離独立の混乱と悲劇のなかで独立を迎えようとする1947年8月14日の夜、初代首相となるJ.ネルーは「運命との出会い」と題され

た演説のなかで「インドへの奉仕とは、苦しみのなかにいる幾百万もの人々への奉仕にほかなりません。それは、貧困、無知、病い、そして機会の不平等に終わりをもたらすことなのです」と述べている。1950年に発効したインド憲法には、すべての国民の平等とともに、不可触差別の禁止と、政府がその権益を促進すべき対象として「社会的教育的後進諸階級」という概念が導入され、その中に指定カーストと指定部族が位置づけられた。すなわち、教育は、不可触差別の対象とされてきた諸コミュニティや少数民族が「弱者」であることの主要な要因であり、政府が特別な配慮をすべき領域であるとされたのである。図1の識字率や図2の生徒登録率が示すように、1950年代初頭、これらのコミュニティへの学校教育普及はほぼゼロの地点から取り組まなければならない課題であった。

　以上の3つの条件、すなわち「偏った発達」「集団ごとに異なる教育状況」「社会的不平等の存在」が独立後の学校教育制度のデザインの幅を限定することになる。

◆2　国民国家の教育制度の課題

　インドの政治的独立（分離独立）は1947年8月に実現された。ただ、独立と同時にすべてが変わったわけではない。第一次大戦終了後、徐々に地方政治や意思決定レベルの官僚組織におけるインド人比率が増加し、1935年インド統治法の改訂後には州レベルに選挙による政権が成立するなど、民族運動の運動体は政党に脱皮しながら独立インドの建設に向かったのである。この過程で、他の諸制度と同様に独立後の教育のあり方についても、さまざまな議論が行われ、次第に制度の骨格ができてきたとみるべきだろう。そのなかには、例えば労働と教育を結合し生活に根差した教育を思想化したM. K. ガーンディーの「基礎教育」論[3]や、教科教育よりも民衆の文化とその創造性に注目したR. タゴールの教育実践のように[4]、近代学校教育を基本から見直す議論も含まれている。また統治者の英語教育を否定して「民族」の教育運動を指向した民族学校（例えばグジャラート・ヴィディヤピート[5]など）や、宗教

社会改革運動を背景にした学校教育の試み[6]もある。これらの教育思想や教育実践は、その後の教育政策のなかで完全に否定されることはなかったが、政策としては、基本的には近代学校教育の普及という路線が「主流」の経路として採用された。1950年に成立したインド憲法では、国家の政策原理のひとつとして、「無償義務教育」の普及を目指すこと[7]が盛り込まれている。

　独立初期から1960年代までの、つまり国民国家の設立期の教育の目的を大きくまとめれば、国民統合の基礎として初等から中等学校教育の普及と国民国家の経済・政治を担う人材、とくに理工系・技術系の人材育成の2つにまとめることができる。この二つは、独立国家としてきわめて一般的な教育目的だが、問題となるのはその具体的な制度化である。

　国民統合と不平等是正については、制度の選択肢としては、理念的には二つの方向がありえた。ひとつは、平準化された世俗的な初等教育制度を構築し、すべての子どもが、等しく機会均等を享受できるように、またこの機会均等を前提として選抜によって高等教育に接合しようという発想である。戦後日本の教育改革はこれに近い。このアプローチを便宜的に「平準化・機会均等・選抜」型と呼ぶことにする。インドでも同様な議論があり、独立直前の1944年に英領インド政府の中央教育審議会がとりまとめた『戦後インドにおける教育発展—中央教育審議会報告書』[Bureau of Education 1944]（取りまとめにあたった政府教育アドヴァイザーのJ. サージェントの名前から「サージェント報告書」と呼ばれることが多い）はその典型例である。もうひとつの方向は、教育の受け手側の選択の自由を保証し、「それぞれの教育」を束ねる形で緩やかに教育普及と国民統合を図ろうとする方向である。これを「選択の自由・量的普及」型とここでは呼ぶことにする。この二つの方向には、制度上のメリット・デメリットがあり、かつ理念と実態の「ずれ」の生じ方にも大きな相違がでる。

　サージェント報告書はそのタイトルにも示すように、戦時下において大戦後のインドの教育政策の枠組を提言するもので、1935年に改組された中央教育審議会（Central Advisory Board of Education：CABE）に設置された諸委員

第1章　インドの教育制度●──9

会の報告書をまとめる形で提出されたものである。植民地下の文書ではあるが、各委員会にはガーンディーの基礎教育論などその当時のインド側の教育理念も反映されている。結果的にみれば、この報告書は部分的に戦後の独立インドに継承されたものの、その基本的な枠組みや理念については実現されなかった。現実はむしろこの報告書とは対極的な方向に向かうことになる。しかしそれゆえに、本報告書は独立後のインドの教育制度の特色を考えるうえで示唆に富む文書となっている。ここでは前述した独立期のインドに残された教育の課題に即してその内容を検討することを通じて、独立期の教育システム構築の特色を考えることとしたい。

サージェント報告書はその序文において「現行のシステムから、あるいは従来の手法によって、容認しうる期間内に真にナショナルな制度を発展、改良することができるとは考えられない。大戦前の進歩はあまりに遅く、また現行システムはその上に効率的な構造を打ち立てるべき基礎を提供するものでもない。なんらかのより良いシステムに代替するためには、現在の散漫な体系の大半をまず解体しなければならない[8]」と、植民地下で形成された統合性を欠く教育制度を厳しく批判した。そのうえで、教育の理念は「個人としての自律と市民としての義務」、つまりすべての国民が近代的市民として生きることを可能にする基礎を提供することとされる。そのために当然必要とされるのは「普遍的」で「義務化」された初等教育であり、8ヵ年の普遍的初等教育を教育行政の中軸におくことを提唱した。

この普遍的な教育理念に関連して注目されるのは、教育においてとくに弱者とされている人々や宗教集団の取り扱いである。サージェント報告書の基本的姿勢は、すべての子どもたちを平等に扱うこと、つまり女子や下位カースト集団への教育普及が遅れていることは認めるものの、何らかの特別措置ではなく普遍的な教育の普及によってその格差は解消するというものである。同様に宗教集団による学校運営についても、世俗的な教育内容に関して公立学校と同様の水準に達していることを認可の条件にすべき、として、学校教育の一元化、平準化を強く主張した内容となっている。

サージェント報告書は、上記のような教育理念に基づいて、国民すべてに供給される基礎教育8年（前期5年、後期3年）を義務化するとともに、5学年修了時に成績によって高等教育進学を想定するコースと基礎教育修了で教育を終えるコースに振り分け、進学を想定するコースは前期基礎教育後さらに6ヵ年の中等教育（高等学校）に進むとした。この進学コースは、能力において平均を大きく上回る子どもたちの学校であり、能力と精神において社会に貢献しうるエリートの養成が強調される。5学年修了の子どもたちの4、5人に一人が中等教育に、さらに中等教育修了生の10人から15人に1人が大学等高等教育機関に進むことが想定されている。中等教育修了生のうち大学に進学しない学生には、実業高等学校による技能教育が提唱された。この制度的論理に基づき、大学は少数の選抜されたエリートのためのものであり、量的拡大よりも厳しい入学者選抜と教育水準向上に力点を置くべきだとして、その認可や運営、予算を管轄する機関（大学審議委員会）の設置を提言した。

　上記のような整合性のある教育制度設計と合わせて、教育行政においては州権限を強化し、学校運営においては当事者の参加よりも一元的で強力な政府の主導を求めたのもサージェント報告書の特色である。そのうえで、同報告書は、限られた予算を考慮して当面の間の教育政策は普遍的で質を伴う初等教育を重点化すべきとし、もし重点化されたとしても学校建設や教員養成を含めて初等教育の完全普及には40年程度を要すると試算した。

　サージェント報告書は、インドの教育制度に関する政府報告書のなかでも、もっとも明確に国民のあるべき姿を自立した近代的な市民と想定し、統合され、能力によるピラミッド型の選抜を行う教育システムの構築を提唱した文書である。何らかの特性や文化をもつ集団的要素を教育制度において考慮することを否定し、比較的早い段階での高等教育と職業訓練の分岐による複線化を行い、高等教育を社会をけん引するエリートが学ぶ高度な学術機関として想定した。ガーンディーが提唱した「基礎教育」は、文言としては残されたものの、地域社会に立脚し生活のなかの教育を模索したガーンディーの思

想からみればはるかに教科中心かつ政府主導の概念に変質している。サージェント報告書は、ある意味では植民地期にすでに形成されていた教育システムだけでなく、教育制度と社会との関係を断ち切り、ゼロからの設計を提唱したものだった。

　では、現実の教育はどのように発展したのだろうか。前述のように独立後のインドの教育制度はゼロからの出発ではなかった。結論的にいえば、インドが選択したのは「選択の自由・量的普及」型だった。

　その理由の一つは、前述のように教育の享受の実態において異なる状況にある複数の集団が存在したことだった。サージェント報告書が想定した自立した個々の市民ではなく、教育は独立時までにはすでに集団を深く結合していたのである。有利な状況にある集団にとって、平準化した教育はその特権の喪失（縮小）を意味する。また、個々の集団が言語や宗教という集団の結集軸をもっている以上、「教育の平準化」は、それぞれの教育内容の自立性と文化的独自性の喪失に他ならない。具体的にみると、例えば、英語教育を享受してきた層にとっては、「平準化・機会均等・選抜」型が想定する現地語教育システムの構築は、英語という特権を喪失するだけでなく教科水準の低下を招くものと受け止められ、ウルドゥー語教育を求めていたムスリム（少なくともその一部）にとっては、教育における宗教性の否定とヒンドゥーへの同化政策を直截に意味する。インドの独立は革命ではなく、全インドレベルで成立したミドル・クラス出身者（英語世界）と現地語世界のエリートが緩やかに連携して実現した「権力移譲<ruby>権力移譲<rt>トランスファー・オブ・パワー</rt></ruby>」のプロセスであり、この新興国家の指導者にとって英語の否定は有りえなかった。また1940年代—50年代のインドは、百万余の犠牲者を出した分離独立直後であり、「セキュラーな国家インド」におけるムスリムの文化的独自性の保証は、きわめてセンシティブな課題の一つだったのである。このように、すでに「偏った」しかも「集団」と結合して発展した植民地期の教育状況は真っ白なキャンパスに基礎からデザインする「平準化・機会均等・選抜」型を選択することを不可能にしていた。その結果、独立後に全インドにおいて徒歩圏に設置されることにな

12

る公立学校は現地語（多くは州言語）による教育を原則としたが、並行して英語を含む他の言語による教育も認められることになる。

　この点は、教育行政の一元化の困難にもつながった。連邦国家として独立したインドは、それまでの地方制度を1950年代に原則として言語を単位とする州に再編する。初等教育から中等教育は、独立当初は中央政府（連邦政府）ではなく州管轄事項とされた[9]。それは植民地期に地域的な偏差をもって発展した教育状況が独立後の教育システムにビルトインされることも意味した。概括的に言えば、植民地期の教育発展は、南部から西部において相対的に良好であり、北部、とくにヒンディーベルト地域と呼ばれる圧倒的に農村部が多い地域では遅れていた。初等から中等の公立学校は原則として州言語を教授言語とした。人口比ではもっとも多い北部インドの言語であるヒンディー語を全インドでも普及させようとする動きはあったものの、北部地域の政治的な優位性を強化することにつながるとして南部諸州は強く抵抗した。またパキスタンとの分離独立によって少数集団となったムスリム（英領インド期は約30％、分離独立後のインドでは約11％）にとっては、ウルドゥー語はその政治的文化的独自性の象徴であり、さらに先述の「英語」階層の既得権益、少数民族集団の母語による教育権の保証など、性格を異にするいくつもの利害が重なる。教科内容についてはその後徐々に全国レベルのコア・カリキュラム[10]、州レベルのカリキュラムが策定され、それに若干の独自性を加えて中等教育修了試験ボードが作成するカリキュラムが連動して緩やかな統合が図られた。ただし、ここでも、複数の試験ボードが認可され、すでに独立前に形成されていた私立学校協会に所属するエリート私立学校（英語ミディアム）の多くが適用した私立系の試験ボード[11]と中央中等教育ボード（英語とヒンディー語が中心）、州中等教育ボード（各州言語）との間で、要求される学力水準自体に格差が残された。独立後インドは、ある意味では高度な学歴社会だが、その学歴とはこうした複雑な多様性と格差の結合を勘案しながら測定されうる性格のものとなる。

　教育の普遍性や一元性とともに、サージェント報告書が提起したもう一つ

の課題は、政府資源の多くを初等教育に向けて統合された教育システムを下（基礎教育）から構築するべきだという点である。高等教育については高度なエリート教育を想定し、大規模な投資や量的拡大の重点化には否定的だった。この点についても、独立後の教育政策は別の方向をとることになる。一つの指標として、計画経済における教育関係予算に占める初等、中等、高等教育の比率をみると、一貫して三者がほぼ同じ率で推移している。

　独立当初から高等教育が重視された背景には、独立インドが採った経済政策、すなわち重工業を基盤に独立性の高い国民経済の建設を掲げた経済政策がある。他のアジア諸国の大半がとった軽工業振興による輸入代替工業化ではなく、鉄鋼、機械、自動車産業等を自前で工業化し、その「液下効果」によって国民全体の経済水準の向上を図る政策が、1950年代半ばからの第2次5ヵ年計画以降本格化する。そのために高度な高等教育を経た人材、とくに理工系人材が要求された。また農業や多様な製造業等の推進を目指して、「科学的」知見をもった指導的人材の育成も要請された。1950年代から公立の科学系カレッジ（農業、化学、土木・建築、医学、獣医学など）や大学、研究機関がインド各地に数多く新設された。これら新設の理工系の高等教育機関の多くは英語を教授言語とし、既存の大学等教育機関の改革ではなく別個に新設されることも多かった。後年有名になるインド工科大学諸校（IIT、1950年代1校、2014年現在17校）設置も、1950年代から設置がはじまっている。

　一方で、人材育成のための高度な教育レベルをもつ人材育成には熱心であっても、中等教育段階から分岐する実務的な職業教育については、十分な方策がとられなかった。職業教育は、制度として設置はされるものの、その運営や内容については問題が多く、教育制度のなかでの比重も小さかった。実際には先端的な科学技術者を多数必要とするような経済活動の拡大は限定的であり、その結果、高度な科学技術教育を享受した青年の海外流出が続き「頭脳流出」が問題化される状況になる。1980年代から90年代、アメリカのIT産業勃興期にインド人の優秀な技術者が多数活躍したことは偶然ではない。1990年代以降、インドの教育についての再評価が進む中で、先

端的な科学技術教育（インド工科大学等）や高度な人文・社会科学の伝統（欧米で活躍する多数の「世界水準」の経済学、歴史学、人類学などの研究者の存在など）があらためて注目を集めているが、インド全体の教育制度という点からみると、国家経済の建設を目的に先端的な科学技術教育や人文社会科学系ジェネラリスト養成に力点を置いた高等教育と、「選択の自由・普及」型の戦略を選択せざるをえなかった初等・中等教育の間には大きな乖離があり、初等中等段階から英語エリート校で学ぶ「選択の自由」を享受できた層のみ、この段階を無理なく昇っていくことができるシステムが現出したとみることができる。

◆3　国民国家としての教育政策

　上記のような結果として、教育はどのように発展してきたのだろうか。図3は学校数の推移を示す。

　政府は、教育普及の最大のプログラムとして、学校建設を第一に取り組んだ。とくに農村部においても徒歩圏内に学校を設置することを目標として学校建設が急がれた。図3にも示すとおり、1950年代から60年代にかけて、農村部にも徐々に学校が浸透することになる。しかし広い国土全体に、徒歩圏内に学校を作ることは多大な困難を伴い、とくに北部インド農村部では、教師1—2名という小規模校の設置が一般的だった。生徒登録率の上昇も60年代までは緩やかなものにとどまっている。教育に関して何らかの資源をもつ層が私立学校等を最初から選択するなかで、この公立学校の水準は劣悪な水準に長くとどまることになる。改革がかなり進む1990年代においても、とくに北インドにおいては、電燈やガラス窓、飲料水設備がない校舎は通常であり、小規模校の教員のモラルの維持は難しく欠勤も日常茶飯事だった。広大な国土、弱い教育行政と教育への政治的意思の欠如のなかで、とくに北部インドでは教員採用など学校運営はネポティズムの温床ともなった。1990年代半ばに衝撃をあたえたNGOによる教育調査報告『民衆の基礎教育報告書』[The Probe Team 1999]は、この公立学校の不全こそが高い脱落率の最

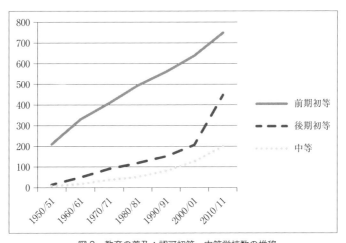

図3　教育の普及：認可初等—中等学校数の推移
出所：Ministry of Human Resource Development, *Statistics of School Education 2009-2010*, New Delhi 2014

大の要因であることを明らかにしている。後述するように公立学校の劣悪な学力水準は、高等教育進学においても大きな障害となり、たとえ中等教育を修了したとしても有効な学歴を形成するルートに乗ることはきわめて困難だった。

　一方、高等教育については、前述のように量的普及を図る初等教育とは異なる論理が働いた。理工系を中心とする高等教育機関が、それまでの高等教育機関の外側に設置される一方、植民地期にすでに形成された文化系ジェネラリスト養成を目指す大学などの高等教育機関も温存された。サージェント報告書で提唱されたような解体・撤廃して土台から作り直すやり方ではなく、既存のものを温存しながらその外側に新たな制度や施設を追加していく方式は、その後もインドの教育改革の一般的な手法となり、植民地下で発展してきた制度を国民国家のそれに改革することは、長く続く課題として残された。皮肉なことにサージェント報告書が大学を少数のエリート教育機関として提案し、その質と運営の自主性を保証する監督機関として設置を提案した大学審議委員会は、独立後の検討を経て同名のイギリスの委員会を前例に実

表 1　大学数の推移

	1950/51	1990/91	2003/04	2006/7	2010/11	2011/12
大学および大学と同等の教育研究機関	25	177	320	371	621	642[1]
カレッジ数	700	7,346	19885	18064	32974	34908
学生登録数（100万）	0.1	4.9	9.95	11.2	30.8	32.1

注：1）　2013年12月現在

出所：1950/51 から 2006/7 までは、Agarwal,Rawan, *Indian Higher Education : Envisioning the Future*, Sage Publications India, New Delhi, 2009 p.17。2010/11 および 2011/12 は、Miniistry of Human Resource Development, *Annual Report* 2013-14

現し、大学の新設には厳しい制限が課せられることになった。その後、とくに1980年代に入ると、高等教育への需要は広い階層の人々のなかに拡大し、多様な設置形態のカレッジが地方都市や農村部にも増加する。大学をエリート教育機関とするイギリス型の制度のもとで、少数の大学には多数の多様な設置形態や教育水準の異なるカレッジが提携（アフィリエート）する複雑な状況が生まれることになる。表1にも示すように高等教育機関数は年を追うごとに増加するが、それに見合う高等教育制度改革は近年に至るまで課題となり続けている。

　上記のように、独立後のインドの教育制度は、サージェント報告書が提唱したような既存の教育制度の解体を経ることなく、「未発達」ではなく「偏った発達」を遂げていた教育制度の上に組み立てられることになった。国民教育制度として一貫性のある統合されたシステムを構築するには、すでに教育と社会には強固な結合のパターンが形成されていたのである。

　独立から約20年、ネルー時代の最終時期にあたる1964年に連邦政府に設置された教育諮問委員会の報告書『教育と国家の発展』［Ministry of Education, Government of India 1966］は、この独立期の教育の総括と、その後の発展についてまとめた総頁千頁に近い包括的な報告書である。委員長を務めた大学審議委員会委員長 D. S. コタリの名前をとってコタリ委員会報告書と呼ばれるこの報告書は、この時期の教育の理念を端的に表す文書となっている。ここでは、同報告書を手掛かりに50年代から60年代までの教育の発

達の特色をまとめておきたい。

　報告書はまず、50年代から60年代までの教育の状況を「封建的かつ伝統的な社会という制約のもとで植民地行政の必要に沿って形成された現在の教育システムを、近代化しつつある民主主義的な社会主義型社会の目的に合致させようとするならば、その目標、内容、教授方法、プログラム、児童生徒の規模と構成、教員の採用と養成、そして行政組織のすべてにおいてラディカルな変革が必要である」と述べる。20年の歳月を経てサージェント報告書と同じく教育システムの抜本改革の必要性を説かなければならなかったこと自体、60年代半ばの状況を反映している。しかし、それがいかなる問題であるかという点についてはサージェント報告書とは大きく異なる論理が用意されている。サージェント報告書が、現状の問題点を「近代国家を支える自立した市民」の育成に対する障害であるとしたのに対し、コタリ報告書は冒頭のフレーズ「インドの運命は、いまや教室のなかで形つくられる」にも如実に示されているように、国家の発展、すなわち「近代化しつつある民主主義的な社会主義型社会」建設にとって阻害要因となっていることが強調された。

　では、いかなる意味で教育は「国家の発展」の手段になりうるのか。まず報告書では、インドの目下の課題として、食糧自給達成、完全雇用をともなう経済成長、社会的・国家的統一、政治の発展の4項目を挙げている。委員会が設置された1960年代半ばは、やがて1960年代末には危機的状況が明らかになる重工業重視の経済計画の行き詰まりが明確になり、国民会議派を優位政党とする政治的安定にも不安定要素が増大していた時期であり、独立後の国家建設プログラム全体の見直しが求められていた。そのことを反映して、教育の二つの役割である人材育成と国民統合の再編強化が求められたのである。

　前者に関しては、大学、大学院、高等研究機関における理工系および農学系の高度な人材育成と、中等レベルにおける科学技術教育と実地訓練の強化が提言された。中等教育レベルの職業教育導入については、サージェント報

告書では高等教育に進まない生徒を対象とした複線化を意味した。一方、コタリ委員会報告書では「インドは今、教育が少数者の特権である社会から、広く大衆に教育が開かれた社会への転換期にある。……このために必要な膨大な資源は、教育が生産性と結合し、教育拡大が国民所得増大を、そしてさらに大きな教育投資を可能にすることによってのみ獲得される」と、中等教育レベルの大衆化とそれを前提とした職業教育の経済発展における重要性が強調された。

　国民統合と民主主義の浸透における教育の役割についても、サージェント報告書とは異なる論理が強調される。「インドのような社会では、多様な社会階層や集団を集め、統一された社会の形成を促進することは教育制度の責任である」としたうえで、一定地域の子どもたちが階層やコミュニティの違いを越えて学ぶコモンスクールの設置や、高等教育機関における寄宿寮の設置や奨学金の充実の必要性がうたわれる。サージェント報告書が、集団にもとづく特別の教育や配慮をむしろ積極的に否定したのに対し、コタリ報告書では、女性、指定カースト・指定部族、障害者といった教育弱者を対象にした特別措置の促進強化が提唱され、格差のある集団を前提として、それぞれの文化的権利を保証し、それを束ねるかたちで平等化や統合を図る方向が示されている。

　関連して、独立後も植民地期に各地で漸進的に導入された制度の運用が続き、各段階の就学年数など基本的な事項が不統一なまま放置されてきた学制については以下を提言している。まず就学年齢は６歳とし、10年間は分化をともなわない就学期間としたうえで、はじめの７年ないし８年を初等教育、その後の３年ないし２年を中等前期（Lower Secondary）とし、初等教育修了児童の各20％程度はこの時点で教育を修了、もしくは職業教育に進むとした。残りの60％程度の児童を対象に、10学年修了時に統一試験を実施し、そのうち約40％（同年齢児童の24％）はこの段階で学校教育を修了、約30％（同18％）が１年から３年の職業訓練校に、さらに30％が１年から２年の中等後期（Higher Secondary）に進むとされた。サージェント報告書と比較すると、

初等から後期中等にいたる選抜の程度は緩やかになり、独立後、徐々にではあれ高まってきた教育需要にこたえる内容になっている。図2に示すように、初等教育の完全普及が達成されないなかでも、中等教育、高等教育の機関数や生徒数は増加していたのである。しかし、60年代半ばの初等教育段階の登録率がまだ50％程度であったことを考えると、教育投資の重点を拡散させるものでもあった。コタリ委員会は、中等教育修了後の高等教育進学率については言及していないが、前述のように理工系・農学系を中心に高等教育機関の拡充も提唱されていることを考慮すると、同年齢人口比にしめる高等教育進学率を1―2％と想定したサージェント報告書よりもかなり多くの生徒が高等教育にまで進学することが想定されていたと考えられる。後述するように、コタリ委員会報告書を受けるかたちで先端的な高等教育機関の設置が進められ、カレッジの新設にも拍車がかかっている。

　コタリ委員会報告書のもう一つの特色は、教育行政における分権化が提言されたことである。学校教育は、原則として県以下の地方自治体が管轄し、州政府には主としてその監督指導と調整を、連邦政府には連邦に直属する一部の高等教育機関や公務員子弟を対象とする学校の運営を除くと、諸段階のカリキュラムのガイドラインの作成や実験的教育など教育に関する研究を役割として設定した。その具体化のために、県レベルに県学校教育ボードを設置し、各学校には農村自治組織であるパンチャーヤトや保護者が参加する学校委員会の設置を提言するなど、地域社会や当事者参加型の学校運営を提言している。この点も、サージェント報告書が、教育行政の分権化は普遍的教育普及にはむしろ撹乱要因になるとして否定的であったのに対し、学校運営の「民主化」を強く意識したものとなった。コタリ委員会の提言のすべてが実施に移されたわけではなく、学校行政は基本的に州を単位として実施されるが、皮肉なことに各学校の運営における行政の「弱さ」は改善されることはなかった。また州ごとの教育格差も、この時期からむしろ拡大する方向に向い、教育環境が整わず、貧困層が多い地域ほど劣悪な学校が放置され、教育普及が進まないという結果をもたらすことになった。

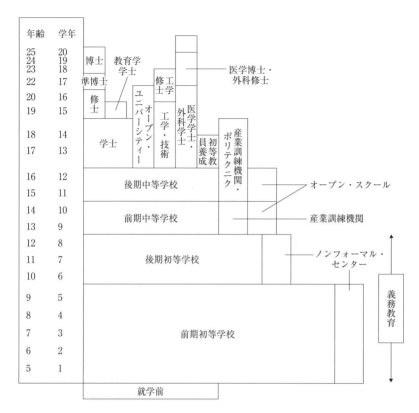

図4　インドの学制（2000年代後期）
出所：小原優貴 2014『インドの無認可学校研究—公教育を支える「影の制度」』東信堂：p.32 を修正。

　上記のようにコタリ報告書は、教育を国民経済の進展のなかに位置づけるとともに、教育弱者への配慮やコモンスクールの導入、教育行政の分権化や地域住民・保護者の学校運営への参加など、理念としては今日の教育思想にもつながる改革を提唱したものだった。それは、新興国家インドが目指した教育における民主主義の質を示す文書でもある。しかし、インドにおける当時の教育の状況に重ねあわせると、その理念は、結果として現状の追認という性格を強くもつものだった。多様性の保証や学校運営の分権化・当事者参

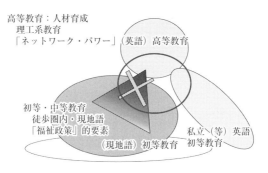

図5 教育システムにおける不接合
出所：筆者作成

加が格差・不平等の温存とトレードオフの関係にならざるを得ないというポスト・コロニアルな教育の実態を改めて示したものでもある。1960年代末からインド政治は不安定化したこともあり、コタリ報告書が提唱した多くの新しい理念は、初等を5年と3年の8ヵ年、前期中等2年、後期中等2年、カレッジ3年という形で導入された学制統一（10＋2制度）（図4）[12]を除いては、ほとんど実地に移されることはなかった。むしろすでにその傾向がはっきりとしていた初等—高等教育を同時に進める方向や、集団を単位とする優遇措置などを「国家の発展と民主主義」という文脈で正当化し論理化する結果をもたらしたというべきであろう。この報告書がまとめられた時期に、教育の不平等は縮小というよりも拡大していたのである。

　図5は、当時のインドの教育の状況を概念化したものである。緩やかな教育行政のもとで普及を原理として発展した国民の大多数が学ぶ公立学校と、人材育成を目的とする高等教育、とくに英語を教授言語とする高度な高等教育の間の接合が十分に機能しないなかで、初等段階から英語を教授言語とする私立学校が重要な意味をもっている。さらに60年代末の時点では、そもそも初等教育段階の普及も十分ではなく、絶対数でみれば独立後も非識字者の数が増加するという状況にあった。

第2節　1970年代から80年代へ
──教育の政治化とパッチワーク的な制度改革──

　1960年代末から1980年代にかけて、インドの政治・経済には大きな変化がみられる。

　その一つは計画経済の行き詰まりであり、財政危機、国際収支危機に凶作もかさなり、1960年代末には経済計画の実施の休止をやむなくされる。政治的には、かつての一部のエリート層だけでなく、広範な農民層や下位カーストの人々の政治的発言力が顕著に増してきた時期でもある。農村部を中心に、これまでの階級構造と社会身分制度が結合した厳しい規範が緩み、各地で農業労働者や小作農による農業労賃の引き上げや小作権保護を求める激しい、時として流血の事態を招く運動が展開され、「革命」という言葉も一定の現実性をもつ状況となった。こうした農村部の動きと並行して、独立後の一定の教育普及のなかで、1970年代前後になると、中間よりも下に位置づけられてきたカーストや農民層のなかから政党政治を前提に権利の拡大を求める動き、すなわち「後進諸階級」^{バックワードクライシーズ}の政党結成や政治活動も顕在化してきた。独立期から一貫して一党優位性をもってきた国民会議派の地位は揺らぎ、従来からの政党組織や上位カーストを主体とする政党にとっても、弱者層の要求を取り入れ、教育における「平等」を政策化することは、選挙に臨み、あるいは連立を組むうえで、不可欠となったのである。

　雇用や所得、社会的威信と直結する教育も、こうしたインド政治の大衆化の一つの焦点となる。ここでは、その論理と教育制度全体に与えた影響を、留保制度とモデル校新設という二つの動きを中心にみていくことにしたい。

◆1　制度改革の試み（1）留保制度の強化

　1960年代末に政局の混乱のなかで誕生した国民会議派インディラ・ガーンディー政権は、70年代になると「貧乏追放」^{ガリビーハタオ}をスローガンに掲げて、貧

困層・弱者層の取り込みを強力に図った。1975年から77年にかけては、政治活動や言論に対する制限を内容とする「非常事態宣言」を行い、強権的な政治運営を実施した。このなかで留保制度は、もっとも目に見えやすい弱者層を対象とした政策として、またカーストや地域等を結集の軸に台頭してきた諸政党にとってはアイデンティティ・ポリティクスの獲得目標の一つとして関心を集めることになった。

　留保制度は、特定のカテゴリーを設定して、議席、高等教育入学、公的雇用（のちに昇進枠も含まれることになる）において一定の比率で優先枠を設ける制度であり、対象となるカテゴリーごとに異なる留保が実施されている。独立後に関してみると、憲法（第一次改正）において明確に示されている指定カーストおよび指定部族に対しては、議席、高等教育入学、公的雇用のすべてについて、ほぼ人口比に等しい枠が設定されている。この指定カースト・指定部族以外の「社会的教育的後進諸階級」、すなわち「その他の後進諸階級（Other Backward Classes：OBC）」については憲法上に該当基準の明示がなく、連邦レベルでは1950年代に第一次後進諸階級委員会が設置されて、おおむねカーストを基準とする提言［Government of India 1954］を行うが、実施されなかった。そのなかで、州ごとに比率を異にする高等教育と公的雇用の優先枠設定が導入された。南部および西部諸州ではカーストに教育水準等を組み合わせて比較的高率の留保が導入されていたが、北部地域では人口比よりも低い留保が主流であり、西ベンガル州のようにまったく導入していない州も存在した［押川 1990］。1979年にジャナタ政権によって設置され会議派政権が復活した1980年代初頭に報告書を提出した第二次後進諸階級委員会［Goverment of India 1980］も、基本的にはカーストを基準とする案をとりまとめたが直ちには実施されず、1990年代初頭に激しい反留保運動［押川 1994］とその後の最高裁判決をうけて実施されることになった。

　上記のように留保制度は、インドの「国民」のなかに大きな不平等が存在することをみとめ、議席、高等教育、公的雇用といった領域において、その進出を保証する制度である。いわば「プレゼンスの保証」制度であって、そ

れ自体としては、対象カテゴリー内のきわめて限定的な個人に機会を与える
ものであり、カテゴリー全体の底上げを可能にする制度ではない。しかし、
前節でみたように、独立後の教育の実態のもとでは、公立学校で学ぶ弱者層
にとって初等—中等教育から高等教育へ進み学歴を獲得する道を開くうえで
決定的に重要な制度となり、その適用範囲や実際上の運営の強化が課題と
なった。

　憲法上に明記されている指定カーストと指定部族に対しては、1970年代
にはいると、入試／採用試験における加点（あるいは一般枠より低い基準点の設
定）、持越し制度（該当年に留保枠が充足しない場合は、一般枠受験生に空枠を回さず、
そのまま翌年以降に空枠を持ち越す制度）などの強化政策が実施されることにな
る。緩やかな上昇とはいえこれらのコミュニティのなかにも中等教育修了段
階まで教育を受ける層も拡大し、70年代末には、独立当初は完全充足には
程遠かった難関高等教育機関や公務員上級職においても、ほぼ留保比率に近
い充足が達成されることになった。

　留保制度の偏重ともいえる状況は、前述した下位カーストの政治的台頭、
とくに政党政治の枠内での活動を重視した下位カーストのなかの「中間層」
を中心とする政治運動と呼応するものだった。この時期になると公務員職を
すでに確保していた有力な下位カースト出身者を中心に政治団体[13]が組織され
るようになり、やがて80年代以降、北部インドの一大政治勢力となる「大
衆社会の党（Bahujan Samaj Party：BSP）」に成長していくことになる。1960
年代から70年代にかけて、下位カーストの、とくに教育が少しずつ普及し
つつあったような比較的規模の大きいカーストの政治的関心は、農村部にお
ける階級運動よりもむしろ非農業部門への進出に移りつつあったのである。
そして強化された留保制度を最大限に活用したのも、こうした比較的有力な
カーストの最下層ではない人々だった。留保政策のように、特定の集団を単
位としてその一部に機会を開く政策は、対象とされる集団のなかの格差を拡
大する。指定カーストのなかには身分制においても上下関係をもつ多様なコ
ミュニティが含まれており、人口規模でみても複数州にまたがる数千万を超

える大規模なコミュニティから特定地域に限定された小規模なコミュニティ
まで多様である。その中には独立前から軍雇用などを通じて一定の教育機会
を得ていたコミュニティや皮革流通や加工を通じてある程度の富を蓄えてい
たコミュニティも含まれている。こうした限定的であれ近代以降の経済機会
の拡大は、とくに大規模コミュニティにおいて内部の経済格差を生み出して
きた。高等教育の留保制度は、中等教育修了者のみが利用できる制度であり、
該当するコミュニティの大半にとっては、事実上、利用は不可能だった。留
保制度については、この制度が実質的に機能し始めた 1970 年代以降、対象
外の上位カーストからの「逆差別」であるとの批判に加えて、制度自体がも
つ限界や、該当するコミュニティ内の上層が複数世代にわたって恩恵を受け
やすい点などが繰り返し指摘されている。

　学歴取得と雇用確保の手段としての留保制度への政治的関心は、1990 年
代になると不可触カースト以外の中間から下位に位置する諸カーストの政治
運動の焦点の一つとなり、1990 年代に入ると長らく放置されてきた第二次
後進諸階級委員会の提言の実施、すなわち高等教育と公務員雇用において指
定カースト・指定部族分と合わせて 50％ 未満までの留保導入が、上位カー
ストからの強い抵抗を招きつつ実施されることになった。それは一面では、
独立当初よりもはるかに広範な層に「教育を通じての上昇」を模索する動き
が広がってきたことを意味する。

◆2　制度改革の試み（2）モデル校の設置

　1980 年代半ばになると、公立学校の劣悪な状況も問題とされるようになっ
た。1986 年には連邦政府レベルにおいて、あらたな教育政策が作成され、
初等教育の普及だけでなく「質」の改善が急務と見なされるようになる。前
述のように、公立学校から初等教育をスタートさせる貧困層や弱者層（とく
に農村部）の子どもたちにとって、高学歴の取得はほぼ不可能であることは
明らかだった。この質の保証、あるいは質の平等の必要性という認識は、私
立学校（の一部）が優秀であり公立学校が劣悪であるという現実のもとで、

私立学校をモデルとして公立学校の改革を図ることを意味した。恵まれない環境にある子どもたちに良質の教育環境を提供し、それぞれの能力によってモビリティを獲得させるという、能力主義と平等化政策が結合した新しいアプローチが試みられるようになったのである。

　全インドレベルでは、1985年に、「ジャワハル・ノボダヤ（Jawahar Navodaya）学校」という名称で、農村部の弱者層（経済的、社会的）の児童を対象とした第6学年から12学年までの全寮制学校が設置される。数校で出発したこの学校は、1県1校を目標にその後も拡大され、現在ではタミル・ナードゥ州を除くほぼ全州に約600校が設置されている。[14] 全インド共通の入学試験の実施、3言語（州言語、ヒンディー語、英語）による教育、優秀な教員雇用、試験ボードに対応したカリキュラムの導入が図られるとともに、よき国民としての義務や規律も強調される。この学校の人気は高く、全インドで統一的に実施される入学試験の倍率は現在では数十倍に上っている。中等教育修了試験（ボード試験）の成績も、上位私立学校に匹敵するほどになった。

　同様の試みは、各州でも導入されている。例えばデリー州（当時は連邦直轄地）では、少数の学校を選択して改革し、エリート私立学校と同様に初等から後期中等（12学年）までの一貫教育を行い、理数系科目を中心に英語で授業ができる修士レベル以上の学歴を持つ教員を雇用する学校が設置された。90年代には、こうした学校では公立学校にもかかわらずバスを使った長距離通学も常態化する状況となる。

　ただし、こうした「水準の高い公立学校」の設置は、既存の学校のすべての改革を大きく改善するものにはならなかった。むしろ大半の学校はそのままの状況で放置され、全体の規模からみればきわめて少数の私立学校モデルの公立学校が付加される結果となった。その結果、公立学校のなかでの多様性が拡大し、学校システムはさらに複雑になった。1990年代後半のデリー調査では、上記の教育の質の格差はもちろん、学制においても、1—5学年校、6—8学年校、1—8学年校、9—10学年校、9—12学年校、1—12学年校など、多種の学校が併存する状況にあった［押川1998］。こうした状況は、その結

果として、学校規模と教員数に大きな相違を生じさせ、校舎の維持管理や教員管理などにおける運営の格差の背景となった。とくに一貫校が設置される中でも放置された1—5学年校や6—8学年校は、デリーのような大都会においてすら学校設備や教員のモラルや指導力の面で、劣悪な状況が長く続くことになる。早くからコンピューター教室が導入された一貫校のすぐ傍に、窓ガラスは破れ、机の数もそろわない1—5学年校が同じ無償公立学校として共存することになった。この状況は、たとえ公立学校を選択せざるを得ないにしろ、親（保護者）の情報収集力や交渉力の違いが、子世代の教育格差を生むことを意味する。

　ここで取り上げた留保制度強化とモデル校設置という二つの制度改革の試みに共通することは、制度全体を抜本的に改革するのではなく、「弱者層」の教育要求を部分的に取り入れようとしたところにある。その結果、弱者層の一部、多くは比較的経済的状況がよく、情報を入手しやすい立場にあり、子どもの将来についてある程度のヴィジョンをもちうる層にとっては機会の拡大が可能になった反面、弱者のなかにさらに排除される部分を残すことになった。また、留保制度は学歴獲得という目的を、モデル校設置は学力という価値を、それぞれ弱者層の教育の改善の文脈に持ち込んだことも指摘できるだろう。それは換言すれば、個人（とその保護者）の努力と戦略を前提とする能力主義という論理の導入でもあった。この2点は、1990年代以降、教育政策に競争原理が本格的に導入されるなかで大きな意味を持つことになった。

第3節　1990年代からの教育をめぐる状況
——子どもの人権、市場化、能力主義——

　1980年代半ばからインドの経済政策では、徐々に規制緩和策が導入されるようになるが、1990年代初頭の国際収支と財政赤字の危機的状況のなかで、1991年には大きな政策転換として「経済自由化」に舵が切られること

になった。インドの経済自由化は、規制緩和、海外直接投資の拡大や海外からの技術導入、非効率となっていた公共部門の整理や補助金削減など、構造調整政策を内容とするが、その実施は漸進的であり、本格的な経済成長は2000年代に入るころからとなる。しかし、この経済政策の転換は、単に経済政策の転換にとどまらず、「社会主義型社会をめざす国民国家」というそれまでの大きな枠組みを外して、パラダイム転換とも呼びうる変化をもたらすものであった。教育も強く反応した領域であり、前節でも触れたような独立後の一定の教育発展をもとに、教育を通じての上昇を求める動きや能力主義がより鮮明になり、教育の市場化や国際化も進むことになった。その一方で、子どもの権利や教育への当事者参加など、国際的な開発理念の変化も教育政策の立案やアプローチに大きな影響を与えるようになる。本節では、そのいくつかの動きを追うことを通じて、今日の教育の状況を考える。

◆1　教育における政府、市民社会、市場のパートナーシップと国際人権条約

　周知のようにインドのみならず多くの途上国の教育政策は、1980年代後半頃から国際的な開発戦略の転換に大きく影響されるようになる。UNESCOは1990年に「すべての子どもに教育を（EFA）」を正式にスローガンに掲げ、人間開発指数やミレニアム開発目標においても、初等―中等教育の普及が人間らしい生活と弱者のエンパワーメントの鍵を握る領域として取り組まれることになった。また1990年代初頭には、「子どもの権利」という概念が国連等主要な国際機関において国境を越えて共有されるべき普遍的価値として認識されるようになり、インドも1992年に「子どもの権利」条約を批准する。国民国家のなかの教育から、より普遍的に、開発の重要事項であり基本権でもある初等教育というコンセプトへの転換がおきたのである。

　インドにおける教育政策の転換は、UNESCOのEFAよりもう少し早く1980年代半ばから開始される。1986年に会議派政権によって策定された「新

第1章　インドの教育制度●——29

教育政策」は、これまでの教育普及の状況に大きな問題があったことを認め、すべての子どもに初等教育の普及を図ることを第一に掲げたという意味で、画期をなすものであった。前節でみたように、1970年代から80年代にかけての具体的な教育制度の改変は、現行の国民国家内で構築されたシステムを前提として部分的な改変を試みたものだったが、80年代半ばからは、この動きと連動しつつも新しい発想による試みが多くみられるようになる。それを担ったのは、教育や児童労働問題など子どもを対象とする活動領域で力をつけていた国内外のNGO、教育研究者、アマルティア・センなどの影響を受けた経済学・社会学などの研究者、弁護士等が組織する司法関連NGO、そして、官僚の一部など教育政策の実務家などの共鳴と協働、いわば市民社会・学界・官界がそれぞれの立場から連携した改革の機運だったといってよい。政府側も教育、人権、ジェンダーなどに関する政府諮問委員会、場合によっては政府機関のトップや上級職員職にNGOや研究者の参加を求めた。1986年の新教育政策のもとに策定された具体的なプログラムでは、NGOや研究者が政策立案から実施にいたる広い範囲で登用され、プログラムの実施については「子どもの権利」の視点から法曹NGO等が監視をする、という方向が定着していった。

　新教育政策のもとで実施されたプログラムのなかには、さまざまな形のインフォーマルな識字教育、給食プログラムなど直接的なインセンティブの導入、通信教育の実施、NGOの教育活動など「学校外」の教育を認定して正規の学校に編入を図る政策など多岐にわたり、2000年代にはいると連邦レベルでは「全児童就学計画（Sarva Shiksha Abhiyan）」という総称のもとに実施されている。図2と図3の認可学校数や生徒登録率をみても、90年代に入る頃から教育水準の拡大が加速してきたことがわかる。とくに1990年代後半になると、識字率や学校登録率において格段の改善を見せる州（ヒマーチャル・プラデーシュ州、ラージャスターン州など）も出現し、一定の成果を上げることになった。これらのプログラムにも見るように、1986年の「新教育政策」以降の教育普及のアプローチでは、通信制の導入や寺子屋的な

前期初等（1-5）学年

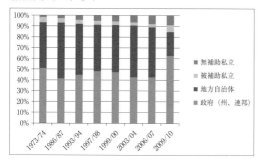

後期初等（6-8）学年

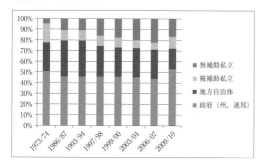

前期中等（9-10学年）

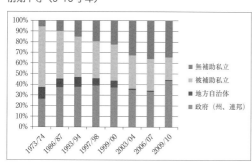

後期中等（11-12）

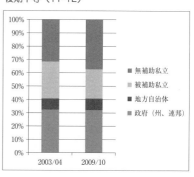

図6　設置形態別の初等―中等学校比率の推移

出所：Ministry of Human Resource Development, *Statistics of School Education 2009-2010*, New Delhi, 2014

「学校」など柔軟な「学校」の形態が試みられるとともに、初等教育普及において NGO など市民社会との連携が重視された。インドの NGO のなかには、M.K. ガーンディーの影響を強く受け貧困層や少数民族の教育普及に古くから携わっていた団体から、国際 NGO の支部組織、宗教集団や政党と連携をもつ組織など多くの潮流があるが、この時期から NGO の多くも独自の代替的な教育プログラムを実践するよりも、程度の差はあれ「教育の主流への合流」、すなわち正規学校の修了資格を取得できる方向への志向が明確に認められるようになる。また積極的に教育政策や子どもの人権確保に関連した政策決定にかかわる NGO も増加している。

　NGO などと並んで、この時期にそれ以前にもまして重要な教育の担い手になってきたのは私立学校だった。先述のように私立学校は、インドの教育史において初めから重要な位置をしめていたが、1980 年代頃から大都市部のみならず地方都市や農村部にまで、多様な形態の私立学校が増加した。図6 は、1980 年代前後から、初等段階では地方自治体立の学校の比率がやや減少し、私立学校、とくに政府からの補助金を受けない非補助私立学校が増加していることを示している。

　被補助私立学校は、教員給与分などに対して補助を受けている私立学校であり、カリキュラムはほぼ公立学校に準ずる。教授言語も地域言語の場合が多い。一方、無補助私立学校には、教育を成長分野とみなして異業種等からの参入で設置される高額授業料を要する学校（こうした学校のなかには国際バカロレアなど国際的な中等教育修了試験カリキュラムを導入する例もある）、すでにエリート校として定着している学校法人が各地に設置するチェーン校、宗教団体など資金力をもつ運営母体をもつ学校など、設備や教員において公立学校とは格段の違いをもつ学校から、ガレージや民家を改装して設置されるような安価な私立学校（Low Fee Private：LFP）学校まで、多種多様な学校が含まれていた。図7 は認可された学校のみを示すが、このほかに、設備、広さ、教員資格等において学校としての基準を満たさない無認可学校も多く存在する［小原 2014］［Ohara 2013］。無認可学校については、「無認可」である

前期初等（1学年—5学年）

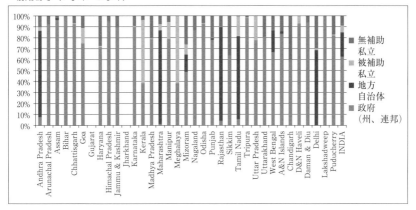

後期中等（11-12）

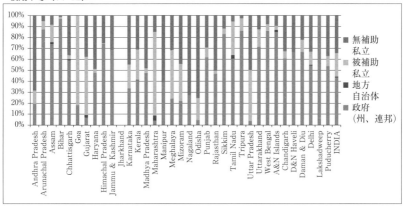

図7　州別学校の設置形態（2009/2010）
出所：Ministry of Human Resource Development, *Statistics of School Education 2009-2010*, New Delhi, 2014

がゆえに統計もなく実態には不明な点が多いが、これらの無認可学校の児童生徒も、学校修了資格を得るためには、いずれかの段階で認可された私立学校、もしくは公立学校に、（少なくとも学籍のうえでは）移動することになる。

　私立学校の増加には、地域的な違いも大きい。図7は2000年代後半の設置形態別の学校数比率を、前期初等（1—5学年）と後期中等（9—12）学年の2段階で、州を単位としてみたものである。前述のように初等—中等段階の学

第1章　インドの教育制度●──33

校は、基本的に州の管轄事項であるため、学校の設置形態には州による相違が大きい。前期初等段階をみると、多くの州において公立学校の大半は州立であるが、デリー州、アーンドラ・プラデーシュ州、マハーラーシュトラ州、タミル・ナードゥ州、ラージャスターン州などでは地方自治体立となっている。私立学校についてみると、その比率の高い州にはいくつかのパターンが認められる。私立学校の比率が比較的高い州には、メガラヤ州、シッキム州など北部や北東部地域の比較的小さい州でキリスト教系ミッションスクールが定着していた地域や、北部の比較的豊かな地域（ハリヤーナー州、パンジャーブ州）、デリー州、連邦直轄地チャンディーガルなどほぼ全域が都市部であるような地域が含まれる。注目されるのは、インド諸州のなかでもっとも教育普及が早かったケーララ州であり、ここでは「被補助私立学校」の比率が高い。ケーララ州は農村・漁村部も含めて低所得者層を対象にしたキリスト教系学校が早くから活動し、その多くが政府からの補助も受けながら低料金で比較的良質な教育を提供してきた。これに対してデリー州、チャンディーガル州、パンジャーブ州などの私立学校の大半は無補助私立学校であり、高額の授業料を要する学校からLFPまで、幅のある私立学校が各層の教育需要の受け皿になっていると考えられる。一方、後期中等段階では、初等段階よりも私立学校の比重が高まる傾向が認められるが、州によって被補助私立学校が比較的多い場合、中等段階まで公立学校が主流の地域など、ここでも州間の相違が大きい。いずれにしてもすべての州で、多様かつ費用の異なる学校が併存している。

　全国標本調査に基づいて家計を分析した宇佐美好文[16]は、教育支出は所得弾性値が高いことを指摘している。ケーララ州など比較的廉価で公立学校に替わりうる被補助私立学校が相当数存在する地域以外では、保護者はより「良質」な教育をもとめて、それぞれの資源に応じつつ「公立学校ではない学校」を選択する傾向をつよめてきた結果とみることができるだろう。

　上記のように、「新教育政策」以降の学校教育は、政府、NGO（市民社会）、民間（市場）の３つのアクターが、相互に依存し補完する「連携」を形成し

て担う構図が生まれた。連邦政府レベルの教育政策のなかでも、政府、市民社会、民間のパートナーシップが提唱されるようになる。国際的にも開発政策の重点が、構造調整偏重路線から貧困撲滅や「人間開発」、さらにジェンダーや人権の重視へと転換したことも、インドの教育政策の転換に大きな影響を与えた。インドの場合は、国際的な開発パラダイムの転換が、外圧として国内政策の変更を迫るというよりも国内に呼応する動きや勢力があり、国際機関の方向の策定に影響力をもつインド出身者も存在していた。これらの人々にとって、国際的なパラダイム転換は、自らが志向する変化の方向の環境を整えるうえで有用だったといってもよい。

◆2　国家知識委員会：経済成長と「教育」

　上記の政策転換を促した背景には、いわば「教育熱の時代」とでも呼べるような学校教育への人々の関心の高まりがある。学校教育への期待が社会の広い層に受容されたこととともに、前述のような「多様かつ格差のある学校状況」のもとで、より多くの児童・学生がより高い学歴やより上質の教育を求めた結果として、初等から高等、専門教育の全ての段階での競争が激化した。その背景には、1990年代初頭のいわゆる「経済自由化」政策への転換が、1980年代半ば以降徐々に導入されていた経済の自由化を加速したことに留まらず、社会全体の思潮を大きく転換させるものだったことを指摘できる。その変化は多岐にわたるが、一言でいえば市場的な価値が浸透し個人の努力と能力による幸せの追究が、「国家建設」といったそれまでの支配的な言説にかわって前面に登場してきた時代になったと言ってもよいかもしれない。また、経済自由化は、一国完結型の経済政策をとってきたインドの場合、「グローバル」な舞台への参加を意味する。それは国際ブランド商品の流入、多国籍企業への就職の可能性（国際水準の所得獲得の可能性）、海外移動の拡大など、さまざまな次元で人々の経済的な願望を拡大させ、教育熱に直結する構造をもたらした。またこの変化が世界的な「情報化」の時代に起きたことは、インドの場合、とくに大きな意味をもつ。インドの経済成長の象徴とも

なったIT技術者のサクセス・ストーリーはメディアを通じて喧伝され、英語の価値があらためて認識されることになった。90年代から2000年代にかけて連立政権の中核を交互に担った国民会議派とインド人民党政権は、若干のニュアンスの差はあれ新たな国民言説として「頭脳立国」を提唱し、大国インドを象徴する優秀なインド人、という言説を多用するようになる。教育と教育が産み出す（はずの）人材こそ、遅れて国際社会に参画した潜在的超大国インドの命運を握る領域とされたのである。

こうした教育への眼差しを端的に示すのが、2006年連邦政府に設置された国家知識委員会（National Knowledge Commission：NKC）である。IT企業家を委員長として、経済学者、企業家等を中心に構成された委員会は、2006年から2009年にかけて活動し、2009年に最終的な提言をまとめている［Government of India 2009］。その内容は、教育に関する規制緩和と市場とのパートナーシップの拡大、高等教育の大幅な量的拡大、初等教育の充実と英語教育の導入などである。独立直後に高等教育の卓越性を保証する機関として設置された大学審議委員会の解体とあらたな高等教育設置の仕組み（市場との連携の拡大）など、従来の教育分野の専門家を中心とした教育に関する議論では触れられなかった領域にも大きく踏み込んだ報告書は、広く関心を集め議論されることになった。教育改革の方向性に関する支配的言説が教育専門家によってではなく、経済専門家や企業家によって提出され、それが大きな影響力をもつに至っていること自体が、2000年代以降の教育をめぐる状況を示している。国家知識委員会報告書の提言をもとに、高等教育機関の量的拡大が急がれた。また報告書が提唱した設置形態や認証評価、海外教育機関の進出等にかかわる改革は、2010年に複数の法案として議会に提出されている。

◆3　政治状況：NDA政権からUPA政権へ——教育政策立案における権力関係の変化

前節でみたように、1970年代前後から教育はアイデンティティ・ポリティ

クスの重要な要求事項として、またグローバル化するインドのナショナリズム言説として、政治的にも大きな課題となってきた。独立期、さらにそれに続くパッチワーク的な修正期を経た教育制度がそのままでは、こうした大きな課題に適応しないことも明らかであり、初等教育から高等教育にいたる全体的な教育制度の見直しが図られることになる。

1980年代末に会議派政権が下院選挙において敗北したのち、全国政党に加えて地域政党、あるいは特定のカースト等に基盤をもつ政党などが並立し、インドは連立政権の時代を迎える。1990年代初頭の混乱期を経て、1990年末から2000年代になると、連立の行方はインド人民党（BJP）を中心とする国家民主主義連合（National Democratic Alliance：NDA）と国民会議派を中心とする統一進歩連合（United Progress Alliance：UPA）の二つの陣営にほぼ整理されてくる。

1990年代半ばから2004年までのほぼ10年間にわたって、政権をとったのはインド人民党を中心とする連立政権だった。ヒンドゥー・ナショナリズムを掲げる同政権は、教育分野においても強力に「ヒンドゥー化」を進めようとした。インド人民党およびその背後にあるサング・パリワールと総称される諸団体が、「左翼的」あるいは「ムスリムにおもねっている」と見なした歴史学、考古学、教育学などの学術組織への介入や、教科書の改訂が行われた。社会科学分野を広くカバーし、研究機関への資金配分や研究資金・奨学金等の運営、海外との研究教育分野での協力窓口となっていたインド社会科学審議会（Indian Council of Social Science Research）やマルクス主義歴史研究が主流だったインド歴史研究審議会（Indian Council of Historical Research）などに対しては露骨な人事への介入が行われ、学術分野において独立後ほぼ完全に研究の自由が保証されてきたインドではきわめて異例の事態として大きな波紋を呼んだ。全インドレベルの初等―中等教育カリキュラム基準版（National Core Curriculum）となる教科書を作成していた国立教育研究研修審議会（National Council of Educational Research and Training: NCERT）も例外ではなく、1999年にNDA政権によってインド人民党の政治家M. ジョシ

（M.Joshi）に近い S. J. ラージプート（S.J.Rajput）が長に任命されると、歴史教科書の書き換えや、教室におけるヒンドゥー神への讃歌の導入などが行われた。インド古代史の叙述をヒンドゥー中心の記述に書き換え、ムスリム支配を「外国支配」として位置づけることなど、ヒンドゥーイズムを強調した改編が試みられている。

その一方で、1986 年の国家教育政策をうけて、1990 年代以降「全児童就学計画」として取り組まれていた初等教育の普及については、2002 年に連邦議会において第 86 次憲法改正が通過し、6 歳から 14 歳までの子どもに対する無償義務教育の導入が、それまでの政府の努力目標から義務に引き上げられることになった。ただし、その後の数年間の NDA 政権のもとではこの憲法改正は放置され、それを具体化する法案作成には至らなかった。また、独立前から継承されてきた連邦レベルでの中央教育諮問委員会（Central Advisory Board of Education：CABE）も、1994 年を最後に会議が開催されない状況が続くなど、教育に関する意思決定は異常事態に陥り、とくに研究者や NGO の意見を聴取する回路が閉ざされた状況が続いた。

その NDA 政権が 2004 年の 4 月から 5 月にかけて実施された連邦下院選挙に敗北し、国民会議派を中心とする UPA 政権が成立する。

教育分野においては、前述のようにこの時期は、子どもの人権という認識の普及や子ども中心の教室運営などに内外の関心が集まっていた時期であり、上記の NDA 政権の教育への介入には、教育学や社会科学分野の研究者のみならず官僚のなかにも強い抵抗があった。また、UPA 新政権にとっては、NDA 政権との相違を明確にし、ネルー以来の国民会議派が自認してきた進歩的で科学的、およびマイノリティ（ムスリム）に対する穏健なイメージを強調するうえでも教育改革は重要であった。新政権は、国民会議派の大物政治家アルジュン・シン（Arjun Singh）を人材開発大臣に据えて、発足後間もなくから改革に取り組むことになる。

改革の第一点は、NCERT の改革、あるいは正常化である。新政権は大学審議委員会（University Grant Commission：UGC）元議長ヤシュ・パル（Yash

Pal）らに相談しながらNCERT所長人選に着手する。その結果、9月には、デリー大学教育学部の教授で、試験偏重を批判し子どもの体験を重視した学びを提唱してきたクリシュナ・クマール（Krishna Kumar）が新所長として任命された。クリシュナ・クマールのもとでNCERTはまずコア・カリキュラムの改革に取り組むが、それはNDA政権色を払拭して元にもどすというよりも、世界的な新しい教育思想を導入して、試験を前提とした暗記重視の内容ではなく「考える」学習、子ども中心の授業、そして市民としての自立の促進、とまとめられるものである。とくに社会・歴史等において、この傾向は顕著にみられた。

　もうひとつは空洞化していた中央教育諮問委員会の再構築である。CABEは、1920年に設置され、その後いったん廃止されるが、1935年に再設置され、そのまま独立インドに引き継がれた。1990年に現在の形態に再編されている。CABEは、連邦政府、地方（州）政府、教育行政にさまざまなかたちで携わる機関、および「識者（教育学研究者や教育NGOなど）」を構成メンバーとしている。基本的な構図は、連邦政府の人材開発省が政府方針を説明し、それに対して他の委員、とくに州の教育担当者から当該州における実施にあたっての諸問題が提起され、さらに連邦政府からの説明と識者の意見が述べられる、という形式をとる。また、主要な課題について小委員会が設置され、その報告書が連邦政府からの方針説明に反映されることが多い。政権発足直後のUPA政権は、政府情報の公開を義務づける「情報権利法」の制定にもみるように、市民社会に開かれた法制化の動きを強めており、新CABEの構成も、後述のようにNGOなどからも多数の委員を含むものとなった。

　上記のように、インドの教育制度改革にかかわる政治状況は2004年に大きく転換する。UDA政権（BJPを中心とする連立政権）の教育への「ヒンドゥー・ナショナリズム」の導入の反動として、2004年の政権交代は教育改革における方向転換を一挙に進める環境をもたらした。ある意味では、コタリ委員会報告書が端的に示した国民国家型の教育制度を前提としてきたこれまでの教育議論の主流を旧政権とともに過去に押しやり、1980年代末、とくに

1990 年代前後から明確になってきた子どもの権利や子ども中心主義、私立学校の存在を前提とした制度設計、政府・市民社会・市場のパートナーシップといったアイデアが前面にでる環境を整えたといえるだろう。

◆4　初等教育の改革「無償義務教育に関する子どもの権利法」——制定のプロセスとその内容

　1990 年代後半から 2000 年代初頭の UDA 政権期に教育行政は混乱したが、その前の 1980 年代から 90 年代初頭にかけての時期には、1980 年代の新教育政策（1986）をうけて、初等教育普及を含む新しい目標を設定した行政の対応がとられていた。1985 年に人的資源省のなかに設置されていた「子どもと女性の開発部（Dept. of Children and Women Development）」が調整部局となり、1992 年に「子どものための国家アクションプラン」が策定され（2005 年に新アクションプランが策定される）、子どもの権利条約（1992 年批准）に即して具体的な目標が設定された。各州において州担当部局や NGO を交えたワークショップが開催されている。

　そのなかであらためて課題となったのは、初等教育の普及の問題だった。前述のように 1986 年の新教育政策の頃から初等教育完全普及計画（UEA）が取り組まれていたが、法的な根拠として憲法に明記する必要から、2002 年、第 86 次憲法改正として第 21 条 -A が追加された。第 21 条 -A では、6 歳から 14 歳までの児童に、無償の義務教育を提供すること、6 歳未満の全ての児童には十分なケアが提供されるように努力することを国家に義務づけることが定められた。ただし、憲法改正はそれだけでは政策変更を意味しない。新しい憲法条項を実施するためには、連邦レベルでの法律の制定と、それに準じた州法制定、さらに実施規則を定める必要がある。2004 年の政権交代直後から、その法制化が主に CABE を舞台に進められることになった。連邦レベルでは、この法律は「無償義務教育に関する子どもの権利法（Right of Children for Free and Compulsory Education：RTE）」として 2009 年に制定されることになる。

法の制定については、NGO 等の活発な活動があり、2003 年には子ども
の教育分野で活動実践のある NGO が草案を提出する動きが始まっていた。
法律案の策定自体は、政権交代後、10 年ぶりに開催された CABE に諮問
され、2004 年にそのための小委員会が設置される。同小委員会の事務局
は、当時の国立教育計画行政研究所（National Institute of Educational Planning
and Administration：NIEPA、現在の国立教育計画行政大学　National University of
Educational Planning and Administration：NUEPA）におかれ、同研究所の教員
数名も、委員資格はないものの実質的な検討の場に同席した。

　後述するように、このとき作られた 2005 年案は、多少の変更があったに
しろ、2009 年に成立した法案の骨子をほぼ決定している。したがってその
性格を考えるためには、CABE とその下に設置された小委員会の性格、お
よびメンバー構成をみておく必要がある。前節でも触れたように、CABE は、
連邦政府の人的資源相を議長として、連邦政府関連部局、全インドレベルの
教育関係機関、州政府教育関係部局からの職指定のメンバーに加えて、有識
者が人的資源省によって任命されている。オブザーバー以外でも 90 名を超
える委員会であり、原則として年 1 回の会合を開催することとされた。この
時点での任期は 3 年、のちに 5 年に延長され、2009 年からは新メンバーに
なっている。大半のメンバーは職指定、もしくは州代表だが、識者として任
命された委員の構成をみると、著名な作家や芸術家、政治学・社会学・教育
学などの研究者とともに、IT 産業の会長・社長や企業者協会の会長などが
含まれており、これらの委員をふくめて何らかの形で NGO や市民運動など
の創始者あるいは密接に関わっているメンバーが相当数含まれている。また
研究者の多くは比較的若い世代の研究者であり、教育を「国家」の視点でみ
るよりも、子どもの権利や経済発展の文脈でとらえる研究者が多い。企業か
らの委員は IT 関連企業や生化学企業の関係者であり、「教育」と経済発展、
とくに企業の求める人材の検討にあたって、IT や生化学など先端的な「頭
脳企業」が最重要視されたことも示している。この点は、ほぼ同時期に設置
された国家知識委員会（National Knowledge Commission）とも共通しており、

第 1 章　インドの教育制度●──41

教育のおかれた文脈を考えるうえで興味深い。いずれにしても、2004年の CABE 新メンバー構成は、90年代から約10年間続いた CABE 不開催期の間に、こうした場で教育を論じるに足る「識者」と見なされる人々が大きく様変わりしたことを示していよう。

　ただし、CABE は連邦レベルで年に1回開催される「正式の」会合という性格が強く、実質的な政策立案の詳細を議論する場ではない。RTE を考えるうえでは、2004年に CABE 内に設置された小委員会のほうが重要である。小委員会は、連邦政府科学技術大臣のカピル・サイバル（Kapil Saibal）のほか、州政府から5名、識者委員として、貧困層児童の教育 NGO の活動に長く取り組んできたアニル・サドゴパール（Anil Sadogopal）、アーンドラ・プラデーシュ州において児童労働問題に取り組む NGO を指導してきたシャンタ・シンハの NGO 経験をもつ研究者2名、実業家2名、コア・カリキュラムを作成する NCERT から委員長を含む2名、連邦政府の少数民族担当省庁から1名、および事務局として国立教育計画行政研究所から1名が加わった。この小委員会の議事録は一部公開されているが、議論において重要な役割を占めたのは、識者メンバーと研究者であり、このメンバー構成が RTE の最初のアイデア形成に重要な意味をもつことになる。小委員会で作成された案は、CABE の決定をへて、2005年には、人的資源省から57条からなる法案が議会に提出されている。この時の上程案は、長い序文に続いて子どもの教育権、政府（連邦、州、地方自治体）、学校、および保護者の義務、学校設置や認可条件、保護者や第三者の学校運営参加の保証、子どもの教育権侵害をチェックする機関の設置、そしてこの法案でもっとも議論を呼んだ私立学校の第1学年入学者の25％を「不利な状況にある（disadvantaged）」および障害児を優先的に無償に入学させることが盛り込まれた。また子どもの教育権の一部として、「年齢に応じたクラス」で学ぶ権利や落第の禁止、入学にあたっての入学試験（学力試験、保護者・本人への面接）の禁止など、子どもを選抜の対象とすることを否定する条文も盛り込まれた。

　この法案はその後、議会においていくつかの点で修正を経たのち、2009

年に成立する。独立後 60 年を経てようやく 8 学年までの基礎教育が義務化されたのである。成立後の 2010 年には、25％枠の対象となる「障害児」の規定等についての修正が行われている。上程案と比較すると成立案は、私立学校の優先枠の対象、すなわち「不利な状況にある」子どもの対象をカースト基準にする点などの調整が行われたものの、上程案のもつ踏み込んだ内容をほぼとどめており、原案作成に参画した教育研究者が「歴史的な」法案と呼ぶ内容となった［牛尾 2012］［Juneja 2012］。

　RTE の制度的特色について、簡単に触れておこう。まず、RTE は、子どもの教育権を強調する。サージェント報告書では、子どもは市民として社会化されるべき対象として、コタリ報告では国家を支える人材として位置づけられ、教育の必要性はその上に論理化されるが、RTE では、子ども本来の権利として教育がまず措定される。そのうえで、全ての子どもは、6 歳から 14 歳まで（修了できない場合はその後も引き続き）近隣学校において無償義務教育を受ける権利をもち、年齢に応じた学年で学ぶ権利を有し、そのために子どもの学習に障害が生じる場合は、特別な配慮を求める権利を有することが明記される。その子どもの教育権を保証するものは、国家の教育供給の義務である。日本では義務教育の義務は一義的には保護者が負うが、インドでは国家の役割が強調され、通学可能圏内に一定基準を満たす学校設置義務、学校設置と運営の財政的義務、カリキュラム作成・教員養成義務だけでなく、子どもが教育権を行使し実際に学ぶために転校手続きや 8 学年で修了できない場合の継続など、事細かにその義務の内容を既定している。また、学校運営に地域社会や保護者が参加する運営委員会の設置を義務づけるとともに、連邦政府レベルと州政府レベルの両方に、「児童人権状況監視委員会」を設置し、上記の義務を履行しない各段階の政府や学校運営者、教員個人に対して告発の権利を与えた。

　上記のような基礎教育普及における政府義務の明確化、および保護者や地域社会の教育への関与とともに、RTE は、「不利な状況にある子ども」を対象にして、近隣の私立学校がその定員の 25％を無償で入学させ他の子ども

と分離せずに教育すること、政府は、公立学校における児童一人あたりの経費と同額の補償を各私立学校に供与することが盛り込まれた。この項目については、多くの異論が提出された。まず「不利な状況の子ども」の解釈をめぐって、草案作成にあたった CABE 小委員会は原則として経済的弱者および障害児童を想定していたが、法案審議の過程において指定カースト・指定部族、その他の社会的教育的後進諸階級、および社会的、文化的、経済的、地理的、言語的、ジェンダー、その他の理由で「不利な状況にある」と当該政府が官報によって指定する子どもと修正され、事実上カースト基準が導入されることになった。その意味では、高等教育において定着したカースト単位の留保政策と同じアプローチが基礎教育においても適用されたことになる。さらに、こうした私立学校への優先入学保証は、事実上、公立学校と私立学校の間に教育水準格差があることを認めた制度であり、公立学校の質的向上による教育の平等化という観点からみると大幅な後退であるとする批判もある。とくに私立学校への政府の一定の補償は、教育の市場化を促し教育弱者層の底上げにはならないとする批判的見解と［Sadgopal 2008］、より積極的明示的に教育バウチャー制度を導入することによって市場も動員して教育行政不全を補うべきであるという見解［Centre for Civil Societies 2006］が、研究者や NGO を二分するかたちで展開された。

　別の視点からみると、RTE は、独立後 60 年を経て、ようやく基礎教育を法律としても義務化しただけでなく、サージェント委員会、コタリ委員会がそれぞれの論理にもとづいて繰り返し求めてきた「強い教育行政」の導入を求めたものであった。また一面では、私立と公立学校の二重性や教育とコミュニティの結合という実態を認めたうえで現実的な弱者の教育水準を図ろうとしたものともいえる。

　しかし RTE に関する最大の批判は、上記のような内容に関する事項というよりも、その実現可能性にあった。RTE は連邦法であるため、具体的な実施は、各州において RTE をもとに州法と実施規則を作る必要があり、2009 年の RTE 成立以降、州ごとに立法化が図られた。もっとも難しい問題

の一つは、基準を満たす学校の設置と基準外の学校の処遇をめぐるものである。とくに都市部では、認可基準を満たさない無認可学校が、実態としては相当数の児童の教育の受け皿になっている。無認可であることからその規模や数においても不明部分が多いが、NCERT の調査によればその数は、2000年代初頭の段階で前期初等（1—5 学年）約 6 万 5,000 校、後期初等（6—8 学年）で 2 万 6,000 校にも及んでおり、とくに都市部では教育システムを補完するものとして「影の制度」として機能している［小原 2014］。RTE 法の成立により、これらの学校については原則として法の実施（2010 年）から 3 ヵ年以内に基準を満たすように改善をはかり認可学校とすることが求められていた。しかし、校舎や設備、教員資格をもつ教員数確保等の改善は早急には難しく、州によっては基準を緩和するなどの方策がとられるなど、事実上閉鎖はできない州が大半をしめており、整備された高額の授業料を必要とする私立学校から、公立学校、さらに無認可私立学校まで格差をもつ学校が現在も併存しているのが現状である。もう一つの課題であった私立学校の 25％優遇枠については、まだその成否を判断するほどのデータはない。デリー州など都市部では、この枠への申請や選抜（デリー州の実施規則では、試験やインタビューは規則違反とされ、抽選のみで実施されている）の公平な実施を補助するための NGO 等の活動もあり、多くの学校で実施に移されている。社会的経済的なバックグランドを異にする子どもたちの成長過程や社会関係も含めて、長期的な視点からの検討が必要であろう。

　RTE 法の成立ともに、2000 年代の初等教育改革を象徴するのが、全国的な学校調査（学校報告カード調査：SRC）である。州による学校設置形態の違いや州教育行政の不備から、認可されている学校や公立学校についても、各校ごとの実態の把握ができていないのがインドの教育行政の実情である。そのデータ不備を補う観点から、国立教育計画行政大学（NEUPA）を中心に、全国のすべての学校 (2011 年度以降は一部無認可学校を含む) の学校規模（児童数、教師数）、学制上の位置づけ（前期初等のみ、前期初等—後期初等、後期初等のみ、など）、設置形態、所在地、校長名、主要設備（トイレ有無、図書室等）、指定カー

スト・指定部族児童数、男女別生徒数などの基本情報をカード形式で集め、データベース化し、インターネットで公開する作業が続けられている。2010—11年調査でカバーされた学校（1学年—12学年[17]）の総数は130万校余、そのなかには3万4000校の無認可学校が含まれている。この調査により初めて、全インドレベルで学校の地理的分布や規模、設備や有資格教員数等の全体的状況の把握が可能になった。同様の試みは2009年から、高等教育にも適用され、全インド高等教育調査（All India Survey of Higher Education：AISHE）として実施されている。学校数の多さにも示されるようなインドにおける教育普及の規模と、こうした調査によらなければ同一項目の情報が収集できないところにも、インドの教育の「規模」の大きさと錯綜した状況、教育行政の弱さが示される。

◆5　高等教育：量的拡大と質保証

　独立期から1980年代の高等教育の動きにみたように、インドの高等教育制度は、大学にカレッジが「提携」する形態をとっている。カレッジは基本的に研究機関ではなく教育に特化した機関であり、カリキュラムや修了資格（学士号）試験は大学側が決定する形態である。またこうした大学・カレッジ制度の外側に、理工系・医学系を中心にカレッジから修士課程まで一貫して教育する高等教育機関が設置されている。日本でもよく知られているインド工科大学諸校やインド経営大学諸校、インド情報技術大学諸校などはこのタイプである。また、インド社会科学審議会（Indian Council of Social Science Resource）など、各分野に設置されている政府機関等から資金配分を受ける独立した研究所の多くは、博士課程教育も行っており、行政的な位置づけでは「大学と同等とみなされる」研究機関とされている。カレッジへの入学は、12学年修了時の中等教育修了試験（いわゆるボード試験）成績を持ち点として、各カレッジが提示する「カットオフライン（下限点）」を充たす受験生が応募することができる。7月から新学期が始まるインドでは、ボード試験が実施される3月からカットオフラインが公表される5月から6月にかけて、一喜

一憂する若者たちがメディアにも頻繁に登場する。

　大学やカレッジなど高等教育機関の設置と予算配分は、大学審議委員会（UGC）の任務とされた。UGCは、サージェント委員会でも設置が提唱され、1956年に設置された委員会であり、基本的には高等教育の大衆化が進む前のイギリスの高等教育制度、すなわち高等教育機関には高度な研究水準と自治を認める制度を原型としている。そのため、インドの高等教育における大学設置数増加は、1990年代まできわめて緩やかなものとなった。すでに度々触れているように、国民経済形成に求められる人材、とくに理工系の教育研究については、一般的な大学の形態ではなくインド工科大学諸校やインド経営大学諸校に代表されるような特定分野に限定した研究教育機関やUGC、あるいは州政府等が資金を補助する独立した研究機関が担ってきた。

　一方で、製造業部門の発展が遅れるなかで、初等から中等教育修了者の安定的な雇用の拡大はきわめて限定的だった。1970年代から80年代になると公的雇用などを目指して高等教育需要が高まり学歴インフレとも呼びうるような現象が起きる。こうした需要にこたえて、地方都市や農村部も含めてカレッジ数は年を追うごとに増加することになる。その結果、少数の大学が多くのカレッジを提携する現象に拍車がかかった。例えばデリー大学の場合、2014年現在で97のカレッジが提携されているが、これは例外的ではない。これら多数のカレッジのなかには、難関の名門校から中等教育修了試験をようやく「合格（パス）」した学生入学可能な夜間カレッジまで、大きな幅をもつカレッジが含まれる。当然予想されるように、教育内容に大きな幅のあるカレッジが一つの大学のもとで発展することは容易ではない。また提携が得られないまま（つまりUGCの認可も得られないまま）「カレッジ」を自称する無認可カレッジの存在も、北部諸州などいくつかの州で報告されている。図8と表1は、大学および大学と同等とUGCが認めた教育研究機関数、および登録学生数の推移をみたものであるが、上記のような高等教育の量的拡大が1990年代から加速し、2000年代にはいると爆発的な増加にいたっていることが示されている。ただし図9が示すように、高等教育の浸透にはいまだ

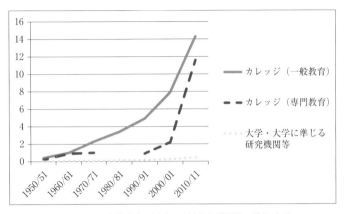

図 8　高等教育の拡大：高等教育機関数の推移（千）
出所：Ministry of Human Resource Development, *Statistics of School Education 2009-2010*, New Delhi 2014

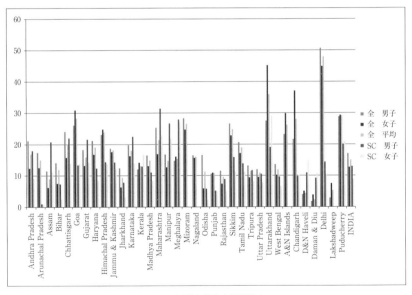

図 9　州別高等教育登録比率
注：登録率（GER）高等教育機関に登録した生徒数を当該年齢（18歳—23歳）人口で除した数値
出所：Ministry of Human Resource Development, *Statistics of Higher and Technical Education 2009-2010*, New Delhi, 2011

に大きな地域間格差、コミュニティ間格差が残されていることにも留意する必要がある。

　高等教育の設置形態、とくに私立カレッジの存在も大きな課題になってきた。大学レベルでの私立大学比率はまだ比較的小さいものの1980年代以降、私立カレッジ数が急増するが、なかにはカレッジとは名ばかりの教育水準のものも含まれている。また、理工系や医学系など、将来の就職につながるとみなされるコースを中心に、一般的な授業料水準（UGCから財政補助を受けている場合には、一定の制限がある）をはるかに超える「自己資金コース」を設置して、通常の入学試験水準に満たない学生を入学させることも認められるようになった。1980年代以降、教育分野への新規参入が進み多くの私立カレッジが創設された地域、とくにタミル・ナードゥ州やカルナータカ州には、北部諸州からも高額の授業料を負担してB.ScやMBBSなどの資格取得を目指す若者が移動するようになっている。私立カレッジの増加は、高まる教育需要の受け皿にはなったものの、カレッジレベルの教育水準の格差拡大や「学歴を買う」傾向なども強めてきたのである。

　高等教育の量的拡大と大衆化に即した高等教育機関の認証評価のシステムもきわめて不備な状況が続いている。インドの認証評価システムは、機関としての設置認可はUGCが行い、UGC財政支援の有無でカテゴリー分けをしている。一方、評価についてはすべての高等教育機関を対象とする統合されたシステムはなく、義務化もされていない。理工系機関については全インド技術教育審議会（All India Council for Technical Education：AICTE[19]）が、その他の機関についてはUGCのもとに設置された国立評価認証審議会（National Assessment and Accreditation Council：NAAC[20]）が評価を実施することになっている。ただしカバー率には地域差が大きく、南部や西部諸州ではこれらの評価をうけた機関が多いが、ビハール州やウッタル・プラデーシュ州など教育状況の悪い地域ほど評価システムそのものが普及していない傾向がある。

　このようにインドの高等教育は、イギリス型の少数精鋭のエリート養成を基本とするシステム設計のうえに国民国家の人材育成の養成による高等教

研究機関が追加された制度的枠組みのなかで、カレッジレベルを中心とする高等教育の量的拡大が進行している状況にある。制度的矛盾の結果として、研究と教育、とくにカレッジレベルの教育との不接合や、高等教育の大衆化のなかでカレッジレベルに求められる教育内容の改革に取り組みにくい構造となっている。そのなかで「高等教育」の現実的意味は「学歴」に偏重し、カレッジ・ランキングへの関心が示すような高等教育のブランド化や、高学歴失業の問題が深刻化している[21]。

　高等教育の改革の方向については、前述した国家知識委員会の報告書をはじめ、すでにいくつかの議論と法制化が進められている。インド政府は、国家知識委員会報告書をもとに、量的拡大と進学率の向上（目標値は2016/17年までに同年齢の21%、2020年までに30%）、新規教育機関（とくに理工系および専門教育）設置と既存機関の拡大による教育機関数の拡大、社会的弱者の高等教育進学支援、地域格差の解消、教員の質向上、研究の充実、国際機関・外国政府、海外の大学等との連携強化、高等教育機関の自律性の確保と効率的運営の強化をうたっている[22]。この問題についておそらくもっともまとまった議論を展開しているラワン・アーガルワルも、改革の焦点として、アクセスと平等の保証、財政基盤強化、質の保証、管理の枠組みなどをあげており[Agarwal 2009]、課題の領域としてはほぼ政府の掲げる改革領域と一致している。今後も拡大が予想される高等教育を、現行の制度のもとで秩序のある展開に導くことは不可能であることは明らかである。

　その具体化として、2010年に複数の法案が議会に上程された。その後の政権交代があり、現在のところ成立の見通しは不明である。そのうち主要なものは、以下のとおりである。

Educational Tribunals Bill 2010

The Universities for Research and Innovation Bill 2012

The Foreign Educational Institutions（Regulation of Entry and Operations）Bill 2010

Higher Education and Research Bill 2011

The National Accreditation Regulatory Authority For Higher
Educational Institutions Bill 2010

　法案タイトルにも示されるように、高等教育における民間資本や海外提携に一定の道筋を開き、高等教育の監督権限の一元化や認証評価の導入を図ろうとする法案であり、世界的な教育改革の流れにも呼応する方向が示されている。ただし、これらの法案については、高等教育の平等性確保の観点や、海外教育機関への門戸開放がインドのニーズに見合うものか、といった観点から異論も根強く［J. B. Tilak 2010, 2014］、2014年には政権交代もあり、成立の見通しはたっていない。

　さらに高等教育改革については、改革の法制化の遅れよりも、より基本的な問題がある。たとえ改革法案が成立したとしても、全インドで3万を超えるカレッジの質の向上を図ることは容易ではない。評価について見てきたように、制度としてはあっても、もっとも改革が必要な部分における実施過程が問題なのである。こうしたカレッジが、拡大しつつある高等教育の受け皿と実際に学生が存在する以上、法的規制をかけたとしても強制的な「退場」を実現することはきわめて難しいことは、「無償義務教育に関する子どもの権利法」による無認可学校の閉鎖と同様である。この点については、州による相違にも留意しつつ、今後とも実態面からの検証が必要である。

おわりに

　以上、独立期から今日までのインドの教育システムの特色を概観してきた。それは、教育における平等、当事者の選択の保証、普及と質の保証など今日の日本にも通じる近代学校教育における根源的な問いをめぐる模索のプロセスだった。インドの「現実」は、これら近代から現代へと通じる学校教育の諸理念を、あたかもトレードオフの関係にあるかのように提示させてきた感がある。冒頭で言及した「サージェント報告書」は、実現されなかった提言

であるだけでなく、インドの実態からではなく近代学校教育の論理から導きだされた机上の論であるが、すべての基本に「普遍的で良質な初等教育の完全普及」を措定したという点において、その後の状況を考える基本的な視点を示唆するものでもあった。独立後のインドの教育制度は、この礎石を欠いたまま補強板が加えられ、建て増しが行われてきた。その結果、今日の教育システムは全体的な統合性をかく巨大なラビリンスの感がある。複雑であるだけに一挙に崩壊はしないが、相互に関連しあう矛盾と利害のなかで統合性のあるシステムへの改革には今後も多くの困難が予想されると言わざるを得ない。

　しかし、別の見方をすれば、この過程は約半世紀の時間をかけて国民のほぼすべての人々が「教育」を受け入れ、程度の差はあれ、それぞれの資源とヴィジョン、戦略のもとに教育に参加してきた軌跡でもある。当事者たちは制度の対象としての受け身の存在のように見えながらも、その数や選択を通じて、ときには運動や要求を通じて、制度そのものを変えてきた。その意味では巨大なラビリンスは、彼ら自身が形成したものでもある。

　2000年代に入って、初等教育が一応ほぼ普及するようになり、高等教育の拡大が進行するなかで、インドの教育システムは、もう一度基礎からの見直しの時期を迎えている。2009年の「無償義務教育に関する子どもの権利法」は、「普遍的で良質な初等教育の完全普及」の重要性を再度確認するものだった。

　礎石の強化を前提としたうえで、取り組むべき課題を三つあげておきたい。

　一つは、本章ではほとんど言及しなかった中等教育改革である。2000年代に入って、初等教育や高等教育については多くの改革が議論されてきたが、中等教育に関しては前期中等教育修了試験の実施を選択制にすること以外はみるべき改革はない。初等と高等教育の結節点として教育システムの統合の要の位置にある中等教育が看過されること自体、インドの教育システムの課題を示している。中等教育改革については、初等教育改革の進展と新しい高等教育のあり方のなかで中等教育の位置づけを再構築することとともに、職

業訓練や技能系学校の改革など雇用市場との連携も必要である。政府目標どおりに2020年度までに高等教育登録率30％が達成されたとしても、国民の過半は中等段階で教育を修了するのであり、より実践的で高度な中等教育の必要性は今後ますます大きくなっていくと考えられる。

二つ目の課題は、国家戦略のなかにおける教育の比重である。表2に示すように、多くの改革が求められる中でも教育関連予算の対GDP比率は3％台を推移している。本章で

表2　GDPに占める教育費支出

	％
1951/52	0.64
1960/61	1.48
1970/71	2.11
1980/81	2.98
1990/91	3.84
2000/01	4.28
2005/06	3.34
2009/10	3.98

出所：Ministry of Human Resource Development, *Statistics of School Education 2009-10*, New Delhi, 2014

見てきたような課題の大きさ、領域の広さを考えるならば、今後もし同水準の予算で推移するならば、改革の多くは頓挫せざるを得ない。インドは未だに若い国であり、総人口に占める15歳未満人口が約30％、15歳から35歳未満人口が約35％、合わせると35歳未満人口が人口の3分の2を占めている。基礎教育など基本的な部分に公的資金を重点化し、教育システムの礎石を強固にすることが求められている。

最後に、本章をほぼ脱稿した時点で成立したインド人民党モーディー政権下の教育政策についても注視していく必要がある。政権成立直後から国立教育研究研修審議会やインド歴史協議会など教育や人文系・社会科学系学術機関の人事が変更され、あたかも1990年代半ばの前インド人民党政権時と同じような状況が起きつつある。UPA政権化で図られてきたRTE等に象徴される「子どもの権利」としての教育や市民的価値観を重視した改革は今後どのように変わっていくのだろうか。いたずらな変更は教育の「政治化」をもたらし、最も必要とされている改革を遅らせるだけである。

注 ——————————————————

（1）　インドの識字率を示す時系列データとしては一般的に10年に1度実施される

第1章　インドの教育制度●——53

センサスデータが用いられる。センサス時の識字率調査方法は、簡単な文章の読みと自分の名前の筆記程度である。

(2) 生徒登録率（Gross Enrolment Ratio：GER）は学校の記録簿にある生徒登録数を当該学年に就学すべき年齢の児童数で除した数値。ただしインドの場合は、就学年齢どおりに入学しない児童や原級据え置き等によって規定よりも長く在籍する児童が相当数存在することに加えて、子ども一人一人の学校在籍状況を把握する統計がなく、一人の児童が複数の学校に登録することもある。これらの理由により、生徒登録率は実際に就学している児童の比率よりもかなり高く算出される傾向があり100％を超える数値となることも珍しくない。とくに教育行政に不備が大きい州ほど、その傾向が著しい。

(3) インドの民族運動に多大の影響を与えた Mohandas Karamchand Gandhi（1869-1948）は、南アフリカでの実践やインド帰国後の経験を通じて、1930年代になると不可触民問題や教育等について政治的独立を超えた独自の思想を展開するようになる。教育においては、子どもの人格の発達を重視し、母語による労働と結合した教育論を主張した。1937年にワールダーにおいて教育会議を開催し、委員会を設置してその具体化をおこなった。独立後は、経済計画文書等にガーンディーの理念は一部取り入れられたが、主要な制度設計は近代学校教育の普及に向かった。

(4) ベンガル出身の芸術家 Rabindranath Tagore（1861-1941）は、生徒が教師との人格的交流を通じてその知的・芸術的可能性を開花させることができる教育の場として、一家の所有地であったベンガルの小村にシャーンティニケタン（平和の地 Shantiniketan）を開設し、1913年のノーベル賞受賞賞金をもとにヴィスワバーラティー大学へと発展させた。独立以降、同大学は連邦政府が運営する大学として今日に至っている。

(5) グジャラート・ヴィディヤピート（Gujarat Vidyapith グジャラート大学）は、1920年に M.K. ガーンディーによって Rashtrya Vidyapith （民族大学）として創設された高等教育機関。植民地政府の管轄外にインド人のための高等教育機関を創設しようとするガンディーの呼びかけのもとで、1920年代から1930年代にかけて各地で同様な学校が創設され公立学校から多くの学生が移籍した。その後、学校教育制度が確立するとともに次第に減少した。アフマダバードに創設されたグジャラート・ヴィディアピートは、1963年に「大学に準ずる教育機関」（deemed university）の認可を受けて現在に至っている。

(6) 宗教教育を主眼にするものもあるが、例えば北部地域に強い影響力をもったアーリア・サマージが設立にかかわった DAV 学校（Dayananda Anglo-Vedic Schools）のように、近代教育をとりいれつつ地方都市の教育普及に大きな役割を残した学校も多数存在する。

(7) 基礎教育の義務化を国家の努力目標から国家の義務に変更する第87次憲法改正

は、2002 年にようやく実現した。

(8) ［Bureau of Education 1944］p.2.

(9) 1970 年に共管事項に変更された。

(10) 国立教育研究研修審議会（National Council of Educational Research and Training：NCERT）が、教科ごとに作成している。

(11) Council for the Indian School Certificate Examinations (CISCE). 1952 年に、それまで多くの英語による教育を行っていた私立学校が採用していた Cambridge School Certificate Examination に替わる全インド試験ボードとして設立された。現在前期初等（10 学年）および後期中等（12 学年）の修了時に英語による試験を実施しており、とくに南部、西部、東部インドの私立学校の参加数が多い。

(12) ただし、2010 年代に入っても、就学年数や入学年齢、学年ごとのカリキュラムの内容などに、州による相違が残されている［Ministry of Human Resource Development, Government of India 2014］。

(13) 全インド後進諸階級・マイノリティ公務員連合（All India Backward Classes and Minority Communities Employees Federation：BAMCEM).

(14) 連邦政府の人材育成省の外部組織であるノヴォディヤ学校委員会（Novodaya Vidyalaya Samiti）が運営している。http：//www.nvshq.org/news.php

(15) 後述の「学校報告カード」は、2009/10 年から無認可学校も対象に含めているが、そのカバー率は不明である。

(16) 全国標本調査（NSS）所得階層別の家計支出データの分析にもとづく。宇佐美好文氏のご教示による。

(17) カードの対象校は原則として前期・後期初等段階（1 学年―8 学年）とされているが、初等学校が中等学校と併設されている場合は、12 学年までの情報を含む。

(18) 連邦・州立、および UGC から補助を受けている医学系コースは、入学枠の絶対数が少ないことに加えて、州立であれば州外からの入学枠を低く設定する場合が多い。

(19) 独立直前の 1945 年にインド政府に設立され、独立後は連邦政府の教育省（のちに人的資源開発省）のもとにおかれた。1986 年の国家教育方針にもとづき、1987 に、全インドレベルの工学教育に関する計画や教科内容の検討、評価などを機能とする機関として法制化されている。

(20) AICTE と同様に、1986 年の国家教育方針にもとづき、1995 年に設置された。

(21) デリーに近い北インドの地方都市の大学にまなぶ学生たちの閉塞感を描いた［Jeffrey 2010］は、現代インドにおける「学歴」のもつ意味を論じている。

(22) 連邦政府人的資源開発省のホームページ　http：//mhrd.gov.in/overview

参考文献 ————————————————————————————

Agarwal, Pawan 2009, *Indian Higher Education*：*Envisioning the Future*, New

Delhi : Sage Publications India.

Bureau of Education 1944, *Post-War Educational Development in India : Report of the Central Advisory Board of Education,* Delhi.

Centre for Civil Societies 2006, *Free and Compulsory Education Bill : Will we ever learn?* , New Delhi : Centre for Civil Societies.

Goverment of India 1980, *The Report of the Backward Classes Commission,* Vol I and II, New Delhi.

Government of India 1954, *The Reort of the Backward Classes Commission,* New Delhi.

The Government of India 2009, *The Report to the Nation : National Knowledge Commission,* New Delhi.

Jeffrey, Craig 2010, *Timepass; Youth, Class and the Politics of Waiting in India,* Stanford : Stanford University Press. (佐々木、押川、南出、針塚共訳『インド地方都市における教育と階級の再生産──高学歴失業青年のエスノグラフィー』明石書店、2014)

Juneja, Nalini 2012, "India's Historic Right to Free and Compulsory Education for Children Act (2009) : The Articulation of a New Vision", in Minamide Kazuyo and Oshikawa Fumiko eds., *Rights to Education in South Asia : Its implementation and New Approaches,* Kyoto : Center for Integrated Area Studies (CIAS Discussion Paper No. 24).

Karve, Keshav Dhondo 1936, *Looking Back.* (publisher unknown).

Ministry of Education, Government of India, 1966, *Education and National Development : Report of te Education Commission 1964-66,* New Delhi.

Ministry of Human Resource Development, Government of India 2014, *Selected Information on School Education,* New Delhi.

Ohara, Yuki 2013, "The Regulation of Unorganized Low-Fee Private Schools in Delhi and the Right of Education Act" in Srivastava P. ed., *Low-Fee Private Schooling : Aggravating Equity or Mediating Disadvantage?* Oxford University Press.

Sadgopal, Anil 2008, "Common School Sytem and future of India," *Radical Note,* (http : //radicalnotes.com/?s=anil+sadgopal).

The Probe Team 1999, *Public Report on Basic Education,* New Delhi : Oxford University Press.

Tilak, B. G. Jadhayala 2014,"Private Higher Education in India", *Economic and Political Weekly,* XLIX.

Tilak B. G.Jandhayala 2010, "The Foreign Educational institutions Bill : A Critique."*Economic and Political Weekly,* XLV-19.

牛尾直行 2012、「インドにおける『無償義務教育に関する子どもの権利法（RTE 2009)』と社会的弱者層の教育機会)」『現代インド研究——空間と社会』第2号。

押川文子 1998、「『学校』と階層形成」中村平治・古賀正則・内藤雅夫編『現代インドの展望』東京：岩波書店。

押川文子 1990、「社会変化と留保制度——カルナータカ集とグジャラート州を事例に——」押川文子編『インドの社会経済発展とカースト』東京：アジア経済研究所。

押川文子 2013、「教育の現在——分断を超えることができるか」水島司編『変動のゆくえ（激動のインド第1巻)』東京：日本経済評論社。

押川文子 1994、「反留保アジテーションとインド社会」『アジア経済』35-4。

小原優貴 2014、『インドの無認可学校研究——公教育を支える『影の制度』』東信堂。

中里成章 2011、『パル判事——インド・ナショナリズムと東京裁判』岩波書店。

第2章
パキスタンの教育制度の特徴と課題

黒崎　卓

はじめに

　マフブーブル・ハック（Mahbub ul Haq）は、パキスタンを代表する経済学者である。国際的には国連開発計画（UNDP）の人間開発報告書（Human Development Report：HDR）の生みの親として知られるが、1980年代にはパキスタン政府の蔵相を勤めた経歴を持つ。

　皮肉なことに、マフブーブル・ハックの生み出したHDRは、パキスタンの指導者たちに2度、同国の社会経済発展が深刻な問題を抱えていることを明らかにする結果となった。最初がHDRの初版、1990年報告書である。パキスタンは、ムハンマド・アリー・ジンナー（Muhammad Ali Jinnah）の指導下、1947年に、現在のバングラデシュを含む東西パキスタンからなるムスリム多数国家として、インドから分離独立した。独立直後の西パキスタンは、インド亜大陸において経済開発が相対的に遅れた地域であったが、1960年代に繊維産業の急伸と緑の革命の成功により高度経済成長を経験し、1980年代後半には一人当たり実質GDPでインドを顕著に上回るようになった［黒崎 2009］。しかし宿敵インドを上回ったというこの誇りは、1990年 HDRによって無残に打ち砕かれた。一人当たり実質所得と成人識字率、平均寿命に基づく3つの指標を同じウェイトで足し上げた初代の人間開発指数（Human Development Index：HDI）は、所得でインドを5割ほど上回るパキスタンを、成人識字率がインドより顕著に低い（1985年の数字でインドが43%、パキスタン

が30%) ことを理由に、インドよりも下位にランクづけしたのである。

　パキスタンの二度目のショックは、2003年HDRがもたらした。東パキスタンがバングラデシュとして独立した背景として、1960年代のパキスタン経済の高度成長が顕著な東西格差拡大を伴ったことがしばしば指摘される [黒崎 2009]。パキスタンの指導者にとってのバングラデシュ独立は、南アジアのムスリム多数国家というパキスタン国家の正統性を揺るがしたという面でこそマイナス要因であったが [黒崎・子島・山根 2004]、経済的にはある意味、貧困地域の重荷を切り捨てたプラス要因と捉えられたことが否めない。実際1990年代のHDRは一貫して、所得や健康の面で顕著に低いバングラデシュをパキスタンの下位に位置づけてきた。[(1)] しかし独立後のバングラデシュの教育普及は目覚ましく（第3章参照）、健康や所得面でもバングラデシュはパキスタンにある程度キャッチアップした。これらの結果、2003年のHDIは、教育指標で顕著に上回るバングラデシュを、初めてパキスタンよりも上位にランクづけしたのである。

　2度のHDRショックは、パキスタンの社会経済発展において、所得に比べて教育面での開発が相対的に遅れていること、周辺南アジア諸国に比べて教育開発が相対的に遅れていることを明確に示した。その背景について本章では、教育制度・政策の側面から検討する。具体的には、次節においてまず、現パキスタン地域における教育発展に関して歴史的に概観し、第3節にて、現在の制度と教育部門の状況を統計とともに整理する。第4節では、今後のパキスタンにおいて教育の質量両面での充実を達成する上でどのような制度・政策が有効かに関し、主に経済学的研究の成果に基づいた議論を紹介する。パキスタンの教育制度・政策に関する日本語での展望としては、山根・小出 [2003] が有益である。本章は、この論考の後の時期を主に扱うこと、教育に関する時系列を独立後の65年間にわたり推計した結果を示すこと、今後の展望に関して経済学的な視点から分析する点などで、既存研究と異なっている。[(2)]

　なお、国際社会における近年のパキスタンイメージには、テロが頻発し、

第2章　パキスタンの教育制度の特徴と課題●——59

政権も不安定な「危険な」国家であり、テロに関連するイスラーム過激派を育むマドラサ教育が伸長しているというステレオタイプが見られるが、このイメージは事実に即していない［Andrabi et al. 2010］。パキスタン国民の大多数は質の良い世俗教育を求めており、マドラサ就学者が教育全体で占める比率は低位なまま、ほとんど上昇していない。この点に関する正確な情報を伝えることも、本章の目的のひとつである。とはいえパキスタンにおいては、独立当初より、世俗国家として西欧流の近代教育に重きを置く立場と、イスラームの教えにのっとった教育を重視する立場のバランスをどう保つのかという問題が、教育制度・政策設計において重要であり続けたことも事実なので、この点については必要な範囲で本章でも取り上げる。

第1節　歴史的経緯

◆1　植民地期

　現パキスタン人口の約8割を占めるパンジャーブ（Punjab）とスィンド（Sindh）両州の大部分は、それぞれ1849年、1843年にイギリスの植民地となった。19世紀半ばにはキリスト教のミッション・スクールなどが建設されて英語教育が行われるようになり、ムスリム子女もそこで学び始めた。ただし、英国式教育を行う学校への就学において、ムスリムはヒンドゥー教徒やスィク教徒に出遅れた。1871年人口センサス（Population Census）によると、英領パンジャーブ州のムスリム人口比率が51.6%だったのに対し、就学人口に占めるムスリム比率は38.2%にすぎなかった［Saiyid 1998：46］。就学率の絶対水準も、1881年センサスによると、就学年齢男子の就学率は15%、女子は1.48%と低かった［Saiyid 1998：45］。

　1881年に設置された通称「ハンター委員会」（The Hunter Education Commission）は1883年にその大部な報告書を発表したが、その中で、パンジャーブにおいては、男女両方の学校を政府は支援すべきであり、世俗的な

試験に対応できるという条件の下で宗教学校も支援すべきとの提言を行った [Hunter 1883：73-74, 78-79]。しかしこれらの提言はほとんど実行されなかった [Saiyid 1998：47]。ハンター報告書はまた、パンジャーブの土着の教育機関を比較すると、イスラーム教育機関やスィク教の学校の方が、ヒンドゥー教の学校よりも宗教性が薄く [Hunter 1883：57]、より民主的・平等主義的だとの評価も示している [Hunter 1883：64-65]。

　20世紀に入ると、英領パンジャーブ州立法議会において、初等教育の義務化が議論されるようになる。パキスタン建国の父ジンナーは、1912年の立法議会の席で、初等教育義務化を支持する演説を行った [Jalil 1998：33]。1919年には、男子に関して6歳から10歳の初等教育を義務化するパンジャーブ初等教育法（The Punjab Primary Education Act）が採択されたが、女子に関しては時期尚早として不採択となった。1939年の法改正で、男子についての義務教育期間が6歳から12歳に延長され、女子についても6歳から11歳の義務教育が採択された。しかし実際の初等教育の施行は県（district）レベルの行政に任されたため、これらの法律は全く実効を伴わなかった [Saiyid 1998：51]。

◆2　東西パキスタン期

　分離独立で新たにパキスタンになった地域は、インドに比べて、経済面だけでなく教育面でも遅れていた。前述したとおりジンナーは、教育の普及が重要であることを認識した政治家であった。そこで1947年11月には、新生パキスタンの教育開発に向けて、第1回教育会議が開催された。この会議が開催された時期は、分離独立に伴って、パキスタンとインドの間で大量の移民流入・流出が生じた混乱期でもあった。会議では、5年間の初等教育の無償化・義務化や、経済発展との関連から技術教育の重視が宣言されたが、実際の政府予算配分では教育部門はほぼ無視された [Jalil 1998：32]。他方、この会議では、パキスタンの教育制度がイスラームのイデオロギーに基づくものであるべきだとの見方も提示された [Jalil 1998：32]。

表 1　1951 年パキスタンにおける教育水準別 10 歳以上人口

	西パキスタン		東パキスタン	
	人数（1000 人）	比率（%）	人数（1000 人）	比率（%）
10 歳以上の男女合計人口	22,712	100.00	29,577	100.00
未就学	19,710	86.78	23,832	80.58
就学者計	3,002	13.22	5,745	19.42
1 - 4 年	1,342	5.91	2,922	9.88
5 - 6 年	735	3.24	1,521	5.14
7 -10 年	670	2.95	970	3.28
11 年以上	255	1.12	331	1.12
10 歳以上の男性人口	12,396	100.00	15,718	100.00
未就学	10,286	82.97	11,268	71.69
就学者計	2,111	17.03	4,450	28.31
1 - 4 年	902	7.28	2,110	13.43
5 - 6 年	506	4.08	1,182	7.52
7 -10 年	509	4.11	851	5.41
11 年以上	194	1.56	307	1.95
10 歳以上の女性人口	10,316	100.00	13,859	100.00
未就学	9,425	91.36	12,564	90.66
就学者計	891	8.64	1,295	9.34
1 - 4 年	440	4.27	811	5.86
5 - 6 年	229	2.22	340	2.45
7 -10 年	161	1.56	120	0.86
11 年以上	61	0.59	24	0.17

注：パキスタン国籍以外の者およびアフガニスタン国境付近の部族地域の人口を含まない。
出所：黒崎 [2015]。原資料は 1951 年人口センサス。

　分離独立直後の教育に関する統計として、1951 年人口センサスから 10 歳以上人口の教育水準を表 1 に示す。未就学者が人口の 87% に達し、女性ではこれがさらに上がって 91%（男性は 83%）となる。就学者の中でもその大多数は 6 学年以下の就学であり、7 学年以上の者は男性で 5.7%、女性で 2.2% にすぎない。現パキスタン地域の植民地期における教育の遅れを如実に示す値である。表 1 で興味深いのは、当時の西パキスタンの就学者比率 13% が東パキスタンの 19% に比べて顕著に低いこと、男女別・就学年数別に見ると、西パキスタンの方が優位なのは 7 学年以上就学の女子人口だけであるということである。教育においてはバングラデシュ（東パキスタン）の方がこの時

表 2　パキスタンにおける教育水準別学校数、生徒数、教員数の推移

年度	前期初等教育 （第 I-V 学年）			後期初等・前期中等教育 （第 VI-X 学年）		
	学校数	生徒数	教員数	学校数	生徒数	教員数
絶対数（単位：1000）						
1949/50	9.4	667	19.9	2.6	205	20.1
1959/60	17.9	1,548	44.8	3.0	481	31.4
1969/70	41.3	3,115	92.0	5.7	1,265	69.1
1979/80	57.2	5,213	140.9	8.8	1,902	118.0
1989/90	118.6	9,880	266.9	14.0	3,627	226.0
1999/2000	154.0	15,784	401.4	31.0	5,838	441.7
2009/10	157.5	18,772	441.7	66.1	8,087	778.6
2014/15	158.7	19,935	413.7	75.8	10,071	893.7
年平均変化率（%）						
1949/50 - 59/60	6.43	8.42	8.11	1.56	8.53	4.45
1959/60 - 69/70	8.36	6.99	7.19	6.35	9.66	7.90
1969/70 - 79/80	3.26	5.15	4.26	4.28	4.08	5.35
1979/80 - 89/90	7.29	6.39	6.39	4.60	6.45	6.50
1989/90 - 99/2000	2.61	4.68	4.08	7.97	4.76	6.70
1999/00 - 2009/10	0.23	1.73	0.96	7.57	3.26	5.67
2009/10 - 2014/15	0.15	1.20	-1.31	2.74	4.39	2.76
65 年間平均	4.35	5.23	4.67	5.19	5.99	5.84
質の指標	1 学校あ たり生徒数	1 学校あ たり教員数	生徒・教員 比率	1 学校あ たり生徒数	1 学校あ たり教員数	生徒・教員 比率
1949/50	70.9	2.12	33.5	78.8	7.72	10.2
1959/60	86.5	2.51	34.5	158.2	10.30	15.4
1969/70	75.4	2.23	33.9	220.1	12.03	18.3
1979/80	91.1	2.46	37.0	215.8	13.39	16.1
1989/90	83.3	2.25	37.0	259.7	16.18	16.0
1999/2000	102.5	2.61	39.3	188.3	14.25	13.2
2009/10	119.2	2.80	42.5	122.3	11.78	10.4
2014/15	125.6	2.61	48.2	132.9	11.79	11.3

注：1969/70 年度までの値は西パキスタンのみの数字。「生徒数」は登録（enrollment）に基づく。年平
　均変化率は連続変化に対応した値（自然対数を用いて計算した値）。

出所：最新年度の数字は GOP［2015b］。その定義に合わせた推計をパキスタン政府各種統計を基に行っ
　た黒崎［2015］から、2009/10 年度までの数字を抜粋した。

点ですでに（西）パキスタンよりも上位にあったのである。他方、1949/50
年度(3)の粗就学率は、5 学年までの前期初等教育で男子 25.7%、女子 4.4% の計
15.8%、6―10 学年で男子 14.4%、女子 2.7% の計 9.4% と推計されている［Jalil
1998:35］。この就学率の男女差は、表 1 が示す成人における教育の男女差が、

次世代においても再生産されつつあったことを示唆している。

1949/50 年度の小学校数は 9,400 校にすぎず、そこで 667,000 人が学んでいた（表2）。学校の数、生徒数、教員数は 1950 年代に急増するが、年平均増加率は 6 から 8% であり、当時の学齢人口増加率に比べてそれほど高かったわけではない。

1955/56 年度に第 1 次 5 ヵ年計画が始まった。計画の中では教育の量的拡大よりも質的拡大がうたわれた。しかし公共投資計画の中身を見ると、全体に占める教育の比率は 5% 程度と低く、しかも教育内部での配分が大学教育に 34% も割かれた半面、初等教育にはわずか 18% しか割かれないなど、パキスタン経済の当時のニーズに合致していたか、疑問が残る。マフブーブル・ハックは、第 1 次 5 ヵ年計画における教育部門への政府支出は、教育を受けた失業者を増やしただけであり、経済が真に必要としていた技術や職業技能形成にほとんど資するところがなかったと批判している [Haq 1966]。東西パキスタン期に工業部門に比べて教育部門が冷遇されたこと、初等教育よりも高等教育に重点が置かれたことは、ジンナーの理念や 1947 年会議の宣言が軽視されたことを示している。

教育はまた、東西パキスタンの紛争の種でもあった [白井 1990]。パキスタン最初の憲法である 1956 年憲法では、国語がウルドゥー語とベンガル語の 2 つとされたが、東パキスタンでのウルドゥー語教育は常に摩擦を生み、西パキスタンの教育ではベンガル語はほとんど無視された。

◆3　バングラデシュ独立以降

1971 年にバングラデシュが独立し、西翼だけで再出発したパキスタンを率いたのが、ズルフィカール・アリー・ブットー（Zulfikar Ali Bhutto）だった。彼はイスラーム社会主義の名の下に、主要財閥所有企業の国有化や中途半端な土地改革などを実施して経済を混乱させた [黒崎 2009]。1973 年憲法は最もイスラーム色が強いことで知られる。国有化の発想を彼は教育部門にも持ち込み、私立学校を禁止する政策を採用、既存の私立学校は国有化された。

1977 年にクーデターで政権に就いたズィヤール・ハック（Zia ul Haq）は、教育部門も含めて国有化政策を解除した。ズィヤー政権の私立学校に対する方針は、徹底的なレッセフェールであった。一方で、公立学校への政府資金の配分は、財政赤字がこの時期急膨張したこともあって低迷を続けた。1980 年代がしたがって、パキスタンにおける私立学校大衆化の始まりと言える。当初、私立学校の立地は都市部に集中していたが、徐々に農村にもその数が増えていった。利子率の廃止（実態は呼び換え）やイスラーム税制の廃止など、ズィヤー政権は経済のイスラーム化政策を取ったことでも知られる。教育においては、公立学校におけるイスラーム関係科目の重視やムスリム教員優先など、教育のイスラーム化政策が導入された［Rahman 1999:83］。ズィヤーは、世俗教育と補完的なものとして、マドラサやモスクでの教育を活用する方向に舵を切ったのである。

　1990 年代のパキスタンの教育政策を象徴するのが社会行動計画（Social Action Programme：SAP）である。1990 年 HDR にて人間開発の遅れを実感したパキスタン政府は、世界銀行など国際ドナーからの支援を教育や保健などの人間開発に集中させる SAP を実施した。教育部門においては、質量双方の向上を目指して、教員養成に特に重点的に予算が配分された。SAP がこれまでと異なっていた点として、政府が施設を作り専門スタッフを配備するというトップダウンのアプローチだけでなく、地域住民を関与させて、実際のサービスが責任もって供与されることを目指した点が挙げられる。パキスタン農村の公立学校ではしばしば教員のずる休みが問題になるが［黒崎 2004］、SAP はそのような問題が存在することを政府が初めて認めて、対応をとろうとした点で画期的であった。とはいえ残念ながらこの SAP の斬新な理念は、実効をあまり伴わなかった。施設や人員に対して適切に予算が使われているかを評価するというそれまでの評価体制に抜本的な変化がなかったため、予算消化に追われた現場は結局のところ、手間のかかる住民動員には労力を割かなかったのである。

　この状況に変化をもたらし得る抜本的な地域行政の改革を目指したの

が、1999 年にクーデターで登場したパルヴェーズ・ムシャッラフ（Pervez Musharraf）軍政であった。ムシャッラフは 2001 年に包括的な地方分権化（Devolution）政策を開始し、行政の中心を州から県に移行し、初等・中等教育行政もこれに倣った(4)。また、ムシャッラフの地方分権化政策の下、開発予算の多くが住民組織（Citizen Community Boards：CCB）が提案する草の根案件に配分され、理論的にはこの CCB が新たに学校を設立する、あるいは地域の学校運営の改善プロジェクトを実施することも可能となった。しかしながら住民の能力向上トレーニングなどの補完的政策が不足する中、CCB は全体として機能不全に陥った［Kurosaki 2005］。公立学校運営に地域住民が関与したことにより教育の質が向上した例が皆無なわけではないが［Rashid and Awan 2011］、全体の傾向を変えるには至らなかった。

　ムシャッラフ政権下で生じたもうひとつの重要なパキスタン教育部門での変化は、公認マドラサを推進する政策である。クーデターによる政権掌握で正統性が危ぶまれたムシャッラフ政権を救ったのが、2001 年の 9.11 テロであった。テロへの戦いの最前線国家として、パキスタンはアメリカの強い支援を受けることになった。そしてテロへの戦いの象徴としてパキスタンは、イスラーム過激派との関連が疑われるマドラサを駆逐する必要に迫られた。そこで、2002 年に政府の認定を受けたマドラサをディーニー・マドラサ（Deeni Madaris）と称して政府の規制下におくための条例を制定し、2005 年には各種財団登録条例を改定して、その登録を推進した。登録したディーニー・マドラサでの学歴は、政府の認証を得たものになる反面、登録しないマドラサはそのような裏づけを失った。

　2008 年にムシャッラフが退陣して、民政移管が実現した。ポスト・ムシャッラフ期の教育政策の基本文書として、2009 年国家教育政策（National Education Policy 2009）が制定された。この政策は、政府支出における教育支出の比率を急増させることを謳っている。しかし、連邦・州・県の間での行政管轄に関する混乱もあり、その目標の多くが未達成のまま、2016 年国家教育政策が本稿執筆時点で策定中である。

表 3　パキスタン人口センサスにおける成人識字率の推移

	男女合計	男性	女性
10 歳以上識字率（%）			
1961 年センサス	18. 4	26. 9	8. 2
1972 年センサス	21. 7	30. 2	11. 6
1981 年センサス	26. 2	35. 0	16. 0
1998 年センサス	43. 9	54. 8	32. 0
15 歳以上識字率（%）			
1998 年センサス	41. 5	53. 4	28. 5
10 歳以上識字率変化の一年あたり絶対量（パーセンテージポイント）			
1972 年センサス	0. 30	0. 30	0. 31
1981 年センサス	0. 50	0. 53	0. 49
1998 年センサス	1. 04	1. 16	0. 94
10 歳以上識字率の連続変化を仮定した年平均変化率（%）			
1972 年センサス	1. 50	1. 04	3. 13
1981 年センサス	2. 09	1. 64	3. 57
1998 年センサス	3. 04	2. 64	4. 08

注：1961 年センサスは西パキスタンのみの数字。
出所：黒崎［2015］。

　2010 年 4 月の第 18 次憲法改正では、5 歳から 16 歳まで 10 年間の無償教育をすべての子どもの基本的権利であると宣言する義務教育条項（第 25A 項）が採択された。単なる努力目標ではなく、基本的権利とした点で画期的な憲法改正であったが、義務教育化とは履行強制が伴って初めて意味を持つ。パンジャーブ州においては、前述したように独立前の 1919 年に、男子 10 歳までの義務教育法が成立したが、現在でも就学していない児童が多数存在する（後述の表 9 参照）。憲法改正の義務教育条項に実質的意味を持たせるために、2011 年がパキスタンの「教育年」（Year of Education）と宣言されるなど、官民双方の模索が続いている［PETF 2011, Andrabi et al. 2010］。2012 年 11 月には、連邦下院で 10 年間の無償教育を実現するための立法もなされた。

　独立後現在までの教育普及の変化を見るために、人口センサスに基づく成人識字率を男女別に表 3 にまとめた。センサスでの識字の定義が毎回変更されたため［山根・小出 2003：99］、厳密な比較はできない中で、1951 年の定義が特にその後と大きく異なることから、表は 1951 年を含めずに作表した。

1981 年以降は、センサスが高度に政治問題化したため、定期的な実施が不可能になり、1998 年に行われたのを最後にその後、センサスのデータは得られない。1961 年の男性識字率 27%、女性識字率 8% という水準が、1998 年には男性で 55%、女性で 32% に上昇した。着実な改善であり、とりわけ、81 年から 98 年にかけて改善のペースが上昇していることがうかがわれる[6]。男女差が縮まっているかどうかは微妙である。表 3 に示すように、1981 年から 98 年までの識字率の改善ペースは、パーセンテージポイントで見ると男性の方が高く、変化率で見ると女性の方が高い。つまりこの時期、識字率のパーセンテージの差は広がったが、男性識字率を 1 とした場合の女性識字率の比率は上昇したのである。

　1949/50 年度から 65 年間の就学統計推計結果を図 1 に示す。前期初等教育 5 学年における粗就学率は一貫して右上がり、続く 5 学年に関しても 1980 年代半ば以降、着実な伸びが観察できる。住民参加の理念が実現しなかったと批判されることが多い SAP であったが、学校や教員を増やしたことが教育の普及にかなり寄与したように思われる。ただし、前期初等教育における学校数増加率を、教員数増加率は若干上回っていたにすぎないため、一学校あたりの教員数の改善は遅々なるものであった（図 1、表 2 参照）。2014/15 年度の前期初等教育学校あたり教員数平均は 2.6 名という低水準であり、複式学級が普通という状況だ[7]。生徒教員比率も 1990 年代半ば以降むしろ上昇（＝悪化）している。他方、後期初等・前期中等教育においては、一学校あたりの教員数はむしろ 1990 年代後半が 15 名前後とピークで、2014/15 年度には約 12 名に減少している。これは中学校・高校の増設や小学校からの格上げなどを反映している。後期初等・前期中等教育において、1980 年代半ば以降、就学率が一貫して上昇しているだけでなく、生徒教員比率が着実に低下しているのは教育の質という点で望ましい変化であろう。

A. 前期初等教育（第I-V学年）

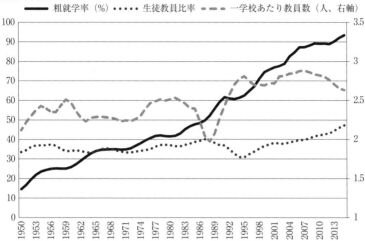

B. 後期初等・前期中等教育（第VI-X学年）

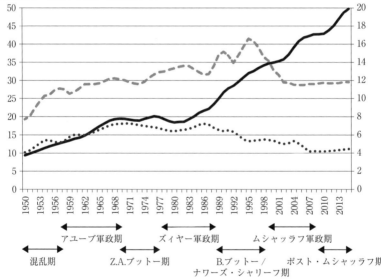

図1　パキスタンにおける粗就学率、1学校あたり教員数、1教員当たり生徒数の推移

注：1949/50年度を1950と表記した。粗就学率は、当該年度の10月時点の6歳から10歳（11歳から15歳）人口推計値で登録生徒数の総数を除して求めた。年齢別人口は、人口センサスデータおよび2014/15年度の人口推計を対数で円滑に内挿した。学校数、教員数、生徒数についての注については、表2を見よ。3指標とも3ヵ年移動平均を掲載している。

出所：表2と同じ。

第*2*節　現代パキスタンにおける教育制度・統計・成果

◆1　教育制度

　以上の経緯を得た現在のパキスタンの教育制度は、主に2つの教育行政系列からなっている。第1のラインは、連邦政府の教育省や高等教育委員会（Higher Education Commission：HEC）、州政府の教育局（Education Department）などから構成される。2010年の第18次憲法改正により、教育は原則として州の管轄事項となったため、連邦政府の教育省やHECの役割は、州との調整、高等教育の認証評価、職業教育やノンフォーマル教育・成人教育の監督、国家教育政策策定などとなっている。正規の学校ではないNGO経営のノンフォーマル学校や地域住民によるコミュニティ学校（community schoolあるいはMohallah schoolなどと呼ばれる）を管轄するのも、この行政ラインである。州政府の教育局は、普通教育の公立学校を運営し、私立学校を監督する。公立のノンフォーマル教育・成人教育施設の運営は、州政府内に教育局とは別の局が設けられていることが多い（パンジャーブ州ではLiteracy and Non Formal Basic Education Department）。なお、障害者教育については、連邦政府および州政府の福祉厚生関連部局が管轄している。

　第2は、民間機関にベースを置く宗教教育で、連邦政府の宗教省（Ministry of Religious Affairs）がその管轄に当たる。イスラーム教育に関しては専門機関としてワクフ委員会（Waqf committees）が存在している。前節で述べたマドラサの公認・監督などがこの行政ラインで実施されている。

　学制に関しては、北インドと同じ5+3+2+2+大学教育が一般的である［Bregman and Mohammad 1998：Chart 1］。5年の前期初等教育を行う学校が小学校（Primary Schools）、次の3学年の後期初等教育を行う学校が中学校（Middle Schools）と、一般に呼ばれる。第9—10学年（前期中等教育）を行う学校は中等学校（Secondary School）あるいは高校（High School）などと呼ばれ、

第11―12学年（後期中等教育）を行う学校は後期中等学校（Higher Secondary School）やカレッジ（College）などと呼ばれる。それぞれの呼称の学校がそれより下の学年のクラスを持っている場合も多い。学校の呼称とその学校に設けられた学年とが一対一で対応していないため、どの学年（grade）にいるかを明確にすることが必要になる。第10学年修了の試験はMatriculation、縮めてMatricと呼ばれ、企業での正規雇用に必要な最低学歴とみなされることが多い。第12学年修了後に学位のための大学教育に進学するためには、後期中等教育修了証書（Higher Secondary School Certificate）の試験を好成績で突破する必要がある。この試験は通称Intermediateと呼ばれ、ミドルクラスの家庭では子どもがこの試験を受ける時期になるとその成績に一喜一憂する。Matric終了後に3年前後の職業教育を受ける課程も各種存在し、それらを提供する学校もしばしばカレッジを名乗る。私立学校やノンフォーマル学校も、基本的にこの学制に準じている。

　世俗教育のカリキュラムは、標準的なものが連邦政府教育省によって準備されている［Bregman and Mohammad 1998：Chart 5］。特徴的なのは、第1学年からイスラーム学（Islamiyat）が必修なことである［松村 2003］。ただしムスリムでない生徒は、これを別教室で受ける道徳に代えることができる。第12学年までの教科書を実際に作成するのは州の教育局で、各州作成の教科書を連邦教育省が検閲・認定した上で、民間の出版業者が印刷し生徒に販売する［須永 2014］。教科書の完全無償化はまだ実現していない。公立学校での教育言語は、国語であるウルドゥー語が基本となるが、スィンド州ではスィンディー語、ハイバル・パフトゥンハー（Khyber Pakhtunkhwa）州ではパフトー語による教育も行われている。英語学習は1年生から始まり、私立学校では英語を教育言語とすることをうたい文句にしていることが多い。イスラーム学に加えて、国語の教科書も宗教色が強いため、公立学校での教育、とりわけ前期初等教育がイスラーム教育の色彩を強く持っている［Nelson 2008］。

　以上の制度を前提に、パキスタンの学校を、主に初等教育を意識して、その性格別に整理しておこう。

第1に、連邦教育省・州教育局の管轄下にあり、教育省・局の行政ライン
が運営するのが公立学校（government schools）である。男女別学が多く、教
員は基本的に公務員である。

　第2に、連邦教育省・州教育局の管轄下にあり、民間が運営するのが私立
学校（private schools）である。政府の資金援助を受けている学校と、そうで
ないものがあり、受けている場合にはカリキュラム等での自由度が下がる。
非補助私立学校には、植民地時代にまで歴史をさかのぼれる名門ボーディン
グ・スクールが含まれる。名門私立の中には、軍関連の民間団体が運営する
学校、イスラーム組織が運営する学校も見られる。[10]また、近年伸長が著しい
のが、低授業料私立学校（low fee private schools：LFPS）である［Andrabi et
al. 2007, Fennell 2013］。授業料がどれほど低い場合に LFPS とみなすかの定義
は難しいが、最も安いレベルだと非熟練労働者の賃金4、5日分ほどの水準
が毎月の授業料になる。農村部においては、LFPS の経営者の多くが、ある
意味よろず屋を経営するのに似た感覚で、営利目的で零細規模の学校を運営
している。低い授業料を可能にするのは、教員の低賃金である。パキスタン
農村部の多くでは、女性に対するパルダ（purdah：南アジアにおける女性の社
会隔離の習慣）の規範が強く、パルダを守りつつ就業できる機会はほとんど
存在しない。そのような地域で、教育を受けた女性を私立学校が教員として
雇う場合、公立学校の教員の数分の一、時には五分の一、十分の一といった
低水準の賃金になる。

　第3のグループとして、イスラームに基づく教育を行う学校が挙げられる。
これはさらに3つのサブグループに分けられる。第1がディーニー・マドラ
サ、すなわち宗教省認定のマドラサである。イスラーム教育を中心とした、
通常、寄宿制の学校で、クルアーンの解釈やイスラーム法学などの分野で高
等教育までカバーする。政府のモデル校指定を受けて公的資金援助を受けて
いるものや、完全な公立のディーニー・マドラサも存在する。第2は、簡単
な文字教育やクルアーンを教えるモスク付設の寺子屋ともいうべき性格のマ
クタブ（Maktab）で、政府統計等ではモスク学校（Mosque schools）と表現さ

れることもある。これら2つ以外に、未認定のマドラサが存在する。イスラーム過激派との関連が噂されるが、政府統計ではその実態が把握できない。

これら以外の学校形態には、州教育局以外の政府組織が運営する公立学校や特殊教育学校・ノンフォーマル学校、地域住民やNGOなどが運営するノンフォーマル学校などがある。教育局系列外の公立学校として、士官学校など軍が運営する学校も、パキスタンの教育における無視できないアクターとなっている。

◆2　政府統計でみるパキスタンの教育の現状

パキスタンの教育の現状を把握する政府統計は、3種類に分けられる［黒崎 2015］。第1が連邦教育省・州教育省が作成する業務データに基づく統計で、学校数・生徒数・教員数などに関する基本情報を提供している。第2が人口センサスで、パキスタン全国民に関し、成人であればその教育水準、子どもであれば就学状況などを明らかにする。しかし前述のように、政治的理由から人口センサスデータは1998年以降得られず、統計上の空白が生じている。第3が、パキスタン統計局(Pakistan Bureau of Statistics)が実施する標本調査(生活水準調査、家計支出調査、労働力調査など)に基づく成人の教育水準・子どもの就学状況に関する情報である。これは標本調査であるがゆえに、標本誤差を免れず、県レベルの平均値を示すには標本数が不足しているという問題がある。

〈連邦教育省・州教育省の業務データ〉

通常の教育を行う教育省・局の公立学校、その他の公立学校、私立学校、ディーニー・マドラサ、ノンフォーマル学校などが網羅的に把握されている点で便利な統計である。ただし私立学校、ディーニー・マドラサ、ノンフォーマル学校などに関する統計は、関係部局への登録データや標本調査データに基づく推計などによって作成されており、誤差を含むことに留意が必要である。ノンフォーマル学校の統計は2006/07年度から公表されるようになった

が、年度によって分類が変化し、一貫した統計が得られない。最新版として、2013/14 年度に関する統計を表4—7 に整理する。この年度では、ノンフォーマル学校の統計が、NCHD 支線学校（National Commission for Human Development Feeder Schools）と、基礎教育コミュニティ学校（Basic Education Community Schools）の2カテゴリーに分けて報告されている。前者は、連邦政府設立の NCHD が地域住民との協力の下に運営するノンフォーマル学校で、5 歳から 7 歳の未就学児童を主たる対象に、メインストリームの学校に彼らが戻れるように教育を実施している。後者は、州政府の関連部局等が運営するノンフォーマル学校や NGO 学校などその他のノンフォーマル学校のうち、連邦政府の管轄機関（National Education Foundation）に把握されている学校である。

　表4 に同年度の教育機関数を教育段階別・設置母体別に示す。教育機関の総計は約 26 万校、うち 56% が小学校である。学校数でディーニー・マドラサは 5.2% を占める。全教育機関の 67% が連邦教育省・州教育局管轄の公立校、2% が軍運営の学校や特殊教育学校などその他の公立校、残る 31% が私立校である。小学校での私立の比率は 12% だが、中学校では 61%、前期中等学校では 59%、後期中等では 66% と、中等教育の方が私立の比率が高い。ただし私立の場合、中学校や高校が初等教育の課程も併設していることが多い。

　表5 に教員数を示す（表を見やすくするため、その他の公立校を連邦教育省・州教育局管轄の公立校と合わせた）。パキスタンの教員数は 160 万人、一学校あたり教員数は 6.1 人である。全教員に占める私立学校教員の比率は 48% である。すなわち私立の方が公立よりも一学校あたりの教員数が多い。小学校に勤務する教員が全体の 25%、中学校が 23%、前期中等学校が 31% を占める。ノンフォーマル学校は、NCHD 支線学校、基礎教育コミュニティ学校ともにほぼ 1 学校 1 教員の状況である。

　表6 と表7 には、教育段階別、公立・私立別に生徒数を整理した。ただしこれらのデータは登録（enrollment）ベースであり、実態としての登校・

74

表 4　2013/14 年度パキスタンにおける教育機関数

	公立（教育省・局）	公立（その他）	私立	合計	シェア (%)
就学前教育（Pre-Primary）	0	0	422	422	(0.16)
	(0.0)	(0.0)	(100.0)	(100.0)	
前期初等 1-5 年（Primary）	124,284	3,586	17,560	145,430	(55.89)
	(85.5)	(2.5)	(12.1)	(100.0)	
後期初等 6-8 年（Middle）	16,242	396	26,158	42,796	(16.45)
	(38.0)	(0.9)	(61.1)	(100.0)	
前期中等 9-10 年（High）	11,934	442	18,076	30,452	(11.70)
	(39.2)	(1.5)	(59.4)	(100.0)	
後期中等 11-12 年（Higher Sec./Inter Colleges）	1,621	147	3,389	5,157	(1.98)
	(31.4)	(2.9)	(65.7)	(100.0)	
学位カレッジ 11-14 年（Degree Colleges）	951	19	116	1,086	(0.42)
	(87.6)	(1.7)	(10.7)	(100.0)	
大学（Universities）	91	0	70	161	(0.06)
	(56.5)	(0.0)	(43.5)	(100.0)	
NCHD 支線学校（National Commission for Human Development Feeder Schools）	5,744	0	0	5,744	(2.21)
	(100.0)	(0.0)	(0.0)	(100.0)	
基礎教育コミュニティ学校（Basic Education Community Schools）	12,023	0	0	12,023	(4.62)
	(100.0)	(0.0)	(0.0)	(100.0)	
技術・職業専門学校（Technical & Vocational Institutions）	753	244	2,326	3,323	(1.28)
	(22.7)	(7.3)	(70.0)	(100.0)	
教員養成学校（Teachers Training Institutions）	154	0	47	201	(0.08)
	(76.6)	(0.0)	(23.4)	(100.0)	
ディーニー・マドラサ（Deeni Madaris）	345	48	13,012	13,405	(5.15)
	(2.6)	(0.4)	(97.1)	(100.0)	
合計	174,142	4,882	81,176	260,200	(100.00)
	(66.9)	(1.9)	(31.2)	(100.0)	

出所：GOP［2015a］をもとに筆者作成。

注：かっこの中には合計に対するシェア（%）を示した。モスク学校（Mosque Schools）は前期初等に
　含まれている。分類は、その学校で教えられている最高学年に拠る。例えば、就学前から第 8 学年
　までカバーしている後期初等学校（Middle School）が 1 校あれば、それは本表では「後期初等」に
　1 校としてカウントされ、「前期初等」や「就学前教育」には全くカウントされない。私立学校およ
　び公立（その他）の数は、パンジャーブ州とハイバル・パフトゥーンハー州以外については 2005-06
　年学校センサスに基づく推定値が用いられている。

表 5 2013/14 年度パキスタンにおける教育機関カテゴリー別教員数

	教員数				一学校あたり教員数		
	公立	私立	合計	シェア (%)	公立	私立	合計
就学前教育	0 (0.0)	2,428 (100.0)	2,428 (100.0)	(0.15)		5.75	5.75
前期初等 1-5 年	318,109 (78.4)	87,543 (21.6)	405,652 (100.0)	(25.38)	2.53	4.99	2.79
後期初等 6-8 年	129,804 (35.6)	235,035 (64.4)	364,839 (100.0)	(22.83)	8.10	8.99	8.53
前期中等 9-10 年	218,879 (43.7)	281,585 (56.3)	500,464 (100.0)	(31.31)	17.69	15.58	16.43
後期中等 11-12 年	52,056 (41.9)	72,280 (58.1)	124,336 (100.0)	(7.78)	29.44	21.33	24.11
学位カレッジ 11-14 年	23,927 (92.2)	2,037 (7.8)	25,964 (100.0)	(1.62)	24.67	17.56	23.91
大学	60,017 (77.4)	17,540 (22.6)	77,557 (100.0)	(4.85)	659.53	250.57	481.72
NCHD 支線学校	6,312 (100.0)	0 (0.0)	6,312 (100.0)	(0.39)	1.10		1.10
基礎教育コミュニティ学校	12,023 (100.0)	0 (0.0)	12,023 (100.0)	(0.75)	1.00		1.00
技術・職業専門学校	8,243 (50.3)	8,134 (49.7)	16,377 (100.0)	(1.02)	8.27	3.50	4.93
教員養成学校	3,427 (92.3)	286 (7.7)	3,713 (100.0)	(0.23)	22.25	6.09	18.47
ディーニー・マドラサ	1,829 (3.1)	56,804 (96.9)	58,633 (100.0)	(3.67)	4.65	4.37	4.37
合計	834,626 (52.2)	763,672 (47.8)	1,598,298 (100.0)	(100.00)	4.66	9.41	6.14

出所：GOP ［2015a］をもとに筆者作成。

注：かっこの中には合計に対するシェア（%）を示した。各学校のカテゴリーは表 4 と同じ。モスク学校（Mosque Schools）は初等に含まれている。出所資料には、教員養成学校と大学を除くカテゴリーに関して、女性教員と男性教員の数が別途報告されているが省略。出所資料にはまた、全教育段階に関して、公立（教育省・局）、公立（それ以外）、私立に分けた教員数が報告されているが、本表ではスペースの都合より 2 つの公立カテゴリーを合計して示す。私立学校教員数についての注は表 4 を参照。

表 6 2013/14 年度パキスタンにおける教育段階別登録生徒数

	生徒数				生徒教員比率		
	公立	私立	合計	シェア (%)	公立	私立	合計
就学前教育	4,841,496 (56.6)	3,716,470 (43.4)	8,557,966 (100.0)	(20.26)	*32.50*	*22.04*	*27.52* (就学前から第 10 学年合計)
前期初等 1-5 年	11,333,874 (63.4)	6,535,985 (36.6)	17,869,859 (100.0)	(42.32)	35.63	74.66	44.05
後期初等 6-8 年	4,118,886 (65.4)	2,176,585 (34.6)	6,295,471 (100.0)	(14.91)	31.73	9.26	17.26
前期中等 9-10 年	1,377,852 (59.4)	940,988 (40.6)	2,318,840 (100.0)	(5.49)	6.30	3.34	4.63
後期中等 11-12 年	922,432 (75.3)	302,049 (24.7)	1,224,481 (100.0)	(2.90)	17.72	4.18	9.85
学位カレッジ 11-14 年	550,400 (81.6)	124,051 (18.4)	674,451 (100.0)	(1.60)	23.00	60.90	25.98
大学	1,364,590 (85.6)	230,058 (14.4)	1,594,648 (100.0)	(3.78)	22.74	13.12	20.56
NCHD 支線学校	291,221 (100.0)	0 (0.0)	291,221 (100.0)	(0.69)	46.14		46.14
基礎教育コミュニティ学校	536,717 (100.0)	0 (0.0)	536,717 (100.0)	(1.27)	44.64		44.64
技術・職業専門学校	134,676 (43.6)	173,937 (56.4)	308,613 (100.0)	(0.73)	16.34	21.38	18.84
教員養成学校	716,989 (99.3)	5,144 (0.7)	722,133 (100.0)	(1.71)	209.22	17.99	194.49
ディーニー・マドラサ	53,980 (2.9)	1,782,163 (97.1)	1,836,143 (100.0)	(4.35)	29.51	31.37	31.32
合計	26,243,113 (62.1)	15,987,430 (37.9)	42,230,543 (100.0)	(100.00)	31.44	20.93	26.42

出所：GOP［2015a］をもとに筆者作成。

注：かっこの中には合計に対するシェア（%）を示した。就学前教育を含む第 10 学年までに関しては、表 4-5 の分類のどの学校で学んでいるかではなく、対応する学年に応じてこの表では分類されている。例えば、Middle School や Secondary School に設けられた第 5 学年で学んでいる生徒は、本表では「前期初等」に分類される。出所資料には、全教育段階に関して、公立（教育省・局）、公立（それ以外）、私立に分けた生徒数が報告されているが、本表ではスペースの都合より 2 つの公立カテゴリーを合計して示す。私立学校生徒数についての注は表 4 を参照。

第 2 章 パキスタンの教育制度の特徴と課題●——77

表 7 2013/14 年度パキスタンにおける公立・私立別、男女別登録生徒数

| | 生徒数 | | | | | 生徒に占める女子の比率（%） | | |
| | 公立 | | 私立 | | 合計 | 公立 | 私立 | 合計 |
	男子	女子	男子	女子				
就学前教育	2,620,729	2,220,767	2,072,115	1,644,355	8,557,966	(45.9)	(44.2)	(45.2)
	(30.6)	(25.9)	(24.2)	(19.2)	(100.0)			
前期初等	6,284,185	5,049,689	3,710,348	2,825,637	17,869,859	(44.6)	(43.2)	(44.1)
	(35.2)	(28.3)	(20.8)	(15.8)	(100.0)			
後期初等	2,348,937	1,769,949	1,226,532	950,053	6,295,471	(43.0)	(43.6)	(43.2)
	(37.3)	(28.1)	(19.5)	(15.1)	(100.0)			
前期中等	792,914	584,938	529,081	411,907	2,318,840	(42.5)	(43.8)	(43.0)
	(34.2)	(25.2)	(22.8)	(17.8)	(100.0)			
後期中等	559,271	363,161	169,728	132,321	1,224,481	(39.4)	(43.8)	(40.5)
	(45.7)	(29.7)	(13.9)	(10.8)	(100.0)			
学位カレッジ	277,579	272,821	70,014	54,037	674,451	(49.2)	(43.6)	(48.5)
	(41.2)	(40.5)	(10.4)	(8.0)	(100.0)			
大学	646,893	717,697	142,693	87,365	1,594,648	(52.6)	(38.0)	(50.5)
	(40.6)	(45.0)	(8.9)	(5.5)	(100.0)			

出所：GOP［2015a］をもとに筆者作成。

注：表 6 参照。

履修を反映するものではない。複数の学校への登録（私立と公立の両方に登録し、実際には私立に通っている場合、世俗教育の学校とマドラサの両方に登録し、マドラサの通学は課外活動の場合など）、すでにドロップアウトしている生徒の算入などの理由で、就学者数を実態よりも過大に報告している数字である。2013/14 年度におけるパキスタンの総生徒数は 4,223 万人、うち 1,787 万人（42%）が小学生である。この値にノンフォーマル教育就学人口などを加えて当該年齢人口推計で除したものを、図 1 に粗就学率として示した。図 1 の粗就学率は、上述した登録と実際の登校・履修のずれ以外のもうひとつの理由で、就学の実態を過大に示す。それは、標準就学年齢を超えた年齢でありながら前期初等教育の学年で学ぶ生徒が分子に入ってしまうという問題である。これらの問題を克服するのが、前期初等教育の標準就学年齢人口の何 % が実際に前期初等教育で学んでいるかを示す純就学率であるが、この値は教育省系列の業務統計からは正確な値が得られない。標本調査に基づく推計を後で紹介する。

生徒数で見た私立の比率は、小学校で37%、6—8年生で35%、9—10年生では41%である。すなわちパキスタンの基礎教育10学年における私立のシェアは4割弱ということになる。この値は、1990年代以降、現在まで急上昇している。例えば1992/93年度においては、1—10年生の総就学者数に占める私立学校の比率は12%であった［黒崎2015］。このような私立学校の急伸を担っているのが、農村部で新規開校が続く低授業料私立学校LFPSである［Andrabi et al. 2010, Fennell 2013］。男女別・公立私立別に生徒数を示すと、後期中等までは、生徒に占める女子の比率が公立と私立で大差ないが、学位カレッジや大学になると女子の公立志向が強まる（表7）。

　政府推計による2013/14年度のディーニー・マドラサ生徒数は184万人、パキスタンの全生徒の4.3%に相当する（表6）。無視できない絶対数であるが、比率でみるとかなりの少数派ということになる。ただしこの統計では、モスク学校（マクタブ）を学校数・教員数統計において小学校に含めている。近年の統計にはその数が報告されていないが、2008/09年度では約48万人となっている。仮に同年度から2013/14年度までのディーニー・マドラサ生徒数の伸びと同じ率で増加したと仮定して、先ほどの184万人に足せば、パキスタン全体では約283万人がイスラーム系の学校で学び、その全生徒数に占める比率は6から7%になる。ただし、マドラサやマクタブに就学登録している子どもには、世俗学校に重複して就学登録し、実際に通学しているのは世俗学校であって、マドラサ・マクタブは課外時間を利用した通学に限られる例が多い［Nelson 2008］。このことを考慮すると、主たる就学で見たマドラサ・マクタブのシェアはもっと低いことになる。実際、後述するさまざまな家計調査におけるイスラーム系学校への就学比率は、表6よりもずっと低い。たとえばASERの2014年調査報告書［SAFED 2015］によると、6歳から16歳の子どもの就学者に占めるマドラサ就学者の比率は農村部で2.4%、都市部で1.6%であった。これらの調査には登録していない過激派マドラサへの就学も含まれるため、過激派マドラサはごくごく少数派ということになる。以上を考慮すると、主たる就学で見れば2%程度、副次的就学を主たる

表 8 パキスタンにおける 10 歳以上人口の識字率の地域差（2013/14 年度）

(%)

	男女合計	男性	女性
農村部・都市部合計			
パキスタン	58	70	47
パンジャーブ州	61	71	52
スィンド州	56	67	43
ハイバル・パフトゥンハー州	53	72	36
バローチスターン州	43	59	25
農村部			
パキスタン	49	63	36
パンジャーブ州	53	65	43
スィンド州	37	53	21
ハイバル・パフトゥンハー州	49	70	32
バローチスターン州	36	54	17
都市部			
パキスタン	74	81	66
パンジャーブ州	76	82	71
スィンド州	72	80	63
ハイバル・パフトゥンハー州	68	81	55
バローチスターン州	59	74	45

出所：GOP［2015b：175］。原資料は Pakistan Social and Living Standards
Measurement Survey, 2013-14。

就学と同じ重さでカウントしても 5—6% というのが、パキスタンにおいて
イスラーム系学校が就学者全体に占めるシェアの目安となる。そしてその大
多数は、政府管轄下の穏健なマドラサが占めている。

〈連邦統計局実施の標本調査データ〉

成人の識字率、子どもの純就学率といった教育の成果に関する最新の政府
統計については、標本調査に基づいた情報が得られる。これを表 8、9 に整
理する。

2013/14 年度の 10 歳以上人口の識字率は 58%（男性で 70%、女性で 47%）で
ある（表 8）。男女格差はまだ顕著であり、パルダ規範の影響がうかがわれ
る。農村部の値は 49% で、都市部の 74% に見劣りし、都市農村間格差は男
女間格差よりも大きい。もうひとつの地域間格差は、州間・州内格差である。

80

表 9　パキスタンにおける小学校（1-5 学年）の
就学率の地域差（2013/14 年度）

(%)

	男女合計	男性	女性
粗就学率			
パキスタン	90	98	81
パンジャーブ州	100	106	94
スィンド州	76	85	67
ハイバル・パフトゥンハー州	89	102	76
バローチスターン州	67	83	43
純就学率			
パキスタン	57	60	53
パンジャーブ州	64	66	63
スィンド州	48	53	43
ハイバル・パフトゥンハー州	54	62	46
バローチスターン州	39	46	30

出所：GOP［2015b：176-177］。原資料は Pakistan Social and Living Standards
Measurement Survey, 2013-14。

識字率が高いのはパンジャーブ州であり、最も低いのがバローチスターン
（Baluchistan）州で、スィンド州とハイバル・パフトゥンハー州はその中間に
位置する。農村・都市部の違いと合わせると、パンジャーブおよびスィンド
州の都市部が最も識字率が高く、バローチスターン州およびスィンド州の農
村部が最も識字率が低い。

2013/14 年度の小学校（1—5 学年）への純就学率は 57% にすぎない（表 9）。
4 割を超す児童が適切な学年での教育を受けていないというショッキングな
数字である。この表には粗就学率も示してある。粗就学率 90% という数字と、
純就学率 57% との間の顕著な差は、パキスタンの教育が抱える深刻な問題
を示している。ただし純就学率で見ての男女差は、成人識字率に比べると小
さい。ゆっくりとではあるが、パキスタンにおいても教育での男女格差が縮
まる方向にあることがわかる。

また、表は省略するが、教育成果の階層間格差もパキスタンでは深刻であ
る。農村部における土地なし階層、都市部における日雇労働者階層において
は、現在就労している成人世代の教育水準は低く、しかもその子女の就学水
準も低いため、貧困が教育を通じて世代を超えて再生産される傾向が見られ

第 2 章　パキスタンの教育制度の特徴と課題●——81

る［World Bank 2002］。

◆3　民間調査が明らかにするパキスタンの教育の質

　2009年国家教育政策および2010年憲法改正での10年間の義務教育化という状況の下、質の高い教育をすべての国民に供給することがパキスタンの至急の課題となっている。しかし直接的に学習の成果を表わす政府統計は存在しない。GOP［2015b］など政府の報告書でもよく引用されるのが、NPOである南アジア教育開発フォーラム（SAFED）が収集したいわゆるASER報告書である。

　2015年1月に公開されたASER報告書［SAFED 2015］は、徹底した学力調査に基づき、2014年のパキスタンにおける初等教育の質に関する生々しい情報を提供している。例えば、ウルドゥー語（ないしスィンディー語かパフトー語）の2年生用教科書を読むことができる5年生の比率は46%、2年生用英語教科書を読むことができる5年生の比率は42%、2桁の足し算ができる5年生の比率は40%であった。これらの数字を、より以前の報告書と比較すると、近年の改善はみられるものの、微々たるものである。とはいえ、SAFEDがインド農村部で行っている同様の調査に比べて、パキスタンのパフォーマンスが際立って悪いわけではない。インドとパキスタンの教育の質に関する問題には、さまざまな点での共通性がある（第1章参照）。後述するLEAPSプロジェクトのデータを用いてインドとパキスタンの学力比較を行ったDas et al.［2012］も、同様の結論を出している。

　このような低い学力は、公立小学校が学びの場としてほとんど機能していないことを示唆している。そのひとつの理由は公立小学校の設備である。ASERの同じ報告書によると、公立小学校の安全な飲用水整備率は57%、トイレ整備率は51%にすぎない。しかし次節でより詳しく議論するように、より深刻な問題は、教員の欠席により物理的に授業が成立しないなど、教員のインセンティブ欠如かもしれない。同報告書によると、公立小学校の抜き打ち訪問による生徒の欠席率は18%、教員の欠勤率は12%だった。教員の

欠勤は生徒の欠席とプラスに相関しており、教員欠勤による授業不成立頻度の高さが、生徒の欠席率を高めていると解釈することは自然である。[11]

第3節　教育普及の阻害要因と効果的政策介入の方向性

　上記のような問題を克服するためには、どのような政策介入が効果的だろうか。本節ではまず、パキスタンにおける公立学校教育がさまざまな意味で失敗してきた要因を考察し、続いて、近年の政策研究の成果を概観することで、この問題について検討する。経済学の視点での考察が中心となる。

◆1　公立学校教育「失敗」の説明

　教育は、現時点で働いて得られる所得を犠牲にして能力を高め、それによって将来の生活水準を高める行動であるがゆえに、経済学ではこれを通常、人的投資としてとらえる［大塚・黒崎 2003］。公立学校中心に進められた過去の教育が、そもそも私的収益率をともなっていなかったならば、教育投資を控えることは経済的に合理的な行動となる。Kurosaki and Khan［2006］は、パキスタンのハイバル・パフトゥンハー州（調査時は北西辺境州）の３村約350 家計の２時点(1996 年、1999 年)でパネルデータを用い、15 歳以上男性 1,635人のサンプルから教育の私的収益率を推定した。収益率は統計的に有意に検出され、とりわけ、非農業に就業した場合に高いことが判明したが、それでも年率4—5% であった。他の途上国に比べて、これは低い方に位置する。したがって、低い教育投資が低い収益率への合理的反応だった可能性を否定できない。また、教育を受けた女性が農村で働く機会は、最近の LFPS の農村進出以前にはほとんど存在しなかったため、女子教育の私的収益率が過去においてはゼロないしマイナスだったと考えられる。その場合、そもそも投資としての教育需要が女子に対しては存在しないことになる。パキスタンで賃労働に従事する女性の数は少ないため、女子教育の私的収益率に関する経

第2章　パキスタンの教育制度の特徴と課題●——83

済学での実証研究は存在しない。

　投資としてとらえた場合、現時点での手元の資金が不足しているため、教育投資がペイするとわかっていても子どもを学校にやれないという信用制約も、教育水準を下げる。パキスタンの家計レベルの研究結果は、おおむね信用制約をサポートしている［Kurosaki and Fafchamps 2002, World Bank 2002］。さらには、教育投資がペイするのはそのような仕事に就けた場合であって、非農業で所得が高い就業を得る確率が低い階層は、そもそも教育投資を需要しないであろう。このような階層分断の可能性を Kurosaki and Khan［2006］は指摘している。教育投資がペイするとわかっている親は少数であり、その情報が不足している家計はそもそも教育投資を需要しないことも考えられる。

　以上の議論は、教育の需要面に焦点を当てたものである。Kurosaki and Khan［2006］が算出した低い教育収益率は、パキスタンの公立学校の質があまりに低いため、就学だけでは何の学力も得られないという教育の供給面の問題が重要であるという見方と整合的である。劣悪な教育設備、教員の資格や教育技能の不足、不適切なカリキュラムなどに関しては、1990 年代以降、SAP などを通じて、パキスタンでもかなり改善してきた。

　他方、改善があまり見られないのが、公立学校における教員の怠業の問題である［黒崎 2004, Andrabi et al. 2007］。ずる休みなど教員の怠業が公立学校に関して特に指摘される背後に、労務管理や学校ガバナンスの問題がある。熱心に教えて子どもの学習成果が上がろうと、怠業して授業をさぼろうと給与に違いはなく、かつ怠業教員に対するペナルティもないならば、教員は怠業する誘因を持つであろう。この解釈には、公立小学校と私立小学校とを比較した経済学者の定量的研究を通じて、実証的な裏づけが与えられつつある。Andrabi et al.［2007］によると、私立学校で高卒教員に教わる子どもの英語の学力は、公立学校で大学卒の教員に教わる子どもの学力よりも顕著に高い。Andrabi et al.［2007］は、この理由として、教育技能が高く熱心に教える教員であればあるほど給与水準が高くなる私立学校の雇用システムと、教育技

能や就業態度に給与水準が関係ないか、むしろ下がってしまう公立学校の雇用システムの違いを指摘している。

以上の議論はインドなど他の途上国にも当てはまるが、パキスタン固有の不利な条件として、治安と暴力の問題も見逃せない。公立学校は近年、バローチスターン州における反パキスタン民族運動（nationalist insurgency）や、ハイバル・パフトゥンハー州およびその西隣の連邦直轄部族地域におけるイスラーム過激派（Islamist militancy）のテロ行動のターゲットとなってきた。民間シンクタンクが集めたデータによると、2010 年の学校襲撃数は 163 件に達し［PIPS 2011］、2012 年には、やや減少したとはいえ 121 件が報告されている［PIPS 2013］。特にイスラーム過激派の襲撃は、女子学校にターゲットを当てるケースが多く、そうでなくてもパルダゆえに就学に困難を抱える女子の就学がさらに難しくなっている。2012 年 10 月に当時 15 歳のマラーラ・ユースフザイー（Malala Yousufzai）が女子教育推進運動を理由にターリバーンに襲撃された事件、2014 年 12 月にペシャーワル市の学校がターリバーンに襲撃されて 131 名の生徒が殺された事件などは、この問題の深刻さを端的に物語っている。

◆2　教育の質確保のための革新的試み

これらの問題に取り組む上で、さまざまな社会実験がパキスタンの教育セクターを対象に進められている。

まず特筆されるのが、LEAPS（Pakistan：Learning and Educational Achievements in Punjab Schools）プロジェクトである［Andrabi et al. 2007, 2010］。彼らは、パンジャーブ州の 3 つのモデル県において、2003 年から 2007 年にかけて、詳細な農村・学校・教員・生徒・家計調査を、緻密に設計されたサンプリングに基づいて実施した。このデータに基づく研究結果については、いくつかすでに本章で取り上げたが、ここでは LEAPS の社会実験を紹介する［Andrabi et al. 2009］。

この社会実験では、調査村の半数が無作為に実験の対象として選出さ

れ、残りの村が比較群として追跡調査されるというランダム化比較実験（randomized controlled trial：RCT）の手法がとられた。実験は、各生徒の成績を本人と親に示し、親および教員に対して地域の学校すべての成績の詳細を示す「報告カード」（report card）を配布するというものである。これは、教員に対して自分が勤める学校の相対的パフォーマンスを意識させ、親に対してより良い学校への転校を考慮させる効果がある。実験の結果、生徒の成績が平均で顕著に上昇したこと、その上昇は、初期時点で成績が悪かった私立学校で最も顕著で、公立学校でもある程度見られたが、初期時点で成績がよかった私立学校には影響がなかったこと、私立学校の学費が平均で 18% 減少したことなどが明らかになった。これをもとに、Andrabi et al.［2010］は、私立学校への支援強化の必要性（具体的には、公立の女子高校拡張により私立小学校への女子教員供給を増やすこと、金融面・教育技能面での支援を行うことなど）、公立学校に地域住民の関与を高め、教員の教育パフォーマンスに報酬が反応する制度を導入すること、家計に私立・公立学校両方で利用可能なヴァウチャーを配布すること、公立・私立両方をカバーした学校の質に関する情報公開を高めること、などの政策提言を行った。

　パキスタンの教育部門における RCT の先駆けとしては、バローチスターン州で行われた女子奨学プログラム（Baluchistan Girls' Fellowship Program）も特筆に値する［Kim et al. 1999, Alderman et al. 2003］。1992 年から 95 年にかけて、私立学校への設備改善補助金、地域住民による教育委員会設立と学校運営への関与の制度化、就学女子への毎月補助金という 3 つのコンポーネントからなる介入実験が、試行学校と比較対象用の学校とを無作為に割り振った RCT として実施された。その結果、都市部（州都クエッタ）では女子の就学率が 33 パーセンテージポイントも上昇したのに対し、農村部では効果が限定的なことが判明した。農村部でのこのような介入は質の良い教員が確保困難な場合にコストに見合わないと、著者たちは結論している。ただしこの研究では、プロジェクトの 3 つのコンポーネントのどれが特に効いたのかが、RCT 設計上の限界から判別できない。地域住民による教育委員会の効果に

関する別の事例研究では、委員会が機能する例がないわけではないが、平均としては効果が薄いとの結論が得られている [Rashid and Awan 2011]。

　女子の就学率を上げる効果という点で、インドで近年導入が進んでいる学校給食もパキスタンで試されている。2002年から2005年にかけて全国4,035の農村部の公立女子小学校において、給食が試行導入され、女子生徒の栄養失調が顕著に低下し、就学率が40%上昇した [Badruddin et al. 2008]。ただし、この分析結果をプログラム拡張の場合に期待できる効果の推計として信頼してよいかに関しては、留保が必要である。どの学校で給食を導入するかを、無作為（RCT）ではなく、行政が何らかの基準に基づいて決めたため、そもそも好影響が期待される学校が対象となった可能性があり、そのような場合には分析結果がバイアスをもってしまうからである。

　LEAPSの社会実験同様に、情報に着目した研究がパキスタンでさらに進められており、注目に値する。前述の南アジア教育開発フォーラム（SAFED）はASER調査を住民参加型で実施し、教育に関する地図作製などを通じて住民の意識向上・公立学校監視能力向上を図った。その上でASER調査の結果を手にした住民は、地域の公立学校・私立学校両方に対して、以前よりも積極的にそのモニタリングに関与するようになった [SAFED 2015, PETF 2011]。また、第8章に詳細に説明するJICAのパンジャーブ州識字行政改善プロジェクトは、行政サイドの学校情報管理能力を高めることを通じて、試行地域における教育推進に貢献した[14]。

おわりに

　本章は、パキスタンの教育部門が抱える課題と、今後の展望を行うために、現パキスタン地域における教育発展の歴史的概観と、現在の教育制度と教育成果に関する統計の整理、そして効果的政策介入に関する研究成果を経済学的研究を中心に紹介した。1947年の独立から70年近く経ち、パキスタンの

教育面での改善は目覚ましい。5学年までの前期初等教育の粗就学率は2割を切る水準から9割以上に上昇し、6—10学年の粗就学率も一貫して上昇してきた。

　しかしパキスタンの教育開発は、所得に比べて、あるいは周辺南アジア諸国に比べて相対的に遅れており、特に女子教育に問題を抱えてきたことも現実である。この背後には、1947年の分離独立時に後進地域としてスタートせざるを得なかった出発時点での不利さ、公立学校で行われる教育の質が低く、実質的な機能不全に陥ってきたことなどが挙げられる。他方、都市部のみならず農村部においても、低授業料私立学校が急伸して、近年の就学率・識字率向上に貢献している。低授業料私立学校は教員が熱心に働くための誘因という点で公立学校よりも優位に立っているが、設備や教員の資格などでは公立に劣っている面がある。マドラサなどイスラーム系学校は、パキスタンの教育において重要な地位を占めてはいるが、あくまで全就学者に占めるシェアは2—6%にすぎず、近年急伸している証左は存在しない。複数の子どもを持つ親は、さまざまなタイプの私立学校と公立学校に加えた選択肢のひとつとしてマドラサ教育を考えており、子どもの個性がイスラーム教育に向いている場合にマドラサに送るとか世俗教育とのダブル・スクーリングを選択する。急進的なイスラーム教育への嗜好ゆえにすべての子どもにマドラサ教育のみを与える例は稀なのである。

　現在、パキスタンの教育がかかえる最大の問題は、前期初等教育における質の改善、後期初等・中等教育の質量両面での充実と、地域・階層・男女間での平等を達成することである。経済学の研究成果から、公立学校における教員への誘因向上、私立学校の優位さを生かすような政策サポート、親に対する学校教育情報の供給、教育行政情報の充実などがこれに資する可能性が強いことがわかってきている。これらに加えて、教育への直接的阻害要因となる治安と暴力の問題への対応が必要なことも言うまでもない。以上の政策を通じて公立ないし私立の世俗教育機関が安価で高質な教育を国民に供給できるようになれば、マドラサへの生徒の供給が今後減ることはあっても急増す

ることは考えにくいと言えよう。2014年度のノーベル平和賞が、マラーラ・ユースフザイーに与えられた理由は、すべての子どもが教育を受ける権利を求めて闘ってきたことであった。その実現は決して不可能なことではない。

[付記] 本稿の作成に当たっては、科学研究費・基盤研究（B）「南アジアの教育発展と社会変容」（代表・押川文子）研究会メンバー、山根聡・大阪大学教授、小田尚也・立命各館大学教授の各位より有益なコメントを得たことに感謝する。

注 ─────────────────

(1) ただし1990年HDRの段階でもすでに、教育に関してはバングラデシュがパキスタンを若干上回っていた。

(2) パキスタンの教育に関連した個別の問題を扱った日本での研究成果は限られている。管見の限りで既存研究を挙げると、親に生じた経済ショック（不作や失業など）が子どもの進学・進級に与えたインパクトを定量的に実証分析したSawada [1997]、Sawada and Lokshin [2009]、教育普及における男女差を分析したOta [2006]、太田 [2006]、農村部における教育の収益率を推定した黒崎 [2003a]、Kurosaki and Khan [2006]、同じデータを用いて世帯主の教育が恒常的に消費水準を引き上げるだけでなく、所得低下への対応力を高める効果も持つことを示した黒崎 [2003b]、教科書の内容からパキスタンの教育に関して考察した加賀谷・浜口 [1985]、須永 [2014：第3章]、アフガニスタンとの国境地域におけるマドラサの増加の要因を探ったYamane [2011] などが挙げられる。

(3) パキスタンの会計年度は、7月1日から翌年6月30日までの期間である。

(4) ムシャッラフ政権期前半におけるパキスタン教育改革に関する議論に関しては、山根・小出 [2003] を参照されたい。

(5) インドでの同様の立法 "Right of Children for Free and Compulsory Education Act 2009" に遅れること約半年である。インドについては第1章参照。

(6) 成人識字率の上昇、すなわち成人非識字率の減少は、成人非識字者人口の減少を必ずしも意味しない。パキスタンの場合、人口増加率も高かったため、表3がカバーする時期、成人非識字者人口の絶対数は増加した。1981年から98年にかけて観察されたペースで識字率が増加し、人口増加率の低下が進んでいたならば、その後の成人非識字者人口の絶対数は減少しているものと思われる。

(7) 図1Aにおいて、一学校あたり教員数が1987から89年に落ち込んでいるのは、学校新規開校がこの3年間に進み、教員補充が遅れたという一時的現象の結果である。

(8) 第18次憲法改正後の2011年7月に、それまでの Ministry of Education は、Ministry of Professional and Technical Training に改称された。その後、

Ministry of Education, Trainings & Standards in Higher Education という名称を経て、本稿執筆時点では、2014年6月発足の Ministry of Federal Education and Professional Training となっていた。これらをまとめて、本章では「教育省」と呼ぶ。

(9) Asian Development Bank［1999］によると、パキスタンの NGO が教育サービスに進出し始めたのは 1990 年代とされる。ただしバングラデシュに比べると教育分野での NGO のプレゼンスは小さい。

(10) イスラーム組織が運営する私立学校とマドラサは、教育カリキュラムにおいて明確に区別される。例えばパキスタンの代表的イスラーム政党である Jamaat-e-Islami（JI）は、その本拠地ラホール郊外のマンスーラ地区において、マドラサとは別に、第3学年から10学年までをカバーする2つの私立学校 Mansoora Model High School for Boys と Mansoora Model High School for Girls も運営している。どちらの学校のカリキュラムも、標準的な世俗教育に基づいており、卒業生の多くが通常のカレッジに進学している。

(11) ただしそれを計量経済学的にきちんと実証することは難しい。学校への通学・通勤を困難にする他の要因が存在すれば、仮に教員欠勤が生徒の欠席を促さない場合でも、生徒の欠席率と教員の欠勤率との間にはプラスの相関が生じるためである。

(12) 襲撃された学校の名前が Army Public School & College, Peshawar だったことから、この学校が軍運営の学校であると誤解した報道も見られた。しかしこれは、本章の分類でいえば、軍人関係の民間団体が経営する私立学校であり、就学前教育から第12学年までカバーする英語ミデイアムの名門校である。

(13) RCT に関する日本語での紹介としては、不破［2008］、黒崎［2008］などを参照。

(14) ただし、パンジャーブ州政府シンクタンクによるこのプロジェクト第一フェーズの評価報告書は、目標達成率の低さや成人学校で行われている学習成果の不足を理由に、プロジェクトを低く評価している［Khaliq-uz-Zaman and Ghaffar 2009］。この評価は、教育行政が地域の現状を正確に評価できるようになったという情報面での成果を無視したものと筆者は考える。

引用文献

Alderman, Harold, Jooseop Kim, and Peter F. Orazem 2003, "Design, Evaluation, and Sustainability of Private Schools for the Poor : The Pakistan Urban and Rural Fellowship School Experiments," *Economics of Education Review*, 22（3）: 265-274.

Andrabi, Tahir, Jishnu Das, and Asim Ijaz Khwaja 2009, "Report Cards : The Impact of Providing School and Child Test-Scores on Educational Markets," Mimeo, February 2009, Pomona College/World Bank/Harvard University.

―― 2010, "Education Policy in Pakistan : A Framework for Reform," IGC Pakistan,

Policy Brief, December 2010.

Andrabi, Tahir, Jishnu Das, Asim Ijaz Khwaja, Tara Vishwanath, Tristan Zajonc, and the LEAPS Team 2007, *Pakistan : Learning and Educational Achievements in Punjab Schools (LEAPS)*. February 2007, LEAPS.

Andrabi, Tahir, Jishnu Das, Asim Ijaz Khwaja, and Tristan Zajonc 2010, "Madrassa Metrics : The Statistics and Rhetoric of Religious Enrollment in Pakistan," in Naveeda Khan, ed., *Beyond Crisis : Re-evaluating Pakistan,* Routledge India, pp.430-451.

Asian Development Bank 1999, "A Study of NGOs : Pakistan," mimeo http : //www. adb.org/ngos/docs/NGOPakistan.pdf, accessed on April 14, 2011.

Badruddin, Salma Hali, Ajmal Agha, Habib Peermohamed, Ghazala Rafique, Kausr S. Khan, and Gregory Pappas 2008, "Tawana Project-School Nutrition Program in Pakistan : Its Success, Bottlenecks and Lessons Learned," *Asia Pacific Journal of Clinical Nutrition* 17 (S1) : 357-360.

Bregman, Jacob and Nadeem Mohammad 1998, "Primary and Secondary Education : Structural Issues," in Hoodbhoy, (1990) : 68-101.

Das, Jishnu, Priyanka Pandey, and Tristan Zajonc 2012, "Learning Levels and Gaps in Pakistan : A Comparison with Uttar Pradesh and Madhya Pradesh," *Economic and Political Weekly,* 47 (26/27) : 228-240.

Fennell, Shailaja 2013, "Low-fee Private Schools in Pakistan : A blessing or a bane?" In Srivastava, Prachi, ed., *Low-fee Private Schooling : Aggravating Equity or Mitigating Disadvantage?* Oxford : Symposium Books, pp. 65-82.

GOP (Government of Pakistan) 2015a, *Pakistan Education Statistics 2013-14*, AEPAM, Ministry of Federal Education and Professional Training, GOP.

—— 2015b, *Pakistan Economic Survey 2014-15*, Economic Advisor's Wing, GOP.

Haq, Mahbub ul 1966, *The Strategy of Economic Planning : A Case Study of Pakistan,* Karachi : Oxford University Press.

Hoodbhoy, Pervez, ed. 1998, *Education and the State : Fifty Years of Pakistan,* Karachi : Oxford University Press.

Hunter, William 1883, *Report of the Indian Education Commission,* Calcutta : Superintendent of Government Printing, India.

Jalil, Nasir 1998, "Pakistan's Education : The First Decade," in Hoodbhoy (1998) : 23-42.

Khaliq-uz-Zaman and Bushra Abdul Ghaffar 2009, *Evaluation of Model Districts for Literacy Campaign to Achieve 100% Literacy.* PERI Publication No.393, March 2009, Lahore : Punjab Economic Research Institute.

Kim, Jooseop, Harold Alderman, and Peter F. Orazem 1999, "Can Private School

Subsidies Increase Enrollment for the Poor? The Quetta Urban Fellowship Program," *World Bank Economic Review*, 13 (3) : 443-465.

Kurosaki, Takashi 2005, "Determinants of Collective Action under Devolution Initiatives : The Case of Citizen Community Boards in Pakistan," *Pakistan Development Review*, 44 (3) : 253-269.

Kurosaki, Takashi and Marcel Fafchamps 2002, "Insurance Market Efficiency and Crop Choices in Pakistan," *Journal of Development Economics*, 67 (2) : 419-453.

Kurosaki, Takashi, and Humayun Khan 2006, "Human Capital, Productivity, and Stratification in Rural Pakistan," *Review of Development Economics*, 10 (1) : 116-134.

Nelson, Matthew J. 2008, "Religious Education in Non-Religious Schools : A Comparative Study of Pakistan and Bangladesh," *Commonwealth & Comparative Politics*, 46 (3) : 271-295.

Ota, Masako 2006, "The Lives of Women in Pakistan," *Journal of Asian Women's Studies*, 15 : 142-145。

PETF [The Pakistan Education Task Force] 2011, "Education Emergency Pakistan 2011," http : //educationemergency.com.pk/wp-content/uploads/EE-Killer-Facts-English.pdf.

PIPS [Pak Institute of Peace Studies] 2011, *Pakistan Security Report 2010*, Islamabad : PIPS.

—— 2013, *Pakistan Security Report 2012*, Islamabad : PIPS.

Rahman, Tariq 1999, *Language Education and Culture*. Karachi : Oxford University Press.

Rashid, Abbas and Ayesha Awan 2011, "School Management Committees in Pakistan : Mobilising Communities for Education?" *Social Science and Policy Bulletin*, 3 (2) : 15-20.

SAFED [South Asian Forum for Education Development] 2015, *Annual Status of Education Report, ASER-Pakistan 2014*. January 2015.

Sawada, Yasuyuki 1997, "Human Capital Investments in Pakistan : Implications of Micro Evidence from Rural Households," *Pakistan Development Review*, 36 (4), Part II : 695-712.

Sawada, Yasuyuki and Michael Lokshin 2009, "Obstacles to School Progression in Rural Pakistan : An Analysis of Gender and Sibling Rivalry Using Field Survey Data," *Journal of Development Economics*, 88 (2) : 335-347.

Saiyid, Dushka 1998, *Muslim Women of the British Punjab : From Seclusion to Politics*. London : MacMillan.

UNDP [United Nations Development Programme] (various issues) *Human*

Development Report, New York：UNDP.

World Bank 2002, *Pakistan Poverty Assessment - Poverty in Pakistan*：
Vulnerabilities, Social Gaps, and Rural Dynamics. Report No. 24296-PAK,
October 2002.

Yamane So, 2011, "The Rise of New Madrasas and the Decline of Tribal Leadership
within the Federal Administrated Tribal Area (FATA), Pakistan," in K.Sakurai
and F. Adelkhah, eds., *The Moral Economy of the Madrasa*：*Islam and
Education Today*, New Horizons in Islamic Studies (Second series), Abingdon,
Oxon；New York, N.Y.：Routledge, pp.11-31.

太田まさ子 2006、「女性の識字教育促進：パキスタンの事例から」『アジア女性研究』
　　第 15 号、98-103。

大塚啓二郎・黒崎卓編 2003、『教育と経済発展──途上国における貧困削減に向けて』
　　東洋経済新報社。

加賀谷寛・浜口恒夫編訳 1985、『パキスタン──世界の教科書』ほるぷ出版。

黒崎卓　2003a、「農業・非農業の生産性と教育──パキスタン農村の事例」大塚・黒
　　崎編 2003：199-229。

── 2003b、「貧困の動学的変化と教育──パキスタン農村の事例」大塚・黒崎編
　　2003：231-252。

── 2004、「連載　南方見聞録②：人的資本と小学校の「質」」『経済セミナー』2004
　　年 5 月号：42-43。

── 2008、「南アジア経済に関する実証分析展望：制度・経済政策の効果に焦点を当
　　てて」『南アジア研究』20 号：160-175。

── 2009、「パキスタン：持続的貧困削減に向けて」渡辺利夫編『アジア経済読本
　　第 4 版』東洋経済新報社：345-369。

── 2015、「パキスタンの長期教育統計」CEI Working Paper, No.2015-6, available at
　　http：//cei.ier.hit-u.ac.jp/Japanese/publication/wp/wp-2015.html.

黒崎卓・子島進・山根聡編　2004、『現代パキスタン分析──民族・国民・国家』、岩波書店。

白井桂 1990、「バングラデシュ・ナショナリズムの源流──ベンガル語国語化運動を
　　中心として」佐藤宏編『バングラデシュ──低開発の政治構造』アジア経済研究所：
　　41-85。

須永恵美子 2014、『現代パキスタンの形成と変容──イスラーム復興とウルドゥー語
　　文化』ナカニシヤ出版。

不破信彦 2008、「実証開発経済学の分析手法の最近の動向について──計量経済分析
　　における「内生性」問題を中心に」『農業経済研究』79（4）：233-247。

松村耕光 2003、「「パキスタン国民」をつくる──「小中学校教育」と国語教科書」広
　　瀬崇子・山根聡・小田尚也編『パキスタンを知るための 60 章』明石書店：112-
　　117。

山根聡・小出拓巳 2003、「第 3 章　教育」『パキスタン国別援助研究会報告書——持続的社会の構築と発展に向けて』独立行政法人国際協力機構・国際協力総合研修所、総研 JR03-19：99-108。

第3章
バングラデシュの教育制度
――多様な担い手による普及と政策――

南出 和余

はじめに

　1971年12月にパキスタンから独立したバングラデシュでは、この約40年間に教育の著しい普及が見られる。初等教育の純就学率は、独立直後1972―73年の58%から2012年には96%、中等教育でも17%から59%に伸びている。この飛躍的な教育普及の背景には社会開発の取り組みも大きく影響している。ことに初等教育においては、1980年代からNGOによる「ノンフォーマル初等教育（Non-Formal Primary Education：NFPE）」が、それまで学校教育へのアクセスの機会がなかった僻地農村や都市スラムで展開されたほか、宗教学校（マドラサ Madrasa）も、全体としての学校普及率を支えている。さらに、急激な経済成長をみせるバングラデシュでは、都市部だけでなく最近では農村部でも私立学校が急増していることも注目に値する。

　公立学校（政府系学校）だけではなく多様な学校が並立する状況はバングラデシュに特有であり、単一の教育制度では抜け落ちる可能性の高い層にも学校教育の受容を促した。しかし、多様な担い手によって教育の普及がなされる一方で、ときに政府は「質の保証と標準化」という観点から、教育改革のもとで各学校に対する管理体制を強める。いわば、バングラデシュの教育発展は、担い手をひらいて多様な要求に応えうる形で学校普及を促し、浸透したところで統制を図るという伸縮のプロセスを繰り返しながら進められて

きた。

この反復状況は現代に特有のことではない。現在バングラデシュとされる地域には、南アジアの他地域と比べて豊かな土着学校の伝統があり、そして各時代の教育政策はそうした土着学校の統制を試みてきた。本章では、この歴史的経緯を概観したうえで、現代のバングラデシュにおける学校教育の特徴を明らかにする。そこにはいくつかの課題も浮かび上がってくる。一つは、多様な担い手による初等教育の浸透を、中等教育から高等教育の普及にいかに連携させうるかという点である。もう一つは、英語を教授言語とする英語ミディアム私立学校の増加である。本章の最後にこれらの点についても若干の検討を加える。

第1節　英領期ベンガルにおける教育と教育政策

現在「バングラデシュ人民共和国」とされる地域は、英領インドの時代にはベンガル州の東半分をなしていた。1905年のインド総督カーゾンによるベンガル分割令を契機に東ベンガルにムスリム自治州が設けられるまでは、現インド西ベンガル州と現バングラデシュを合わせたベンガル州では、ヒンドゥー教徒とムスリム（イスラーム教徒）が共存していたといわれている。このベンガル地域の教育については19世紀初めごろから記録が残っている。

◆1　イギリス人宣教師がみたベンガルの多様な学校

1835年から1838年にキリスト教宣教師ウィリアム・アダム（William Adam）は、植民地政府の命によって、近代教育以前に住民によって行われていた教育に関する詳細なレポートReport on the State of Education in Bengal（通称「アダムズレポート」、以下通称）を記している。植民地政府は1837年にそれまでのムガル帝国の規範言語であったペルシア語に替えて英語を裁判所言語とし、教育分野においても1835年に英語重視の政策を発表

した。その命に対してアダムは、伝統的な教育組織こそが国民教育組織の基礎になるべきとの独自の考えのもとに調査を行い、教授言語によって各学校の分類を行っている。本資料はインド教育史研究において不可欠のものであり、その詳細な記述は第一級資料とされている。本章では Kazi［1987］や弘中［1976］らによるアダムズレポートの分析に依拠しながら、当時の土着学校の様子や植民地政府による教育政策について概観したい。

アダムズレポートに記された教育機関には、初等教育機関は「ベンガル語学校」、「ペルシア語学校」、「アラビア語学校」、「ペルシア語とベンガル語の両立学校」があり、上位段階に「ムハマダン学校」と「ヒンドゥー学校」がある。このうち「ベンガル語学校」と表記されているものが現地語のパートシャーラー（Patshala）、「ペルシア語学校」や「アラビア語学校」がマクタブ（Maktab）に相当することが、以後の研究から明らかになっている［Kazi 1987］。アダムの記述をもとに、当時のパートシャーラーとマクタブの学校の様子をまとめたのが表1である。

Kazi［1987：Ⅳ］によれば、パートシャーラーは、ベンガル州では少なくとも中世後期からその存在が確認されている。パートシャーラーは元来ヒンドゥーの教育機関であるとされるが、実際にはムスリムの子どもたちの多くも学んでいた［Bagal 1962：89］。パートシャーラーでの教育は、地元のグル（Guru：教師）を介して受け継がれ、内容は、日常の生活で必要とされる技術や慣習であった。農業や商業に必要な計算術や手紙の書き方などに重点がおかれ、人々は職業カーストに基づく職の技術を身につけさせるために子どもをパートシャーラーに通わせていたと推測される。

一方のマクタブは、ムスリムの初歩の教育機関とされるが、当時のマクタブにもパートシャーラー同様、多くのヒンドゥーの子どもたちが通っていた。教育の内容を見れば、パートシャーラーよりマクタブの方が宗教性を帯びていたことがわかるが、しかしマクタブの生徒比はむしろヒンドゥーの子どもの方が上回っている[1]。これは、当時のムガル帝国の規範言語がペルシア語であったことから、ムスリムより支配階層にあったヒンドゥーたちもペルシア

表 1　パートシャーラーとマクタブの特徴

特徴	パートシャーラー	マクタブ
設立経緯	村の有力者、コミュニティの寄付サポート、教師、によって開始される	
学校数	地域により大差	
場所	校舎や教室はなく、教師の家、木下、軒下、店の隅、寺・モスクのポーチ　まれに教師や保護者の寄付や労働提供によって校舎が建つ	モスクの庭先や生徒の家　決まった形態はない
教師	グル（guru）が 1 校に 1 人　カヤスタカーストが多く、世襲制　安定性や村人からの敬意に欠く　他の仕事をしながらグルをする	ムッラー（Mullahs）　大半はムスリム、まれにヒンドゥーもいる
教師給与	食糧支給（グル自ら回収）	給与はなく、臨時に得る
生徒数	1 校に 40 人程度	
教科書	なし	なし
教育内容	グルの知っていることを教える　1）ベンガル語の読み書き　2）計算　3）手紙の書き方　4）簡単なサンスクリット文法　5）詩　6）農業計算（土地測量など）　7）商業計算（利益計算など）	1）ペルシア語文字　2）コーラン第 30 章の祈りの句　3）道徳格言集（Pandnameh）の発音　4）ペルシア語動詞の活用（Amednameh）　5）人生教訓や価値態度（Gulistan）　6）ペルシア語とアラビア語の発音や綴り　7）ヒンディー語／ベンガル語　8）アラビア数字による算術、手紙請願書
教育方法	決まった年間スケジュールはなく、始業、終業、休みはすべて状況次第　2 シフト制（早朝—10 時、15 時—夕暮れ）　反復教育	

出所：［Adam1836, 1838］および［Kazi1987］を参考に筆者作成

語を必要としたためと考えられる。

　またアダムの調査をもとにした弘中の研究では、「ベンガルとビハールの人口 4000 万人のうち、（パートシャーラーやマクタブなど）伝統的な初等学校の数は 10 万校で、これは人口 400 人に 1 校がある割合であること、また人口 73 人につき 1 人が就学している割合である」と言われている［弘中 1976：184］。

◆2 植民地政府による教育政策「ウッズ教育通達」

　最初に初等教育に影響を及ぼしたとされる植民地政策は、1854年当時の
監督局総裁チャールズ・ウッズ（Charles Wood）によって書かれた教育政策
に関する公文書「ウッズ教育通達」である。この公文書は、イギリス植民地
政府の教育政策の基となり、植民地政府がどのようにインドの教育に着手し
ようとしたかを示している。弘中は、この政策を機にインドでは初等教育を
含めた教育全般において植民地政府による直接的な介入がくだされ、一貫し
た近代教育制度が試みられたとみている［前掲：209］。植民地政府は既存の
公立学校やパートシャーラーなどに規制を設け、それを満たす学校には補助
金を出す政策をとった［前掲：210］。翌年1855年には教育局が設置され、教
育を管轄するためのさまざまな機能が義務づけられた［前掲：214］。

　ウッズ教育通達による具体的な取り組みについてはKazi［1987］が詳細な
分析を行っている。Kaziによれば、通達は、新たな学校を増やすと同時に、
既に存在していたパートシャーラーの統治にも取り組んだ。1855年から
1862年に行われたパートシャーラーの「サークル計画」では、3つのパート
シャーラーをグループにし、各グループに政府監督をおいて、政府からの補
助金を出した。この計画によりパートシャーラーの教育内容の統一が図られ、
政府による規制がなされるようになった［Kazi 1987：50］。また、1862年か
ら1871年にかけて行われた「改善計画」では、パートシャーラーの教師（グル）
を訓練することに重点が置かれ、訓練施設が多く設立された［前掲：53］。訓
練を受けたグルによるパートシャーラーにのみ補助金を出すなどの制限を設
けたため、この計画は浸透をみせた。しかし訓練施設で教育法を学ぶのは新
たに教師を目指す者が大半で、既に教師であったグルたちは自らの教育スタ
イルを変えることを拒否した［前掲：53］。さらに、1872年から1882年には、
下層の子どもたちを学校に通わせることを目的に、試験に基づいて奨学金を
出す計画も実施された［前掲：75］。これらの計画はパートシャーラーに対す
る政府の威厳を知らしめることとなり、実際にパートシャーラーでも出席の
確認や授業運営、テキストの使用と教科教育、さらに座席の固定化などが図

第3章　バングラデシュの教育制度●──99

られるようになった。1883年から1899年には、政府はパートシャーラーの合併と統制に踏み出し、政府の定めた基準に満たないパートシャーラーには補助金を削減して、印刷されたテキストの使用と試験を強化し、学年制のカリキュラムの整理とシラバス統一変更の試みがなされた［前掲：125-134］。また、グルに替わってトレーニングを受けた新しい教師を採用して、チーフとなるグルを置き、補助金のための基準を設定した［前掲：135］。

　Kaziは、ウッズ教育通達による大きな影響は、それまでのパートシャーラーの、上下の隔てなく子どもたちが通い得るという点に変化がもたらされたことにあると指摘している。政府は奨学金制度などによって下層の子どもたちのドロップアウトをくいとめたが、新たに下層の子どもたちを魅了することはできなかった［前掲：73］。その原因は、教育内容が統一されることによって、それまでの各地域各階層の生活に応じた技術訓練要素が薄れ、教育を「必要とする層」と「必要としない層」が明確に分かれたことにある。

　一方、マクタブについてはAhmed［1988］がこの時期の変化を論じている。1874年から1875年のムスリムをとりまく教育状況を見ると、ベンガルにおける人口比ではヒンドゥーとムスリムがほぼ半数ずつであったにも関わらず、就学比はヒンドゥーが生徒の約7割を占め、ムスリムは3割に満たない。高等教育になるにつれてムスリムの数はさらに減少する。政府はヒンドゥーとムスリムの教育格差を軽減するために、既存のマクタブやマドラサの一部を政府の監督下におく試みをとった［Ahmad 1988：141］。1871年に出された「新ムスリム教育政策」は、マクタブにも影響を及ぼした。対策は、マクタブをより世俗教育に移行するというものであった。ウルドゥー語とペルシア語を教えるマクタブに対して給付金を与えることで認可し、「役立つ教育機関」であることを示そうとした。1905年までにマクタブは選別、再組織化され、政府の管理下におかれることで多くの給付金を受けた［前掲：148］。1916年の報告によると、4000以上のマクタブがムスリム教育のための小学校として認可され、ペルシア語に替わってベンガル語での教育がなされた［前掲：149］。

このように、英領期ベンガル州では、他の地域と比べても、近代教育以前からの土着学校の伝統があった。しかし同時に、植民地政策の中心をなした地域ゆえに、植民地政府による教育政策が直接的な影響を及ぼし、土着学校の流れは一旦途絶えてしまったといえる。

第2節　東パキスタン期の教育

　1947年の分離独立によって、現バングラデシュに相当する地域は、東西に分断された2つの国土をもつパキスタンの東部（東パキスタン）となった。西パキスタンが複数の民族によって構成されているのに対し、東パキスタンはベンガル民族が大半を占め、民族の人口規模ではベンガル民族が東西パキスタンの最大の集団となった。しかし、パキスタンの政治権力の中心は西のカラチにあり、インドを挟んで1,800kmも離れた東西が実質的に統合されるのは困難であった。さらに、東西統一とともに、西パキスタン内の民族問題にも対応を迫られていたパキスタン政府は、次第に「イスラーム」を国家統一の旗頭として重用するようになる。こうしたなかで、西パキスタンの最有力言語であるパンジャーブ語ではなくウルドゥー語が公用語として採用されるが、それは、ほとんどの人々がウルドゥー語を解さずベンガル語で生活していた東パキスタンの強い反感を招き、のちの分離にまで続く対立の原因となった。

　パキスタンにおける教育普及率は英領インド期をかなり下回る。パキスタン政府によれば、英領インド期に行われていた教育では多くの教師がヒンドゥー教徒であったため、分離独立の際にインド側に移ったのが原因とされている［Government of Pakistan 1973：9］。英領期ベンガルの中心はコルカタ周辺の西ベンガルにあり、先述のように20世紀に入ってムスリムとヒンドゥーの東西分離移住が進み、分離独立の際には多くのヒンドゥーたちが西ベンガルに移った。それでも、第2章黒崎の記述にも見られるように、当時

第3章　バングラデシュの教育制度●——101

の西パキスタンに比べれば、東パキスタン（東ベンガル）は教育識字率の面において上回っていた。[2]

◆1 東パキスタンにおける初等教育の様子

東パキスタン期（1947—1971）の教育に関する資料は、英領インド期および現バングラデシュ独立以降の時期に比べると格段に少ない。そのため当時の教育状況を知るには限りがあるが、1967年から1968年にかけて、当時のダッカ大学教育研究所は東パキスタンの初等・中等教育に関する大規模な調査を実施している［Haque 1970］。[3]当時のパキスタン政府は、教育の普遍化を念頭におき、1975年までに5年間の初等教育の完全普及、1985年までに8年間の完全普及を目指していた。調査はその目的達成に向けての将来の教育計画作成と、教育の進展状況の把握を目的とするものであった。［前掲：15］。都市部（ダッカ、チッタゴン、クルナ）の51校と農村部の374校が調査の対象となり［前掲：28］、生徒数と就学率、カリキュラム、試験、生徒指導、学校設備、教授法、教師訓練、成人識字教育、教師の労働環境、教育費について、各地方の教育行政官や教師指導者、各学校の校長と教師、就学中の生徒、生徒の保護者、中途退学者などへの質問紙やインタビュー調査が行われた［前掲：6］。

興味深いのは、調査対象となった学校の種類として、政府運営の公立学校が全体の71%、地方政府による学校が16%、政府に登録され運営資金を政府が賄う登録学校が7%、無登録学校が6%、幼稚園を併設した私立学校が0.35%となっており［前掲：224］、当時から初等教育機関の担い手にバラつきがあったことである。また、当時のパキスタンにおける初等教育は5年生まで無償であったが、調査対象校のうち9%は授業料をとっており、その内訳は87%が都市部の学校であった。

調査時はパキスタンとしての独立からすでに20年が経過しており、バングラデシュ独立を迎える数年前である。就学率は初等教育では45%に達していた［前掲：50］。生徒の男女比は、初等教育では男子が68.2%、女子が

31.8％で、中等教育になると女子の割合がさらに減少し、85.6％を男子が占める。男女の格差には社会的制約のほかに、家から学校までの距離も関係していた。初等教育機関の場合、家から0.5マイル以内に学校がある生徒が69％、1マイル以内で通う生徒が19％であったのに対して、中等教育になると、0.5マイル以内の生徒は36.5％となり、2マイル以上離れている生徒が17％いた［前掲：276］。

　学校ではベンガル語、英語、算数、科学が教えられた。調査対象校では全てベンガル語による教授である。当時のパキスタンではウルドゥー語とベンガル語が公用語とされ、ウルドゥー語の教育が義務づけられていたが、東パキスタンでは常にこの問題が西パキスタンに対する反発の原因となっていた。そうした政治状況を反映して、言語科目に関する意識調査もなされている。5年生、7年生、10年生の生徒を対象に、「必須とすべき言語」「選択とすべき言語」についての質問がなされている。「必須とすべき言語」には、ベンガル語98％、英語65％の回答があり、「選択とすべき言語」に、ウルドゥー語73％、アラビア語62％、ペルシア語64％、サンスクリット語6％が挙げられている［前掲：180］。

　また、教師の実態についても若干の調査がなされている。教師の平均年齢は初等教育機関では32.3歳であった。それほど裕福ではないものの、識字者の家庭出身が多い。これは、教師の給料がそれほど高くなく、教師からの要求の上位に「給料の改善」が挙げられていることと、それでも教師と地域社会の関係においては「教師は地域社会から敬意を持たれていると感じている」と答えた教師が小学校で66％いることにも矛盾しない［前掲：99］。さらに、教師は低賃金を補うために副業をしている場合が多く、副収入源としては、土地の借地代に続いて、個人的に家庭教師をする例が多く報告されている［前掲：86］。

◆2　独立につながる教育行政と政策

　バングラデシュの教育行政には、英領期にその原型が形成されたものが多

い。分離独立前の 1919 年に公布された「初等教育法（The Primary Education Act）」は、初等教育の提供責任を各州政府に委ねるかたちでの初等教育の普及を目指した。これを受けて 1930 年にはベンガル教育法（The Bengal Education Act）が成立し、州政府のもとでの初等教育普及と管理の在り方についての詳細が記された［Ahmed et al. 2007］。また、1921 年にはダッカに中等教育委員会（The Board of Intermediate and Secondary Education, Dacca）が立ち上げられ、同時に政府直轄でダッカ大学が設立された[(4)]。そうした基盤に立って、東パキスタンとしての独立後、中等教育委員会はそのまま「東パキスタン中等教育委員会」としての機能を維持し、1961 年には「東パキスタン中等教育法令（The East Pakistan Intermediate and Secondary Education Ordinance）」を定めている。

　当時の初等教育政策でもっとも重要視されていたのは教師の育成であった。政府は教師の訓練施設を増強、1957 年から 58 年にかけて教師のトレーニングカレッジが次々と設立され、1 年間の教師育成プログラムが実施された［Haque 1970：56］。1963 年から 64 年の小学校教師のうちトレーニングを受けた経験のある者は約 6 割であった［前掲：31］。教師と生徒の比率を 1 対 45 と設定した場合、目標の 1975 年までの初等教育普遍化には、人口増加も考慮すると、新たに 11 倍、1985 年の目標には 17 倍の教師が必要で、当時のままでは目標達成には程遠いとの指摘がなされている。また、1959 年の国家予算に占める教育関連支出がわずか 12％にすぎないことを批判し、さらに教育に資金を投資して、教師の育成、学校設備の改善、教材の充実に費やされるべきであるとしている［前掲：408］。

　このように、東パキスタン期の教育行政は、基本的には英領期に導入された体制を大きく変えることなく継承し、分離独立によってもたらされた損失、とくに教員不足の充填に力点をおいたものだった。その際、言語の壁と抵抗もあって、西パキスタンとの協力において教師層を育成するというよりは、ダッカを中心とした東パキスタン（ベンガル）における独自の教育に取り組んだ点が、その後のバングラデシュ独立への足掛かりとなる。

第3節 独立後バングラデシュにおける教育と教育政策
——初等教育を中心に——

　1971年3月26日から12月16日までの9ヵ月にわたる内戦の末にパキスタンから独立したバングラデシュは、飢饉と戦争による痛手から、大きな課題を抱えたスタートとなった。多くの国際機関が救援活動に入り、その後、その活動は現地の人々の手に委ねられ、貧困対策、社会開発へと移行した。1990年代になって開発援助の分野で生計アプローチが重視されるようになると、教育はその要をなすものとして、国際社会からの支援を集める主要分野となった。コラプション問題を含む政府の脆弱さが指摘される一方で、NGOは国際社会からの支援を直接受け入れ、マイクロクレジット（無担保小規模融資）の効用も重なって、社会をリードする存在に成長した。ノンフォーマル初等教育活動は、その代表的な取り組みである。さらに、初等教育の普及においては宗教（イスラーム）教育に重きをおいたマドラサも、公教育機関としての役割を果たす。

　本節では、こうした多様な担い手による初等教育普及の現状を追い、さらに、その現状に対して政府がどのような教育政策を講じているかを捉えてみたい。なお、バングラデシュの教育統計については、おおむね政府教育情報統計局（Bangladesh Bureau of Educational Information and Statistics：BANBEIS）による統計資料を、BANBEIS発行の統計資料書およびウェブサイトから参照している。さらに、政府外の教育機関を含む統計については民間の教育調査機関CAMPE（Campaign for Popular Education）の調査資料を参照する。なお、ウェブサイト上の情報については可能な限りアドレスを記すが、サイトの所在先が頻繁に変更されることを断っておく。

◆1　多様な担い手による学校普及

　まずは、バングラデシュ政府が提示している教育制度を図1に提示する。初等教育機関には、政府運営による「公立学校」、地域住民らによって開

年齢	学年	文系		医学系	理系（科学）	職業教育（教員資格を含む）				法学系	マドラサ
25+	XX	博士 PhD		医学博士	博士 PhD						
24+	XIX			医学博士後期							
23+	XVIII	M.Phil		M.Phil（医学）				教育学博士			
22+	XVII	修士		医学修士	修士 MSc	商学修士 MBA		教育学修士		法科学修士	
21+	XVI	学士 Honors	修士	医学士	学士 BSc（技術）（農業）（テキスタイル）（皮）	学士（技術）	商学士 BBA		教育学士 修了証明（教育）	法学士 修了証明（法学）	カミル
20+	XV		学士 Degree								ファジル
19+	XIV				修了証明（看護）	修了証明（技術）					
18+	XIII										
17+	XII	後期中等教育 Higher Secondary Certificate：HSC				職業後期中等教育 HSC-Vocational	修了証明（商学）	教員資格	農業資格		アリム
16+	XI										
15+	X	中等教育 Secondary School Certificate：SSC			職業訓練教育						ダキル
14+	IX										
13+	VIII	前期中等教育									
12+	VII										
11+	VI										
10+	V	初等教育									イブテダイ
9+	IV										
8+	III										
7+	II										
6+	I										
5+		就学前教育									
4+											
3+											

図1　バングラデシュ教育制度（学位資格取得システム）

出所：バングラデシュ教育省ウェブサイト「バングラデシュ教育構造（Education Structure of Bangladesh）」を筆者翻訳。

始され政府に登録された「登録学校」と未登録の「未登録学校」、コミュニティ学校、NGO 運営による「ノンフォーマル学校」、マドラサ、有料の私立学校が存在する。民間の教育調査機関 CAMPE による各初等教育機関への就学比を表2に示す。

　これらの学校のうち、公立学校と中学校併設小学校は政府が100％運営し、登録学校と未登録学校では、教科書や教員の給与（公立学校の半額から7割程度）が政府から支給される。英領期から東パキスタン期においても見られたように、当該地域の学校は土着の教育機関として住民の手によって始められ、その後政府が認可し運営するというプロセスが一般的である。現状の公立学校の多くも最初は住民によって始められ、登録学校を経て公立学校となってい

表 2　初等教育生徒の学校別就学比（2008 年）%

学校種	全体就学比	農村部	都市部
公立学校	56.9	56.8	58.1
登録学校	18.7	20.1	9.3
未登録学校	0.9	0.8	1.3
コミュニティ学校	0.9	1.0	0.3
ノンフォーマル学校	9.6	10.3	5.2
マドラサ	2.2	2.3	1.5
中学併設マドラサ	4.8	5.3	1.5
私立学校	4.7	3.2	15.6
中学校併設小学校（公立）	1.3	0.4	7.3
合計	100	100	100

出所：〔CAMPE2009：63（Table5.4 "Percentage of distribution of
primary students by type of institution, gender and area"）〕を筆者
抜粋のうえ翻訳。

る。したがって、登録学校や未登録学校は公立学校のプロセスとして位置づけられる。後述するが、2010 年の教育政策公布以来、登録学校は次々に公立学校へと昇格している。また、マドラサについては本書第 10 章で日下部が論じているが、図 1 のマドラサラインは政府認可補助の世俗教育を含む公教育機関である。

　これらに対して NGO 運営のノンフォーマル学校と私立学校の財源はそれぞれ独自に工面されている。最近では私立学校に対する認可と補助金制度が確立しつつあるが、多くの私立学校は生徒からの授業料によって運営されている。

　「ノンフォーマル学校」は NGO による開発実践の一環である。年齢に関わらずそれまで教育を受ける機会を持たなかった子どもたちを集め、地域住民の女性を教師に採用訓練して始める、いわば「寺子屋学校」である。初期の頃の典型的なノンフォーマル学校は、1 校 1 教師 30 人の生徒からなり、30 人が卒業するまで新たに生徒を入れないというスタイルである。場所は教師の家の軒下や村の集会場を用いて行われる。カリキュラムも読み書き計

表3　初等教育機関の種別学校数（2012年）

学校種	学校数
公立学校	37,672
パイロット校（公立）	56
中学校併設小学校（公立）	1,351
登録学校	22,101
未登録学校	1,949
コミュニティ学校	1,605
マドラサ	2,058
中学校併設マドラサ	4,861
私立学校	12,486
ノンフォーマル学校	2,782
BRAC センター	10,326
ROSC センター*	5,862
Sishu Kallyan 学校**	125
その他	783
合計（うち私立学校）	104,017（66,345）

＊ROSC = Reaching Out of School Children = 世界銀行の資金
提供によってバングラデシュ政府が未就学または中途退学の
子どもたちに対して教育提供を開始した小学校。ROSC Ⅱは、
後述のPEDP Ⅲの一環に位置づけられている。

＊＊Shishu Kallyan Primary School =「子ども福祉財団」によっ
て最貧困層の子どもたちを対象に開設された小学校。

出所：BANBEIS"Table 2.1：Number of primary education
institutions, teachers and enrolment, 2012" から筆者抜粋のう
え翻訳。

算の基礎教育のほか、生活により身近な知識や技術を教える。低コストで学校教育を実施することによってより多くの学校を展開し、一人でも多くの子どもたちに教育の機会を与えることが目的とされた。ノンフォーマル初等教育は、バングラデシュ最大規模のNGOであるBRACによって1980年代半ばに開始されたが、その後すぐに多くのNGOや国際機関がこれに取り組んだ。バングラデシュ政府は初等教育省に「ノンフォーマル教育局」を設けて、これを正規の認可学校としている。

　表2を見ると、初等教育就学人口のうち、公立学校やそれに準じる登録学校に通う生徒が大多数を占めるものの、1割はノンフォーマル学校に通い、私立学校を含めると15％の子どもたちが、政府運営の学校以外で初等教育を受けていることがわかる。

　表3は、学校種別の学校数を示している。

　［Ahmed et al. 2007］によれば、東パキスタンとしての分離独立当初の1947年の初等教育機関は19,000校であったのに対して、バングラデシュ独立の

108

1971 年には 29,000 校、2000 年半ば
には 80,000 校を数えるまでに増え
た。表 3 に示されるように、現在で
はすでに 10 万校を超えており、未
だ統計上認知されていない学校も含
めるとそれ以上になる。

　担い手ごとに各教育機関がいつ頃
増えたのかを詳細に示すデータはな
いが、例として、筆者の調査地ジャ
マルプール県中央郡の 1 農村から半
径 2km 以内に存在する各初等教育
機関の設立年を調べたところ、表 4
の状況を確認できた。例えば最初の
中学校併設公立学校は、1938 年設
立当初から 1962 年までは当時の「モ
デルスクール」、1962 年から 1972
年までは「無償学校（Managed Fee
School）」とされ、公立学校として正

表 4　調査地周辺の初等教育機関の設立時期

学校種	設立年
中学校併設公立学校	1938
中学校併設公立学校	1938
中学校併設公立学校	1938-39
マドラサ	1950
マドラサ	1956
公立学校	1956
公立学校	1973
公立学校	1973
マドラサ	1973
登録学校	1989
登録学校	1991
ノンフォーマル学校	1992
私立学校	1995
登録学校	1996
ノンフォーマル学校（幼児科）	2001
私立学校	2003
私立学校	2004

出所：2003 年の調査にもとづき筆者作成。

式に認可されたのは独立以降の 1973 年である。また、1973 年に設立された
2 つの公立学校も設立当初は住民によって開始された登録学校であった。[6]ま
た東パキスタン時代にはマドラサが開始された。そしてバングラデシュ独立
直後は、それまでの登録学校が公立学校となり、さらに新たに登録学校が開
始された。90 年前後に登録学校やノンフォーマル学校が増加し、2000 年以
降は農村でも私立学校が増加している。表 4 の調査から約 10 年が経過し、
登録学校は公立化し、私立学校はさらに増えている。

　1990 年前後のノンフォーマル学校の増加は、教育政策とも呼応して、教
育の担い手の多様化をもたらした。ノンフォーマル教育は低コストでより多
くの子どもたちに教育の機会を提供するための手法であると同時に、それま

で学校教育にアクセスのなかった層に、学校への関心を呼び起こし、「学校に通う」「村に学校がある」という感覚をもたらしたことは大きい。そのことによって、学校がない村ではNGOを誘致したり、住民たちが自ら登録学校を開始する動きが見られた。そのようにして90年代には飛躍的に学校数が増えた。

さらに、2000年代半ば以降の私立学校の数のうえでの増加は、教育にお金をかける富裕層の増加と、中間層から低所得層の間での教育への関心の高まりを示している。本書第5章小原によるインドの低授業料私立学校の議論にも重なる状況が、バングラデシュの都市部や農村部でも見られる。「学校に通う」感覚が浸透するにつれ公立学校は生徒で溢れるが、教員の質は一向に改善されない。またノンフォーマル学校は主に貧困層を対象とするなかで、「お金をかけて子どもによい教育を受けさせる」ことが社会的ステイタスともなり、有料の私立学校に子どもを通わせる家庭が農村部でも増えた。さらに、教育の浸透にともなって村にも中等教育以上の学歴をもつ若者が徐々に増えだしているが、彼らにとって学歴が有効に機能する職が社会に用意されているわけではない。そうしたなか、村で私立学校や私塾を始めるのが新たな高学歴者たちの一時的な職にもなっている。

このように、NGOや住民らによる教育普及の取り組みによって、独立後バングラデシュの初等教育就学率は数のうえで飛躍的に上昇した（図2参照）。また、就学率にともなって識字率も上昇を見せている（図3参照）。

2010年の識字率に関して、25歳以上では52.75％であるのに対して、20歳から24歳では75.09％、15歳から19歳では82.17％となっており、世代間の差が著しい［Industry and Labour Wing et al. 2011］。1990年代以降の初等教育の普及が識字率向上をもたらしているのは明らかである。

◆2　セキュラリズムとイスラーム教育

ノンフォーマル学校や登録学校による学校普及と同時に、東パキスタン期から独立後のバングラデシュにおいて、教育の普及に寄与したもう一つの学

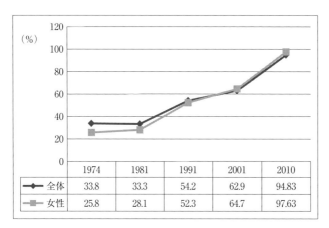

図2 バングラデシュ初等教育就学率の変遷
出所：バングラデシュ政府発行センサス各年度を参照し筆者作成。

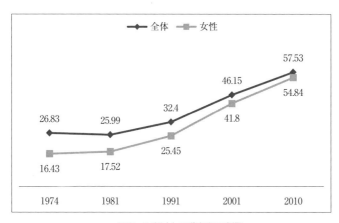

図3 7歳以上の識字率の変遷
出所：バングラデシュ政府発行センサス各年度を参照し筆者作成。

校がマドラサである。バングラデシュ独立以降のマドラサ数の変遷を図4に示す。図1に示したとおり、ダキルは前期中等教育、アリムが後期中等教育、ファジルとカミルが高等教育に相当する。多くのマドラサでは初等教育課程（イプテダイ）と前期中等教育課程（ダキル）を一貫しているため、イプテダイマドラサが統計に出ていない。これらマドラサのうち公立学校はカミル（高

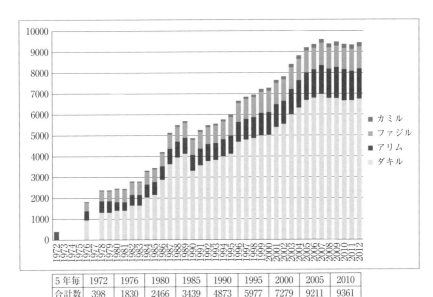

図4　バングラデシュマドラサ数の変遷
出所：BANBEIS"Table 3.1：Number of Madrasahs By Type 1972-2012"から筆者作成。

等教育機関）の3校のみで、他はどこも登録学校である。

　ここで述べるマドラサは世俗教育を兼ね備えており、他の公立学校と同等のカリキュラムに、アラビア語やイスラーム知識の科目が追加されている。以前はベンガル語や英語などの教科書は他の公立学校より簡略化されたものであったが、2010年の教育政策以降はマドラサでも同等の教科書が使用されるようになった。

　図4をみれば、独立後のマドラサ数がとくに初等中等レベルにおいて飛躍的に増加していることがわかる。表2ではマドラサ（初等教育課程）への就学比は全体の7%であったが、学校数の増加は公立学校の変遷よりも大きく、とくに1990年代から2000年代前半にはノンフォーマル学校や登録学校と並んで学校普及の重要な担い手であったことがわかる。

　この公教育型のマドラサに対して、イスラーム教義やアラビア語のみを教えるマドラサも存在する。カビルは公教育型のマドラサを「アリヤ（Aliya）

マドラサ」と称し、それに対してイスラームに特化したマドラサを「カリジア（Kharizia）」または「コオミ（Quomi）」マドラサと呼んでいる［Kusakabe 2012：38］。いわゆる「教育普及」の文脈ではコオミマドラサは政府統計の就学率には反映されていない。その理由は、一定の基準に基づく公教育普及という視点からみると、これらの学校の教育内容が相応しくないという点にある。

　宗教色を前面に出すマドラサが、一方においては国家のアイデンティティにもつながる側面をもって就学率向上に貢献し、他方ではイスラームのみに特化していることが問題視される状況は、まさに独立後バングラデシュの歩みと立場を象徴している。「ベンガル語」を旗印にイスラーム国パキスタンからの独立を果たしたバングラデシュは、国家建設当初は完全なセキュラリズム（政教分離）の立場をとった。しかし軍人政権下でイスラーム宥和政策が徐々に浸透し、1988年にはイスラームの国教化が布かれた。2015年現在与党アワミ連盟は独立当初と同じ政教分離主義を基本としてはいるが、人口の9割近くを占めるイスラーム教徒を束ねるうえで宗教の力に頼る現実があることは否めない。しかし、また同時に、独立以来、国際社会の強い影響のもとで貧困の縮小と経済開発に取り組まざるを得なかった新興国家として、「世俗主義的」教育は、人材育成だけでなく、「近代国家を目指す」ことを広く国際社会に示すうえでも重要だった。

　教育を受ける側はどうか。筆者の現地フィールドワークの経験によれば、多くの人々にとって、宗教は日常実践における重要な価値形成を担っている。しかし、イデオロギー的ないわゆる「イスラーム原理」を重んじるのはごく一部の集団のみである。アリヤマドラサに通う子どもたちとその親たちは、「マドラサに行けばベンガル語もアラビア語も勉強できる。マドラサでイスラームの勉強をすれば、村のイマームにもなれるし、親が死んだときには葬ることもできる」と述べる。こうした発話にも示されるように、マドラサは人々の日常生活の近くにあり、マドラサ教育を通じて得ることができる身近なメリットを人々は感じている。コオミマドラサはどうか。一部においては

組織化が進み、コオミマドラサを修了してイスラーム指導者を目指す者もいるものの、農村部のコオミマドラサに通う子どもたちのなかには同時に公立学校にも通ったり、一時的に在籍してイスラームを学んだりといった公立学校との併用も多い。あるいは、コオミマドラサは個人や中東諸国からの寄付金によって運営されるため無償で、多くが宿泊施設を備えていることから、貧困層の子どもたちが生活の場としてコオミマドラサに「入所」することも少なくない。

　このように、バングラデシュの1990年代前後の初等教育の普及には、民間の取り組みが大きな力を持っていたことがわかる。地域の資源を生かしたノンフォーマル教育や、日常の宗教実践に近いマドラサは、人々に学校の垣根を低くし、「学校に通う（通わせる）」感覚を浸透させた。では、政府はこうしたボトムアップの取り組みに対してどのような姿勢をとってきたのだろうか。次に、独立後バングラデシュ政府の教育政策について、主要な政策を取り上げながら追ってみたい。

◆3　国家建設と開発のなかの教育政策
　独立後のバングラデシュでは憲法17条において「無償義務教育」が定められ、その下でこれまで6度にわたる5ヵ年計画が進められてきた。そのなかでとくに初等教育に関する目標や施策を表5にまとめる。

「クドゥラテクダ（Qudrat-i-Kuda）レポート」（1974）から「初等教育省」設立まで
　独立直後の第1次と第2次の5ヵ年計画は主に法整備の取り組みである。独立後最初の教育政策提言となった1974年発行の「クドゥラテクダ教育委員会報告書（Qudrat-i-Khuda Education Commission Report）：通称「クドゥラテクダレポート」、以下通称[8]」では、国民としての人格形成、バングラデシュ人としての「よき市民（Good Citizen）」の育成が教育の第一義的目的である

114

表 5　独立以後のバングラデシュ初等教育に関する政策

第 1 次 5 ヵ年計画（1973-1978）	
	教員養成、カリキュラムの改善と教科書の無償提供
1974	「小学校法（Primary Schools Act）」成立
第 2 次 5 ヵ年計画（1980-1985）	
	都市と農村、男女の就学率格差の縮小
	初等教育管理行政の見直し改革
1980	「大衆教育計画」着手
1981	「初等教育法（Primary Education Act）」施行
第 3 次 5 ヵ年計画（1985-1990）	
	1990 年までに 70％、2000 年までに 100％の就学率
1990	「初等教育義務化法（Primary Education Compulsory Act）」成立
第 4 次 5 ヵ年計画（1991-1995）	
	農村地域および女性への教育普及
1992	大衆初等教育管轄局（Primary and Mass Education Division）設置→ 2003 年に同省
1993	「教育のための食糧支給（Food For Education：FFE）」を開始
1996	官民による「普遍的初等教育に関する会議」実施
第 5 次 5 ヵ年計画（1997-2002）	
	各地方自治体を基盤とした教育管理体制
第 6 次 5 ヵ年計画（2003-2014）	
2003	貧困層を対象とした奨学金制度を開始（FFE の代替）
	MDGs（ミレニアム開発目標）達成に向けた教育普及と質的改善

とされた。教授言語はベンガル語で統一され、5 年間の初等教育はベンガル
語のみ、6 年生から英語教育を導入すべきとされている。しかし実際には 1
年生から 5 年生までの教科科目のなかに英語は残される。また、1980 年ま
でに 1 年から 5 年までの初等教育課程を無償化し、1983 年までに義務教育
を 8 年間に引き延ばすことが目標として掲げられた。独立直後のこの政策
は明らかに国家建設を念頭においた教育政策であるが、教育を通した国家の
統一を図るべく、政策はきわめて中央集権的なものとなった。英領インド期
および東パキスタン期の教育体制からもわかるように、当該地域の教育は、
土着の教育機関や、各地方政府による学校運営を特徴としてきた。しかし
1974 年に公布された「小学校法」では、それまでの学校に対する地方政府
の権限役割を制限し、中央政府主導の教育体制が目指された［Ahmed 2012：

第 3 章　バングラデシュの教育制度●──115

28]。

1975年に「独立の父」とされる初代首相モジブル・ラーマンがクーデターに暗殺されてから1991年に議院内閣制が復帰するまでの15年間は、選挙管理内閣による僅かな時期を除いて、軍人が政治を主導する軍人政権下にあった。政府主導の教育政策のもとで学校の増設やマドラサの導入などが進められたが、とくに前半は普遍化停滞の時期といえる。

1981年の「初等教育法」では実質的な普及を目指して、教育の担い手を開放する政策に転向された。Ahmed［前掲:28］は、この1981年の法律によって再び初等教育機関の運営が脱中央集権化したとみている。その後、1990年にタイのジョムティエンで「万人のための教育（Education For All）」世界会議が開催されたのを受けて、バングラデシュでも「初等教育義務化法」が成立する。1992年には初等教育局が設置され、2003年からは同名の省となり、中等教育から高等教育を管轄する教育省（Ministry of Education）とは別に、初等教育の普及と管理に取り組んでいる。この第3次から第4次5ヵ年計画の時期に、前述のNGOによるノンフォーマル初等教育や地域住民による登録学校などの取り組みが活発に進み、貧困層や僻地農村においても飛躍的に学校の普及が進んだ。また、公立学校とそれに準じる登録学校では1993年から、貧困層の生徒たちに対して出席率に応じて米や小麦を支給する「教育のための食糧支給」が開始された。この取り組みは就学への動機づけを教育以外で行うものとして議論を呼んだが、結果的には一定の成果を上げ、その後も奨学金（現金）支給へと形を変えて実施されている。

Unterhalterは、独立以降2000年頃までの教育政策について、独立直後から1991年までを第1期、1991年から1997年までを第2期、98年以降を第3期と分けてみている。第1期では憲法制定などと合わせた政策的枠組みを確立し、第2期では普遍的初等教育の普及を目指した学校増設などの取り組み、第3期からはとくに就学率の低い貧困層に焦点を当てて、学校に通いやすい状況整備への取り組みとみている［Unterhalter 2003:87］。

初等教育開発計画（PEDP）による教育改革

　教育の担い手が多様化するにしたがって、数のうえでの普及は進むものの、質のバラつきが次の課題となる。前述のとおり、就学者の15％が政府以外の担い手による学校に通いながらも、未だ就学率100％が達成されていない状況では、普及の速度を維持しつつ質の標準化を図る必要があった。

　初等教育開発計画（Primary Education Development Programme：PEDP、以下略称）は1997年から2003年を第1期として開始された。第1期PEDPでは各地方自治体のイニシアティブを認めつつ、より統制のとれた委員会体制を目指したが、各自治体の個別の取り組みを有効に機能させるには至らなかった［Ministry of Primary and Mass Education 2011：v］。2004年からはPEDP第2期が開始され、バングラデシュの全ての子どもたちに対する「教育の質保証」が目標とされた。PEDPⅡでは部局横断型の取り組み（Sector Wide Approach：SWAp）が強調され、財源はバングラデシュ政府およびアジア開発銀行を筆頭に10の開発援助機関もパートナーとして提供した。PEDPⅡでは、①教育の質の向上、②すべての子どもたちへの就学機会の保証、③学習者中心の教育環境、④教育省および初等教育省における初等教育関係業務の統合、⑤教育管理システムの改善および効果的な脱中央集権化、⑥学校管理システムの強化、⑦管理の透明性と説明責任、⑧教科書教材の無償化、⑨学校運営におけるコミュニティとくに保護者の役割の強化、が目的として掲げられた［Ministry of Primary and Mass Education[9]］。

　この間の具体的な動きとしては、2006年に新たな「ノンフォーマル教育政策」が定められて、ノンフォーマル学校（NGO）の地方自治体登録制度が開始された。それによってすべての学校に政府発行の国定教科書が無料配布され、必然的に地方自治体は各学校の生徒数を把握できるようになった。さらに、2009年には5年生修了時の「初等教育修了試験（Primary Completion Examination）」が開始された。それまで中等教育修了時に行われていた前期中等教育修了試験（Secondary School Certificate：SSC）や後期中等教育修了試験（Higher Secondary Certificate：HSC）と同様に、全国統一試験として行われ、

その合格をもって中等教育への進学が認められる。NGO 運営のノンフォーマル学校でも、マドラサや私立学校でも、同様の試験が開始された。

　PEDP Ⅱは 2009 年までの予定であったが 2 年間延長され 2011 年に終了した。その後、2014 年からは第 3 期 PEDP が開始されている。PEDP Ⅲでは、第 2 期の継続とさらなる質の保証、ことに第 2 期に開始された初等教育修了試験の合格率を地域差なく上げることが目安目標とされている［Ministry of Primary and Mass Education 2011］。

「国家教育政策（National Education Policy）2010」

　バングラデシュ政府は 2000 年に国家教育政策（National Education Policy 2000）、および 2010 年にも同様の国家教育政策（National Education Policy 2010）を定めている。いずれも、多様な教育機関の質のバラつきを埋めるべくマドラサをはじめとする政府運営以外の教育機関の標準化を主要な課題としている。とくに初等教育では、基礎科目に関する均一かつ必須シラバスの開発が目標に掲げられている［Ministry of Education 2010：4-10］。また、質の問題と同時に、いまだ一部において教育機会の提供が十分に達せられていない状況下で、とくに先住民族や少数民族に対する教育機会の確保、障害ある子どもたちや経済的に恵まれない子どもたちを含めた包括的な機会保証が述べられている。ベンガル語以外の言語を母語とする少数民族に対して初等教育段階における母語教育の提供を掲げている点は、現与党アワミ同盟の特徴を示している。

　「国家教育政策 2010」では、これらの目標を達成する責任は政府にあるとされている。それまでの「担い手をひらいた教育普及の取り組み」から一転し、基本的には NGO や私立機関にはその責任はないとした。一方で、私立機関や NGO が初等教育の運営を「望む」場合には、政府の規則に従って所管の許可を得なければならないとしている。実際に「登録学校」はすべてこの時期に、PEDP Ⅱの効力もあって、公立学校としての認可を受けた。

　また、いわゆる「学校の国有化」と同時に、教育内容に関する中央集権化

も進められた。初等教育における必須科目については中央でシラバスが確定され、それに従うことが義務づけられる。民間学校が追加科目を設ける場合には地方教育局の許可を得なければならない。進級システムについては、1年生と2年生は通常評価、3年生以降は年間4回の試験を実施するとされる。また5年生には郡や区レベルで統一試験を実施し、8年生修了時には全国統一修了試験（Junior School Certificate Examination）を実施する。

さらに質の標準化と保証を進めるために、教員採用規定も強化されている。「国家教育政策2010」によれば、1年生から5年生担当の教員は最低でもHSCを上位2段階以上[10]で合格していることが条件とされる。6年生から8年生を教える教師は学士2段階以上での合格を要する。また、5年生以下の教師には女性が優先される。教員は採用後3年以内に教員資格（C-in-Ed）か教育学士（B.Ed）を取得しなければならない。校長になる者は学士を2段階以上で取得し、教員資格か教育学士を持っていなければならない。

この教育政策のとくに大きな改革点は、初等教育課程を5年間から8年間に延長することである。この案は、独立直後の「クドゥラテクダレポート」ですでに「1983年までに8年生までの義務教育化」が目標に掲げられており、さらに2000年に出された政策においても初等教育8年間計画が提示されている。その意図は、次節で述べる中等教育との乖離を解消し、初等教育の就学率をもって8年生までの教育を保証しようとするものである。そのために、5年生修了試験に加えて2012年からは8年生修了試験が実施されている。初等教育課程が8年間になれば5年生修了試験は郡区レベルの実施となり、8年生修了試験が実質的に初等教育修了試験となる。しかし、政府がこれを未だ実現できないのには初等教育の担い手の多様化が原因している。初等教育課程を延長するうえで、多様な担い手をどのように活用あるいは制御するかがカギとなる。

ここまでの当該地域（1947年以前の英領期、1971年以前の東パキスタン期、独立以降のバングラデシュ）における、とくに初等教育の流れを大雑把に概観すると、担い手がひらかれた状態において普及が顕著にみられ、多様な担い手

第3章　バングラデシュの教育制度●──119

による状況に対して政府が統制をとり（そのことによって時に普及の面では停滞する）、脱中央集権化することで再び広がるという、市民と国家の間の駆け引きが繰り返されてきたことがわかる。言い換えるならば、開かれたなかで実態が進み、政府は実態を追随して政策を講じる。本章で、現状を先に述べ、政策をあとに言及しているのもその流れに従うゆえである。NGOがイノベーティブに社会改革を担い、農村のすみずみにまで存在感を発揮するバングラデシュの「民の力」の強さの特徴である。もちろんその背景には国家の脆弱さが原因しているのだが、民が担う教育が意味するところは、人々の生活に根差した実質的教育が試されることである。しかしその柔軟さゆえに、一方で、バングラデシュの学校は、全体数では増加を示しているが、各学校に目をやると、とくにノンフォーマル学校や登録学校は数年で姿を消すこともしばしばある。そしてまた別のところに学校が始められる。学校ができたり消えたりする状況もまた、改革が簡単に就学率を下げることになりうる危惧を含んでいる。

第4節　残される課題

　ここまでは初等教育に焦点を当てて、その歴史的背景から現状と政策についてみてきた。独立以降とくに教育の普及を課題としてきたバングラデシュでは、担い手をひらいた取り組みが功を奏し、数のうえでは一定の成果を上げてきた。初等教育普及の次に残された中等高等教育の課題について、述べておきたい。

◆1　中等教育——初等教育の積み上げの限界——

　前節で述べたように、初等教育において現政府が抱える課題は質の標準化であり、そして中等教育以上への接続である。初等教育就学率は2012年の政府統計では96.7％に達している［BANBEIS］[11]のに対して、中等教育は、表

表6　中等教育（10年生）就学率（中学校・マドラサ・
職業訓練を含む）（2012年）%

	全体	男子	女子
総就学率	64.05	57.37	71.31
純就学率	57.37	51.64	63.58
調整後純就学率	59.04	53.31	65.27

出所：BANBEIS"Table 4.1.2：Gross and Net Enrolment
Rate by Sex in Secondary Level of Education 2012" を
筆者翻訳。

表7　中等教育（10年生）修了および在籍率（中学校・マドラサ・職業訓練を含む）
（2012年）%

2012年	全体	男子	女子
修了率 Completion	55.35	65.1	47.64
中退率 Dropout	44.65	34.9	52.36
在籍率 Survival	74.94	77.55	72.36
内部進学率 Coefficient of Internal Efficiency	62	69.2	55.7

出所：BANBEIS"Table 4.1.3：Completion Rate, Dropout Rate, Survival rates and
Coefficient of Internal Efficiency by Sex in Secondary Level 2012" を筆者翻訳。

6に示されるとおり60％弱である。しかも6年生から10年生までの中等教
育を終えるのはそのうちの55％であり、つまり中等教育を修了するのは就
学年齢層の約3割となる（表7参照）。

　中等教育就学率の停滞には社会経済的な要因や教育の効力などさまざまな
指摘があるが、それらの議論は本書第Ⅱ部に委ね、ここでは制度的原因につ
いて言及しておきたい。

　まずは学校数の絶対的不足である。表8をみれば明らかなように、初等教[12]
育機関が8万校近くあるのに対して、中等教育機関は8年生までの学校と前
期中等教育（10年生まで）の学校と前後期中等教育を備える学校数を足して
も25,700校と、3分の1以下となる。NGOには中等教育以上の教育を担う
権限がないうえに、政府運営の公立学校数も限られており、大半が登録学校
として運営されている。後期中等教育機関はさらに減少する。

　学校数が伸び悩むなかでも、中等教育就学者数が増加傾向にあることは確

第3章　バングラデシュの教育制度　●——121

表 8　各レベル学校数（2010 年）

初等教育 Primary School	公立	パイロット校	中等教育併設公立	登録	無登録	コミュニティ学校	私立(KG)学校	NGO	マドラサ	中等教育併設マドラサ	合計
	37672	55	858	20061	666	3169	4418	361	2305	9120	78685

前期中等教育（8年まで）Juniour School	私立					
		農村部	都市部			3056
		2582	474			

前期中等教育 Secondary School	公立		私立		私立マドラサ		合計
	農村部	都市部	農村部	都市部	農村部	都市部	21989
	28	284	12251	2766	6060	600	

前後期中等教育 Secondary School & College	公立		私立		合計
	農村部	都市部	農村部	都市部	655
	0	5	404	246	

後期中等教育 College (Higher Secondary)	公立		私立		私立マドラサ		合計
	農村部	都市部	農村部	都市部	農村部	都市部	2665
	1	11	907	260	1261	225	

高等教育 Degree College (Pass)	公立		私立		私立マドラサ		合計
	農村部	都市部	農村部	都市部	農村部	都市部	2291
	33	84	744	409	830	191	

高等教育 Degree College (Honors)	公立		私立		合計
	農村部	都市部	農村部	都市部	126
	6	52	27	41	

修士 Master College	公立		私立		公立	私立		合計
	農村部	都市部	農村部	都市部	都市部	農村部	都市部	288
	4	60	5	25	3	114	77	

総合大学 University	公立	私立	合計
	31	51	82

出所：［BANBEIS 2011］を参考に筆者作成。

かである。次に 10 年生修了時の中等教育修了試験（SSC）および同等のマドラサ修了試験（ダキル）の受験者数と合格率の変遷を見てみたい。

　図 5 をみれば、2000 年前後から SSC 受験者数は確実に増えていることがわかる。前節でみた 1990 年代の初等教育の普及を受けて、その頃に学校に通い出した子どもたちの多くが 10 年後の 2000 年代になって 10 年生修了試験を受けていることは容易に想像がつく。9 年生からは文系（Humanities／Arts）と理系（Science）のコースに分かれ、さらに 1996 年の試験から商学系（Business studies）コースが加わった。また職業訓練教育（Vocational）にも 1999 年から SSC 試験が設けられるようになった。マドラサ（ダキル）に関しては統計の問題で 1994 年分から加えた。文系と理系と商学系の比率は、

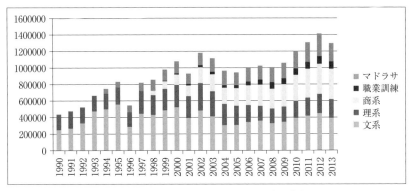

図5 SSC（分野別）とダキル受験者数の推移

出所：BANBEIS "Table 10.2：Result of Secondary School Certificate (S.S.C) Public Examination by Stream 1990-2013", "Table 10.4：Number of SSC (Voc.) Examinee 1999-2013", "Table 10.9：Result of Madrasah for Dakhil and Alim Public Examination 1994-2013" を参照し筆者作成。

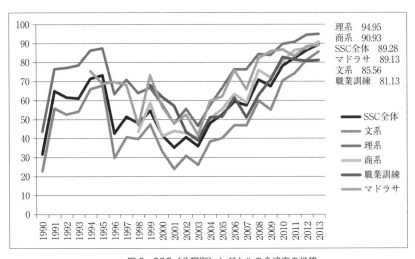

図6 SSC（分野別）とダキルの合格率の推移

出所：BANBEIS "Table 10.2：Result of Secondary School Certificate (S.S.C) Public Examination by Stream 1990-2013", "Table 10.4：Number of SSC (Voc.) Examinee 1999-2013", "Table 10.9：Result of Madrasah for Dakhil and Alim Public Examination 1994-2013" を参照し筆者作成。

2013年を例にとると、文系が39.71％（392,109人）、理系が22.92％（226,337人）、商学系が37.36％（368,971人）となっている［BANBEIS］[13]。理系がもっとも少ないのは、とくに農村部では教員不足などの理由で文系と商学系コースしか

第3章 バングラデシュの教育制度●——123

設置されていない学校も少なくないからである。図6に示す合格率の推移における分野間の差は同時に都市と農村の差をも意味している。

　上記で述べた1990年前後に学校に通い出した子どもたちが試験を受けだした2000年代初頭は合格率が極端に低く、その後右肩上がりに伸びている。そこに「中等教育大衆化」の動きを見ることができる。すなわち、1990年代初頭のSSC受験生は対象年齢人口比のわずか数パーセントであった。試験の内容はほとんどが暗記による記述方式であった。それに対して、1990年代からの初等教育の大衆化を受けて増えだした2000年以降の受験生には、暗記教育から理解教育への改革と、採点のしやすさから一問一答形式の試験へと変わった。とくに農村部の教育現場ではこの変更への対応に時間を要し、変更当初数年の合格率は停滞した。近年では合格率はどの分野でも8割を超えるようになっている。理系と文系の差が10％近くあるのには都市と農村の格差も関係している。例えば筆者の調査地農村の政府系中学校の合格率を全国平均と比べてみると表9の差が明らかである。R中学校での受験者数は例年約100人程度と限られているため年によって合格率のばらつきがあるが、いずれの年も全国平均をかなり下回っている。これに対して、都市部の私立学校では合格はほぼ当たり前で、いかによい成績で合格するかが重要となる。SSCの成績は、その後の後期中等教育や大学進学にも関係する。

　後期中等教育修了試験（HSC）については最近5年間のデータを表10に提示する。

　近年になってHSCの受験者が急激に増えているのは、SSCの合格率とも連動している。SSCは不合格でも翌年翌々年にスコアの足らなかった科目のみを受験して合格点に達すれば資格をもらえる。したがって、2000年代以降のSSCの受験者や再受験者が合格して後期中等教育に進み、HSCを取得する動きがみえだしている。

◆2　高等教育——CollegeとUniversityの格差——
　次に、高等教育のシステムと現状について［Islam 2012］を参考にしつつ、

表 9　SSC 合格率の比較

年	調査村 R 中学校	全国平均
2007	24. 35	57. 37
2008	63. 64	70. 81
2009	58. 70	67. 41
2010	53. 97	78. 19

出所：現地調査および統計から筆者作成。

表 10　HSC 受験者数と合格率の推移

年	HSC 全体		文系		理系		商学系		マドラサ（アリム）	
	受験者	合格率	受験者	合格率	受験者	合格率	受験者	合格率	受験者	合格率
2009	489102	70. 43	237725	64. 26	94523	70. 69	156854	79. 63	58978	84. 14
2010	580623	71. 82	286563	65. 40	106527	73. 04	187533	80. 93	73790	86. 55
2011	622277	72. 36	302574	64. 86	114621	74. 97	205082	81. 95	76015	89. 77
2012	742448	76. 50	368546	70. 74	129645	78. 38	244257	84. 17	84246	91. 77
2013	814469	71. 13	397443	66. 30	138537	72. 53	278489	77. 32	88814	90. 08

出所：BANBEIS"Table 10.6：Result of Higher Secondary School Certificate（H.S.C）Public Examination by Stream 1990-2013" から抜粋。

筆者なりの見解を含めて追ってみたい。

　高等教育機関は教育省と大学をつなぐ大学補助金委員会（University Grants Commission：UGC）によって管理されている。バングラデシュ UGC は独立直後の 1973 年に設立された。特記事項としては 1992 年に「私立大学法（Private University Act）」が成立している。国公立大学の運営については、ダッカ大学のみが UGC を介さず政府から直接予算を得ているが、それ以外の国公立大学は UGC を介して年間予算の 95％と開発予算の 100％を政府が賄っている［Islam 2012:34］。これに対して私立大学は、UGC の管理下にはあるものの、経営には UGC は対応していない［前掲：113］。

　高等教育は初等教育とは異なる意味で多様な状況にある。表 11 に、高等教育機関の区分と、2012 年の学校数および学生数を示す。

　まず、公立大学と私立大学とは独自にキャンパスを持ついわゆる総合大学で、UGC の管理下にある。後述するが、公立大学と私立大学はとくに 2000

表11　大学数と就学者数学校間分布

2012年		運営	学校数		学士 Pass		学士 Honors	
					学生数	割合	学生数	割合
公立大学　Public University		公立	34		0	0.0	316331	26.7
私立大学　Private University		私立	52		0	0.0	280822	23.7
国立大学　National University		公立	1					
国立大学提携カレッジ	中等教育付属 School & College	公立	10	（全被提携）	0	0.0	0	0.0
		私立	748	被提携　734 / 被許可　9 / 提携無　5	1028	0.2	311	0.0
	後期中等教育付属 Inter-mediate College	公立	28	（全被提携）	503	0.1	0	0.0
		私立	1150	被提携　999 / 被許可　136 / 提携無　15	2	0.0	0	0.0
	教養カレッジ Degree College	公立	93	（全被提携）	39308	6.2	0	0.0
		私立	1079	被提携　1078 / 被許可　1 / 提携無　0	264484	42.0	0	0.0
	学部カレッジ Honors College	公立	81	（全被提携）	74755	11.9	79809	6.7
		私立	235	（全被提携）	89442	14.2	53490	4.5
	修士カレッジ Master College	公立	76	（全被提携）	146834	23.3	409739	34.5
		私立	47	（全被提携）	12629	2.0	46197	3.9
合計			3633		628985	100.0	1186699	100.0
通信制大学　Open University		公立	1		243928 *			

出所：BANBEIS "Table 4. 1. 1：Number of College Type Management and Gender 1995-2012", "Table 4. 3. 3：Enrolment by Gender, level and management 2012" を参照し筆者作成。

＊通信制大学については BANBEIS では把握されておらず、コース別就学数統計がない。そのため同大学ホームページの 2013-2014 年度在学者数の合計から SSC と HSC 対象履修者数を差し引いた数である。

年以降飛躍的に数を増している。次に、国立大学（National University）は、1992 年の法改正によって提携大学として開学され、ダッカ郊外ガジプール県に本部を置き、全国に公立私立の被提携カレッジを有している［National University］。公立カレッジはすべて被提携校となっており、私立カレッジも大半が被提携校となっている。被提携カレッジには、中等教育から高等教育

までを兼ね備えている学校、後期中等教育機関で学士課程をもつ学校、教養カレッジ、学部カレッジ、修士課程まで備えるカレッジと、段階ごとに規模が異なる。高等課程には教養カレッジ（Degree）と学部カレッジ（Honors）があり、図1にも示したとおり、教養学士(Degree)は3年制、学部学士(Honors)は4年制である。3年制の教養学士は国立大学の提携下にあるカレッジでのみ取得することができ、他の公立大学や私立大学はすべて4年制学部コースになっている［Islam 2012：29］。

　教養コースは中等教育からの延長によって、文系（Humanities ／ Arts）、理系（Science）、商学系（Commerce）に分かれている。Islam［2012：61］は、2007年の教養学士試験の大半64％が文系で試験を受けているとのUGC報告から、とくに農村部の教養カレッジでは文系が多いことを指摘している。これは中等教育について前述した農村と都市の分野間格差を反映している。これに対して都市部に集中する公立大学（University）について、ダッカ大学、チッタゴン大学、ラッシャヒ大学、ジャハンギルノゴル大学という主要総合4大学の分野別学生比を見れば、人文系（Liberal Arts）、社会学系（Social Science）、法学系（Law）、商学系（Commerce）の区分において、理系がもっとも多く全体の3分の1を占めており、人文系はそれに続くが全体の4分の1に留まっている［前掲：61］。実際に、教養カレッジはそのほとんどが農村部にあり、学部カレッジは都市に集中している。さらに、教養学士の合格率が学部学士のそれよりもずい分と低く、教養学士の試験では半分以上の52％が不合格になる［前掲：68］。つまり教養コースと学部コースは、その教育内容だけでなく、農村と都市の高等教育そのものの相違を示している。

　この約20年間で、とくに私立カレッジの数は飛躍的に伸びている（図7参照）。

　表11では就学人数を比較するために総合大学（University）を統計上に並べたが、実際にはカレッジと総合大学の間には大きな隔たりがある。総合大学は都市部にしかなく、公立私立を合わせて現在86校で、カレッジに比べると学校数は少ない。しかし就学者数は60万人に上り、カレッジの就学数を上まわる。CollegeとUniversityでは教育内容も設備も大差がある。また、

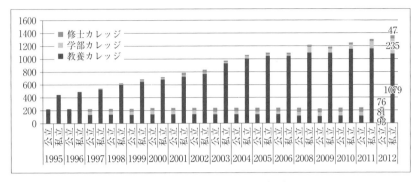

図7　高等教育機関（カレッジ）数の変遷
出所：BANBEIS"Table 4.1.1：Number of College Type Management and Gender 1995- 2012"を参照し筆者作成。

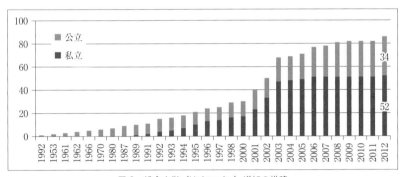

図8　総合大学（University）増加の推移
出所：BANBEIS "Year of Establishment and the Number of Faculties, Departments and Institutes of public university 2008" と "Year of Establishment and the Number of Faculties, Departments and Institutes of private university 2008" から筆者作成。

　私立カレッジは政府からの補助によって学生の授業料負担はわずかであるのに対して、私立大学の学費はバングラデシュの水準からみるときわめて高い。それでも公立私立ともに総合大学は1990年代から現在にかけて増え続けている（図8参照）。

　2000年以降の公立大学の増加は軒並み科学技術工科大学で、政府は全国各区（Davison）の主要都市に1校は工科大学を設置して科学技術者の育成をめざすとしている。一方私立大学は1992年の「私立大学法」成立以来、急

激に成長している。国内最初の私立大学はノースサウス大学（North South University）で、1992年の法律制定を待って開校された。

初等教育中等教育が普及する以前から、大学の増設と私立大学の設置には大きな需要があった。私立大学法以前の1991年には総合大学数はわずか9校で、大学はごく限られた者にしか開かれていなかった。HSCに合格した多くの学生たちが大学進学を望みながらもチャンスに恵まれず、被提携カレッジに進学した。しかし、大学が増設されたものの、人口増加と中等教育就学率の上昇にともなって、大学が狭き門であることは今も変わらない。国立提携大学を除く全国公立大学の定員数を足しても大学進学希望者のわずか25％しか収容できない［Islam 2012：130］。そうしたなかで、1992年以降に私立大学が次々と開校し、都市部の若者たちの人気を呼んでいる。Islam［前掲：10］によれば、できたばかりの私立大学は、退職後の官僚や活動家、ビジネスマン、シニア研究者、NGOによって始められている。さらに最近では海外の大学で博士号を取得した研究者が帰国し、新しく創設された総合大学でポジションを得ている。こうした新設私立大学の多くはアメリカのセメスター単位制カリキュラムを導入している。被植民地経験からイギリス方式の教育制度を採用してきたバングラデシュのなかで、アメリカ式のセメスター制は入学機会が年に複数回あることや単位積み重ね式の4年制であることなどが、従来の公立大学とは異なる人気を呼んでいる［前掲：129］。さらに、多くの人々が懸念するバングラデシュの公立大学の問題は、学生の過度な政治活動と、それによる頻繁な授業閉鎖、さらに学内の暴動である。こうした授業閉鎖や試験延期が相次ぐことによって、本来4年間で修了するはずの高等教育に6年も7年も要することがしばしばある。こうした点において、私立大学は政治活動からは距離をおき、継続的な教育環境を提供するとしている［前掲：131］。

公立大学と私立大学の間には膨大な授業料の差がある。それは私立大学が高いだけでなく、公立大学があまりにも安いからである。公立大学の授業料は月20tk（≒30円）というほとんど形だけの金額で、前述のとおり大学の運

営はほぼすべて補助金で賄われている。それに対して私立大学は年間約25万tk（月約2万tk）といわれており、一部の富裕層にしか手が届かない。それでも政府からの補助金を受けられない私立大学の財政上の問題は厳しく、私立大学の多くは人文社会系で、施設投資を要する科学技術大学は公立大学に集約される。また公立大学の多くは寮が完備されていて寮費もごくわずかであるが、私立大学には寮はほとんどなく、十分なキャンパス空間を有していないところも多い。

　したがって、結局のところ、前節で紹介した初等教育の普及によって農村部で教育の機会を得だした層は、ごく狭き門の公立大学か、あるいは提携カレッジに進学するしかない。それでも私立大学が人気を集めているのは、それまで海外の大学への進学を目指していた層に対して国内で安定した質の高い教育を受ける機会をもたらしていること、さらに、経済成長のなかビジネスで成功を収める新中間層の急増がその背景にある。とくに人気のある私立大学では英語を教授言語としている。次に述べる英語ミディアムの人気も、国内私立大学に繋がっている。つまりCollege と University 間の格差が象徴するように、現在のバングラデシュ高等教育は、中等教育の延長線上にある教育の普及と、一部の限られたエリート教育が急速かつ同時並行で進んでいるということができる。

◆3　グローバル化対応の英語ミディアム教育

　独立直後の「クドゥラテクダレポート」で述べられていたように、バングラデシュの各教育機関ではベンガル語が教授言語に定められてきた。これには既述の独立の経緯と国家アイデンティティが強く関係している。1921年に創立されたダッカ大学でも、英領期の創立当初から東パキスタン期には英語を教授言語としていたが、独立以降はすべてベンガル語となった。しかし最近になって、グローバル社会への対応を契機に、私立の小中学校では英語を教授言語とする「イングリッシュミディアム」と呼ばれるタイプの学校が増えている。これらの学校ではバングラデシュの教育制度とは

異なるイギリス方式（General Certificate of Education：GCE）の教育を採用
している。GCE の O レベルが SSC に相当し、A レベルが HSC に相当す
る。こうした学校は GCE 方式の学校としてバングラデシュ政府に登録され
ているか、無登録によって British Council の監視下で試験を実施している。
英語ミディアムの学校を卒業した生徒の多くは海外への留学を目指すか、国
内にある外国資本のインターナショナル大学への進学を目指す。

　しかし、こうした層の頭脳流出が決して国家のためにならないとの判断か
ら、近年になってバングラデシュ政府は、主要都市部に SSC と HSC の試験
を英語で受けることができるシステムを導入した。カリキュラムや試験内容
はベンガル語での試験と同じである。それによって、英語ミディアムの初等
中等教育機関のなかには GCE 方式と英語版 SSC のコースを選択できるよう
にするところも増えている。また、それまでバングラデシュの教育制度に従
うためにベンガル語を唯一の教授言語としていた私立学校のなかには、英語
版 SSC コースの選択肢を設けるところも出ている。先に述べたように私立
大学では英語を教授言語とするところも多く、海外留学せずとも国内で英語
による高等教育を受ける機会が増えていることも背景としては大きい。

　教育情報統計局の統計 ［BANBEIS 2013：13］によると、O レベルの学校は
64 校、A レベルまである学校が 54 校、8 年生までの学校が 41 校ある。この
159 校を対象にした調査によれば、159 校のうち 16 校がケンブリッジ国際教
育カリキュラム、68 校が Edexcel カリキュラム、3 校がオーストラリアの
カリキュラムシステム、32 校がバングラデシュ教育局のカリキュラム、40
校がそれ以外のシステムを採用している。95％の学校が就学前教育を 2 年か
ら 3 年間行っている。所在地は 8 割が首都圏にあって、残りは地方都市県庁
所在地や郡中心部の都市部である。教員と生徒の比率や教育環境は、他の公
立学校や登録学校、あるいは低授業料私立学校より格段に整備されている様
子がデータからうかがえる。

　英語教育についてはバングラデシュ国内でも賛否両論がある。グ
ローバル社会への進出を考えた場合、共通言語としての英語が不可

欠なことはどこの社会においても否めない。その一方で、国民の
98％が母語とするベンガル語は独立の旗印であったという事実、そして独立
の歴史に未だ国家の統一と帰属意識を委ねる現状において、ベンガル語によ
る識字率100％を達成すべきとの声も大きい。また、エリート教育が都市の
一部の層に占められるようになると、農村と都市の格差がさらに広がること
は必然で、初等教育のスタート地点からすでに道が決まってしまうという状
況も危惧されている。

おわりに

　以上、本章では、現在バングラデシュとされる地域における教育の歴史を
追いながら、現在のバングラデシュにおける教育状況について概観した。植
民地支配からの分離独立、パキスタンからの独立という、近代以降に国家体
制そのものが2度もリセットされた経験からは、英領期にみられた土着の教
育機関が現在のバングラデシュの教育につながっているとは捉え難い。むし
ろ教育改革によって土着の教育はリセットされ、中央集権的に統制がとられ
ると、人々の多様なニーズに応える柔軟性を欠いた教育は停滞する。その後
再び政府の権限が弱まると、民の力によって教育は普及をみせる。国家再編
の歴史のなかで、バングラデシュの教育はそれを幾度となく繰り返してきた。
そして今、質の標準化を課題とするバングラデシュ教育は統制の時期にある。
しかしこれまでとの違いは、就学の意識が、とくに初等教育レベルにおいて
は浸透した現状において、統制のなかで人々が教育そのものから離れるとは
考えにくい。むしろ、経済重視の志向のなかで、私立学校や教育ビジネスが
急増している。同じ私立学校でも英語ミディアムと低授業料私立では大差が
あるものの、人々はそれぞれのレベルにおいて、子どもの教育を将来への投
資手段として用いるようになっている。この動きを国家としてどのように受
け留め、そして未だ就学率から漏れ落ちる5％の子どもたちに機会を保証す

るかが課題となっている。

　他の南アジア諸国に比べてバングラデシュは構造的に日本と似たところがある。それは、国民の大半が同言語を母語とするマジョリティと数パーセントのマイノリティで構成されているという点である。教育を考えるとき、この言語状況は大きな要である。と同時に、数パーセントのマイノリティの教育をいかに保証するかの課題も大きい。既述の2010年の国家教育政策には少数民族のための母語教育の保証も言及されてはいるが、実際には政府がカリキュラムを別に用意するなどといった取り組みは見られない。また、宗教マイノリティに対する教育も課題である。国民の約1割を占めるヒンドゥー教徒や、キリスト教徒、仏教徒のために、宗教科目の教科書が発行されてはいるものの、教育の現場では、教員の不足によってイスラーム以外の宗教の授業が確保されている学校は限られている。クラスのなかでマイノリティの子どもたちは、宗教の時間は自習をするか、さもなければ他の生徒たちと一緒に自らの宗教とは異なる宗教（ことにイスラーム）の授業を受けざるを得ない状況に追いやられる。同一民族集団が国民の大多数を占める国家にとって、少数マイノリティの機会をいかに保証するかは常に課題となりがちである。

　こうしたマイノリティへの配慮と対策においても活躍するのはNGOである。他に例をみないほどNGOの存在感が大きいバングラデシュでは、NGOは開発分野では常にイノベーティブな役割を果たしてきた。ノンフォーマル教育はその先行例であるが、NGOは制度からこぼれ落ちる人々のニーズに応える努力をしている。ことに現代社会では、NGOは国際社会との強固な繋がりのもとで、国家を超えて人権基盤にたった戦略を打ち出している。その存在価値が国内外から認められると、NGO自体が企業化し、最近では一部「ソーシャルビジネス」という言葉で語られるようになった。独立後バングラデシュの教育は明らかに、近代国家と教育の関係を超えて、社会開発の分野に位置づけられている。今後、「民の力」が中等教育と高等教育の課題にいかなる対応を見せるのかが注目される。

注 ────────────────────

(1) ベンガルとビハールでの当時のマクタブ生徒比：ヒンドゥー 2,087 人、ムスリム 1,409 人［Adam 1838：257］。

(2) 1961 年パキスタンの 5 歳以上識字率：全土 19.2％、東パキスタン 21.5％、西パキスタン 16.3％［Pakistan Government 1961］。就学率の東西差については本書第 2 章を参照。

(3) 調査はアメリカ USAID とパキスタン政府の資金提供により実施された［Haque 1970］。

(4) 現在でもダッカ大学は、他の公立大学とは異なり、政府直轄に位置づけられている。

(5) マイクロクレジットとは、貧困層の主に女性を対象に、担保や保証人をとらずに少額融資を行うシステム。融資を受けた女性たちはそれを元手にインフォーマルセクターで起業する。借りた資金は年利 15％前後の利息とともに毎週少しずつ返済する。多くの NGO は貧困対策としてこれを活動に取り入れ、同時に利息収入を自己資金に他の活動を展開している。NGO にとっては国際援助の査定を受けずに自由意思に基づいて活動を展開できるようになったことから、マイクロクレジットが NGO の発展に寄与したといわれる。マイクロクレジットを最初に組織だってはじめたグラミン銀行および総裁のムハンマド・ユヌス氏が、2006 年にノーベル平和賞を受賞している。

(6) この調査地域の各学校の歴史的経緯は［南出 2002］を参照されたい。

(7) 表 3 で学校種の詳細をみれば、初等教育のみのマドラサが 3 分の 1 弱を占めている。表 3 の「マドラサ」と「中学校併設マドラサ」の数を足せば、図 4 のダキル数に相当する。

(8) バングラデシュ独立後の 1972 年に国家教育委員会が設立され、化学者であり教育政策者であった Qudrat-i-Khuda（クドゥラテクダ）が委員長についた。報告者は委員長の名をとって「クドゥラテクダレポート」と称されている。

(9) バングラデシュ教育省ウェブサイト "PEDP Ⅱ" http：//www.mopme.gov.bd/index.php？ option=com_content&task=view&id=455&Itemid=493

(10) 合格者の成績ごとに 3 段階分けがなされていたが、現在では GPA 方式が導入されている。

(11) BANBEIS ウェブサイト "Table 4.1.1：Gross and Net Enrolment Rate in Primary Education- 2012" http：//www.banbeis.gov.bd/webnew/index.php?option=com_content&view=article&id=664：gross-and-net-enrolment-rate&catid=105：participation-indicators-2012&Itemid=213.

(12) 2011 年以降の統計は地域別に出されていないため 2010 年の統計を採用した。

(13) BANBEIS ウェブサイト "Table 10.3：Number and Percentage of Examinee by Steam for SSC 1990-2013" http：//www.banbeis.gov.bd/webnew/index.

php?option=com_content&view=article&id=834：table-103-number-and-percentage-of-examinee-by-steam-for-ssc-1990-2013&catid=129：output-statistics-2012&Itemid=221

(14)　National University ウェブサイト http：//www.nu.edu.bd/?cat=16.

(15)　Degree College を教養大学、Honors College ／ University を学部大学と呼ぶ意図は、教養大学は中等教育の延長に位置づけられた、文系、理系、商学系コースに分けられた広い教育内容であるのに対して、学部大学は専門分野ごとに学部が設けられている。

(16)　BANBEISウェブサイト"Special Survey：English Medium School Survey"http：//www.banbeis.gov.bd/webnew/index.php?option=com_content&view=article&id=479&Itemid=166.

(17)　Edexcel は 1836 年に設立されたロンドン大学試験評価カウンシル ULEAC（University of London Examinations & Assessment Council）と、職業訓練を主体とする BTEC（Business & Technology Education Council）が 1996 年に合併して発足し、2005 年にピアソンによる運営となった資格付与団体である。

(18)　その先駆けとして、アジア最大の NGO ともいわれる BRAC は、2001 年にBRAC University（私立総合大学）を都市部ダッカに設立している。

参考文献

Adam, William（by the Order of Government）1986, *Second Report on the State of Education in Bengal*：*Rajshahi*.

―― 1838, *Third Report on the State of Education in Bengal*：*Including Some Account of the State of Education in Bihar, and a consideration of the Means Adopted to the Improvinces*, Culcutta：G.H.Huttmann, Bengal Military Orphan Press.

Ahmed, Manzoor, et al. 2007, *Access to Education in Bangladesh*：*Country Analytic Review of Primary and Secondary Eduation,* Dhaka：Institute of Education Development, BRAC University.

―― (ed.) 2011, *Education in Bangladesh*：*Overcoming Hurdles to Equity with Quality,* Dhaka：BRAC University Press.

―― 2012, 'Diversity in Provision for Primary Education in Bangladesh：The Challenge of Fulfilling the Right to Education,' Minamide, Kazuyo and Fumiko Oshikawa (eds.), *Right to Education in South Asia*：*Its Implementation and New Approaches,* Kyoto：CIAS Discussion Paper 24, pp.25-35.

Ahmed, Rafiuddin 1988, 'Education, Employment and Social Mobilization,' *The Bengal Muslims 1871-1906*：*Second Edition*, Delhi：Oxford University Press, pp.133-159.

Begal, Jogesh Chandra 1962, 'Primary Education in Calcutta 1818-1835,' *Bengal Past and Present* 81（152）：83-95.

Bangladesh Bureau of Educational Information and Statistics（BANBEIS）*2011*

Bangladesh Education Statistics, Dhaka：BANBEIS.

── 2013, *Bangladesh Education Statistics 2012*, Dhaka：BANBEIS.

Campaign for Popular Education 2009, *Education Watch 2008：State of Primary Education in Bangladesh, Progress Made, Challenge Remained*, Dhaka：CAMPE

Dibona, Joseph (ed.) 1983 *One Teacher, One School：The Adam Reports on Indigenous Education in 19ᵗʰ Century India*, New Delhi：Biblia Impex Private Ltd.

Haque, Mazharul and Robert W. Schemeding (eds.) 1970, *The Education in East Pakistan Research Project*, Dacca：Institute of Education and Research, University of Dacca.

Industry and Labour Wing, Bangladesh Bureau of Statistics, Statistics Division, Ministry of Planning 2011, *Report on the Bangladesh Literacy Survey 2010*, http：//www.bbs.gov.bd/WebTestApplication/userfiles/Image/LatestReports/Bangladesh%20Literacy%20Surver%202010f.pdf.

Jalaluddin, A. K. and A. Mushtaque R. Chowdhury (eds.) 1997, *Getting Started：Universalizing Quality Primary Education in Bangladesh*, Dhaka：The University Press Limited.

Kazi, Shahidullah 1987, *Patshalas into Schools：The Development of Indigenous Elementary Education in Bengal 1854-1905*, Calcutta：Firma KLM Private Limited.

Kusakabe, Tatsuya 2012, 'Diversification of Madrasa Education in Rural Bangladesh：Comparative Study of Four Villages,' Minamide and Oshikawa (eds.) *Right to Education in South Asia*, pp.37-48.

Ministry of Education 2010, *National Education Policy 2010（English Version）*, http：//planipolis.iiep.unesco.org/upload/Bangladesh/Bangladesh_National_Education_Policy_2010.pdf.

Ministry of Primary and Mass Education 2011,*Third Primary Education Development Programme（PEDP3）：Main Document*, Dhaka：Directorate of Primary Education.

Pakistan Government 1961 *Population Census of Pakistan 1961：Literacy and Education*, Karachi.

── 1973, *Development Planning Series 1973：Education in Pakistan 1947-73*, Karachi.

Unterhalter, Elaine, et al. 2003, 'A Fragle Dialogue? Research and Primary Education Policy Formation in Bangladesh 1971-2001, *Compare* 33（1）：85-99.

加賀谷寛、浜口恒夫 1997、『南アジア現代史Ⅱ──パキスタン・バングラデシュ』山川出版。

弘中和彦 1976、「インド教育史」世界教育史研究会編、梅根悟監修『世界教育史大系6　東南アジア教育史』講談社、176─291頁。

南出和余 2002、「バングラデシュ初等教育の歴史」『遡河』14：39─55頁。

ウェブサイト情報 ————————————————

バングラデシュ教育情報統計局 Bangladesh Bureau of Educational Information and
　　Statics (BANBEIS)　http：//www.banbeis.gov.bd/webnew/
バングラデシュ統計局 Bangladesh Bureau of Statistics (BBS) http：//www.bbs.gov.
　　bd/home.aspx
バングラデシュ教育省 Ministry of Education http：//www.moedu.gov.bd/
バングラデシュ大衆初等教育省 Ministry of Primary and Mass Education http：//
　　www.mopme.gov.bd/

column

【コラム】
ネパールの国民統合における民族、宗教、言語の多様性と教育
フマユン・カビル（和栗佳代・日下部達哉 訳）

■ はじめに

マオイスト（ネパール共産党統一毛沢東主義派）による反乱が終焉を迎え、王制・ヒンドゥー教の国教化が廃止となり、ネパールは「新たな国家」の形成過程にある。そのなかで教育は、多様な集団に属する人々を共通の国民アイデンティティの下で統合し、全ての集団に平等な国民としての権利意識を涵養するための重要な役割を果たす。

ネパールにおける教育は、社会で周縁化された人々にさまざまな影響をもたらしている。周縁化は多くの人々が考えるように、国家における社会的不満や不平等、政治的混乱や運動を誘発する。たとえば10年におよぶマオイスト運動による40カ条の要求は、低位カーストに属する人々を含む全ての人々のための教育アクセスの充足や、教授言語としての母語使用、利益に基づく民間学校制度の撤退といった、教育の諸問題を統合させたものである [Shield and Rappleye2008：92]。民族や地域に根ざした社会政治運動の多くが進行中のネパール国家の体制移行過程においては、教育問題が積極的に取り組まれている。教育は、「新たな」ネパール国家における民族的、宗教的、言語的に多様な集団に属する人々の間で、国家としての完全性の強化、また深刻な社会格差を埋める貢献要因となるのだろうか。

■1　ネパールにおける民族、カースト、言語の多様性

ネパールは、地域的な差異性から3つに区分される。チベット高原を横切る山脈とヒマラヤ（山岳部）、山脈と平原地域の間に位置する丘陵部、そして南部平原の、東西をインドと国境を接するタライ・マデス地域である。地理的な差異性に加え、民族、宗教カースト、言語の点においても極めて多様な国家である。2011年の統計では、ネパール総人口は2600万人以上である。タライ地域はその50.27％を占め、丘陵部43％、山脈6.73％である。統計上ネパールには125のカースト・民族が存在、母語として123言語が使用されている。

■2 代表的言語文化による教育体制

民族や宗教カーストが根底にあるネパールの社会的ヒエラルキーと地域格差は、近年、研究者らが指摘するとおり、ネパール社会における教育や社会結合に重大な影響をもたらす。この様相は、宗教カーストによる社会的ヒエラルキーが学歴（教育的達成）と密接に関連する他の南アジア社会においても共通する。

しかしネパールの特徴は、選ばれた一部の支配層が所持する文化、言語が主要基盤をなすというナショナリズムの考え方のもとで、民族的、宗教的、言語的に多様な集団を均質化、統合するための重要な手段として教育が利用されてきたことである。国家的教育政策の主要目的は、王制社会秩序に忠実な国民を創出することであった。そうした政策のもとで、ネパール文化の三本柱であるネパール語、ヒンドゥー教、君主制が、多文化、多言語集団のなかで国民統合のために推奨された。単一言語、単一の服装、単一国家（ek bhasa, ek besh, ek desh）という政策は、教育政策にも反映されている。1955年に開かれた最初のネパール国家教育計画委員会では、国民統合のためにネパール語を唯一の教授言語として推奨することを目的とした。

また、首都カトマンドゥとそれ以外の地域では教育機会の格差があった。実際、高い学歴は高いカーストから、というように教育は階層と相関する傾向が強い。近代教育の拡充にも関わらず、民族やカースト、言語的マイノリティ集団による教育格差は実質的には変化していない。

■3 マオイストらによる反教育運動

教育の格差は、被抑圧者である民族／カーストや言語集団間の不満を煽るものであった。平等な教育政策を求める運動は、王国体制に対する政治闘争とともに始まった。異なったエスニックグループに属する知識人や政治エリートは、母語での教育を要求した。1990年のジャナ・アンドラン（国民運動）の間、学校は、抵抗や混乱の要所となった。その後のネパール新憲法は1990年の民主化運動の結果であり、母語で教育を受ける権利が保証された。しかし母語での教育という課題に取り組むための重要な国策や支援体制は存在しない。それどころか、王国体制は現存する話者が存在せず、かつ聖職者階層のみが宗教的儀式的目的で使用していたサンスクリット語を第6-8学年の必修科目として導入した。

1992年の前期中等教育におけるサンスクリット語科目導入は、母語での教育を求める運動を軽率に煽動するもので

column

あったし、なかには独自の学校を創設し母語を教授言語とした教育を施そうとする民族グループもあった。例えば言語の多様性を憲法上で承認後、カトマンズ渓谷における主要な土着民族であるネワール族は、1991年に独自の学校を設立した。

長年にわたるマオイスト運動によって大衆に普及した、社会の統合と平等性という観念は、マオイスト反乱直後の文脈では、社会的、民族的、地域的、そして政治的という異なった形態をとった運動においても重要な観念であり続けた。例えば、南部平原に位置し、20の地区からなるタライ地方においては、2006年にマオイストと政府とで平和協定が結ばれたわずか数ヵ月後に政治闘争が起こり、「新たな」ネパール国家の形成過程における平等な社会、政治参加が要求された。マデスとしても知られるタライ地方には、マデシと土着コミュニティ（タルーが大半）、そして丘陵部の開拓移民（パハディ）という3つの主要エスニック・コミュニティが存在し、それらは地域を超えて、カーストやサブカースト、言語グループによって分けられる。「マデシ運動」として知られる運動は、社会的不平等や周縁化という言説を大衆化させることにより人々、特にマデシの民族地域主義という意識の涵養が狙いであった。

同運動は2007年に暴力的様相に一変、政府と地域政党として新たに発足した第一党とが政治協定を締結後、停止した。協定で政府は、教育における母語政策、初等教育の無償化、そしてタライ地方における疎外された人々のための教育・雇用面における特別枠を創設することを約束した。これにより、民族カーストや言語の周縁化や格差は、ネパールで運動や闘争を起こさせる要因であることを、多くの人々が認識した。

■4　多様性を考慮した教育へ

ネパールのポストマオイストの武装化と並行し、新しい国家を形成していく過程では、教育の果たす役割がきわめて大きい。歴史的にみてネパールでは、教育を通じた開発概念が、選ばれた高位カースト集団の言語、文化、歴史に基づくナショナリズムの進行と強く結びついてきた。一方、政治的レトリック、社会運動、国民的議論におけるナショナリズムや教育の多様な将来像を広めることに成功したその他カーストは、単一的ともいえるネパールナショナリズムを構築しようとした教育の役割に反対した。しかし、民族的カーストや宗教の境界に関わりない知識、また、よりインクルーシブな教育への参加を保証することができる教育シ

ステム・教育内容が何なのかについて、未だ判断がつかない。ネパールにおけるこれら衝突は、教育開発における限られた国の役割に一石を投じた。

しかし、民族、カースト、宗教ラインに従った教育参加や達成における大きな格差があることは、その点だけに責任があるわけではない。むしろ、ヒエラルキー、宗教、文化、価値観、民族カーストといった構造的差別、国の共同体の人々に対する限定的な支援などのさまざまな要因が絡み合って、格差構造の再生産を継続してきたといえる。さらに、もしネパールのナショナリズム形成過程において、周縁化された人々を吸収する形で開発概念とナショナリズムが同一歩調をとっていくのであれば、教育は国家の開発において重要な役割を担い得る。人々の多様なあり方を尊重、保障するため、教育セクターにおける哲学、教育内容、言語、そしてその構造には大きな改革が求められている。

参考文献

Shields, Robin and Jeremy Rappleye. 2008. "Differentiation, Development, (Dis) Integration: Education in Nepal's 'People's War'. *Research in Comparative and International Education*. Vol.3 (1): 91-102.

column

【コラム】

スリランカ、コロンボ周辺の富裕層を対象とした障害児の教育

古田弘子

スリランカは、成人識字率が91%と高く、無償教育を行う教育指標の高い国として知られる。しかしその一方で、紅茶プランテーション、民族紛争復興地域の子ども、さらに障害児の初等教育普及にはいまなお多くの課題をかかえる。

これまでの障害児の教育の場は、以下の3つに分けられる。すなわち、①社会福祉省管轄で教育省の被補助学校をその一部に含む特別学校（special schools）、②教育省が公立学校の一部に設置した特別学級（special units）、さらに、③2000年代半ばから教育省の政策として掲げられるインクルーシブ教育（通常学級における障害児の教育）である。この中で、①，②では、対象障害種が出現率の低い感覚障害（特に聴覚障害）や軽度の知的障害が中心であり、それ以外の障害児への教育が遅れている。また、②では狭い教室に同じ生徒が何年も通学することが常態化し、通常学級への準備段階という位置づけの、閉鎖的な教育の場になっている。

ところで、スリランカでは国民統合の流れの中で1960年に宗教系私立学校

が国の管轄下におかれてから、シンハラ語またはタミル語で教育を行う公立学校が教育の中心的位置を占めてきた。2013年には中央政府立学校（national schools）が350校、各州政府立学校（provincial schools）が9662校であるのに対し、私立学校は78校と、現在なお公立学校が圧倒的多数を占める（Ministry of Education, 2013）。私立学校の中には、教育省のカリキュラムで教育を行う学校の他、投資庁の管轄下、英国式カリキュラムに対応した英語教育を行うインターナショナルスクールと呼ばれる学校がある。後者は、近年急速に都市部の富裕層に浸透している。その背景には、第5学年奨学金試験に始まる厳しい学歴競争、またそれを首尾よくくぐり抜けたとしても、最終的に英語力が低い大卒者の就職難に終わる従来の教育制度と、加速する経済成長を基盤とした社会の構造変化のミスマッチがある。

教育への関心の高まりと公立学校離れという現象が顕在化する中で、障害児教育においても、前述した従来の3つとは異なる性格をもつ教育の場が都市部で

台頭してきている。以下では、スリランカ最大の商業都市コロンボ周辺の富裕層を対象にした障害児教育について、2011—2012年に訪問した2つの教育機関を例として報告したい。

[A校]

A校は国内有数のインターナショナルスクールの支部校である。学校本部は1990年代初頭に設立され、コロンボ周辺とその他の小都市に9つの支部校を構えている。コロンボ近郊に位置するA校の幼稚園通園児を除いた全校生徒数は約4500人であり、コロンボ市内の有力公立学校に匹敵する大規模校である。

A校では2005年から障害のある生徒を受け入れており、訪問時に、約40人の生徒が支援を受けていた。校内には障害のある生徒を支援するために教育支援室が設置されている。ここでは、生徒は発達段階や学習ニーズに応じて4つのグループに分けられ、個別指導を無料で受けられる。個別指導を担当するのは、教員やスピーチセラピスト(ST)7人であった。教員支援室の教員は公立学校教員資格を有する者ではなく、特別ニーズ教育(special needs education：SNE)のディプロマを有する者である。支援室での支援時間及び支援内容は、教員とSTが作成する個別の指導計画により決定される。

キャンディ近郊の仏教寺院
(撮影　庄島実穂)

生徒は個別指導以外の時間は通常学級で学ぶ。その中で5人の生徒は、通常学級でシャドゥティーチャーと呼ばれる、保護者に直接雇用されるヘルパーの支援を受けていた。第1学年の通常学級を見学したところ、生徒38人に担任教員の他補助教員1人がついていた。シャドゥティーチャーは生徒のすぐ横にすわり支援を行っていた。シャドゥティーチャーの関わり方は一様ではなく、他学年の教室では生徒の隣にすわり、見守りのみを行う例も観察された。

[B施設]

B施設は、1990年代半ばに英語を使用する障害児教育機関として設立さ

れ、財政難による運営危機に見舞われながらも、内外からの寄付金により運営されてきた認可 NGO である。名称に学校（school）と冠するものの、教育省や社会事業局には登録していない無認可の療育訓練機関である。コロンボ近郊の一軒家を園舎として用いており、保護者から毎月、下層労働者の月収に相当する授業料を徴収する。訪問時には 25 人の定員は満たされていた。通園児童の年齢は 2 歳半から 20 歳と幅広く、中には 15 年以上通っているケースもある。通園児童の障害は、知的障害を中心に、自閉症、肢体不自由やそれらの重複障害であり、A 校と比較すると障害の程度は重度であった。

B 施設でティーチャーと呼ばれる職員 1 人あたりの児童数は 3 人であり、公立学校の特別学級では考えられないほど手厚い。職員は、開設当初からのスタッフである校長を含め 10 人である。職員採用にあたっては幼稚園教諭ディプロマを有する者を採用している。しかしながら校長によれば、社会から今なお偏見の目で見られる障害児に関わる職務であるため、職員の定着には課題があるという。職員研修はオンザジョブで行うが、外部の SNE のディプロマ課程を受講する者もいる。教員以外に ST、作業療法士、心理士の定期訪問があるが、これらの専門家のセラピーの料金は保護者が別途支払う。

B 施設の指導内容を見ると、子どもたちは発達段階や学習ニーズにより小グループに分かれ、毎日ほぼ同じ日課で挨拶、感覚遊び、色塗り等認知発達を促す活動を順に行う。これ以外の活動としては、音楽、身体運動、水泳を行う。公立学校ではほとんど実施されることがない水泳は、週 1 回職員がバスで児童をプールに連れて行き実施する。

以下では、これら 2 つの障害児の教育機関の特質について、従来の障害児教育と比較しながら検討する。

第 1 に、教育・指導内容についてである。両機関ともに、個別指導計画を作成して個別のニーズに応えるという、障害児教育の国際的なスタンダードに則った指導に、少なくとも指導形態のレベルでは取り組んでいる。このような指導は、従来の障害児教育の場ではほとんど期待できないものである。

第 2 に、教員・職員及び ST 等専門職員についてである。両機関の障害児教育を支える人的資源は、近年の SNE に関する研修機関の増加に支えられている。2000 年代半ばからケラニヤ大学における ST 養成課程開設の他、国立教育研究所やスリランカ公開大学、国立の職業

訓練機関においてSNEディプロマ課程が次々に開設された。このような新規の養成・研修コースの設置は、これまで教員養成に限られていた障害児教育専門家の範囲を拡大する役割を果たし、富裕層を対象とした障害児教育を支えている。

　第3に、保護者との連携についてである。これら両機関では教育・指導にあたり、前述した個別指導計画の作成を通して保護者の要望に対応している。B施設では保護者が作成する絵カードを児童が持参する等、保護者の療育への積極的な参加が求められていた。従来の障害児教育では教員の決定に保護者が従うという一方向の関係性になりがちであったのに対し、両機関では授業料納入者として学校と交渉することができる保護者が出現している。また、公立学校で受け入れが困難な重度の子どもをもつ保護者にとっては、昼間のレスパイト（休息）としての利用もあるだろう。

　最後に、これらの教育機関は、施設・設備を含め公立学校とは異なる学校文化を有することを指摘したい。A校には、公立学校には見られない広く整った運動場がある。また、公立学校の教室が暑さを避け外の光を遮断した暗めの空間になっているのに対し、A校では窓からの光を活用し明るい教室環境をつくり出していた。さらに、公立学校の女性教員が

コロンボのカフェ
（撮影　庄島実穂）

その地位の象徴としてサリーを着用するのに対し、A校及びB施設では活動が制限されるサリーではなく、パンジャビースーツ等軽快に動ける衣服を着用していた。また、公立学校で見られる、生徒が教員の足元にひざまずいて挨拶を行う儀礼は、これらの教育機関ではほとんど見られなかったのである。

文献 ────

Ministry of Education（2013）Sri Lanka Education information 2013.
http://www.moe.gov.lk/tamil/images/Statistics/sri_lanka_education_information_2013.pdf
（2015年8月18日閲覧）

column

【コラム】

ブータンの国民総幸福（Gross National Happiness）教育と特別支援教育

櫻井里穂

EFA（万人のための教育）の6つの達成目的の一つである「初等教育の完全普及」は、現在までに数の上ではかなり改善されてきている。しかし、いまだ5800万人とされる不就学児童がおり、なかでも最も多いのが、障がいのある子どもたちである。2008年に立憲君主制に移行したブータン王国（以下、ブータン）も近年、障がい児の教育に関して施策を講じてきた国である。本コラムでは、ブータンのGNH教育を概観したのち、特別支援教育に関し、現地での調査をもとにその現状と課題を述べる。

ヒマラヤ山脈に位置するブータンは、北はインド、南はネパール、そして中国に囲まれた内陸国であり、チベット仏教を国教としている仏教国である。人口約78万人、世界銀行のデータでは、2014年の一人あたりのGNIは2390米ドルで日本の約18分の1である。国の起源は17世紀にこの地に移住したチベット高僧ガワン・ナムゲルが実権を掌握したことに始まり、その後19世紀末、地方領主であったウゲン・ワンチュ

クが、1907年12月に王国の基礎を築いた。2008年の民主化で立憲君主国となるまで絶対王政であった。

ブータンでは近代化の始まる1960年代までは僧院教育が中心であった。教育省のデータ（年次教育統計2012）によれば、1960年代に存在した学校はわずか11校で、在籍していた児童・生徒は400人程度であったとされている。その後、インドの強い後押しで始められたインフラ整備を中心とする第一次5カ年計画が施行され、国の開発計画とともに公教育機関が増え、就学率も伸び、2012年では、約670校の学校で、約18万8千人の児童生徒が学んでいるとされている［MoE, Royal Government of Bhutan 2012］。また、学校教育の大きな特徴として、義務教育制度が存在しないことが挙げられる。しかし実際には、PP（日本の1年生の下の学年）から7年間の初等教育と、その後の4年間の前期・中期中等教育は無償化されており、教育省による報告書も、基礎教育の拡充に国の政策が向けられて

いる。こうしたことも奏功し、近年、進学率は向上、年次教育統計2013によれば、93%の児童が前期中等学校に進み、さらに91%が中期中等学校へ進学し、74%の生徒が後期中等学校に進学している。

次にGNH教育について見てみる。GNHとはGross National Happiness（国民総幸福量）の頭文字である。これはもともと1971年に前国王の第4代ジグメ・シンゲ・ワンチュク国王が始めたもので、チベット仏教をもととして、国民の繁栄と幸福を重視した開発理念である。2002年には、このGNHに4つの柱（「よい統治」「文化の保全と促進」「環境保全」「持続可能で公正な社会経済発展」）が示され、ブータンの目指すべき国政の指針とされた。ブータンではこの4つの目標をもとに、チベット仏教のLey Judrey（輪廻）や、The Dantshing（互いの信頼）という概念が学校生活を含めたさまざまな場面で教えられている。また、このGNHの4つの柱をもとにした教育を、1999年から2010年までは、価値教育（Values Education）として週に1時間、PPから12年生までが学んでいた。ちなみに価値教育の指導書にはインドと日本の教育資料が参考にされている［Sakurai 2011］。

2010年から始まったGNH注入教育

手話で教える先生

（GNH-infused education）というのは、この価値教育に代わった教育であるが、既存の4つの目標に加えて、9つの領域（ウェルビーイング、地域の活性力、健康、教育、生活水準、良い統治、文化多様性、時間の使い方、エコロジー）の項目を加えている。これらの領域を通してGNHをより理解でき、GNH教育を目指すための確固たる基礎が築きあげられ、しいては国家の統合と調和が保たれるとされている［MoE, Royal Government of Bhutan 2011］。このGNH注入教育の指針は複数の国の文献を引用しているところが特徴的で、政策を指揮したジグメ首相も「2011年からのGNH（注入）教育は世界的に普遍なものである」としている［MoE, Royal Government of Bhutan 2011 : xii］。また、GNH注入教育の内容は「時間の使い方」や「学業到達度」など、ブータン由来の価値観とはある意味、二律背反的な価値も加わっ

ているため、「GNH の価値を現在の学校教育に押し付けるという（ブータンにとっては）異質なものである」[Tshering 2010, Bhutan Observer April 23] という批判も出ている。

国民総幸福（GNH）に影響を与えるとされる 9 つの領域のうち、たとえば「個々の教育」は、障がいのある子どもにも当然保障されるものであるが、実際には、ブータンにおいて障がいのある子どもの教育はどの程度充足しているのであろうか。ブータンで初めて特別支援教育施設が建てられたのは 1973 年であり、視・聴覚障がい児を対象とした最初の施設が地方都市のタシガンに建てられた。しかし、その次に障がいのある児童生徒のために建設された学校は 2001 年であった。2013 年、6 つのゾンカック（県）に、8 つの特別支教育施設や特別支援教育を施行している学校があり、175 名の教員が 424 名の児童・生徒を担当しているとされている [MoE, Royal Government of Bhutan 2013]。

2010年から2011年にかけて、ブータン教育省、保健省、国家統計局、そしてユニセフと他機関が行った多重指標調査は、障がいのある児童に関する初めての国勢調査である。これをもとに、2012 年末、教育省が特別な教育ニーズに関する国家政策の草案を策定し、現在最終的に法律にする準備を進めている。このようにブータンでは、特別支援教育に関する政策は始まったばかりである。

そこで筆者らは 2012 年秋に主として教員を対象に、「学校レベルでは、障がいのある子どもの教育の阻害要因となっているものは何か」という点について質問紙調査を行った。調査期間は約 1 週間で、特別支援教育を施している学校 2 校と職業訓練校 1 校で働く教員 25 名と、通常の学校 3 校で働く教員 30 名の合計 55 名を主な対象とし、管理職の教員と一般の教員、さらに性別により意見に違いがあるかを検証した。

結果は、障がいのある児童たちの教育に関し、「適切な教育施設や教材の不足」、「教員の能力不足の問題」など、学校側に起因する阻害理由が一番多く挙げられた。また「労働市場が未成熟であること」や「コミュニティの理解不足」も障がいのある児童の自立の観点から問題であるとされた。さらに、特別支援教育に関わる教員と、通常学級の教員とを比較すると、「コミュニティの理解不足」や「保護者の理解不足」、そして「労働市場の未熟さ」などを課題として挙げたのが、特別支援教育に関わる教員の方が、通常学級の教員より有意に高かった。このことから、障がいのある児童に直接接して

初めて課題が理解できることも多いと考えられる。

障がいのある児童の教育は、近年「障がいの有無にかかわらず、同じ空間（教室）で教育を受けることを理想とする」、インクルーシブ教育の方向に向かっている。ブータンでは、今、その前段階であり特別支援教室を通常学校の中に作ることで、障がいのある子どもだけが隔離されないような「統合」という教育政策が施行されている。そしてこうした「統合」の形で、障がいの有無にかかわらず個々の教育を保障することが望まれ、それがGNH達成のため必要であるとされている。

2013年には、史上初めてパロ教員養成校で、障がい児教育の特別な教育ニーズに関するコースを卒業する学士が誕生した。特別支援教育に関しては、ブータンでは現在まだ緒についたばかりであり、財政面や行政面で多くの課題を抱えているが、今後、特別支援教育がどのようにこの国で展開されていくのか注視したい。

謝辞

現地調査は、筆者および早稲田大学大学院アジア太平洋研究科特別研究員小原優貴（当時）、広島大学大学院国際協力研究科修士2年（当時）楢木陽子による。現地調査では、ブータン教育省学校教育局特別支援教育課のKinley Gyeltshe氏、Pema Chhogyel氏、Karma Norbu氏ほかにご協力をいただいた。ここに感謝したい。

参考文献

Ministry of Education 2011, *Educating for GNH Refining Our School Education Practices.* Paro, Bhutan：Author.

—— 2012, *Annual Education Statistics 2012.* Thimphu, Bhutan：Author.

—— 2013, *Annual Education Statistics 2013.* Thimphu, Bhutan：Author.

Sakurai, Riho 2011, Preserving National Identity and Fostering Happiness in an Era of Globalization：A Comparative Exploration of Values and Moral Education in Bhutan and Japan. *Journal of International Cooperation in Education,* 14（2）：169-188.

Tshering, Kencho 2010, "Awaken Good Old Values First." *Bhutan Observer,* April 23, 2010.

World Bank, http：//data.worldbank. org/country?display=graph

櫻井里穂 2012、「第10章 初等教育——すべての子どもに教育を」、勝間靖編『テキスト国際開発論——貧困をなくすミレニアム開発目標へのアプローチ』、ミネルヴァ書房：192-209。

—— 2014、「第21章ブータン」、二宮晧編著『新版・世界の学校教育制度から日常の学校風景まで』、学事出版株式会社：214-223。

column

【コラム】

モルディブの人々と教育

森下　稔

　「インド洋に浮かぶ真珠の首飾り」と称えられる珊瑚礁の島国モルディブでは、リゾート島は1島1ホテルで、外国人観光客が住民島を訪れることはほとんどない。知られざるモルディブの人々と子どもたちの教育について、これから紹介しよう。

　モルディブは、南北823キロ、東西130キロにまたがる26アトール（環礁）からなる広大な海面をもつ国である。しかし、人々が居住する島々の面積はごくわずかで、標高の最高地点は3メートルと言われる。地球温暖化による海面上昇により水没が危惧される国でもある。人口は約30万人で、1190島のうち約220島に居住している。水産関連業と観光業が主要産業で、一人あたりGDPは6,666ドル（2013年）と中進国程度である。

　1965年イギリス保護国から独立、1972年に初のリゾートが開業し、外国人向けの観光業が叢生した。1978年以来、ガユーム政権が30年にわたり一党独裁体制を敷き、反政府運動には弾圧をもって臨んだ。2008年に憲法が改正され、基本的人権、複数政党制が初めて規定され、同年の大統領選挙の結果、反政府運動指導者ナシードが決選投票の末勝利した。以後、ナシード派とガユーム派の間で対立が生まれた。

　モルディブでは、憲法において国民はイスラームを信仰することと定められている。伝統的教育はマクタブ、マドラサの形態であった。近代的学校教育の創始は、首都マーレにおいて1927年に中等教育レベルのMajeediyya Schoolが設立されたことによる。その後、1944年に女子校のAminiyya Schoolが設立され、両校ともモルディブの中核となる人材養成を担った。マーレを中心に学校整備が進められたのは1970年代になってからであった。それ以前に学問の修得をめざした者たちは、インド、パキスタン、セイロンなどの寄宿制学校で学ぶのが通例であったようである[Ministry of External Affairs 1949 : 41-58]。そこから、高等教育へはイギリスや中東、インドの大学に進学した例が見られる。

　1978年に初等教育の普及政策が策

定され、地方アトールでの学校整備が着手された。初等教育7年間のナショナルカリキュラムが制定されるとともに、アトールごとにアトール教育センター（Atoll Education Centre）とアトール学校（Atoll School）の2校ずつが整備された。このとき、日本の外務省が戦後初めて学校建設援助を行った［国際協力事業団 1980］。その後も、多くの住民島で学校整備が進み、就学者数は1978年の約1.5万人から2005年の約10万人へ大幅に拡大した。その結果、全国民の3分の1以上が就学者という状況になり、政府関係者は「教育大国」と胸を張っている。

現在の教育制度は、初等教育7年、前期中等教育3年、後期中等教育2年である。初等教育就学率はほぼ100％、成人識字率も98.8％に達する。このような教育機会拡大の背景には、観光業による税収で各島に学校を建設できたことがある。それでも、首都と地方のさまざまな格差の解決が課題となっている。マーレ島はモルディブ諸島の中央に位置し、面積わずか約1.8km²に約10万人が居住し、世界一の超過密都市といわれる。マーレには25校の学校があり、約2.5万人の児童生徒と1,457人の教師がいる（2011年3月現在、以下同じ）。親類縁者を頼って地方アトール出身の児

クルドゥフシ島幼稚園

童生徒約1万人がマーレに集まってきている。マーレ一極集中の要因には、教育水準の高さもあるが、島に中等学校がない場合に同じアトール内の学校が選ばれないこともある。逆に、地方住民島は平均人口約1,000人で、学校は小規模にならざるを得ない。全国の学校の7割が300人以下である。そこで必要とされる教員数をモルディブ人教員ではまかないきれないため、地方にもインド、バングラデシュなどからの外国人教員が配置され、全国教員の32％を占めている［Ministry of Education 2011］。

就学前教育から教授用語は一部を除き英語で、「ディベヒ語」と「イスラーム」の2教科のみディベヒ語である。地方への教育普及の初期にはディベヒ語によるカリキュラムや教科書が整備されていたが、就職に不利と考える親の要望によりマーレと同じ英語による教育が拡大した経緯があった。前期中等教育で

column

キハドゥスクール中学生クラス

はケンブリッジ国際試験（Oレベル）のコースシラバスにより教育課程が編成されている。1967年から2001年までは、ロンドン大学の国際試験（Edexcel International）であったが［Bray & Adam 2001］、2002年からケンブリッジ国際試験に移行した。後期中等教育に関しては、1982年から導入されたEdexcelのAレベル試験のコースシラバスに従っている。近年になって初等・中等教育段階を一貫させ、6－3－3制への移行を伴うナショナルカリキュラムが構想されている。最近の教育改革政策としては、教育機会均等の実現とマーレー極集中緩和の目的で、すべての初等・前期中等教育段階の学校に第1学年から第10学年までを開設させる政策、および教育質向上のための二部制解消が取り組まれている。

高等教育段階では、2011年にモルディブ初の大学（university）として国立モルディブ大学が開学した。従来あった国立の中等後教育機関を統合してできたモルディブ高等教育カレッジを昇格させたものである。大学のほかに、国立のイスラミックカレッジ、私立のカレッジが数校ある。教員養成は大学の教育学部のほか、カレッジにも教員養成課程がある。多くの学生はディプロマ（2年）を取得後に教員になるという。また、マーレのリビングコストの高さから、あえてスリランカやマレーシアに留学させた方がよいとする家庭の事例もよく聞かれる。

モルディブの教育がかかえる課題には次のようなものがある。政府が期待するほどには前期中等教育修了段階におけるOレベル試験の成績が振るわないことに、教育省は頭を悩ませている。教育機会拡大とともに受験者数は拡大したが、それにつれて合格率が20%程度に低迷している。また、進学や就職に直結するOレベルやAレベルの試験が国際試験であることは、生徒の進路のためには国際資格として有益で、国内の産業が水産・観光に限られている状況ではやむを得ない。そのことは、英語教育の重視、外国人教員の積極活用にもつながるが、逆にモルディブ人らしさの教育、島や国への帰属意識の形成といったいわゆる市民性教育にとってはジレンマとなる［森下

2013]。近年のナショナルカリキュラム案でも、地域性という要素は見受けられない。特色とも言えるイスラーム教育も、元来ムスリム世界では普遍的なものであり、モルディブの独自性にはならない。地方の有力であった私立イスラーム学校は、1990年代に国立化されて普通学校のカリキュラムが使われている。現在私学は就学前教育段階に集中している。他方、マーレではアラビア語を教授用語とし、エジプトのアズハル大学のカリキュラムに準拠した国立学校がある。イスラームがマーレにおいて集中管理されている図式とみられる。9.11以後、「イスラーム神学校」に向けられる欧米の視線が影響しているのではないかと推測される[山田肖子研究代表 2014]。

第10学年数学担当の外国人教員

参照文献

Bray, Mark and Adam, Khadeeja 2001, 'The dialectic of the international and the national: secondary school examinations in Maldives', *International Journal of Educational Development*, vol.21, pp. 231-244.

Ministry of Education 2011, *School Statistics 2011*, Republic of Maldives.

Ministry of External Affairs 1949, *Maldives Islands, Ladies & Gentlemen The Maldives Islands!*, M. D. Gunasena & CO. LTD., Colombo, Ceylon, pp.41-58.

国際協力事業団 1980、『モルディブ共和国学校建設計画基本設計調査報告書』。

森下稔 2013、「民主主義の定着過程における市民性教育の課題——モルディブの児童生徒の現状から」『九州教育学会研究紀要』第40巻：105-112ページ。

山田肖子研究代表 2014、『発展途上国教育研究の再構築：地域研究と開発研究の複合的アプローチ』平成21-24年度科学研究費補助金基盤研究（A）助成事業研究報告書、名古屋大学大学院国際開発研究科、(第Ⅱ部フィールドワーク調査報告論文——モルディブ編——、23-102頁) http://www.gsid.nagoya-u.ac.jp/syamada/Kakenhi_Report.html

第Ⅱ部
教育機会の拡大と多様化

第4章
初等教育の就学における社会階層間格差
——ビハール州農村の事例から——

伊藤高弘

はじめに

　「成長著しいBRICsの一角をなす大国で、ソフトウェア開発におけるIT先進国」。一般的な日本人が持つ最近のインド像はこのようなものであろうか。もう10年近くも前のことになるが、筆者が数ヵ月間滞在していたハイデラバードでもICT分野の進展には目を見張るものがあった。ハイテク・シティ（Hyderabad Information Technology Engineering Consultancy City：HITEC City）と呼ばれるIT中心街にマイクロソフトなどの名だたる世界的企業が進出し、街中にはIT関連の専門学校が溢れ返っていた。

　その一方で、インドは現在もなお世界最大の貧困人口を抱え、成人人口の約3分の1が非識字者である。「インドは多様性に富んだ国である」ということに異論を挟む者は少ないと思われるが、その多様性が個々人の自由な選択によって生じた結果であるか否かという点は重要であろう。実際、インドで目にする多様性や差異は自らの努力や能力とは無関係のものであることが多いように思われる。「多様性」というよりは「格差」と呼ぶべきものである。そしてそのような格差は、多くの場合、カーストという伝統的な社会階層に深く根差しているのである。

　社会階層の間に横たわる格差は、教育においてももちろん存在する。図1には、2009/2010年時点における年齢階層別の最終学歴の修了割合を示して

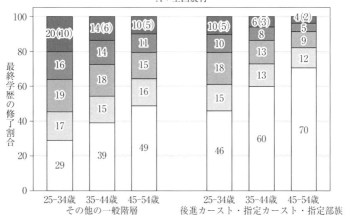

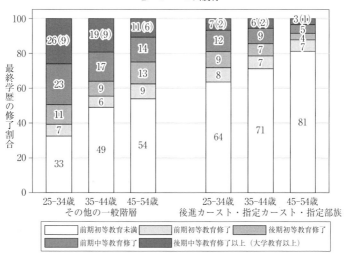

図1 教育修了世代の最終学歴修了割合

注：前期初等教育は第5学年、後期初等教育は第8学年、前期中等教育は第10学年、後期中等教育は第12学年までである。また大学の標準年限は3年であり、標準年数で大学を卒業した場合、教育年数は全部で15年となる。

出所：第66次（2009/10年）全国標本調査（NSS）「雇用と失業」より筆者作成。

表1　若年層の就学状況の社会階層間格差

	全国農村		ビハール州農村	
	その他の一般階層	後進カースト・指定カースト・指定部族	その他の一般階層	後進カースト・指定カースト・指定部族
就学率（6-14歳）	90.9%	87.5%	85.6%	75.6%
前期初等教育修了割合（12-20歳）	69.8%	62.5%	59.0%	48.0%
後期初等教育修了割合（15-20歳）	62.8%	54.1%	51.4%	38.7%

出所：第66次（2009/10年）全国標本調査（NSS）「雇用と失業」より筆者作成。

いる。右側が社会階層の下位に位置する後進カースト・指定カースト・指定部族に属する人々のグラフで、左側がそれ以外の一般階層の人々のものである。全国標本調査（National Sample Survey：NSS）データより作成した全国農村（パネルA）のグラフを見ると、全年齢階層において下層の人々の教育水準は上層に比べて大きく遅れていることが見て取れる。一般階層と同等あるいはそれ以上に下位階層でも教育達成状況は世代を経るごとに大きく改善してはいるものの、まだまだ両者の差は大きい。例えば、下位階層における25—34歳の年齢層の教育達成状況は、上位階層の45-54歳の人々のそれとほぼ同じである。すなわち、上位階層の人々に比べて下層の人々の教育水準は20年（1世代）近くも遅れているのである。

　同様の傾向は、より直近の世代についても言える。表1の第1、2列（全国農村）を見ると、やはり若年世代においても下位階層の教育達成状況は上層に比べて遅れている。6—14歳の就学年齢児童の就学率ではそれほど両者の差は大きくないように見えるが、前期初等教育（第5学年）・後期初等教育（第8学年）の修了割合ではその差が大きくなっている。ちなみに、いずれの指標にも両者の間には統計的に有意な差が存在している。就学率ではそれほど大きな差がないが初等教育修了においてその差が大きくなるのは、一般階層に比べて下位階層の児童で就学における遅延が多く見られるためである。就学遅延、すなわち、入学の遅れや不登校あるいは休学・留年により、ある学年において標準的な年齢よりも遅れて就学している状況は、就学率という統計情報か

らは見えづらく、またその後の教育達成度に大きく影響を及ぼす可能性があり、非常に重要な問題である。

　以上のような背景を踏まえ、本章では、児童の就学における社会階層間格差に焦点を当てる。より具体的には、初等教育における児童の就学遅延が如何なる要因によってもたらされているかということをビハール州農村の家計データを用いて明らかにしたい。現在、インドでは、初等教育の更なる普及を目指して、2010年より無償義務教育に関する子どもの権利法（Right of Children to Free and Compulsory Education Act 2009：RTE）が施行されている。この法律に関する詳細な内容についてはここでは割愛するが（例えば、牛尾 [2012] を参照）、6歳から14歳の全ての児童が第1学年から第8学年までの義務教育を無償で受けられる権利が定められている。この法律の施行が、社会的弱者層の教育機会の改善と階層間の教育格差の解消に向けた特効薬と成りうるのか否か、非常に注目されるところである。その意味からも、初等教育の就学遅延の要因を探ることの意義は小さくない。

　以下、本章の構成について簡単に述べる。第1節では、インドにおける階層間の教育格差の主な要因について、この分野における幾つかの先行研究に基づいて考察したい。続く第2節ではビハール州農村家計調査および調査地の特徴と児童の就学状況について概観する。そして、第3節では統計的な手法を用いて児童の就学遅延の決定要因について定量的な分析を試みる。最後に、本章のまとめを行う。

第1節　社会階層間の教育格差とその要因

◆1　供給サイドにおける要因

　インドにおける教育の社会階層格差には、供給面と需要面それぞれに解決すべき問題が存在する。供給サイドの問題としては、教育サービスの量と質に関わる問題が挙げられる。例えば、「通学可能な距離に学校がない」など

は、教育サービスの量に関する極端なケースである。実際に、インド農村における公共財の普及と社会階層との関係について研究したBanerjee and Somanathan [2007] では、下位層に属する人々が学校へのアクセスにおいて不利な状況にあることが示されている。彼らの分析は、1971年時点において指定部族・指定カーストに属する人の割合が高い地域（選挙区）ほど後期初等学校および中等学校を持つ村の割合が有意に低く、1991年においてもその差が必ずしも縮小していないことを明らかにしている。

　インドにおいては、教育の質の問題もまた重要である。一般的に、公立学校は教育の質が非常に低いことで知られており、例えば、教師が一人しかいない学校 (one-teacher school：OTS) も珍しくない。全インド学校教育調査 (All India School Education Survey) によれば、農村の学校の15％近くがOTSであり、教師が2人以下の学校も5割を超える [GOI 2009]。また、公立学校の教師の安い賃金あるいはあまり高くない社会的地位なども相まって、教師の常習的欠勤や怠慢も散見される。公立学校は、慢性的な人材・資金不足によって十分な教育の質が担保できていない状況なのである。そのため、幾つかの事例研究では、公立学校へ毎日通う児童の出席率は実際の就学率よりもかなり低いことも報告されている（例えば、Majumdar and Mooij [2011] を参照）。他方、質の面で充実した私立学校では当然授業料が高く設定されている。そのため、上位階層の教育熱心な人々は教育の質が担保された私立学校に子弟を通わせる傾向が高く、逆に下位階層に属する子どもの私立学校への入学率は人口比に比してかなり低い。このように、下位階層に属する人々は、教育へのアクセスに関して、量・質両面で不利な状況にあることが推測される。

◆2　需要サイドにおける要因

　次に、教育の需要サイドにおける要因について見てみよう。ここで需要側の要因とは、教育サービスを需要する側つまり家計に関する要因のことである。一つ目の要因としては貧しさが挙げられる。すなわち、金銭的な理由によって子どもの教育を断念させる、などの問題である。インドの文脈では、

公立の初等・中等学校へ就学させるための金銭的負担は、それほど大きくない。公立学校では授業料・教科書・制服は基本的に無料であり、ノートや鉛筆といった文房具などに必要な程度である。

しかしながら、貧困層の中には、金銭的負担の少ない公立学校でさえ、経済的な動機に基づいて子どもを通学させない家計も多く存在する。金銭的に困窮してというよりは将来教育から得られる収益が現在の費用に見合ってないと考えるためかもしれない。例えば、カースト制度は、伝統的な職業に基づく身分制度であるので、伝統的な職業に就く場合、教育はあまり意味をなさない。また労働市場における下位階層出身者に対する就業差別あるいは賃金差別の存在も、彼らの教育の期待収益を低めるのを助長している可能性も否定できない [Banerjee and Knight 1985; Thorat and Attewell 2007; Ito 2009]。加えて、教育にかかる費用には、就学していなければ働いて得られたであろう所得や利益（経済学では機会費用と呼ぶ）も含まれるので、子どもの助けを必要としている貧しい家計ほどその損失分の価値は大きい。実際に、全国規模のデータを用いた Borooah and Iyer [2005] の研究によれば、就学年齢下の子どもが未就学である理由の約3割がこのような経済的な動機に因っている。

以上より、社会階層の下層に属する家計ほど、教育に掛かる費用と将来の収益を勘案した結果、上位階層と比べて教育投資が低くなることが予想される。ちなみに、本章の分析で用いるデータは隣接する2つの村から得られたものであり、供給サイドにおける条件はすべての家計でほぼ同一である。したがって、観察される教育格差はここで挙げた需要サイドの要因によって説明されることになる。また、Borooah and Iyer [2005] の研究においても、需要サイドの要因は約60％を占めるのに対して、供給サイドの要因は6％程度と小さい。第3節では、需要サイドにおける要因のうち、どの要因が社会階層間の教育格差を最も説明しているのかということについて、定量的な分析により明らかにする。

162

第2節 ビハール州および調査地の教育状況

◆1 ビハール州について

本章の研究対象地域であるビハール州の社会経済状況について最初に簡単に概観する。ビハール州はインド北部に位置する州で、北側にネパール連邦民主共和国と国境を接している。インド全体の中でも非常に立ち遅れた州として知られ、人々の生活水準も際立って低い。表2には、労働市場における賃金水準、一人当りの消費支出（月額）、貧困者比率についてそれぞれ全国平均とビハール州の平均を載せている。農村・都市両方で、ビハール州はインド全体に比べて賃金水準が低く、かつ家計の消費支出額も少ない。賃金水準で全国平均の約8割、消費水準に至っては6—7割弱である。その結果、人口に占める貧困者の割合もインド全体と比べて非常に高い。特に農村では、人口の半分以上がインド政府の定める公的貧困線以下の生活を送っている。[2]

以上のようなビハール州の停滞状況は教育に関しても例外ではない。前節で触れた図1および表1には、それぞれビハール州における教育終了世代の教育達成状況（図1パネルB）と若年層の就学状況（表1、3—4列）を載せてある。まず、図1パネルBの教育修了世代の教育達成状況に関して、やはりビハール州においても下層の人々の教育達成状況は一般階層と比べて大きく遅れていることがわかる。しかも、両者の格差は全インド（パネルA）よりも大きく、また一般・下位階層でともに教育の達成状況が全国データよりも悪い。下位階層の遅れは深刻で、2009/10年時点における25—34歳の人々の6割超が前期初等教育（第5学年）すら修了していないという状態である。

このような傾向は現役世代の就学状況でも同様である。表1の第3—4列を見ると、ビハール州農村の就学率および前期・後期初等教育の修了割合には一般階層と下位階層との間に大きな開きが見られ、かつ両者の差はインド全体（第1—2列）に比べて大きい。そしてやはりビハール州はインド全体に

第4章 初等教育の就学における社会階層間格差●——163

表 2　全国とビハール州の生活水準比較

	賃金水準 (日額、Rs)		一人当り家計消費 (月額、Rs)		貧困者比率	
	農村	都市	農村	都市	農村	都市
ビハール州	91.6	234.2	659.5	1058.4	55.3%	39.4%
インド全体	116.6	295.4	900.6	1733.1	33.8%	20.9%

出所：賃金水準、一人当り家計消費については第66次（2009/10年）全国標本調査（NSS）「雇用と失業」より筆者作成。貧困者比率については、GOI［2012］より抜粋。

比して一般・下位階層で全体的に劣っていることがわかる。例えば、ビハール州の一般階層の教育達成状況はインド全体の下位階層のそれとほぼ同水準なのである。この地域において教育を普及させることが如何に難しい課題であるかが窺い知れよう。

◆2　調査地の社会経済状況

　本章で用いるデータは、ビハール州ヴァイシャリ県の2つの村で行われた調査から得られたものである。調査地である農村は、州都であるパトナからガンジス川を挟んで北側に位置し、車で3時間程度の場所にある。2010年11月から約2カ月間にわたり、2つの村の全家計の約12％にあたる492家計に対して調査を行った。調査では、まず4,000を超える全家計を社会階層に基づき分類し、各社会階層からそれぞれ無作為に抽出した。

　表3は、消費支出階層を4つのグループに（家計数がなるべく均等になるように）分けた場合の、それぞれの消費支出階層における平均支出額と社会階層の割合である。比較のために、われわれの調査データから計算した値（パネルA）とともに全国標本調査のヴァイシャリ県のデータの値（パネルB）も載せてある。ちなみに、全国標本調査データの消費支出額は衣料品や耐久消費財などすべての消費支出が含まれているのに対し、本章で用いる調査データの消費支出は食費のみである。全国標本調査の消費支出額の方がわれわれのデータよりも若干高いのはおそらくこのためであるが、両者にそれほど大きな違いはない。また、各支出階層における社会階層の分布も非常に似通っ

表 3　全国標本調査データとの比較

A）本調査データ（2010 年）	一人当り消費支出（月額）				
	四分位				全体
	第 1	第 2	第 3	第 4	
一人当り消費支出（月額）	243	384	522	1,017	535
後進カースト	65.0%	62.7%	71.0%	61.7%	65.2%
指定カースト	30.0%	24.6%	19.1%	15.7%	22.4%
一般カースト	5.0%	12.7%	9.9%	22.6%	12.4%
観測数	120	126	131	115	492
B）全国標本調査データ（2009/10 年、ヴァイシャリ県）	一人当り消費支出（月額）				
	四分位				全体
	第 1	第 2	第 3	第 4	
一人当り消費支出（月額）	346	505	639	1050	632
後進カースト	62.3%	69.0%	76.5%	64.4%	68.0%
指定カースト	28.3%	26.2%	12.9%	10.6%	19.5%
一般カースト	9.4%	4.8%	10.6%	25.0%	12.5%
観測数	138	130	132	132	532

出所：筆者作成。パネル B については、第 66 次（2009/10 年）全国標本調査（NSS）「雇用と失業」のデータを用いた。

ており、われわれの調査村はヴァイシャリ県の中でもごく平均的な村であると言えよう。

　次に、調査村における労働活動の状況について見てみよう。表 4 には、男性労働人口（20―59 歳）の教育水準および雇用状況について社会階層ごとにまとめたものを載せている。全階層で労働者の大部分が賃金労働に従事していることがわかるが、指定カーストでは日雇労働に従事する人の割合が他の階層に比べて突出しており、労働市場における職業的棲み分け（あるいは就業差別）の存在が見て取れる。このような就業における階層間格差は、世界銀行によるビハール州の生活水準計測研究調査（Living Standard Measurement Study Survey）の結果とも整合的である [Ito 2009]。ちなみに、情報の欠損が多いという留保は付くが、日雇労働の大部分は農業労働であり、正規労働の多くは建設関連あるいはサービス業などにおける非農業労働である。一方で、教育水準にも社会階層間で大きな隔たりが存在する。一般カーストから下に行くほど平均教育年数が少なくなっており、またそれに呼応す

表 4　男性労働人口の教育年数と雇用状況

| | 教育年数 | 雇用形態 | | | 年間所得 |
		正規雇用	日雇	自営	
全階層	6.54	44.4%	15.5%	21.0%	47,416
（1） 一般カースト	10.49	53.1%	6.2%	17.3%	73,455
（2） 後進カースト	8.15	41.7%	6.3%	29.6%	53,689
（3） 限界後進カースト	5.25	47.1%	14.8%	19.7%	42,942
（4） 指定カースト	3.86	40.1%	35.7%	11.5%	33,233

出所：筆者作成。

るかのように年間所得も低くなっている。典型的な社会階層間の対比がここでも確認できる。

◆3　就学学年に見る社会階層間格差

　次に、調査地における児童の教育状況の社会階層間格差について見てみよう。図2の (1) ―(4) には、就学年齢下にある児童の年齢（横軸）と学年（縦軸）の関係を社会階層ごとに示してある。白抜きの菱形が男児を表し、黒丸が女児を表している。標準的には第1学年入学時の年齢は5歳あるいは6歳であるので、順調に進級していけば6歳の児童は第1学年か第2学年に、7歳の児童は第2学年か第3学年に、という具合に年齢と学年が対応することになる。すなわち、全ての児童が順調に入学・進級を行った場合、年齢と学年の関係は、2つの直線上にプロットされることになる。しかしながら、図2を見てみると、そのようにはなっておらず、標準的な年齢―学年対応線の下側の部分に幾つもの点が見られる。このようなパターンは、インドに限らず低所得国では頻繁に観察されるものであり、就学の遅延や落後がその主な理由である。

　社会階層間の違いに目を向けると、(1) 一般カーストよりも、(2) 後進カーストや (3) 限界後進カースト、あるいは (4) 指定カーストで、標準的な年齢－学年対応線より下側にある点が顕著であることがわかる。すなわち、より下層に属する児童ほど、就学の遅れや落伍が深刻なのである。ちなみに、

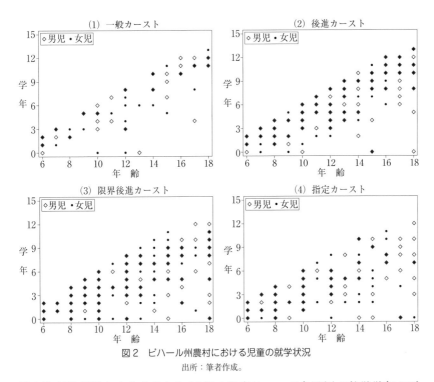

図2 ビハール州農村における児童の就学状況
出所：筆者作成。

教育権利法が規定する6歳から14歳の児童について各階層で就学学年の平均をとると、一般カーストでは4.3年（男児：4.8年）、後進カーストでは4.3年（男児：4.6年）、限界後進カーストでは3.3年（男児：3.5年）、指定カーストでは2.9年（男児：3.4年）である。特に限界後進カーストと指定カーストでは、一般カーストとの間に統計的に有意な就学学年の差が存在しており、また女児よりも男児で格差が大きい。このように、初等教育の段階からすでに明白な社会階層間の格差が存在しているのである。ちなみに、図の白抜きの菱形と黒丸に明白な差が見られないことからもわかるように、同一社会階層内における男児・女児の間には統計的に有意な学年差は存在していない。

以上より、われわれの調査地においても、社会階層間で顕著な教育格差が存在していることが確かめられた。とりわけ、限界後進カーストと指定カーストの遅れは際立っており、その要因として、第2節で説明したように社会

階層間の経済的格差の存在が挙げられよう。すなわち、親の世代の（すなわち現在の）経済的格差のために、子どもの世代の（すなわち将来の）教育格差が生じている可能性が示唆される。次節では、教育の階層間格差の要因を更に詳しく調べるために、就学遅延に焦点を当てながら定量的な分析を試みる。

第3節　就学遅延の決定要因分析

◆1　就学決定の理論モデル

標準的な経済学の理論に基づけば、児童の就学決定（教育投資）は、将来得られる教育の期待収益と現在の所得水準や教育に掛かる費用などを勘案した結果決定される。ここで、費用には就学に直接関わる費用（学費や制服・文房具代など）とともに間接的な費用も含まれる。間接的な費用とは、学校に行かなければ得ることができていたはずの利益などで、例えば家業や家事の手伝いから得られる利益あるいは労働から得られる賃金などが含まれる。いわゆる機会費用と呼ばれるものである。児童の就学は、就学した場合に得られる（生涯）所得の現在価値が就学しなかった場合の価値よりも高い場合に選択されることになる。したがって、児童 i の就学決定（S_i）は、教育の費用や家計の現在の所得水準に影響を及ぼす児童や家計の属性変数（それぞれ c_i, h_i とする）、そして教育の期待収益に関する変数（r_i）などの関数として、以下のように表すことができる[3]。

$$S_i = S\ (c_i,\ h_i,\ r_i)$$

この関数を回帰分析の手法を用いて分析することで、児童の就学状況が、どのような要因によって決定されているのかを明らかにすることができるのである。

◆2 分析で用いる変数について

　分析において実際に用いる変数は表5にまとめてある。分析対象は教育権利法が規定する6歳から14歳までの男児279人である。男児に標本を限定する理由は後述する。

　被説明変数である児童の就学状況を表す変数 (S_i) には、児童の就学遅延年数を用いる。就学遅延年数は、以下のように定義される。

$$S_i \equiv \max(0, 年齢 - (学年 + 5))$$

　例えば、6歳（あるいはそれ以下の年齢）で第1学年に入学し、そのまま滞りなく進級していれば就学遅延年数は0となる。表5にあるように遅延年数の最大値は8であり、最大で8学年の遅れのある（あるいはすでに就学を止めた）児童が存在していることになる。次に、説明変数である児童および家計の属性変数 (c_i, h_i) について説明する。これらの変数は、理論的には教育に掛かる（直接的・間接的）費用や家計の所得水準に影響を及ぼす変数である。この分野の先行研究に倣って、児童の年齢や兄弟構成（生まれ順、兄の数）そして家計長の年齢と教育水準、家計の農地面積などを入れる。当然、その家計が所属する社会階層もダミー変数（二値変数）として入れる。カースト・ダミーは、現在のカースト間の所得格差あるいは児童・家計の属性変数などでは説明できない何らかのカースト間の格差を補足すると考えられる。

　最後に、将来得られる教育の期待収益 (r_i) の代理変数として、子どもに対する将来の職業期待を用いる。より直接的な（主観的な）教育の期待収益のデータを用いた方が適切であるが［Manski 2003］、データの制約のため、本章では期待収益の代理変数として職業期待を用いることにする。[4]　また、女児については、将来結婚により世帯を別にする可能性が高く、職業期待が教育の期待収益としては適切な変数ではない可能性がある。したがって、本章の分析においては男児のみを分析対象とする。また、教育に対する考え方や好みも就学決定に影響すると考えられるため、教育に対して表明された選好の変数（「教育は人を賢くする」という意見に対して賛成と答えた場合に1を取るダ

表 5　回帰分析で用いる変数の基本統計量

	標本規模	平均	標準偏差	最小値	最大値
就学遅延年数	279	1.179	1.500	0	8
一般カースト（基準）	279	0.086			
後進カースト	279	0.333			
限界後進カースト	279	0.333			
指定カースト	279	0.247			
年齢	279	9.830	2.494	6	14
生まれ順	279	2.416	1.280	1	7
兄の数	279	0.781	0.955	0	5
家計長の年齢	279	46.265	13.530	23	85
家計長の教育水準	279	4.161	4.693	0	13
女性家計長ダミー	279	0.251			
農地面積（エーカー）	211	0.199	0.315	0.005	2.500
農地所有ダミー	279	0.244			
将来の職業期待：公務員（基準）	279	0.520			
将来の職業期待：商業	279	0.086			
将来の職業期待：その他（農業、特にない）	279	0.394			
「教育は人を賢くする」賛成ダミー	279	0.946			

出所：筆者作成。

ミー変数）を用いる。[5]

◆ 3　推計結果

　表6には、最小二乗法による就学遅延の決定要因分析の推計結果を載せている。最初に、就学遅延の推計式の説明変数にカースト・ダミーのみを入れたモデルを推計した（第1列）。この推計により、平均的にカースト間の就学遅延にどれくらいの差があるのかを見ることができる。カースト・ダミーの基準は一般カーストであるので、定数項は一般カーストの平均就学遅延年数、各カースト・ダミーの係数は一般カーストとの遅延年数の差を表している。したがって、一般カーストの平均遅延年数は0.542年であり、それよりも後進カーストは0.372年、限界後進カーストは0.802年、指定カーストは0.995年それぞれ遅延年数が長いことがわかる。また、限界カーストと指定カーストの係数は、統計的に1%水準で有意であり、一般カーストとの間に統計的に有意な差が存在していることがわかる。

表 6　分析結果：児童の就学遅延の決定要因

変数	(1) 係数	(1) 標準誤差	(2) 係数	(2) 標準誤差
後進カースト	0.372	(0.247)	0.092	(0.289)
限界後進カースト	0.802	(0.301)***	0.332	(0.336)
指定カースト	0.995	(0.279)***	0.375	(0.326)
生まれ順			-0.058	(0.102)
兄の数			0.139	(0.124)
家計長の年齢			0.006	(0.006)
家計長の教育水準			-0.004	(0.022)
女性家計長ダミー			-0.145	(0.186)
農地面積（対数値）			-0.141	(0.069)**
農地所有ダミー			0.716	(0.316)**
将来の職業期待：商業			0.482	(0.363)
将来の職業期待：その他			0.523	(0.196)***
「教育は人を賢くする」賛成ダミー			-0.452	(0.274)
定数項	0.542	(0.211)**	-0.663	(0.555)
標本規模	279		279	
修正済み決定係数	0.044		0.378	

注：年齢ダミーも含めて推計したが、それらの係数の推定値は紙幅の関係から省略している。
　　結果を簡単に説明すると、全ての年齢ダミーについて、係数は正で統計的にも有意である。
　　また歳を経るごとに係数が大きくなる傾向にあり、年齢が上がるにつれて遅延年数が大
　　きくなることが示唆される。

出所：筆者推計。

　さて、これらのカースト間の差は、どのような要因によってどの程度説明
されるのであろうか。第2列には、就学遅延の推計式に全ての説明変数を加
えたモデルの推計結果を載せてある。カースト・ダミーの係数の変化の説明
に入る前に、各変数の影響について見てみよう。先ず、生まれ順と兄の数の
係数はそれぞれ負と正であり、兄が多いほど遅延年数が長くなるが、姉が多
いほど遅延年数が短くなることが示唆される。統計的にはどちらも有意では
ないが、先に生まれた男児の教育が優先されている可能性が見て取れる。

　家計の属性変数のうち、統計的に有意な影響を持っているのは、農
地面積や農地の有無のみである。農地面積については、農地面積が
1%増えると就学遅延が0.14年程度改善する一方で、農地を所有しているこ
とそれ自体は就学遅延を悪化させていることがわかる。農地を持っていない
家計が農地を持った場合、平均的に0.72年も男児の遅延年数が増えること

になる。男児は農業における重要な働き手であり、農地所有は男児の就学遅延を助長するが、農地面積が多い家計は豊かであり、そのため農地が多いほど児童の教育投資が上昇するのである。その他の家計属性の係数については、予想どおりの符号であるが、統計的には有意でない。

職業期待については、「その他（特にない、農業など）」ダミーの係数が統計的に有意である。他の属性が全く一緒の児童を比較した場合、（基準である）「公務員」になることを期待されている児童に比べて、「その他（特にない、農業など）」の児童は、就学が0.52年程度遅延することになる。「商業」である児童も同様に0.48年程度就学が遅延するが、こちらは統計的には有意ではない。

最後に、カースト・ダミーの係数の変化について見てみよう。児童および家計の属性変数、児童に対する将来の職業期待などの変数を含めた第2列の推計結果を第1列の推計結果と比べると、カースト・ダミーの係数は小さくなり、また統計的にも有意でなくなることがわかる。例えば、限界後進カーストのダミー変数の係数は0.802から0.332に小さくなっているが、これは観察される一般カーストとの差0.802年のうち0.470年（=0.802 − 0.332）程度（つまり58.6％程度）が児童や家計の属性変数あるいは職業期待の違いによって説明される部分であることを意味している。ただし、残りの41.4％はコントロールした変数では説明することのできないカースト間の格差である。同様に、指定カーストでは、観察される一般カーストとの差0.995年のうち0.620年（62.3％）程度が、児童や家計の属性変数あるいは職業期待の違いによって説明される部分である。

これらの児童・家計属性や職業期待の違いによって説明される部分を更に分解して、どの要因がカースト間の就学格差に対してどの程度影響しているかを調べたものが表7である[6]。実際の就学格差のうち、カースト・ダミー以外の児童・家計の属性の違いあるいは職業期待の違いによって説明できる部分は、3つの下位階層で約6—7割程度であるが、その中身は大きく異なっている。例えば、後進カースト（第1列）では、児童の属性変数の違いが就学格差の最も大きな要因（47.8％）となっているのに対し、限界後進カース

172

表 7　就学遅延の決定要因分解

	（1）後進カースト		（2）限界後進カースト		（3）指定カースト	
一般カーストとの就学遅延の差	0.372		0.802		0.995	
カースト・ダミー	0.092	24.7%	0.332	41.4%	0.375	37.7%
カースト・ダミー以外	0.280	75.3%	0.470	58.6%	0.620	62.3%
児童の属性変数	0.178	47.8%	0.052	6.5%	0.014	1.4%
家計の属性変数	0.036	9.7%	0.267	33.3%	0.375	37.7%
将来の職業期待	0.056	15.1%	0.166	20.7%	0.222	22.3%

出所：筆者推計。

トおよび指定カースト（第2、3列）では家計の属性変数が最も大きい（それ
ぞれ33.3％と37.5％）。後進カーストは、家計所得に影響を及ぼす家計属性に
ついては一般カーストと大きな差はないものの、各年齢で全般的に子どもの
数が多いことが最大の要因となっているようである。一方、限界後進カース
トと指定カーストでは、家計属性が一般カーストとの差の最大の要因となっ
ているが、これは特に、両カーストの農地面積および家計長の教育水準など
が一般カーストと比べて大きく劣っているためである。一方で、これら2つ
のカーストでは、将来の職業期待の影響も小さくない（約2割程度）。将来の
職業期待は教育の期待収益を反映しており、少なくとも教育格差のある程度
の部分は期待収益の違いによって説明できると言えよう。

おわりに

　本章では、インドにおける教育の階層間格差について概観しつつ、初等教
育における就学遅延が如何なる要因によってもたらされているかについて分
析を行った。全国規模の調査データが示すところによれば、初等教育の達成
度には社会階層間で有意な格差が存在し、インドの農村全体では下位階層は
上位階層に比べて20年程度遅れを取っている。本章の研究対象地であるビ

ハール州農村ではその差は一層顕著である。同時に、社会階層間格差は、所得あるいは消費などの生活水準全般においても存在しており、それらが教育格差の大きな要因の一つとなっていることが窺える。

　実際に、ビハール州農村の家計調査データを用いた分析からも、児童の就学遅延の社会階層間格差の大部分が家計の経済状況の違いによって説明されることが示された。その一方で、本章の分析結果は、教育の期待収益（将来の職業期待）に対する考え方の違いも就学における階層間格差をある程度説明していることを示している。このことが意味することは重要である。初等教育の更なる普及のためには、現時点での階層間の経済的格差の解消が最重要の課題であり、したがって、初等教育の無償化などの教育サービスの供給面の改善は、現世代の経済的格差が次世代の教育格差に繋がらないためにはある程度有効となるであろう。しかしながらその一方で、下位階層の教育の期待収益の改善なしには教育格差が完全には是正されない可能性があることを分析結果は示している。その意味からも、初等教育普及のためには、教育サービスの供給面とともに労働市場における雇用格差あるいは情報格差（ロールモデルの欠如）の是正も非常に重要となるであろう。実際に、ビハール州農村の労働市場における社会階層間格差は非常に顕著であり［Ito 2009］、当該地域における初等教育の普及に向けた課題は依然として大きいことが示唆される。

　　　注 ────────

(1)　公立学校とそれほど変わらないか、あるいは年間 1500Rs 程度で通える低授業料私立（low fee private：LFP）学校などもある。この LFP 学校については第 5 章を参照のこと。

(2)　ちなみに、この公的貧困線は国際的に使用される絶対貧困線（1 日 1 購買力平価ドル）よりも低く設定されており、国際的な水準を用いるとインドの貧困者比率は更に大きく出ることになる。

(3)　教育投資決定の推計において、期待収益を明示的にモデルに入れて分析した研究は非常に少ない。多くの場合、教育の期待収益は全ての個人で同じであると暗黙に仮定されているが、数少ない研究の一つとして、教育の期待収益を明示的に

モデルに取り入れることの重要性を指摘した論文に Manski［2003］がある。また、主観的データを用いた先駆的な実証研究としては Attanasio and Kaufmann［2009］を参照。

(4)　主観的なデータを用いることによる問題についても一応述べておきたい。例えば、「認知的不協和の解消」による逆の因果関係の問題がある。仮に、「教育は所得上昇にとって非常に大事だ（教育の収益率は大きい）」と考えている人が、一方で「子どもに十分な教育投資をしていない」としよう。つまり、この二つの状況認知は互いに矛盾していることになる。この矛盾を解消するために、「教育は所得の上昇につながらない（教育の収益率は小さい）」と認知を修正するかもしれない。つまり、現在の子どもの就学状況が、教育の期待収益の回答に影響を及ぼす可能性がある（すでに学業を止めているので、教育の収益をわざと低く見積もる）。いま、われわれは教育の期待収益が就学決定に与える影響に興味があるのだが、逆の因果関係、すなわち就学の決定が教育の期待収益に影響を及ぼしている可能性が生じてしまうのである。この場合、正しい因果関係を推計することは困難となる。これが、同時性バイアス（あるいは逆の因果関係によるバイアス）と呼ばれる問題である。本章の分析では、この影響を極力小さくするために、就学の決定が終了していない年齢層を分析対象としているが、同時性バイアスの問題を完全には解決できていないことを付記しておく。

(5)　ただし、表5からもわかるように、約95％の親が賛成と答えており、教育に対する嗜好の違いを完全に補足することはおそらくできていない。あくまでも、変数脱落による推計値のバイアスを軽減するための措置である。

(6)　ある社会階層 g の平均就学遅延年数を $\bar{S}_g$ と表すと、それは

$$\bar{S}_g = \hat{a}_g + \bar{c}_g\hat{\beta} + \bar{h}_g\hat{\gamma} + \bar{r}_g\hat{\delta}$$

となる。ここで $\hat{a}_g$ は社会階層 g の切片（表6の定数項＋カースト・ダミーの係数）の推計値で $\hat{\beta}$、$\hat{\gamma}$、$\hat{\delta}$ は各変数の係数の推計値である。このとき、例えば、指定カースト（SC）と一般カースト（GC）との間の教育格差は、

$$\bar{S}_{SC} - \bar{S}_{GC} = \underbrace{(\hat{a}_{SC} - \hat{a}_{GC})}_{\substack{\text{カースト・ダミーの係数} \\ \text{の違いで説明される部分}}} + \underbrace{(\bar{c}_{SC} - \bar{c}_{GC})\hat{\beta}}_{\substack{\text{児童の属性変数の違い} \\ \text{で説明される部分}}} + \underbrace{(\bar{h}_{SC} - \bar{h}_{GC})\hat{\gamma}}_{\substack{\text{家計の属性変数の違い} \\ \text{で説明される部分}}}$$

という具合に分解することができる。

参考文献 ———————————————————————

Attanasio, Orazio and Kaufmann, Katja 2009, "Educational Choices, Subjective Expectations, and Credit Constraints," NBER WP 15087.

Banerjee, Abhijit and Somanathan, Rohini 2007, "The Political Economy of Public Goods : Some Evidence from India." *Journal of Development Economics*, 82 (2) : 287-314

Banerjee, Biswajit and Knight, John B. 1985, "Caste Discrimination in the Indian Labor Market." *Journal of Development Economics*, 17 (3) : 277–307.

Borooah, Vani K and Iyer, Sriya. 2005, "Vidya, Veda, and Varna : The Influence of Religion and Caste on Education in Rural India." *Journal of Development Studies*, 41 (8) : 1369-1404

GOI (Government of India). 2009, 8th *All India School Education Survey*, Ministry of Human Resource Development, GOI.

GOI (Government of India). 2012, *Press Note on Poverty Estimates*, 2009-10. Planning Commission, GOI.

Ito, Takahiro. 2009, "Caste Discrimination and Transaction Costs in the Labor Market : Evidence from Rural North India," *Journal of Development Economics*, 88 (2) : 292-300.

Majumdar, Manabi and Mooij, Jos 2011, *Education and Inequality in India*. Routledge, Oxford.

Manski, Charles 2003, "Adolescent Econometricians : How Do Youth Infer the Returns to Schooling?" in Clotfelter and Rothschild eds. *Studies of Supply and Demand in Higher Education*. University of Chicago Press, Chicago.

Thorat, Sukhadeo and Attewell, Paul 2007, "The Legacy of Social Exclusion : A Correspondence Study of Job Discrimination in Inida." *Economic and Political Weekly*, 42 (41) : 4141–4145.

牛尾直行 2012、「インドにおける「無償義務教育に関する子どもの権利法（RTE 2009）」と社会的弱者層の教育機会」『広島大学現代インド研究——空間と社会』2: 63-74。

第5章

インドの初等教育における有償教育の拡大
──デリーの低所得地域における低授業料私立学校と有償の補習指導──

小原 優貴

はじめに

　インドの首都デリーの低所得地域では、経済発展の遅れた隣接州からの人口流入によって過密化が進んでいる。住宅、小売店、小規模工場の混在する狭い通りには、通学・通勤時間になると自動車、オートバイ、乗り合いタクシー、サイクルリキシャ（後部に座席をつけた三輪自転車タクシー）、歩行者などがひしめき合い、エンジン音やクラクション音がけたたましく鳴り響く。大渋滞の中には、教科書やノート、手作りのお弁当などでぎっしりになった制かばんを背負った子どもが、サイクルリキシャや親の運転するバイクに乗って通学する姿もみられる。騒音と大渋滞の中を通学する子どもたちの姿は、都市の低所得地域に住む人々の教育に対する期待の高まりを象徴している。

　都市の低所得地域では、さまざまな教育プロバイダーが多様な形態の教育を有償で提供している。その中には、貧困層の間で浸透しつつある小規模の低授業料私立学校（low-fee private schools：LFP）、自宅を開放して補習指導（supplementary tutoring）をおこなう家庭教師、大学進学のための準備教育をおこなうコーチング・センター（日本の塾・予備校に相当）などが含まれる。低所得地域を歩くと、これらの教育プロバイダーの掲げる看板が、数百メートルごとに目に入る。こうした看板もまた、低所得地域における教育期待の

写真1　低所得地域における低額私立学校生徒の帰宅時の様子

高まりを象徴している。

　本章ではとくに、初等教育段階の児童生徒に有償で教育を提供するLFPと補習指導に着目し、インドの低所得地域における有償教育の拡大について検討する。ここでは、大学進学準備や資格取得のために民間事業者が提供する有償教育は分析の対象外とする。

　LFPは、貧困層の生徒からの授業料をおもな収入源とする零細資本の私立学校である。これらの私立学校は、公立学校の機能不全を背景に拡大してきた。インドでは1990年代以降、初等教育の普遍化を実現するためにさまざまな諸施策が導入され、教育施設の拡充や教育の無償化が積極的に進められてきた。これらの施策は貧困層の子弟の就学を促進し、就学率の上昇に結びついた。しかし、教育第一世代の就学先となった公立学校では、教員の養成が追いつかず、十分な訓練を受けていない教員が配置されたり、1人の教員が学年の異なる子どもを同時に教えたり、学校運営のすべてを任せられたりした［De et al. 2011：110-111］。また、公立学校では教員の欠勤や勤務態度の問題も生じていたが、政府は適切な処置を講じてこなかった。これらの

理由により、インドにおける教育の普遍化は、質の確保がなされないまま進められてきた。LFP は、こうした公立学校の現状に不満を持つ貧困層のニーズに応えるように、インド各地の低所得地域に出現し、「質の高い教育」を低コストで提供してきた [Tooley, Dixon and Gomathi 2007; Srivastava 2008; Ohara 2012; Rangaraju, Tooley and Dixon 2013]。

　家庭教師や塾による補習指導もまた、低所得地域に浸透しつつある有償教育のひとつである。インド合同商工会議所によると、インドの補習指導産業は 2.6 兆円（237 億 US ドル）規模の産業に成長しており、都市では初等学校の生徒の実に 87% が家庭教師や塾による補習指導を受けているという [Indian Express 2013]。初等教育段階における有償の補習指導の拡大は、都市に限らず、農村地域においても確認されている。インド最大の教育 NGO であるプラタム（Pratham）は「教育事情年次報告書（ASER）」において、農村地域の 6—14 歳（初等教育就学年齢に相当）の子どもの実に 23% が補習指導を受けていることを明らかにしている [Pratham 2013]。

　以上をふまえ、第 1 節では本章で分析する LFP、低所得地域、貧困層について説明する。次いで、第 2 節では、国立教育研究訓練カウンシルの全インド学校教育調査および全国標本調査機構の報告書を手がかりに、インドにおける有償教育の拡大について概観する。さらに、第 3 節では、筆者のデリーでの調査結果をもとに、低所得地域における有償教育の実態について説明する。そして第 4 節では、LFP の保護者の補習指導に対する投資状況と家庭における学習支援の実態、そして補習指導に対する見解を分析する。そして最後に、これらの点をふまえ、低所得地域に展開する有償教育の役割と課題について論じる。

第*1*節　本章の分析対象

◆1　LFPと低所得地域

　ここではまずインドの私立学校の種別を簡単に説明し、本章で分析するLFPの位置づけを確認する。インドの私立学校には、運営費の大部分が政府からの補助金によって賄われる被補助私立学校と、政府から補助を受けずに、生徒からの授業料収入や寄付などによって財源を自己調達する無補助私立学校とがある。いずれも個人や民間組織によって運営される私立学校であるが、被補助私立学校では、教員の雇用・解雇の決定などに関して政府が裁量権を持つのに対して、無補助私立学校では、経営者や保護者を構成員とする学校運営委員会が、教員の雇用・解雇について裁量権をもつ。また、被補助私立学校では、政府の統制のもと授業料が低く抑えられているが、無補助私立学校の授業料については、政府が上限を設定する場合もあるものの基本的には各学校の自由裁量となっており一律ではない。

　無補助私立学校の中には、富裕層や中間層の子弟を対象とする高額の私立学校もあれば、貧困層の子弟を対象とするLFPもある。従来、授業料を徴収する無補助私立学校といえば前者を意味したが、公立学校の機能不全を背景に後者の存在感が増しつつある。LFPの多くは、学校インフラや教員資格、教員給与などに関する政府の基準を満たしておらず、それゆえ、政府からの学校認可を受けずに、公教育制度の枠外で無認可学校として機能してきた。そして、政府はこのことを理由に、これらの学校の存在を認識しつつも、統制の対象外としてきた。そもそも、LFPという用語は、高額の授業料を徴収する私立学校と区別するために研究者が使用している用語であり、インド政府が公式に使用している用語ではない。政府の教育統計資料では、LFPは、富裕層や中間層対象の私立学校とあわせて一括りに「無補助私立学校」として分類されており、これらの学校の数や特徴を特定することはできない。そ

こで、本章では、筆者がデリーのシャーダラ（Shahdara）で2008年9月—2010年8月にかけて断続的におこなったLFPの調査結果をもとに、これらの学校の実態を説明する。シャーダラは、デリーを南北に流れるヤムナー川を越えた北東区・東区に位置する。この地域には、隣接するウッタル・プラデーシュ州やビハール州など経済発展が遅れている州からの移住者も多く、デリーの中でも貧困層が多く居住する低所得地域として知られる。

◆2 貧困層

　貧困層の定義は各地域の社会経済状況によって異なるが、デリーでは、デリー連邦首都圏教育局（以下、デリー教育局）が、年間所得10万Rs（月間8,333Rs）以下の者を「社会における経済的弱者層（Economically weaker section of society, EWS）」として認定している［Government of National Capital Territory of Delhi 2011］。本章では、この定義をデリーの貧困層の定義として用いることとする。なお、筆者が調査対象としたLFPの保護者の多くは、約3000—8,000Rsの範囲内の月所得を得ており、デリー教育局の定義するEWSに該当した。これらの保護者は、小売店経営や小規模工場経営などインフォーマル部門の事業に従事していた。

　ここまでは、本章で分析するLFP、低所得地域、貧困層について説明してきた。次節では、国立教育研究訓練カウンシルの全インド学校教育調査および全国標本調査機構の報告書を手がかりに、インドにおける有償教育の拡大について概観する。

第2節　インドにおける有償教育の拡大

　図1は、国立教育研究訓練カウンシルが実施した第3次（1973年）—第7次（2002年）までの全インド学校教育調査の結果を参考に、各初等教育段階の学校総数に占める異なる種別の学校数の比率を時系列に示したものである。

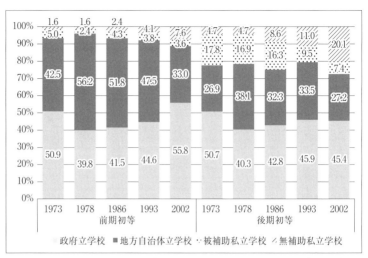

図1　各教育段階の学校総数に占める運営主体別学校数の比率の推移（％）
出所：NCERT［2003］および NCERT［2008］より筆者作成

　図1からは、まず、公立学校の占める比率が高いことがみてとれる。ただし、その比率は前期初等教育段階（約9割）と後期初等教育段階（約7—8割）で差がみられる。これには、被補助私立学校と無補助私立学校の比率が影響している。両者が占める比率は、前期初等教育段階（約1割）よりも後期初等教育段階（約2—3割）においてより高い。また時系列でみると、無補助私立学校は拡大傾向にある一方、公立学校と被補助私立学校が占める比率は、前期初等教育・後期初等教育段階のいずれにおいても減少傾向にある。このことは、個人や民間組織のイニシアチブによって有償の私立学校が拡大しつつあることを示している。

　続いて、全国標本調査機構が実施した世帯調査の結果をもとに、普通教育を受ける生徒1人に対して各家庭が負担する平均的な教育費を確認する。表1は、生徒1人に対する年間平均教育支出を第52次（1995-96）調査時と第64次（2007-08）調査時とで学校種別ごとに比較したものである。表の数値は教育支出の金額を、カッコ内の数値は各支出項目の総支出に占める比率を示す。全国標本調査機構の調査は5歳—20代の青少年を対象としている。そ

表1　生徒1人に対する年間平均教育支出の内訳（在籍学校別）

年度	52次（1995-96）			64次（2007-08）		
学校種別／支出項目	政府系学校	被補助私立学校	無補助私立学校	政府系学校	被補助私立学校	無補助私立学校
授業料	35（6.0）	303（18.8）	678（35.6）	904（21.9）	2133（25.8）	2597（28.0）
教科書と文房具	207（35.3）	394（24.4）	364（19.1）	390（9.4）	816（9.9）	886（9.5）
制服	130（22.2）	238（14.7）	274（14.4）	343（8.3）	488（5.9）	550（5.9）
試験費用など	63（10.8）	188（11.6）	205（10.8）	203（4.9）	662（8.0）	909（9.8）
交通費	30（5.1）	137（8.5）	134（7.0）	708（17.1）	1109（13.4）	1644（17.7）
有償の補習指導	84（14.3）	284（17.6）	186（9.8）	1456（35.2）	2773（33.6）	2349（25.3）
その他	37（6.3）	71（4.4）	63（3.3）	132（3.2）	280（3.4）	343（3.7）
合計（比率）	100	100	100	100	100	100
総支出（Rs.）	586	1615	1904	4136	8261	9278

出所：NSSO［1998］、p.29、NSSO［2010］、p.310。第52次、第64次報告書より筆者作成。金額の単位はRs.。（　）内の単位は％。

のため、表1は、本章で分析する初等教育のみならず、中等教育以上の教育を受ける生徒にかかる教育支出も含むデータとなっている。この点を加味し、ここではインド全体の大まかな傾向を概観することに焦点を置き、第52次調査時から第64次調査時にかけての変化を確認する。

　まず生徒1人に対する年間総支出については、すべての学校で第52次調査時から第64次調査時にかけて増加していることが確認できる。調査時の消費者物価指数[1]を考慮して計算すると、公立学校では3.6倍、被補助私立学校では2.6倍、無補助私立学校では2.5倍増加していることになる。第52次調査が実施された1995―96年から第64次調査が実施された2007―08年の間、政府は貧困層の子弟の就学促進を目的として、公立学校を中心に、教科書、文房具、制服、給食などの費用を一部あるいは全額を負担するインセンティブ政策を導入した。公立学校における教科書と文房具、制服の対総支出比が、第52次調査時から第64次調査時にかけて著しく減少しているのには、この影響が大きいと考えられる。

　授業料については、無補助私立学校において最も支出が高く、被補助私立

学校、公立学校がそれに続くことに変化はない。ただし対総支出比をみると、公立学校において最も増加している（6.0% → 21.9%）。また、第52次調査時では2倍ほど開きのあった被補助私立学校と無補助私立学校の対総支出比の差は、第64次調査時では1.1倍ほどにまで縮小している（被補助18.8%、無補助35.6% →被補助25.8%、無補助28.0%）。これには、富裕層や中間層を対象とする高額の無補助私立学校に、貧困層を対象とするLFPが加わったことで、無補助私立学校全体としての授業料支出の上昇が抑えられたことが影響していると推測される。

　また交通費については、すべての学校で対総支出比が増加しているが、中でも顕著なのが公立学校である（5.1% → 17.1%）。従来、交通費はスクールバスで私立学校に通う富裕層や中間層の児童生徒にかかる支出であった。しかし、教育の普遍化政策などにより貧困層の子弟の公立学校への就学が奨励・促進される中、学校が近くにない、あるいは近くの学校の質が低いという理由で、居住地域から遠く離れた学校に通学する公立学校の生徒がみられるようになっている。公立学校における交通費の対総支出比の増加には、こうした変化が反映されたものと考えられる。

　有償の補習指導については、すべての学校で対総支出比が大幅に増加している。その比率は公立学校において最も増加しており（14.3% → 35.2%）、被補助私立学校（17.6% → 33.6%）、無補助私立学校（9.8% → 25.3%）がそれに続く。こうした変化は、公教育システムが満たすことのできない多様な教育ニーズがあらゆる層で出現しており、有償の補習指導がそれを補っていることを示唆している。

　以上のことから、インドの公立学校では、インセンティブ政策によって教育の無償化が進められる一方で、授業料、交通費、有償の補習指導などの教育支出の増加により、世帯の教育負担は軽減するどころかむしろ増加傾向にあることがわかる。本章で分析する貧困層は公立学校に子どもを送る世帯よりもやや恵まれた経済状況にあり、公立学校の教育の質に不満を持ち、LFPに子どもを送る層である。次節では、こうした貧困層がアクセスするLFP

や有償の補習指導が低所得地域においてどのように展開しているのか、デリー・シャーダラにおける調査結果をもとに分析する。

第3節　低所得地域における有償教育の実態

　ここではまず、シャーダラでおこなったLFPと有償の補習指導に関する調査の方法について述べる。調査では9校のLFPを対象にした。そのうち6校は、デリー教育局がLFPの基本情報（学校名、展開地域、提供教育段階、生徒数など）を把握するために2008年に作成したリストの中からランダムに抽出した。残り3校については、筆者がこれまでの調査で築いてきた私立学校ネットワークを通じて調査協力を得た。本章では、このうち教員および保護者に対する調査の承諾を得られた3校（以下、A校、B校、C校）の調査結果をもとに、低所得地域における有償教育の実態について検討する[2]。

　調査の過程で、LFPの教員が放課後に家庭教師をおこなっていることが明らかとなった。そこで、筆者は、低所得地域に展開する有償の補習指導について手がかりを得るために、調査対象校の教員が実施する補習指導の現場を訪問した。また保護者に対して調査を行い、有償の補習指導への投資状況、家庭における学習支援の実態、そして補習指導に対する見解を確認した。以下では、まず3校の調査対象校の運営形態について説明し、その上で、これらの学校関係者が関わる有償の補習指導の実態について述べる。

◆1　シャーダラのLFP

　表2は3校の運営形態についてまとめたものである。LFPは、一般に、就学前教育および初等教育段階で多く確認されており、A校、B校、C校についても、就学前から初等段階の教育を提供していた。デリーを拠点に貧困層の教育支援をおこなうNGOである市民社会センター[3]によると、デリーのLFPの1ヵ月の授業料は約300—800Rsで、A校、B校、C校の授業料はこ

表2　LFP の運営形態

	A	B	C
教育段階	・就学前―後期初等教育	・就学前―後期初等教育	・就学前―前期初等教育
授業料	・Rs. 200	・Rs. 300	・Rs. 300
教授言語	・前期初等教育段階：英語とヒンディー語混合 ・後期初等教育段階：ヒンディー語のみ	・英語とヒンディー語(別クラス)	・英語のみ
教員資格	・後期中等教育修了者／大卒者 ・教員資格保有者なし	・前期中等教育／後期中等教育修了者 ・教員資格保有者なし	・後期中等教育修了者／大卒者 ・教員資格保有者数名
教員給与	・Rs.1,500-2,000	・Rs.1,500-2,500	・Rs.1,500-1,700

出所：経営者および教員に対する聞き取り調査の結果から筆者作成。デリーの前期初等教育は第5学年まで、後期初等教育は第8学年まで、前期中等教育は第10学年まで、後期中等教育は第12学年までとなっている。

の範囲内におさまった。

　公立学校では、英語は原則、教科としてのみ教えられているが、これらの学校では、富裕層や中間層の子どもの間で浸透する「英語ミディアム・パブリック・スクール（英語を教授言語とする私立学校）」を模倣して、教授言語に英語が用いられていた。保護者との聞き取り調査では、「英語教育は子どもの将来にとってよい」、「英語を教授言語とする学校は、ヒンディー語を教授言語とする学校よりもいい学校である」という見解が示され、教授言語に英語が用いられていることが、調査対象校を支持する理由のひとつとなっていることがわかった。

　調査対象校では、政府のガイドラインに準拠した教科書が用いられていた。しかし、教員の多くは無資格教員であった。この点について保護者の見解を確認したところ、教員が児童生徒1人ひとりに注意を払っていることを理由に、たとえ無資格の教員による教育であってもその質は高いと判断していることがわかった。こうした保護者の判断には、資格をもちながらも教育活動を怠っている公立学校の教員の存在が影響していた。

　調査対象校では、有資格教員も含め教員はみな低賃金（1,500—2,500Rs）で雇用されていたが、この点について苦情を述べる教員はほとんどみられな

かった。そもそも、教員の多くは無資格教員であり、LFP以外の正規の学校では採用の見込みがなく、政府の定める教員給与を受け取る資格を有していなかった。また調査対象校の教員の多くは女性であり、家事や育児と両立できる学校での仕事（インドの小学校の授業は、半日で終わる）を、都合の良い仕事とみなしていた。教員の中には、放課後に家庭教師をおこなうことで副収入を得ている者もいた。中には、いくつかの家庭教師をかけもちする教員もみられ、その収益はLFPの月給を上回ることもあった。

　以上のように、LFPは、低所得地域に新たな教育や雇用の機会を提供するものとして、教員や保護者に支持されていることがわかった。しかし、これらの学校では、政府の定める法規や「英語ミディアム・パブリック・スクール」という呼称から乖離する実態も確認された。デリー学校教育法規では、正規の学校の教員が副業をすることは禁じられているが［Government of National Capital Territory of Delhi, Directorate of Education 1977］、B校の経営は公立学校の教員が担っていた。また調査対象校では英語が教授言語として用いられていたが、教員のほとんどはヒンディー語で教育を受けてきており、十分な英語力を有しているわけではなかった（教育経験の乏しい保護者は、この点を正確に判断できていなかった）。さらに、政府の定める学校認可条件（教育資格や教員給与等）を満たしておらず、それゆえ公式の修了証明書を発行する権限をもたない調査対象校では、認可私立学校から証明書を非公式に購入・調達して、卒業生を中等教育に進学させていた。経営者に対する聞き取り調査では、学校認可条件が満たされていないにもかかわらず、行政官に賄賂を贈り、非合法的に認可を受けている学校もあることが明らかにされた。

　ここまでは、低所得地域で拡大するLFPの運営形態についてみてきた。続いて、以下では、これらの学校関係者が関わる有償の補習指導について説明する。

◆2　シャーダラの有償の補習指導

LFP関係者が実施する放課後の補習指導は、教員が自身の自宅を開放し

写真2 LFPがおこなう有償の補習教育の様子（筆者撮影）

たり、生徒の自宅を訪問したりして実施されていた。筆者が観察したC校の教員の補習指導では、異なる学校に通う多様な学年の生徒たち数人が、各学校で課された宿題を自主学習形式で取り組んでいた。生徒の中にはLFPのみならず公立学校の生徒も混じっていた。生徒たちは質問があれば適宜、教員に教えを乞い、教員はそれに応じていた。こうした補習指導は、月300Rsで通常週6日、1日1—2時間かけておこなわれていた。

放課後の補習指導の中には、このように教員が個人で実施するものもあれば、学校が組織的におこなうものもあった。B校の経営者は、学校での学習に遅れの見られる生徒を対象に、放課後1時間半の補習指導をおこなっていることを明らかにした。この補習指導は、教員免許の取得に向けて勉強中のB校の女性事務員が担当しており、1日3回、彼女の自宅の一室を開放しておこなわれていた（写真2）。そこには学年の異なる生徒が、毎回30人近く参加していた。教員個人がおこなう補習指導と同様に、生徒たちは、学校で課された宿題を自主学習形式で取り組み、必要があれば適宜、補習指導の教員である事務員に質問をしていた。B校の補習指導にかかる毎月の授業料は、

1人あたり300Rsで、B校の授業料と同額であった。1日90人を対象に週6日おこなわれる補習指導から得られる1ヵ月の授業料収入は、B校の1ヵ月の授業料収入の約2割に相当した。

　保護者に対する聞き取り調査では、LFPの教員のみならず、副業が禁止されているはずの公立学校の教員も補習指導をおこなっていることが明らかにされた。保護者によると、これらの教員の中には、自らがおこなう補習指導を子どもに受けさせるよう、保護者にはたらきかける者もいるとのことであった。学校教員が有償の補習指導をおこなうケースは数多く報告されており、学校での教育を意図的におろそかにして、児童生徒に補習指導を受けさせようとする教員もいることが指摘されている［Bray 2009：32］。学校の給与は固定給であるが、補習指導については、生徒の数が多ければ多いほど収益につながる。有償の補習指導は、利潤追求を動機とする提供側の思惑によって拡大している側面が少なからずあるといえる。

　以上、ここまでは、シャーダラにおける有償の補習指導の実態について述べてきた。続いて、筆者がLFPの保護者におこなった質問紙調査（129世帯）および聞き取り調査（29世帯）の結果をもとに、保護者の低所得地域における有償の補習指導への投資状況、家庭での学習支援の実態、そして補習指導に対する見解について分析する。

第4節　有償の補習指導への投資と家庭での学習支援

　表3は、3校の調査対象世帯（129世帯）の経済状況（父親の収入）と学歴（父親の学歴）、そして有償の補習指導への投資状況についてまとめたものである。父親の収入と学歴の間には、ある程度の相関関係が確認され、高学歴であるほど収入が高かった。有償の補習指導に投資する世帯が大多数を占めたのは、3校の中で最も保護者の経済状況が安定しているC校であった。一方、保護者の経済状況が最も不安定なA校においては、こうした世帯は半数以下で

表3　調査対象世帯に関する基本情報

	A（20）	B（47）	C（62）
父親の収入	・2,500-3,000Rs	・2,500-4,000Rs	・3,000-10,000Rs
父親の学歴	・第10学年修了者多数 ・非識字者一定数	・第10学年修了者多数	・第12学年修了者多数
有償の補習指導への投資	・半数以下	・多数	・大多数

出所：経営者に対する聞き取り調査および保護者に対する質問紙調査の結果から筆者作成。
（　）内は調査対象者数。

あった。保護者の経済状況がA校とC校の間ぐらいにあるB校については、C校ほどではないものの、多くの世帯が有償の補習指導に投資していた。

　ここでは上記の129世帯のうち、聞き取り調査を実施した29世帯における有償の補習指導への投資状況と家庭での学習支援に関する調査結果から、保護者の行動パターンを4つに分類した。4パターンとはすなわち、補習指導のみ受けさせ、家庭での学習支援はおこなっていない「補習指導依存型」、補習指導を受けさせ、家庭での学習支援もおこなっている「補習指導・家庭教育折衷型」、補習指導には投資しないが、家庭での学習支援をおこなっている「家庭教育依存型」、そして、補習指導を受けさせず、家庭での学習支援もおこなっていない「学校教育依存型」である。

　表4は、各行動パターンをとる調査対象世帯の数、該当世帯が多くみられた調査対象校、そしてこれらの世帯が各行動パターンをとる理由をまとめたものである。以下では、各世帯の経済状況や学歴などに留意しつつ、これら4つのパターンの行動をとる保護者の有償の補習指導に対する見解について説明する。まず、調査対象世帯の中で最も多かった「補習指導依存型」（9世帯）は、B校、C校にとくに多くみられた。この行動パターンをとる保護者の中には、「算数は以前より難しくなっており、両親が教えることができない。家庭教師につかなければ、宿題をすることができない」（父親第10学年修了、母親第6学年修了）といったように保護者の教育力不足を補習指導が必要な理由として説明する者がみられた。この保護者の発言からは、教育の普遍化が

表 4　調査対象世帯における補習指導への投資状況と家庭での学習支援

パターン	世帯数	該当世帯が多くみられた学校	各行動パターンをとる理由
補習指導依存型	9	B・C校	・保護者の教育力不足　・時間的制約（共働き） ・補習指導＝子どもの宿題支援に不可欠という認識
補習指導・家庭教育折衷型	8	B・C校	・補習指導＝子どもの深い学習に不可欠という認識
家庭教育依存型	7	A・B校	・補習指導を受けさせる経済的余裕がないが、教育経験のある保護者や血縁関係者がいる ・補習指導を受けさせる経済的余裕はあるが、豊富な教育経験をもつ保護者がいる
学校教育依存型	5	A校	・経済的制約　　　　　・保護者の教育力不足 ・時間的制約（共働き）

出所：保護者に対する聞き取り調査の結果から筆者作成。

進み、子どもたちが親世代より高い学歴を形成する過程において、補習指導への依存が低所得地域においても高まりつつあることがわかる。

「補習指導依存型」の世帯の中には、「共働きのため、子どもの宿題をみることができない」（父親第8学年修了、母親就学経験なし）と述べ、時間的制約を理由に補習指導の必要性を主張する者もみられた。また、比較的高学歴の保護者であっても、「家庭教師につかないと、子どもたちは自分たちだけで宿題ができない」（父親第12学年修了、母親第12学年修了）と述べ、保護者の教育力とは無関係に、子どもの宿題支援に不可欠という認識から補習指導の必要性を主張する者もいた。

次に多くみられた「補習指導・家庭教育折衷型」（8世帯）もまた、B校、C校に多く確認された。「補習指導・家庭教育折衷型」に属する世帯では、第10学年程度の学歴をもつ両親ふたりが子どもの学習支援をおこなっているケースが多かった。ある世帯の保護者は、「両親ふたりで子どもの宿題を（1日）2時間ほどみている」が、「補習指導を受けることで、子どもは学習内容をより深く理解することができる」（父親第10学年修了、母親第10学年修了）と述べ、子どもの深い学習に不可欠という認識から補習指導の必要性を説いた。

第5章　インドの初等教育における有償教育の拡大●——191

調査対象世帯の中で３番目に多かった「家庭教育依存型」（7世帯）は、Ａ校とＢ校で確認された。Ａ校の「家庭教育依存型」世帯では、有償の補習指導を受けさせる経済的余裕がなく、保護者やきょうだい、あるいは最も高学歴の親戚などが、子どもの学習支援をおこなっていた。これに対して、Ｂ校の「家庭教育依存型」世帯では、有償の補習教育を受けさせる余裕はあるが、公立や私立の中等学校での教員経験をもつ保護者（父親）がいるという理由により、家庭内で子どもの学習支援がおこなわれていた。両者は同じ「家庭教育依存型」に分類されたが、前者に関しては経済的制約が、後者に関しては保護者の教育経験が豊富であることが補習教育を受けさせない（受けさせることができない）理由となっていた。

　補習教育に投資せず、家庭での学習支援もおこなわない「学校教育依存型」世帯（5世帯）は、Ａ校に多くみられた。これらの世帯は、低所得世帯であるか、子どもの数が多い世帯で、有償の補習教育を受けさせる余裕がなかった。また両親が共働きであったり教育経験が乏しかったりして、家庭で子どもの学習を支援できない状況にあった。

　以上の分析結果をまとめると、以下のようになる。まず、有償の補習指導への投資は、経済的に余裕のある世帯にみられるという点である。これらの世帯において有償の補習指導は、保護者の教育力不足や時間的制約などの家庭内の制約を補う目的で利用される場合もあれば、家庭内の制約があるわけではないが、子どもの宿題支援や深い学習に不可欠であるという認識のもと利用される場合もあることがわかった。これらの世帯の存在は、低所得地域において有償の補習指導への依存が高まりつつあることを示唆している。他方、経済力のない家庭では、教育経験のある保護者や血縁関係者によって学習支援がおこなわれるケースもある一方、保護者や血縁関係者の教育経験が乏しかったり、共働きなどにより保護者に時間的制約があったりする場合は、学校での教育が唯一子どもが享受できる教育機会となっていた。以上のように、LFPに通う子ども１人ひとりが学校外で得られる学習支援は、家庭内のさまざまな要因に左右されることがわかった。これらの考察結果をふまえ、

最後に、低所得地域における有償教育の役割と課題について検討する。

おわりに

　本章では、インドの低所得地域で拡大する有償教育に着目し、デリーの低所得地域であるシャーダラでの調査結果をもとに、LFP と有償の補習指導の実態について検討してきた。インドでは、政府によって初等教育の普遍化が進められたものの、教員の不足や怠慢な勤務態度などによって公立学校が機能不全状態に陥っている。こうした中、LFP は、英語による教育を低コストで提供し、新たな雇用機会を創出することで、低所得地域における教育・雇用ニーズを満たしてきた。また有償の補習指導は、学校や家庭での子どもの学習を補うと同時に、LFP 同様、低所得地域における雇用ニーズを満たすことで、同地域に着実に根づいてきた。

　ただし、これらの有償教育が提供する「機会」が果たしてどの程度、児童生徒の学習成果の向上に寄与したのかについては注意して検討する必要がある。インド最大の教育 NGO であるプラタムは、農村地域の 6—14 歳の児童生徒を対象に実施した調査において、公立学校よりも私立学校に通う子どもの方が、また有償の補習指導を受けていない生徒よりも受けている生徒の方が学力テストの結果がよかったことを明らかにしている ［Pratham 2012 : 54］[4]。この調査結果は、有償教育が生徒の学習到達度に寄与していることを示しているようにみえる。しかし、本章でも明らかにしたように、LFP の教員の多くは無資格教員であり、その英語力は、一般にイメージされる「英語を教授言語とする私立学校」の教員とはかけ離れたものであった。また有償の補習指導については、おもに自主学習がおこなわれており、それがどの程度学習成果に結びついているのかは明らかではなかった。さらに、有償の補習指導に関しては、本来であれば公立学校でも十分に教えられるはずの簡単な読み書き計算の習得を目的としたものや ［Sen 2009 : 14］、生徒の学習成果をあ

げることよりも「補習指導市場」を創造するよう機能する営利志向のものがある［Bray 2012］ことも指摘されている。

　基礎教育を保障するはずの公立学校が機能不全状態に陥る中、より質の高い教育を求める貧困層の教育ニーズに応えている有償教育の役割を否定することはできない。しかし、有償教育が抱える諸問題を考慮すると、これらの教育を全肯定することもできない。有償教育の中には、非合法的におこなわれているものもあれば、教育の質が十分とはいえないものもある。何より、有償教育は、経済力や教育経験の乏しいすべての家庭の子どもの教育機会を保障するわけではない。低所得地域に展開するLFPや有償の補習指導は、より経済力のある貧困層によって享受されている状況にある。すなわち、低所得地域で拡大する低コストの有償教育は、経済的に余裕のない家庭の子どもに不利な状況を作りだし、学校内外に新たな教育格差を形成する装置として機能しているといえる。基礎教育を保障し、非効率なシステムを作らないためにも、公立学校の質の改善に向けた取り組みは不可欠である。さもなければ、低所得地域では有償教育への依存が過度に高まり、それにともなって公立学校の質はさらに低下し、最低限の機会が保障されないまま教育格差が一層拡大することになる。

　最後に、本章の課題について簡単に述べる。本章の有償教育に関する分析結果は、シャーダラにおけるLFP9校と、これらの学校関係者が提供／アクセスする有償の補習指導という限られた事例をもとにしており、低所得地域における有償教育の実態を総合的に捉えたものではない。低所得地域で拡大する有償教育の役割と課題を正しく理解するためにも、今後は、調査対象範囲を広げるとともに、これらの教育が子どもの学習成果に与える影響を検証していきたい。

注 ————————————————————

(1)　工業労働者消費者物価指数を参考にした。1995年の67.55から2007年には132.73へと2倍に上昇している。Labour Bureau, Government of India, Statistics ホームページ（http://labourbureau.nic.in/indtab.html）.

（2） これら3校は私立学校ネットワークを通じて調査協力を得た3校である。教員に関しては3校の教員全30名（A校6名、B校12名、C校17名）に質問紙を配布し、さらに各学校から学歴、給与、婚姻状況、調査対象校以外での教員経験などが異なる者を2—3名抽出し、合計10名に対して聞き取り調査をおこなった。また保護者に関しては、教育に関する経験にもとづく見解を抽出するため、上級学年に在籍する子どもの保護者129名（A校20名、B校47名、C校62名）を対象に質問紙調査をおこない、そのうち保護者の基本属性（所得、学歴、職種など）が異なる世帯を各学校から約10世帯抽出し、合計29世帯に聞き取り調査をおこなった。

（3） Centre for Civil Society（http：//ccs.in/ccsindia/index.asp）

（4） 第5学年に在籍する生徒のうち、第2学年レベルの文章を読むことができなかった生徒が、公立学校では58.3%、私立学校では約38%存在したことが指摘されている。

参考・引用文献

Bray, M. 2009, *Confronting the Shadow Education System：What Government Policies for What Private Tutoring?* Paris：International Institute for Educational Planning.

Bray, M. 2012, *Shadow Education：Private Supplementary Tutoring and Its Implications for Policy Makers in Asia,* Manila：Asian Development Bank.

De, A. Khera, R., Samson, M. and Kumar, Shiva A.K. 2011, *Probe Revisited,* New Delhi：Oxford University Press.

Government of National Capital Territory of Delhi, Directorate of Education 1977, *The Delhi School Education Act, 1973 and the Delhi School Education Rules, 1973,* Delhi：Akalank.

Government of National Capital Territory of Delhi 2011, *Admission under EWS Quota.* Notification, no.15（172）/DE/Act/ 2010/ 69.

　　http：//edudel.nic.in/mis/misadmin/DoeNewPublicCircular.htm

Indian Express 2013, *Private Tuitions Now a Multi-Billion Rupee Industry：Survey*（26 June, 2013）

　　http：//www.newindianexpress.com/cities/bengaluru/Private-tuitions-now-a-multi-billion-rupee-industry-Survey/2013/06/26/article1653569.ece

National Council of Educational Research and Training（NCERT）2003, *Compendium of Educational Statistics*（*School Education*）, New Delhi：NCERT.

NCERT 2008, *Seventh All India School Education Survey, National Tables on Schools, Physical and Ancillary Facilities,* New Delhi：NCERT.

National Sample Survey Organization（NSSO）, Department of Statistics,

Government of India (GOI) 1998, *Attending an Educational Institution in India : Its Level, Nature and Cost.* http : //mospi.nic.in/rept%20_%20pubn/439_final.pdf

NSSO, National Statistical Organisation, Ministry of Statistics and Programme Implementation, GOI 2010, *Education in India : 2007-08 Participation and Expenditure*.http : //www.educationforallinindia.com/participation_and_ expenditure_nsso_education.pdf

Ohara, Y. 2012, "Examining the Legitimacy of Unrecognised Low-fee Private Schools in India : Comparing Different Perspectives", *Compare*, 42 (1) : 69-90.

Pratham 2012, *Annual Status of Education Report (Rural) 2011, Provisional.* http : //img.asercentre.org/docs/Publications/ASER%20Reports/ASER_2011/ aser_2011_report_8.2.12.pdf

Pratham 2013, *Annual Status of Education Report (Rural) 2012, Provisional,* New Delhi : Inkprint. in.

Puri, V.K. 2010, *Revised Compilation of Sixth Pay Commission Acceptance Orders for Central Govt.* Employees, New Delhi : JBA.

Rangaraju, B., Tooley, J. and Dixon, P. 2012, *The Private School Revolution in Bihar, Findings from a Survey in Patna Urban*, New Delhi : India Institute.

Sen, A. 2009, "Introduction : Primary Schooling in West Bengal," in R, Kumar (ed.), *The Pratichi Education Report II : Primary Education in West Bengal Changes and Challenges,* New Delhi : Pratichi (India) Trust.
http : //pratichi.org/sites/default/files/Pratichi_Education-Report_II.pdf

Srivastava, P. 2008, The Shadow Institutional Framework : Towards a New Institutional Understanding of an Emerging Private School Sector in India, *Research Papers in Education*, 23 : 451-475.

Tooley, J., P. Dixon, and S.V. Gomathi 2007, Private Schools and the Millennium Development Goal of Universal Primary Education : A Census and Comparative Survey in Hyderabad, India, *Oxford Review of Education*, 33, (5) : 539–60.

小原優貴 2014、『インドの無認可学校研究―公教育を支える「影の制度」』、東信堂。

第6章

インドにおけるノンフォーマル教育とNGO

──デリー、ストリートチルドレンを対象とした教育実践と子どもの権利──

針塚瑞樹

はじめに

　インドの首都デリーの街中で小学生くらいの子どもたちを見ていると、一人ひとりがさまざまに異なる子ども期を送っているのであろうことがみてとれる。髪の毛をお下げに結いアイロンがあてられた制服と膝下までのハイソックスに身を包み、大きな鞄を背負ってスクールバスを待つ女の子。栄養不足で色素が抜け絡まった髪の毛にパンジャービースーツを着てサンダル履きの痩せた赤ん坊を抱いている女の子。見るからに異なるこれらの子どもたちがみな、6歳から14歳までの間は学校に通うものとする「無償義務教育に関する子どもの権利法（The Right of Children to Free and Compulsory Education Act 2009。以下 RTE）」が施行されたのは2010年であり、ほんの数年前のことである。RTE 施行以前からインド政府はサルバ・シクシャ・アビヤン（Sarva Shiksha Abhiyan「すべての子どもに教育を」）というバナーの下で初等教育普及キャンペーンを行い、初等教育の普及を目指してきたが、そのなかでの教育普及は学校による教育に限定されていなかった。RTE 施行以前の政策は、学校に通うことができない子どもの存在を前提としたうえで、そうした子どものための教育をノンフォーマル教育（Non-formal Education、以下 NFE）[1]と呼び、学校とは別のかたちで実施してきたのである。NFE の促進は政府主導で行われたが、実際の担い手として重要な役割を果たしてき

第6章　インドにおけるノンフォーマル教育と NGO ●──197

たのが NGO であり、政府と NGO のパートナーシップのもとで実施された。NGO が草の根レベルで人々と共同して行う活動についてはこれまでも多くの研究がなされており、教育の分野においても NGO の活動は多岐にわたっている。

　本章では、学校に行くことができない都市部の経済的・社会的弱者層の子どもたちに対して、NGO がどのようにして教育を提供しているのか、また、NGO で教育を受ける経験は子どもに何をもたらしているのかを、デリーでストリートチルドレン支援を行う NGO と NGO で教育を受けた子どもの事例から明らかにする。すなわち、本章は、教育を提供する NGO の視点と NGO の教育を受ける子どもの視点の両方から、インドの教育普及においてNGO のノンフォーマル教育が果たす役割を明らかにすることを目的とするものである。

第*1*節　インドにおける教育普及とノンフォーマル教育の役割

◆ 1　教育普及キャンペーンと無償義務教育のための子どもの権利法

　1950 年に制定されたインド憲法では、14 歳までのすべての子どもに対して基本的な教育を提供することを政府の義務として明記している。ただし、この条文を具体化する法の成立は 2009 年まで待つことになった。2002年に改訂された憲法では、6—14 歳までのすべての子どもに対して無償の義務教育を基本的な権利と定めている［MHRD 2003：8-9］。また、インド政府は州政府と共に、2010 年までに義務教育年齢（6—14 歳）の全ての子どもに教育機会を提供することを目標としたサルバ・シクシャ・アビヤン（Sarva Shiksha Abhiyan「すべての子どもに教育を」、以下 SSA）を実施してきた。SSAが掲げた主な目標は、①すべての子どもが、2003 年までに学校もしくは代替的な教育を受けるようになる、②すべての子どもが、2007 年までに 5 年、2010 年までに 8 年の初等教育を修了する、③ 2010 年までにすべての子ども

が満足できる質の初等教育を提供される、といったものである。

　こうしたSSAの効果もあり、インドで学校に通っていない子どもの割合は2000年代に入って大きく減じている。SSAの状況を調査している社会・地域研究所（Social & Rural Research Institute -IMRB International、以下 SRI-IMRB）の調査によれば、6—13歳の子どものうち、2005年には6.9%（女児7.9%、男児6.2%）(2)が学校に通っておらず、その割合が2009年には4.3%（女児4.7%、男児3.9%）に減じている。州別にみると、学校に通っていない子どもの割合が高い州は、アルナーチャル・プラデーシュ（10.6%）、ラージャスターン（8.4%）、ウッタラカンド（7.6%）、西ベンガル（5.25%）、デリー（5.0%）、となっていた［Technical Support Group for SSA 2011：2］。2014年のSRI-IMRBの調査によると、6—13歳の子どものうち2.97%（女児3.23%、男児2.77%）が学校に通っていない。前期初等段階に相当する年齢（6—10歳）の子どものうち、2.77%が学校に通っておらず、後期初頭段階に相当する年齢（11—13歳）の子どものうち、3.28%が学校に通っていないと推定される［Social and Rural Research Institute IMRB – International 2014：9］。

　政府はSSAの目標を達成するために、NGOやプライベートセクターにも参加の機会を提供し、初等教育の普及に向けてコミュニティがイニシアチブをとっていくようなやり方を実施しようとした［NIEPA& MHRD 2000：83］。また、女子とその他の社会的に不利な子どもたちの教育が優先されるべきことや、「教育の質」を向上することも目標に掲げられていた。ここでいう「教育の質」とは、カリキュラムを改良し、子ども中心の活動と効果的な教授・学習戦略により、初等教育を子どもたちの役に立ち、実際的な価値のあるものとすることを指している。SSAの文脈において、子どもに提供される初等教育は、学校教育に限定されていない。あらゆる階層に属し、さまざまな生活環境にある子どもたちに対して、ノンフォーマル教育も含めて教育機会を提供することが図られているのである。その背景には、学校教育の規模が拡大しているにも関わらず、一定の子どもたちに対しては、学校による教育機会の提供が不可能であるため、代替的な教育が必要で

あるとの認識があった［NIEPA& MHRD 2000：46］。

　SSA においては、NFE による教育機会提供を認めていたが、2010 年 4 月に施行された RTE は、6—14 歳のすべての子どもに無償義務教育を提供することを定めている。ここでいうすべての子どもに提供される教育とは「学校での教育」を意味している。その背景には、社会的なマイノリティの子どもにも、フォーマルな教育が保障されるべきとの認識が高まったことがある［NCPCR 2008：7］。RTE の理念では、NFE を入り口として教育の機会を得てきた子どもたちも、フォーマルな教育からスタートし、教育を継続することができるようになることが目指されている。すなわち、RTE には、フォーマルな教育が主流であり、「ノンフォーマル」な教育はいずれフォーマルな教育に統合されるべきものであること、「ノンフォーマル」な教育はあくまでもフォーマルな教育が提供できない場合の緊急の代替手段であること、といった認識が前提とされている。

　しかし、この認識は妥当であり、この認識に基づき教育普及を達成することは可能なのであろうか。子どもたちの状況に応じて現場の NGO が実施してきた教育には、子どもたちにとって画一的なフォーマル教育には実現できない質的なメリットはないのだろうか。本章はこうした視点から NGO による教育活動の可能性や独自性にも留意しながら、第 2 節において、実例をみることにする。「教育」というシステムの中で、実質的な機会の平等を得ることができなかった子どもたちが、不利を被らない学校教育とはどのようなものとして実現可能なのだろうか。学校に通い続けることができない子どもたちを対象とした NFE の経験を、教育を提供する側、受ける側、両方の視点から考える必要がある。

◆2　学校に通うことのできない子どものための教育と NGO

1）教育分野の NGO の特徴

　インドではボランティア団体と NGO という二つの用語は、ほぼ同じ意味で使われているが、近年では NGO という呼び方が一般的である。インドの

NGO は、団体が連邦政府や地方自治体から資金援助を受けている場合や、NGO の職員が給料を支給されている場合でも「ボランティア」であることに変わりはなく、インド社会の NGO は、広く人々に認識され、社会的なニーズに対応するための一つの手段となっている［Shirur 2009：168］。

インドで NGO として活動するには、協会登録法（Indian Trusts Act 1882）、会社法（Company Act 1956）（非商社として）、慈善および宗教法（Charitable and Religious Act 1920）、共同組合法（Cooperative Societies Act 1956）のいずれかの法律に基づいて登録されなければならない［島田 2007：179］。NGO として政府に登録するための窓口が複数あるために、これらすべてを統括した団体数を把握することはできないが、インド政府の計画委員会（Planning Commission）が政府と NGO のパートナーシップ促進のために、ボランティア団体と NGO に登録を呼びかけているシステムに届け出ているボランティア団体、NGO の数は 69,601 である［http：//ngo.india.gov.in/ngo_ sector_ngo.php　最終閲覧日 2015 年 8 月 15 日］。また、インドの内務省によると、2011 年 5 月に施行された改定外国寄付規制法（Foreign Contribution（Regulation）Act）のもと、43,527 の NGO 団体が、2012 年 3 月までに登録を行った［Ministry of Home Affairs 2012］。

インドのボランティア団体や NGO は、1960 年代以降に増加した。その背景には、国や州の行政計画にも関わらず、農村・都市部の両方で人々の生活状況が悪化し、人々の不満が高じたことがある［Punalekar 2004：36］。インドのボランティア団体の多くは、公的なシステムの不十分さに対処するものとして組織されてきたとみなされているが、それだけではない。他者への奉仕と犠牲を尊び、権利の放棄に最高の価値を置くヒンドゥイズムの考え方や、国家に対する社会の優位性の具現化というガーンディーの思想も、インドのボランティア団体の成長を促した要因と考えられている［Chandra 2005：3-11］。また、NGO を 1960 年代以降の新自由主義的なグローバル化の文脈において、国家の枠組みを超えた活動といった観点からも位置づけることが必要である［Pawarm Ambekar & Shrikant 2004：16］。政府や国際機関と

連携し高い評価を得ている NGO の活動には、子どもや女性の権利保護の活動［Dhamarajan 2001］やストリートチルドレンに対する教育実践［Jain 1997, Sondhi-Garg 2004］などがある。

NFE と成人教育の分野では、国際社会、国家、州、地域それぞれのレベルのさまざまな NGO が、プログラムの計画と実施において主要な役割を担っている。インドでは非識字者が非常に多く[3]、基礎教育の問題を政府だけでは解決できないという認識が政府、NGO 双方によってもたれている［NIEPA& MHRD 2000：13］。そのため、これらの問題に対処するにあたり NGO の存在が欠かせないことが、政府によって繰り返し強調されてきた。NFE の計画と実施に実質的な責任を負っている NGO は、財政的には政府援助を受けている場合もあれば、国際機関やその他 NGO、企業、個人による献金により活動を行っている場合もある。多くの NGO は複数のプログラムを実施しており、その場合、プログラムごとに異なる資金源をもっていることも少なくない。

多くの NGO が子どもの成長を支援するという動機をもつ献身的な職員に支えられ活動を行っている。NGO が市民に浸透するだけの力を備え、従来から市民と良い関係を保持している場合、教育や福祉のプログラムを成功させるのに不可欠な、地域のサポートを集めることができるのである［Shirur 2009：166-167］。被支援者である市民の視点に立ち、根気強く着実な活動を行う NGO 職員がいる一方で、技能と動機を欠いた典型的な「ホワイトカラータイプ」の職員がいることも指摘されている［Jain 2009：133］。

こうした NGO の特徴をふまえて、NFE のプログラムにおいては、NGO が果たす役割として、①カリキュラムや教材の開発、②段階に応じた職員訓練の体系化、③教育の受け手の生活や労働に応じた広い地域に及ぶ多様な対象をカバーできるような参加型の NFE プログラムの実施、⑤新入生と再入学者それぞれのためのコースの実施、⑥実施されたプログラムの調査と評価、が期待されている［Shirur 2009：170］。

しかし、全ての NGO が期待される役割を果たすことができるというわけ

202

ではない。NGO が現段階では対処できていない問題もあり、NGO が抱える多くの課題についても指摘がされている。具体的には、NFE や成人教育の分野で活動する NGO が、必要なときに必要な資金を得られないことや、職員研修のための適切な設備がないこと、物資の調達などの面で、多くの問題に直面している現実がある［Shirur 2009：174］。

　学校に通うことができない子どもに対して NFE を実施する NGO には、草の根レベルの教育開発が期待されている。学校が応えることができない多様なニーズに対して、資金的な制限があるなかで応えることは容易ではない。そうした期待への対応を、現場で活動する職員一人ひとりの努力や献身に頼っている側面も否定できない。また、NFE は教育の受け手のニーズを組みこんだ教育活動である。そのため、計画段階から実施に至るまで、対象者のニーズを把握しつつ行われる NFE の活動においては、NGO の裁量が大きいといえる。NGO には、通ってくる子どものニーズや能力と、政府やドナー団体の方針に応じつつ教育活動を行うことが、常に求められている。

2）NGO による教育活動の方針と対象の多様性

　学校に行っていない子どもを対象に NFE を行う場合、対象とする子どもの状況により異なる教育目的が設定される。家族と離れてストリートで生活する子どもを対象とする活動と、家族と一緒に生活しているコミュニティの子どもを対象とする活動は、子どもを学校へ通わせるという最終目標が同じであっても、子どもが学校に通えるようになるまでに必要な準備が異なる。そのため、同じような状況の子どもをグループとして、できる限り対象者ごとに段階を経て、学校に通うという最終目標に到達することが目指されることになる。こうした場合、対象者により教育の内容は異なっているが、それらの活動が同じ NFE という名称でよばれていることも少なくない。また、学校に通っている子どもが、学校での学習を補う目的で受ける NGO による教育活動も、NFE という名称で呼ばれることがある。

　子どもを学校へ通わせることを目的とした NFE の場合、教育活動は子ど

もが NFE を経てフォーマルな教育へと移行していくことができるように計画され、実施される。NFE を受けて修了試験に合格した子どもには、政府機関である国立通信制教育機関（National Institute of Open Schooling、以下 NIOS）により修了証明書が発行される。NIOS の初等教育レベルには、学校の 3 年生、5 年生、8 年生に相当する A、B、C のレベルがある。この証明書をもって、学校で教育を受けたのと同じレベルの教育段階を修了した資格を得ることが可能となっている。SSA の文脈では、NIOS で修了証明書を得た者が、初等教育の途中あるいは中等教育から、学校教育へ移行することが想定されている。つまり、NFE は学校教育への接続を目指した準備段階の教育と位置づけられているのである。

　以上のような、柔軟な性格をもつ NFE に対する NGO の評価は一様ではない。SSA が NFE という形態の教育を認めることは、学校に通うことのできない子どもに対する質の低い教育の提供を容認することと同じであるという見解がある。この点、2010 年施行の RTE はすべての子どもを学校によって教育することを義務化した点で、SSA とはその目標において一線を画している。現在、NFE など代替的教育から学校教育への移行期間として設定された 3 年間が経過したところである。今後、インド政府、国際機関によりなされるであろう RTE の実施に関する評価が注目される。

　これまで、NGO による NFE を主に初等教育段階における学校教育普及の視点から論じてきた。しかし、NGO のなかには NFE を教育の普及という観点からではなく、フォーマルな教育システムの問題を解決するための手段として、あるいは社会を変革するための手段と考えているものもある。こうした意味での、オルタナティブ教育としての NFE を行う NGO について、以下で述べることとする。

◆2　オルタナティブ教育の実践と NGO

　初期の SSA の文脈においては、NFE は学校に通うことのできない子どもを対象とした教育であるという理解が概ねなされていた。そのため NFE に

対しては、社会的・経済的弱者層の子どもたちを対象とした質の低い教育であるという批判があった。その一方で、学校に通うことのできない子どもたちの中で、直接に学校に入学できないようなきわめて困難な状況にある子どもを対象とした教育を、代替的かつ革新的な教育（Alternative & Innovative Education、以下 AIE）と呼び、多くの場合 NGO がその実質的な担い手となってきた［Patra 2007］。インドでも子ども中心の多様な学びの重要性が認識されるようになる中で、学校のオルタナティブな教育として、働く子どもたちやストリートチルドレンが通うような NGO による NFE のさまざまな実践が、子ども中心の学びを実現する教育活動として研究者により注目されてきている［甲斐田・中山 2003、ハート 2004］。この文脈における「オルタナティブ教育」の理念とは、学習の過程を子どもの気持ち、興味、能力に合わせたものとするように努めることである。この理念は、学校に通っていない子どものニーズや能力に応じた教育である NFE の理念と通じている。オルタナティブ教育は、そのアプローチに普遍的なモデルがないこと、授業が異年齢の子どもによって構成されること、壁に四方を囲まれた教室ではなく野外の学びが奨励されることなど、実践においても、その手法は NFE との共通点が多い。多くの NGO が、子どもを NFE からフォーマル教育へと移行させることを目的に支援を行う一方で、教育学者や活動家は、NFE がメインストリームの学校に通う子どもの教育におけるさまざまな問題、創造性や独自性の欠如に対して解決策をもたらす学びである点に注目し、オルタナティブ教育として関心をよせているのである［Vittachi 2007：13-23］。

　子ども中心の学びという観点からの NGO の実践への注目は、インド国内に限ったことではない。この点については、「子どもの権利条約」以降の子ども観に基づいた、子どもの決定・参加を重視する考え方のなかで、子ども中心の教育プログラムに参加するストリートチルドレンや働く子どもたちが、自らの権利を理解し、主体的に行動する存在として注目されてきたこと［初岡 1999、甲斐田・中山 2003、ハート 2004］と関連がみられる。子どもの権利を強調する NGO は、「子どもの声に耳を傾け、子どもたち自身が自分たち

の問題を解決していく「主役」であることを認識し、実践している」ため、これらのNGOで活動する子どもたちは、「『行動志向性』の高い偶然的な学びによって実に多くのことを学び、ライフスキルや生きる力を身につけている」とみなされる。さらに、「オルタナティブな学びを経験した子どもたちは、主体となり、社会的メッセージを発信することにより自身が大きな学びを得て、社会参加する市民として成長している」[甲斐田・中山 2003：300-316] と理解されている。

大橋［2001］は、ビハール州で指定カーストの子どもたちを対象としたガーンディー主義のNGOの教育活動の調査を行っている。大橋によると、教育歴のある子どもが農村を離れてしまうという理由で、NGOは教育を修了した子どもに修了証明書を出さず、社会移動の手段としての教育よりも地域の活性化による住民の生活向上のための教育を重視した。その結果、資格の有無が教育の有無と理解される社会状況において、資格の伴わない教育は、個人の社会的地位の向上に寄与することはできず、こうしたNGOの教育が子どもや保護者から理解を得られなくなっている状況を明らかにしている［大橋 2001：223-226]。

NGOの理念と被支援者の考えとが一致しない場合には、NGOの活動は人々から支持されなくなってしまい、ひいてはNGOのドナーからの支持も得られなくなってしまう。そのため、NGOによるNFEはそれぞれのNGOが掲げる理念に沿いつつも、常に通ってくる子どもや対象者のニーズをも組みこむ形で、実施されることが不可欠である。

第2節　ストリートチルドレンを対象としたNGOの教育実践

第1節で見てきたように、インドにおける教育普及政策は学校に通うことが特に難しい子どもたち——年をとった子ども（11—14歳）、家族と一緒に移動しながら生活する子ども、ストリートやその他の場所で暮らす家のない

子ども——を対象とする場合には、NGO との連携を不可欠のものとしている。特に学校で教育を受けることが難しい子どもには、学校に通うためのレディネスがさまざまな意味で欠如しているため、NGO には教育の前段階としての福祉的なケアを提供することが求められている。

　本節では、デリーのいくつかの NGO を事例として、第2節で述べてきた教育普及政策や、社会的弱者層の子どもを対象とした教育実践が、具体的にどのように実施されているのかを、筆者が行った現地調査による知見に基づき、ある NGO の活動を中心として説明する。さらに、NGO がどのような戦略でもって、基本的な福祉のない状況の子どもたちを学校に通わせ、自立へと導いているのか、また、NGO により保護や教育を受ける経験が個々の子どもに何をもたらしているのかについて、NGO 'A' を事例として、NGO で支援を受けた子どもの視点から明らかにする。

◆1　社会的弱者層の子どもを対象とした教育と NGO

　数々の子どもに関わる法律の中でも、ストリートチルドレンについて言及しているのは 1986 年制定の少年法（Juvenile Justice Act）である。2006 年に公布された改定少年法は、国内における少年法のシステムを統一し、子どもの生存の権利と、子どもの保護における家族のコミットメントを高め、家族が果たす役割を充実させることを再確認する内容となっている。この改定少年法は、ケアと保護が必要な子どもたちそれぞれのケースに対して、ケア、保護、治療、観察、社会復帰といった必要な処置を取り決めると同時に、子どもの人権保護に関して最終権限をもつ児童福祉委員会（Child Welfare Committee、以下 CWC）を、県（district）ごとに設置することをも義務づけた。また、2005 年には、「子どもの権利保護コミッション法（The Commission for Protection of Child Rights Act, 2005）」が成立した。この法案に基づき、2007年に「全国子どもの権利保護コミッション（The National Commission for Protection of Child Rights、以下 NCPCR）」が設立された。NCPCR はすべての法律、政策、プログラム、行政組織が、インド憲法と国連の「子どもの権利

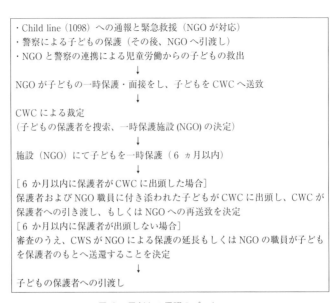

図1　子どもの保護のプロセス

条約」における子どもの権利の理念に一致するよう、監督する権限を与えられている。

　子どもの保護にむけた政府とNGOの連携によるプログラムとして、最良の実践例にあげられているのがChild Lineである。Child Lineは、24時間無料の緊急電話相談プログラムである。困難に直面している子ども自身、もしくはそれに気がついた人が、インド国内の公衆電話ならどこからでも、1098（ワン・ゼロ・ナイン・エイト）をダイアルすることで、主要都市の指定されたNGOにつながり、緊急支援を要請できるシステムである。

　以上、社会的・経済的弱者層の子どもの福祉の視点も合わせて、教育にとどまらない政府とNGOの連携活動について簡単に紹介した。学校に通うことができない子どもが教育を受けるようになるまでのプロセスとして、以下では働く子どもたちやストリートチルドレンの事例を紹介する。図1は、路上で働いている子どもや、駅構内や路上で寝泊まりしている子どもが適切に保護された場合に経るプロセスである。

保護された子どもは保護者が引き取りに来るまで、NGO の施設で生活しながら教育を受けている。何らかの事情により、子どもの保護者が引き取りに来ることができない場合には、CWC によって介入を委託された NGO が、子どもを故郷の保護者の元まで送還する（repatriation）。2005 年以降、デリーでは、警察、NGO、CWC が連携し、児童労働者やストリートチルドレンとして発見された子どもの保護を行っている。原則として、子どもの保護のプロセスにおいては、保護された子どもを他州やデリーの家族の元へ帰すことが目的とされている。しかし、この方法は親に養育能力がないために生じている児童労働やストリートチルドレンの問題の根本的な解決になっていないと NGO 職員は指摘する[5]。

　現在、デリーの 11 県のうち 7 県に CWC が設置されており、それぞれ複数名の児童福祉委員が対応している。CWC の設置は各県に義務づけられてはいるが、まだ設置されていない州もある中で、デリーはいち早くその整備が進んでいるといえる。しかし、近隣州をはじめ他州からデリーに出てくる子どもの数に比して、CWC が対処しているケースは少なく、困窮した子どもの救済、学校に通うことのできない子どもの問題に対処するという点でのニーズに追いついていない状況である[6]。

　児童労働の摘発とそれに続く子どもの救済や、家出をしてきた子どもの保護とケアなど、子どもの基本的な生活上のニーズを満たすための支援を行ってきた NGO の多くは、RTE 成立以前から、それぞれ独自の形で子どもたちの現実に対応する活動を行ってきた。そうした活動は NFE や AIE といった「教育実践」の形をとりながらも、その実は学校に通うことのできない子どもたちに対する生活支援の意味が大きかったといえる。こうした NGO からは、すべての子どもに対する学校教育普及を目指す RTE の理念は、社会的・経済的弱者層の子どもたちの現実とのギャップが大きいという意見も出されている[7]。その一方で、NGO のなかには、働いて家計を担わなければならないという子どもに対しては、学校とは別に労働と両立するような代替的な教育を提供するという対処を、教育の機会提供の平等性の観点から問題視する

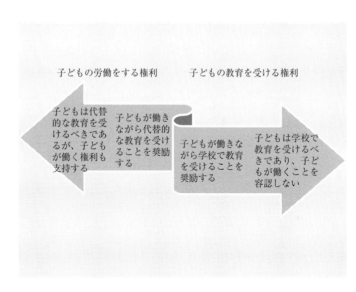

図2　子どもの労働と教育に対するNGOの方針

見方もある。

　すべての子どもの教育をNFEやAIEといった教育形態から学校での教育へと移行させるというRTEの方針にNGOの多くは同意しつつも、フルタイムでの学校教育を受けることができない社会的弱者層の子どもの日常生活に対応するために、大別すると、NGOは二つのアプローチをとっている。一つは、コミュニティの社会的・経済的弱者層の子どもなど、学校に行っていない子どもが通ってくることができる「活動型」の教育、もう一つは、ストリートチルドレンや孤児などが施設から通学できるように支援する「施設型」の教育である。実際には、1つのNGOが両方のアプローチを、対象となる子どもの特徴に応じて、組み合わせて実施していることが多い。

　次に、ストリートチルドレンを主な対象として活動するNGO 'A' の事例を通して、NGOによるノンフォーマル教育が学校に通っていない子どもの教育において果たす役割と、NGOで教育を受ける経験が子どもに何をもたらしているのかをみていきたい。

◆2 NGO‘A’の教育—自立・自律のための教育—

1）子どもと NGO との関係性構築のための NFE

NGO‘A’は、ストリートチルドレンの支援を行う NGO としては草分け的な存在とみなされており、2011 年には子どもの福祉分野で政府の賞を受賞している。国内外の政治家や有名人が NGO‘A’を訪問する様子がメディアで報じられたこともある。

‘A’では、路上で働いたり、住んでいる子どもたちや、コミュニティの貧困層の子どもたちのための活動場所をコンタクトポイントと呼び、ここで行う活動を NFE と呼んでいるが、活動の主要な目的は子どもに勉強させることではない。NFE では、子どもが継続的に活動に通う気持ちになるように、勉強したいという気持ちを持てるように、子どもが関心をもち、やりたいと思うことをすることが重視されている。NFE には NGO が独自に開発したカリキュラムがあるが、必ずしもそれに沿った活動がなされるわけでない。具体的には、絵を描く、文字の書き取り練習をする、算数の問題を解く、ゲームを行うといった活動がなされる。ヒンドゥー教のお祭りの際には、お菓子が配られ、子どもと職員が一緒に過ごすこともある。年に１度は、職員と子どもたちや子どもたち同士が長い時間を一緒に過ごし、思い出を共有するために数日間の旅行に出かけている。こうした活動を通じて、子どもは NGO 職員と徐々に信頼関係を築き、最終的にはストリートを離れて生活することを「子どもが自ら決心すること」が目的とされている。‘A’では、子どもは自分で自分のことを決めることができると考えている。[8]そのため、ストリートで暮らす子どもが「勉強する（パルナー：padhna）」と決めて、家に帰ることや、施設で暮らすことを、自分で選択することができるよう職員は働きかけを行っている。

自分のことを自分で決定する主体形成、換言すると「自己決定」の教育の過程には、子どもの保護のプロセスに CWC が関与するようになる前と後では、若干の変化がみられる。

CWC が機能する以前、子どもの保護のプロセスは主に NGO と子ども、

表 1　NGO 'A' の概要

設立年	1988 年
設立者	女性の映画監督
活動対象	18 歳未満のストリートチルドレン・家出をしてきた子どもたち コミュニティの貧困層の女性・子どもたち
活動目的	社会の周辺部にいる子どもたちに対して、安全で、健康的でケアされる環境を提供すること。
活動施設と活動形態	3 つのチルドレンホーム、2 つのオープン・センター 1 つのシェルター・ホーム、19 のコンタクトポイント
支援を行った人数	およそ 50000 人
職員数	およそ 150 人（インド人）
活動地域	国内：デリー、ムンバイ 国外：英国
主なドナー	米国の NGO、インドの NGO、インドの企業、国内外の個人、英国の個人・企業、インド政府

出所：NGO 'A' のウエブサイトより筆者作成。

その保護者によってなされていた。その中でも、NGO が第一に働きかける相手は子どもであった。家を出てきたいきさつや、今後どうしたいのかを聞き取る「カウンセリング」は、まず子どもに対して行われていた。相手が 10 歳未満の子どもであっても、保護者の元に帰りたくない、施設に入りたくないという子どもに対しては、NGO はとりあえず NFE の場所に通ってくることを促すことで、ときには子どもがストリートで働くことや寝泊りすることを容認していたのである。このプロセスは、NGO にとっては、子どもとの関係性を作りながら、子ども自身が納得して、ストリートを離れると決めることを待つ時間と理解されていた。他方、子どもはストリートでゴミ拾いや物売りをして働きながら暮らしていることを消極的にとらえている場合がほとんどである。NGO 職員との間の意思疎通が常にうまくいくとは限らず、ストリートで暮らす時間を長引かせてしまっていることもないとはいえなかった。

　一定の期間をストリートで暮らした経験をもつ子どもにとって、路上を離

れて施設に住むことは、慣れ親しんだ日々の生活様式と社会関係をある程度断ち切る必要があるため容易ではない。施設に移ってからは、稼ぐためにあるいは路上生活のために直面する困難からは解放されるが、自由なストリートでの生活とは違い、時間割と規則に従い、新しい仲間関係を構築しなければならない。これだけの環境の変化に子どもが忍耐強く適応するには、内発的な動機が必要である。子どもの動機はNGO職員の働きかけを通じた「勉強することの重要性」に対する気づきの経験があって生まれ、NGO職員との信頼関係を基盤に共有された目標が「自分で決める」選択・決定として育まれているのである。

　しかし、CWCが子どもの保護のプロセスにおける決定権をもつようになってからは、15歳未満の子どもは警察やNGOによって保護されるとすぐにCWCに送られるようになった。NGOは子どもを保護するとCWCへ子どもを引き渡す際に必要となる書類作成のために、子どもに聞き取りを行う。しかし、CWCに子どもを引き渡した後、その子どもをどこのNGOに送るかはCWCの決定によるため、NGOが子どもと長期的に関わるという前提はここでは失われている。子どもの保護者がすぐに捜査され、その間子どもはストリートに戻ることなく施設に保護される。この場合、子どもがストリートに留まることは容認されないが、これで問題が解決したわけではない。子どもが施設から逃げ出すことや、保護者に子どもを引き渡しても、何度も同じように家を出て保護されるといったケースは絶えない。

　CWCが関与するようになってからの子ども引き渡しの問題点としては、CWCの委員と子どもやその保護者との関係性に認められる。子どもを引き取りに来る保護者にとっては、社会的地位も経済的状況も異なるCWCの委員を前にして、子どもを養育できない状況を説明することは難しい。識字のない保護者の場合、子どもの引き取りに必要な書類を持参することも容易ではない。何とか指示された書類を揃えて、数日かけて汽車を乗り継ぎ子どもを引き取りに来ても、家庭の経済状況や、子どもと保護者との関係性は変わっていない場合がほとんどである。その結果、子どもが家族の元に戻り、しば

らく家に留まっても再び家を出てくる、あるいは親戚や知り合いについて働きに出てくるケースは少なくない。

2）学校教育の代替的教育としてのNFE

‘Ａ’では、子どもを保護するコンタクトポイントの他にも、CWCでの判定を経て、保護者を捜索する間、もしくは保護者が迎えにくるまでの間子どもが暮らす施設（シェルターホーム[9]）や、保護者の元で暮らすことができない子どものための施設（チルドレンホーム[10]）をもっている。シェルターホームの子どもたちは、保護者が見つかり、CWCの認定のもと引き渡しがなされるまでの間、シェルターホーム内で教育を受けることになる。この教育実践もNFEと呼ばれており、NGO職員である教師が授業を行う。この間に行われた授業の記録はCWCに提出され、それぞれの子どもがどのような教育を受けたのか報告が義務づけられている。また、チルドレンホームには、保護者の元で暮らすことのできない子どもたちが生活している。チルドレンホームから学校に通っている子どももいるが、学校に行く準備が整っていない子どもや、障害がある子どもなどは、チルドレンホーム内で教育を受けており、この教育実践もNFEと呼ばれている。また、学校に通っていない義務教育就学年齢の子どもが受けるNFEだけでなく、中等教育以上の教育を通信制教育（NIOS）で受ける子どものための授業もNFEと呼ばれている。NIOSで前期中等教育や後期中等教育修了資格を得る子どものための授業は、自習を基本とし教師に質問を行う形で行われている。このように、‘Ａ’では学校外で受ける教育を広くNFEと呼んでいるため、教育実践の主要な活動がNFEとなっている[11]。

‘Ａ’では、何度も家出を繰り返し路上で生活する子どもに対して、いつでも寝泊りすることができるオープンセンターを設けている。通常、子どもは保護されるとCWCへ送られるが、このプロセスを繰り返しているような子どもや、15歳以上で当分のあいだ保護者の元に帰る気持ちがなく、施設に入って暮らすことも拒否する子どもがいる。こうした子どもたちが、路上

生活をしながら利用することができ、働きつつ住居とすることができる施設がオープンセンターである。ここで暮らす子どもたちは学校に通っていないが、施設で実施されている NFE の授業を受けることができる。

　NGO の施設で暮らす子どもの多くは、家出をしてきた子どもや児童労働から救出された子どもであり、一つの場所に腰を落ち着けて学校に通うことが、即座にはできないような状況にある。そうしたなかで、'A' はいかなる状態の子どもも受け入れ可能であるような教育実践として柔軟な複合的プログラムを実施してきた。NGO のなかには、すべての子どもが学校で教育を受けることを理想として、NFE を否定的にとらえる見方もある。しかし、NGO の行う NFE は、学校で行われる狭い意味での教育に留まらず、子どもの保護者や地域社会が提供することができない場合には、子どもが生きていくうえでの基本となる福祉をも担ってきたのである。また、'A' の NFE において教育という名の下に行われる活動は、生物学的な意味での生存を可能とする栄養や衛生に配慮するだけでなく、社会的存在である子どもに不可欠な他者との関係（性）構築の機会をも提供している。

　子どもだけでなく、すべての人にとって、存在を認められ肯定されることは生の基本である。それを提供するのが、「家族」であるという意味で、NGO 'A' はその存在を必要としているすべての子どもにとっての「ファミリー」として機能してきたのである。

おわりに——子どもの教育を担う政府、NGO、家族——

　ストリートチルドレンや働く子どもたち、都市に暮らす社会的・経済的弱者層の子どもの問題として、家族が子どもの養育能力を欠いていること、また子どもを保護し、教育するコミュニティの力が欠如していることが指摘される。NGO は、家族や地域の中で保護とケアを十分に受けることができない子どもに対して、「教育」を通じてそれらを提供することで、子どもの福

祉を支えている。

NGO 'A' の事例は、NGO が子どもに「自己決定」を教育する過程が、同時に、子どもが「自己決定」を支えるおとなとの間に関係性を構築する過程となっていることを示している。'A' で教育を受けて自立・自律した青年たちは、NGO との関係性を基盤に、故郷の家族との関係性を再構築し、NGO の外の人々との間にも新たな関係性を創造している。

デリーの社会的・経済的弱者層の子どもの保護と教育に関しては、ストリートチルドレンや児童労働をする子どもの保護において、デリー子どもの権利保護コミッション（Delhi Commission for Protection of Child Rights：DCPCR）や CWC が第一義的責任を負うようになったことによる変化がみられる。子どもの保護者の特定とその責任が明確化されるようになったことで、NGO の支援では柔軟に連続性をもってとらえられていた「支援を受けるべき子ども」と「保護者が責任をもって育てるべき子ども」とが、CWC の判定を根拠として二分される状況を生じさせていると考えられる。RTE が制定されても、経済的な困窮や不安定性など、子どもの生活環境が変わるわけではない。保護者にとっても、また子どもたちにとっても、学校教育のみを「教育」とすることは高いハードルとなっている。

RTE や CWC が機能する以前のデリーでは、「子ども期」はすべての子どものためのものとは考えられておらず、働く子どもやストリートに住む子どもの存在は社会的に容認されていたといわざるを得ない状況があった。しかし、RTE や CWC といった近年導入された改革は、ある意味ではすべての子どもに、「学校に通う子ども期」を想定するものであり、学校に通わない子どもを正規の制度内に取り込むことを目的にしている。社会的・経済的弱者層の子どもの生きる現実、それとギャップの大きい理念が社会的通念となった場合、目標が達成できないことの責任を誰が引き受けることになるのであろうか。NGO 'A' のように、社会的・経済的弱者層の子どもの家庭の実態を知る NGO は、親の養育能力に期待することが難しいことを理由に、直接に子どもを支援する方向で活動を行ってきた。「ボランティア」で教育

を行う NGO とは異なり、学校で行われる教育については国家がその提供に責任を負うが、それと同時に、国家は保護者にも子どもの教育における責任を問うようになる。こうした状況をふまえて、NGO の職員のなかには、家出をする子どもの支援と故郷にいる家族の支援を同時並行で行うことができるシステムを構築すること、そのための NGO 同士の連携の必要性を考えているものもいる。

今後は、政府と NGO の連携が強化されることで、NGO とその支援を受ける子どもや若者、保護者との関係性がどのように変わっていくのかに着目したい。NGO がこれまで展開してきたような、柔軟な教育提供の在り方がどのように変化するのか、政府と NGO の力関係[12]、子どもの保護と教育における NGO の役割の変化が注目される。

注 ───────────────────────

（1） NFE は組織的な教育活動として構想されるものであり、伝統的なフォーマル教育の枠組みのなかで生まれてきた［Mitra 2007］。インドにおける NFE の領域は、いまだに基本的な識字と算数の教育と同義のものとみなされる傾向にあり、職業的な教育プログラムにおける技術的なスキルの獲得という点を退けている。インドにおける NFE の主要な特徴は、実施機関、教授と学習の時期と期間、対象グループ、学習者の年齢、学習内容、指導の方法と評価の手順の柔軟性にある［Mitra 2007］。

（2） この調査において学校とは、公立学校、認可私立学校（マドラサ、サンスクリットパートシャーラを含む）、無認可私立学校を含んでいる［Research, Evaluation, and Studies Unit Technical Support Group for SSA 2011］。

（3） 2011 年センサス（Census2011）によると、インドの識字率は 74 ％（男性82.1 ％）。

（4） 2003 年 9 月から 2015 年 8 月までの間、断続的に NGO 'A' を中心として、ストリートチルドレンや貧困層の子どもの教育支援を行うデリーの複数の NGO において、ノンフォーマル教育の実施状況の調査を行った。調査の方法は活動の参与観察と NGO 職員と被支援者である子どもや保護者に対するインタビューである。デリーの他にも、2010 年 9 月にはタミルナドゥ州のチェンナイの 3 つの NGO、2011 年3 月アーメダバードにおいて 3 つの NGO のノンフォーマル教育活動の観察と職員へのインタビューを行った。

（5） 2012 年 3 月に NGO 'A' において、CWC や警察との連携のもと児童労働や路

第 6 章　インドにおけるノンフォーマル教育と NGO　●──217

上生活をする子どもの救出を行うソーシャルワーカー 3 名に行ったインタビュー
による。

（6） 2012 年 3 月にデリーの CWC の活動について、NGO 'A' のソーシャルワー
カーの協力のもと調査を行った。具体的には、警察や NGO により保護された子
どもを CWC に送致する際や、NGO 職員が保護者と共に子どもの引き渡しのため
に CWC に行く際に同行し、CWC の委員による子どもや保護者への質疑の様子を
観察した。その際に、CWC の委員 1 名に行ったインタビューによる。

（7） 2012 年 3 月にデリーでストリートチルドレンや貧困層の子ども支援をする
NGO のうち、活動歴の長い 3 つの NGO を訪問し、RTE 施行前後の子どもの就学
状況の変化、ノンフォーマル教育実施状況の変化について、ノンフォーマル教育
担当職員へのインタビューを行った。

（8） 1989 年の子どもの権利条約第 12 条、子どもの意見表明・参加の権利の考え方は、
子どもが自分に関わる事柄の決定に参加することの権利を認めており、この考え
方は多くの NGO により共有されている。NGO 'A' では、「子どもは自分で自分
のことを決めることができる」と理解されている。

（9） CWC の HP によると、現在デリーには、政府もしくは政府と NGO の連携に
よって運営されるシェルターホームが 27 施設、各施設が 15—200 人を収容して
いるが、施設の実数はこれ以上と考えられる［http：//www.dpjju.com/index.
php?option=com_content&view=article&id=59&Itemid=176　最終
閲覧 2015 年 8 月 16 日］。

（10） シェルターホーム同様、現在デリーには、政府もしくは NGO との連携によっ
て運営されているチルドレンホームが 7 つあるが、これ以上の数の NGO が運
営するチルドレンホームがあると考えられる［http：//www.dpjju.com/index.
php?option=com_content&view=article&id=60&Itemid=179　最終
閲覧 2015 年 8 月 16 日］。

（11） 2011 年度の報告書によると、NGO 'A' では学校教育を受けた子どもが 512 人（施
設で暮らす子どもは 129 人。その他コミュニティの子どもなど。）、NFE を受けた
のが 3288 人となっている［2011 年 NGO 'A' の年間活動報告書］。

（12） 現在では、保護された子どもがどの NGO に送られるのかは CWC の決定によっ
ているが、NGO の中には受け入れたい子どもの条件を CWC に認識してもらうべ
く意見しているところもある。

引用文献

Bajpai, Asha 2003, *Child Rights in India*, New Delhi：Oxford University Press.

Chandra, Puran 2005, *NGOs in India Role, Guidelines & Performance Appraisal*,
NewDelhi：A PUBLISHING PRESS.

Dharmarajan, Shivani 2001, NGOs and Human Rights with Special Reference to Woman and Child, In *NGO as Prime Movers Sectoral Action for Social Development,* New Delhi : Kanishka Publishers, Distributors, pp209-297.

Jain, R. B. 1997, NGOs in India : Their Role, Influence and Problems, In *Non-Governmental Organizations in Development Theory and Practice,* Bava Noorjahan (ed), New Delhi : Kanishka Publishers, Distributors, pp.125-150.

Ministry of Home Affairs Foreigners Division FCRA Wing 2012, *Receipt and Utilization of Foreign Contribution by Voluntary Associations FCRA Annual Report 2011-2012,* Ministry of Home Affairs Government of India.

Ministry of Human Resource Development Government of India (MHRD) & National Institute of Educational Planning and Administration New Delhi (NIEPA) 2000, *Year 2000 Assessment Education for All India,* New Delhi : NIEPA.

Ministry of Human Resource Development Government of India (MHRD) 2003, *Education for All National Plan of Action India,* New Delhi : Department of Elementary Education and Literacy, MHRD Government of India.

Mitra, Amit 2007, Information on National Provisioning of Non-Formal Education : India Report, *Country profile prepared for the Education for All Global Monitoring Report 2008 Education for All by 2015 : will we make it? India Non-formal education,* UNESCO.

National Commission for the Protection of Child Rights (NCPCR) 2008, *Right to Education and Total Abolition of Child Labour Freedom and Dignity for All Children,* New Delhi : NCPCR.

Parwar S.N., Ambekar J. B., Shrikant D. 2004 Introduction, In *NGOs and Development : The Indian Scenario,* Parwar S. N., Ambekar J. B., Shrikant D.(ed,) New Delhi : Rawat Publications, pp.31-62

Patra, Ritwik 2007, *Out of School Children the 'Abhiyan' to bring them to school, Alternative School Unit,* New Delhi : Technical Support Group, Sarva Shiksha Abhiyan.

Punalekar, S. P. 2004, Tree and the Bark : On Dialectics of Voluntary Organizations and Social Change, In *NGOs and Development The Indian Scenario,* Parwar S. N., Ambekar J. B., Shrikant D. (Ed), NewDelhi : Rawat Publications, pp.31-62.

Research, Evaluation, and Studies Unit Technical Support Group for SSA 2011, *Progress Overview of Research Sarva Shiksha Abhiyan,* NewDelhi : Ed, CIL(India) Limited.

Shirur R. Rajani 2009, *Non-Formal Education for Development,* New Delhi : A P H Publishing Corporation.

Social & Rural Research institute with EDUCATIONAL CONSULTANTS INDIA

LTD.（EdCIL）2014, *National Sample Survey of Estimation of Out-of-School Children in the Age 6-13 in India,*Team Social and Rural Research Institute IMRB -International.

Sondhi-Garg,Poonam 2004, *STREET CHILDREN：LIVES OF VALOR AND VULNERABILITY,* New Delhi：Reference Press.

Vittachi, Sarojini 2007, Introduction, *Alternative Schooling in India,.* Vittachi, Sarojini & Neeraja Raghavan（ed）, NewDelhi：Sage Publication, pp.13-24.

大橋正明 2001、『「不可触民」と教育―インド・ガンディー主義の農地改革とブイヤーンの人々』、明石書店。

甲斐田万智子・中山実生 2003、「権利と行動の主体としての子ども―インドの子どもたちとNGOの取り組み」、『内発的発展と教育―人間主体の社会変革とNGOの地平―』、新評論、295-319頁。

島田めぐみ 2007「32　インドのNGOと開発　問われる政府との関係」広瀬崇子・近藤正規・井上恭子・南埜猛（編著）『現代インドを知るための60章』、明石書店、pp.179-183。

孝中延夫・浅野宜之 2006、『インドの憲法　21世紀の「国民国家」の将来像』、関西大学出版部。

ハート,ロジャー 2000（2004）、「第Ⅰ部　序論及び概論」『子どもの参画　コミュニティづくりと身近な環境ケアの参画のための理論と実際』萌文社、1-86頁。

針塚瑞樹 2007、「教育開発におけるノンフォーマル教育の可能性　―インドのNGOを中心として―」、『九州教育学会研究紀要』第34号、35-42頁。

針塚瑞樹 2008、「教育開発におけるノンフォーマル教育の役割―都市で働く子どもたちを中心に―」、『九州教育学会研究紀要』、第35号、69-76頁。

針塚瑞樹 2010、「路上生活経験のある子どもの「教育の機会」とNGO―ニューデリー、NGO‘SBT’の事例から―」、『南アジア研究』、第22号、100-106頁。

第7章

チェンナイにおける SC/ST/OBCs 学生の学歴形成と教育制度

牛尾直行

はじめに

　筆者は 2008 年より 2012 年にかけてインド南部のタミル・ナドゥ州チェンナイ、カルナータカ州バンガロールおよびマイソールにおいて SC/ST/OBCs[1] 学生を対象として、親のジャーティ・職業・学歴、家庭の資力、学校歴、就職の希望などを、延べ約 300 件につき数回にわたり調査をした。本章は、それらの調査のうち 2011 年と 2012 年に実施したチェンナイにおける OBCs 学生調査（約 130 人分）を中心に分析・考察し、現代のインドにおける SC/ST/OBCs 学生の学歴形成過程の実態と公教育制度の関わりについて考察する。

　現代インドにおける高等教育就学率の急激な上昇と、初等・中等教育も含めた教育制度全体の教育熱の高まりをもたらしている大きな要因の一つに、従来までは公教育の蚊帳の外にあった SC/ST/OBCs の若者の教育制度への参入があると考えるからである。従来までインドにおける教育機会のの格差はカースト的序列によって形成されてきたと捉えられてきたが、それを教育制度的側面に着目して調査してみると、複雑な要因が彼ら／彼女らの学歴形成を規定していた。本章はカースト（またはジャーティ）が彼らの教育機会形成に決定的な意味を持つのではなく、家庭の経済力や制度的要因が彼ら／彼女らの教育機会にさまざまな影響を与えている現実の一端を描き出す試みである。

第7章　チェンナイにおける SC/ST/OBCs 学生の学歴形成と教育制度●——221

第*1*節　SC/ST/OBCs 学生の教育機会と本調査の概要

◆1　調査の前提

　なぜ SC/ST/OBCs 学生の学歴形成過程の実態について考察するのか。その前提を大まかに説明すると、現代インドの高等教育への進学率の上昇と機会格差から説明できる。

　現代インドの高等教育への進学率は、2012-13 年度には 21.1% に達したことが報告されている［Govt. of India 2014］。この高等教育進学率は日本で言えばおよそ 1960 年代前半当時の値であるが、1990 年頃のインドは約 5% であったことを考慮すれば、近年の爆発的な増加とも言えよう。しかしそれはインド社会全体のなかで富裕層の進学率が増加したというよりも、むしろ社会的経済的に不利益を被ってきた層の高等教育進学が目立って増加したと言うことができる。2004—5 年のインド人間開発調査（IHDS）のデータを活用した Return to Education（教育による収入への見返り）の議論においてその懐疑論が多く出されているにもかかわらず、である。

　しかし一方では圧倒的な教育機会の格差が現代においても継続している。例えば、同調査データで世帯収入を 5 段階に分けた際の最上位の階層は 49 歳までの者のうち男性 22%、女性 13% が学位を取得しているのに対し、ボトムの層とその上の第 2 の層ではそれぞれ男性 3%・2%、女性 1%・1% しか学位を取得していない［S.B.Desai, et.at all 2010：95］。社会集団の分類で見ても、49 歳までのうち高カースト・ヒンドゥーは男性 17%、女性 10% が学位を取得しているのに、指定カーストは男性 5%、女性 2%、指定部族にいたっては男性 4%、女性 2% だけである。その一方で近年この高等教育への参入めざましい層が、OBCs と呼ばれる「その他の後進諸階級（Other Backward Classes：OBCs）」階層である。そこで、本章では主に OBCs 学生の教育機会の実際を中心に整理しつつ、SC/ST 学生も含めたこれまで高等教育機会が

大きく制限されてきた階層の学歴形成過程のダイナミズムの一端を明らかに
していく。

◆2　タミル・ナドゥ州の教育概観[(2)]

　チェンナイが位置するタミル・ナドゥ州の公教育制度を大まかに図示する
と図1のようになる。第1学年から第5学年(6-11歳)の5年間がプライマリー・
スクール、第6学年から第8学年（12—14歳）の3年間がミドル・スクール[(3)]
で、この14歳までの8年間が初等教育段階であり、義務教育である。2010
年4月から施行された「無償義務教育に関する子どもの権利法2009年（Right
of Children for Free and Compulsory Education 2009：RTE)[(4)]」でも基礎教育とし
て無償義務の対象となっているのはこの1—8学年である。その後は第9学
年と第10学年（15—16歳）が前期中等教育（High School）、第11学年と第12
学年（17—18歳）が後期中等教育（Higher Secondary School）で、この4年間
が中等教育段階である。この後期中等教育段階にはITIと呼ばれる職業・技
術を学ぶ傍系の学校も並行して存在している。一般的には、第10学年まで
はコースによる分化はほとんどなく、皆が共通のカリキュラムを学習する。
しかし第11学年からの2年間は4つのコースに分化しており、Ⅰ、Ⅱコー
スの人気が高く、事実上成績優秀なものが集中するコースになっている。Ⅰ
コースは物理や化学・生物学・数学などを専攻して医者や科学者になること
を目指す。Ⅱコースはコンピュータ科学、物理学など、Ⅲコースは会計学・
商業・経済学などを専攻し、最も成績が芳しくなく人気がないのはⅣコース
の職業コースである。

　その後の第13学年(18歳)以降はカレッジ（アンダーグラジュエイト）であり、
専攻するコースによって4年制のカレッジや3年制の課程がある。カレッジ
卒業時に学位を取得した後さらに学業を継続する場合は、2年間の修士課程、
1年間のM.Philコース、2—3年の博士課程があるが、専攻するコースや教
育機関、就学形態などにより高等教育の年限は多様である。

　但し、2001年の統計で同州の初等学校への就学率（GER：総登録率）はプ

第7章　チェンナイにおけるSC/ST/OBCs学生の学歴形成と教育制度●——223

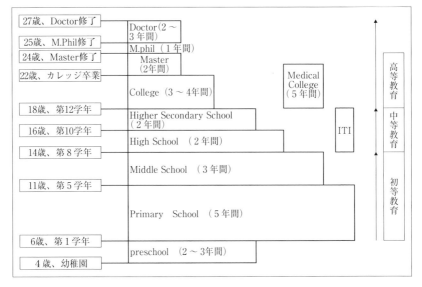

図1　タミル・ナドゥ州の公教育学校体系図

ライマリー・スクール段階で98.6%、ミドル・スクール段階で93.6%と全インドの平均と比しても高いレベルに達しているが、同時に高いドロップアウト率が報告されていることにも留意しなければならない。同州の2001—2年度累積ドロップアウト率は、プライマリー・スクール段階で14.31%、ミドル段階で35.07%、ハイスクール段階で57.55%、ハイヤーセカンダリー段階で79.50%である。つまりは、SSLC（Secondary School Level Certificate）と呼ばれる中等教育修了資格を得られるのは若者の約2割にすぎない。

　その約2割のSSLC修了者の多くは先進カースト（Forward caste）であるとされるが、前述のような近年の高等教育就学者の爆発的な増加を下支えしているのはOBCs学生の増加が大きな要因である。そこで、筆者はタミル・ナドゥ州の州都チェンナイにおいて、高等教育機関に在籍するOBCs学生を中心に学生の親のジャーティ・職業・学歴、家庭の資力、留保制度や奨学金制度の利用状況、学校歴、就職の希望、兄弟の学歴などの調査をした。調査実施時期は、第一次調査が2011年8月、第二次補足調査が2012年3月及

び8月である。方法は、主として面接しながら質問紙に記入してもらい、必要に応じて質問に答えてもらった。さらにその後、同一人物により詳しく質問するためにネットで質問票を配り、その回答者にあらためて2回目の面接をする形で実施した。

◆3　調査結果全体の概観

　学生への総調査数は、のべ152人（実数141人、うち男性87名、女性54名）である。調査した大学は、マドラス大学・マドラスクリスチャンカレッジ・クイーンメアリーズ大学・ロヨラカレッジ・エシラージカレッジである。これらはチェンナイ市内にありアクセスがしやすかったという事情もあるが、SC/ST/OBCs学生が多く通う大学であり、比較的優秀な学生が通う大学であったためである。回答者の専攻は、商業・社会学・数学・教育・英語・自然科学・動物学など多岐にわたる。ただし、調査を行った拠点がマドラス大学英語学部だったため、英語などの言語・文科系専攻者が多かった。

　調査対象学生がどのような社会集団に属しているのか、そのカテゴリー別に分類すると、オープンカースト（OC）[5]が約5%、その他の後進諸階級（OBCs）が約75%、指定カースト（SC）と指定部族（ST）がそれぞれ約10%であった。

　父母の職業と家庭の年間収入については、父母の職業で多いのは、教師・行政官・ビジネスマンなど。その収入は総じて高く、夫婦で50万Rs―70万Rs（日本円で90―126万円）を得ている家庭も珍しくなかった。その一方で、割合としては2割程度、農業労働者または「クーリー」などのインフォーマルセクターの労働者など、年間で1万Rsから3万Rs程度という低収入[6]の家庭からも大学や大学院に子どもを送っていることもわかった。

　学校歴についても、初等学校入学前から現在に至るまでの学校名、公立／私立／被補助の設置者別[7]、各学校段階での点数（marks scored）を尋ねた。その過程で、学校歴のパターンには4パターンあることが推測された。第1の就学前の学校には行かず、プライマリー・スクールから一貫して公立学校系統で学ぶパターンは、世帯の収入がある程度低い家庭出身の学生に多い。

第2は就学前から私立学校または被補助学校に通い、中等教育ではマトリキュレーション学校[8]等優秀な私立学校または被補助学校を経て大学進学しているパターン。第3は初等段階では私立学校／被補助学校などを経ているが、学費がかかる中等・高等教育段階では奨学金を得られる公立学校を選択しているパターン。第4はムスリムやクリスチャン系の学校を経て高等教育にたどり着いているパターンである。この第4のパターンがマイノリティ・インスティチューションとしての教育機関を適宜利用しながら教育機会を得ているOBCs学生に特徴的な学歴形成過程であることが推測された。

第2節　教育第一世代の学歴形成

　SC/ST/OBCs学生に聞き取り調査をしている過程で、学生本人の口から教育第一世代（ファースト・ゼネレイション）、教育第二世代（セカンド・ゼネレイション）という言葉を時折耳にした。その意味を本人たちに尋ねてみると、一つの家庭の中で教育を親世代がほとんど受けておらず、その家庭で育ちながら、教育をSSLCや高等教育レベルまで初めて受けた子ども世代のことを教育第一世代と呼ぶ。それに対し、親自身もSSLCや高等教育まで教育を受けて公務員などの職業に就いており、その子どもたちも同程度以上の教育を受けている、その世代のことを教育第二世代と呼ぶ。本節では教育第一世代のSC/OBCs学生事例を3例取り上げ、その学歴形成について解説し、次節では教育第二世代のOBCs学生の事例について2例取り上げ比較考察を試みたい。

事例1　ディーバの場合[9]

　名門ロヨラ・カレッジ（Loyola College）で動物学を学ぶ修士課程学生ディーバは指定カースト（SC）で、男性、22歳である。出身はチェンナイ近郊のセーラム（タミル・ナドゥ州）である。父母はともにほとんど学校に行っておらず、

彼らの学歴については 'uneducated' と答えている。また、彼の兄弟も学校に行っていない。父の職業は肉体作業をする「クーリー」で、母は家庭内で家事をしている。年間の世帯収入は約 3.6 万 Rs（約 6.5 万円）である。

　彼の学校歴は、就学前の教育は受けていないので公立の初等学校から始まる。前期・後期中等教育もすべて公立学校で学ぶ。中等段階から PG コースまでの成績は 60%—77% と良好。後期中等教育段階からは州政府から指定カースト福祉奨学金を毎年受けている。その額は後期中等教育段階では年に 1,300Rs 余りだったが、カレッジレベル以上では年に 7,000Rs 前後も受け取っている。基本的にはこの奨学金で学費を払い、その残りとアルバイトなどをして得た所得を合わせて生活に当てている。

　18 歳からは被補助カレッジで動物学や生物科学を学んだ。そのカレッジは約 75% と優秀な成績で修了している。また、カレッジ入学まで、入学時の留保制度は利用していない。PG コースは名門ロヨラカレッジに進むが、その入学時に初めて留保制度を利用している。

　就職は公務員を希望し、オフィサーの職を得たいと考えている。理由を聞くと、「市民に奉仕をしたいから、職が安定しているから」と答えた。就職の際には公職の留保が SC に対して用意されていることも大きいようだ。

　事例 1 のディーバは典型的な SC 学生の教育第一世代である。彼らの両親は全く教育を受けていないか、または初等学校中退程度の学歴で、ほとんどが収入の低い肉体労働の仕事かドライバーなどの仕事に就いている。彼の年間世帯収入は約 3.6 万 Rs と相当に低い。そのような低い年収で子どもを学校に通わせられるのか疑問であるが、親戚からの援助や奨学金などで何とか学業を継続してきたようだ。初等教育や中等教育は、教育第一世代の多くの学生が公立学校系統（時として被補助学校の場合もある）で学んでいる。

　このような公立学校系統で学び始め、家庭は貧しいが、本人の優秀な成績でカレッジや PG まで教育を継続する、公立学校・奨学金・留保で学業継続するパターンは指定カーストのみならず OBCs 学生・ST 学生にも多い。

第 7 章　チェンナイにおける SC/ST/OBCs 学生の学歴形成と教育制度●──227

事例 2　バルの場合

　バルは OBCs、男性、23 歳、マドラス大学の英語学専攻修士課程学生である。非常に聞き取りやすい英語を話す聡明な若者という印象であった。出身はタミル・ナドゥ州内の小都市である。彼の父は学校にはほとんど行っていない。母は第 6 学年まで行ったが、かろうじて読み書きができる程度である。また、彼の姉二人は後期中等教育段階まで学校に行ったが、現在は働いておらず、収入はない。一家の収入は父の収入だけで、それは年に約 2 万 Rs（4 万円弱）である。

　彼の学校歴は、就学前から私立の幼稚園に通い、初等・中等段階で St. Antony's Primary school と St. Lawrence Higher Secondary school に通った。父はクリスチャンであるためこのような学校選択となったと本人は説明していたが、それが結果的にマイノリティ・エデュケイショナル・インスティチューション（MEI、詳細は後述）の利用につながり、英語教育を手厚く受けた結果、カレッジ・PG へと学業を継続した大きな要因となったと考えられる。

　また、カレッジ（ヴィベカナンダ・カレッジ）入学時には、父親の友人が教職員として働いていたカレッジに 5,000Rs の寄付金を支払って入学したことを、彼は「留保席を利用した」と説明している。しかしそれは正確な表現ではなく、後述する入学特別寄付金（Capitation Fee）の支払いによって学籍を得たのだと考えられる。また、カレッジ在学時は年 2,800Rs の政府 BC 奨学金をもらっている。就職は公立学校の教師（公務員）を志望している。

　事例 2 のバルの場合は、教育第一世代ではあるが、両親が意識的に MEI を利用して公立学校よりも良い質の教育を受けさせた結果、高等教育へつながった典型例である。これは今回多くの学生の学歴形成過程を調査して明らかとなった、SC/ST/OBCs 学生の自らのマイノリティ性を利用した「学歴戦略」であると考えられる。また、5,000Rs の入学特別寄付金を支払ったことについて、「それはあなたの家計にとって随分と大きな負担だったので

は？」と尋ねると、「それは確かだが、親類や知人が助けてくれた」と説明していたことから、自分の親だけでは賄いきれない高額な学費の負担を親族で出し合い、学業的に優秀な者に高等教育を受けさせるということがOBCs家庭で普通に行われている様子がうかがえた。

事例3　S.マノージの場合

マノージはOBCs、男性、22歳、マドラス大学英語学専攻の修士課程学生である。父は苦労して12学年まで修了している。母は第5学年までしか学校に行っていない。4人兄妹のうち、2人の兄は初等・中等学校で学業をやめているが、妹とマノージだけは高等教育に進んでいる。兄2人と工学を学んだ妹に収入はないので、彼の実家の家計は父の郵便局事務員としての収入だけである。しかしその収入は年30万Rs弱（約50万円）もある。

彼の家はずっとヒンドゥー教徒だが、教育の質が良いという理由で、就学前教育とプライマリー・スクールはクリスチャン系のMEIに通っていた。「クリスチャンではないのに、そのマイノリティ・インスティチューションに通えるの？」と尋ねると、「可能だ。そういう者もたくさんいる」と教えてくれた。さらにカレッジはジャイナ教系のMEIに進んでいる。中等教育段階ではMEIではないが、学校寄付金（ビルディング・ファンド）を毎年2000Rs支払って、教育の質の良い被補助学校に通った。また、カレッジやPGコースの入学に際しては、OBCsとしての留保席を利用している。

修士課程修了後は公務員職ではなく、新聞記者になりたいという希望を持っている。

事例3のマノージの場合、両親は高等教育レベルではないが教育を受けている。そのことによって両親は妹と自分の学業を熱心に促してくれたと説明した。また特徴的なのは、ヒンドゥー教徒でありながら、初等段階ではクリスチャンのMEIを、カレッジレベルではジャイナ教のMEIを選択していることである。この事例は厳密に言えば父親は初等教育を受けて公務員の職を

得ているので教育第一世代とは言えないかも知れないが、調査をしていると高等教育にまで進学している SC/ST/OBCs 学生の親は初等・中等程度の教育を受けている場合が多く、このような事例も紹介した。

　教育第一世代の事例全般を検討して感じることは、調査対象者がチェンナイ市内の大学生・大学院生だったためか、両親がほとんど教育を受けていないで、その子どもが大学に通っている教育第一世代の事例自体が少ないことである。カルナータカ州の地方都市の国立マイソール大学で調査した際には、もう少し教育第一世代の比率が高かった。そのような意味では、南インドの大都市チェンナイで高等教育レベルまで学業を継続している者は、厳密に言えばほとんどが言わば教育 1.5 世代あたりなのではないか。事例3のマノージのような場合は、教育第一世代あるいは教育第二世代と二分法的に分類することは難しい。また、経済的な資源・教育文化的な資源を十分には持っていない SC/ST/OBCs 家庭の子どもは、高い才能・能力を持っていても、公立学校系統において制度的に用意されている奨学金と留保制度、寄宿舎制度、進学コーチングだけで高等教育まで学業を継続するのは現実的に難しいことを感じた。ほぼ同時期に実施した、チェンナイ市内のスラム地区にある、公立学校からドロップアウトした子どもを公立学校に戻す活動をしている NGO 学校での聞き取り調査では、12歳前後の子どもたち自身が、後期中等教育段階以上での奨学金制度や留保制度などがあること自体を知らないことがわかった。そのような意味で、2010年代の現在においても、教育第一世代にとって、高等教育までの学業継続は非常に狭き門である。

第3節　教育第二世代の学歴形成

　本節では教育第二世代の学歴形成について2例だけ紹介をしてみよう。大都市の大規模大学で OBCs 学生を主対象に調査をしていると、「本当にこの

人は OBCs なのか？」と感じるような、経済的・文化的にも豊かな OBCs 学生に出くわすことがままある。しかしそれは当たり前のことで、一口に OBCs と言っても、非常に厳しい経済状況に置かれている者から裕福なものまでさまざまである。調査の対象となった OBCs 大学生・院生のほとんどは、教育を十分に受けている親の下で育っている。

事例4　ナレンドランの場合

ナレンドランはマドラス大学の英語学専攻博士課程院生で、OBCs、男性、23 歳である。タミル・ナドゥ州内の地方都市出身だが、流暢な英語と自前のノートパソコンを使いこなし、少しだけわかる日本語でジョークを言ってくる、スマートな若者である。彼の家族の学歴は、父はカレッジ修了、母は第 12 学年修了、兄はカレッジで経済学を学んだ。

父の仕事は公立の運送会社のマネジメントである。その仕事で年約 10 万 Rs を得ている。しかし世帯の収入はそれだけではなく、自営で大きな農園（これを彼は「プランテーション」と表現していた）を経営しており、そこから得られる収入を併せると年収約 50 万 Rs（約 90 万円）は下らない。

彼の学校歴は、就学前教育段階からカレッジ段階まですべて私立学校で学んでいる。有名私立学校（マトリキュレーション学校）を経て、チェンナイ市内の名門私立大学ロヨラカレッジの社会学コースに入学。その際には、留保制度や奨学金制度は父親の収入が高すぎて利用できなかったそうだ。しかし同時に「利用できても、利用しなかった」と言っている。理由を尋ねると、「それらの制度を利用すると自分のカーストが明らかになってしまう」ことを挙げた。

ロヨラカレッジでは、シフトⅡと呼ばれる、午後から開講されるセルフ・フィナンシング・コース（Self-financing Course）に在籍していた。2000 年代に入ってからの高等教育の民営化（プライバタイゼイション）によって、従来までの入学時に入学特別寄付金を支払って入学する方式とは別に、私立や被補助カレッジの多くは、午前の部をシフトⅠとして通常の学生対象の授業

をおこない、午後にシフトⅡとして別の学生の授業を行っている。そのシフトⅡコースの学費は半期約6000Rsで、シフトⅠで入学した者の学費の約10倍である。彼の中等教育までの成績は良かったが、確実にロヨラカレッジに入学するためにシフトⅡを選んだと説明していた。

就職は、博士号を取ってから公立カレッジの教師になることを希望していた。理由は、公立の大学教師が私立大学教師よりも安定しているからである。実際に彼は2012年夏からチェンナイ市近郊の公立アート・カレッジの英語教師に職を得て働いている。

ナレンドランはマドラス大学で筆者が調査をするときの調査補助で何回かお世話になった学生である。非常に聡明で流暢に英語を話すが、その彼にしてもロヨラカレッジに入学する際にはシフトⅡを使って入学している。「あなたぐらい優秀なら普通の入試でOCの通常の学席でも、OBCsの留保席でも入学できたのでは？」と尋ねると、「できたかも知れないが、確実に学籍を得るためにはお金（学費）を払えば済むことなので」と説明していた。このような選択ができることが、教育第二世代の強みであると感じた。

事例5　ディーパの場合

ディーパはOBCs、女性、22歳、エシラジ（Ethiraj）女子カレッジで英語学を専攻する修士課程学生である。タミル・ナドゥ州南部出身で、流暢な英語を話し、聡明そうな印象を受ける女性である。彼女の父の学歴はB.A（経済学学士）、母の学歴は第10学年修了。父は公務員で、公立砂糖工場のジュニア・アシスタントをしており、年収は約10万Rs（約18万円）である。学位を得ている兄も2人いて、兄の1人は私企業で働き、65万Rs（約120万円）の収入を得ている。

彼女の学歴は、就学前教育段階からカレッジ入学まで私立のマトリキュレーション学校に通い、70%から90%の優秀な成績をおさめている。しかし前期中等教育段階と後期中等教育段階のマトリキュレーション学校の入学

時に入学特別寄付金（本人はスクール・ドネイション＝学校寄付金と表現していた）を支払っている。また一方で、カレッジとPG入学時にはOBCsとして留保席を利用している。就職は公務員を希望している。

　彼女は、カーストのピラミッド（図4、238頁）を示して自分の階層の位置をペンで示してもらった際には、はっきりと「Uppercaste」とOBCsの間のクリーミーレイヤー（Creamy Layer：OBCsの社会的最上位層。詳しくは後述）の部分を指した。「あなたはクリーミーレイヤーですか？」の質問にも明確にyesと答えた。

　彼女の場合は、学校歴の最初から私立学校に通って大学まで進学する典型的な教育第二世代の学歴形成である。中等教育段階の学校に入学する際には入学特別寄付金を支払ったり、カレッジとPGコース入学時には留保制度を利用したりするなど、富裕なOBCs学生もさまざまな手を打ちながら進路を切り開いていることがわかる。

　事例4と5から、教育第二世代のOBCs学生は教育第一世代のOBCs学生と比較すると圧倒的に有利な条件の下で学歴を形成していることが明らかである。経済的な余裕が家庭にあれば、初等教育段階からマトリキュレーション学校に通い英語ミディアムで教育を受け、必要ならば学校寄付金を支払ったり、シフトⅡで学籍を確保することができる。自分のマイノリティ性を利用してMEIに入ることもできる。また当然のことながらOBCsなので、クリーミーレイヤーと認定されてしまわない限り、OBCsを対象とする奨学金も留保制度も利用することができる。もちろん、タミル・ナドゥ州ではOBCsが一枚岩ではないことは周知の事実なので、OBCsをBCとMBC（Most Backward Caste）に分けて、MBCにより厚く機会補償をしようとはしているが、この圧倒的なゼネレイションの違い、公立／私立学校の違いの前ではその機会補償はあまりに無力であるように感じる。

第7章　チェンナイにおけるSC/ST/OBCs学生の学歴形成と教育制度●——233

第4節　調査結果からわかってきたこと

◆1　私立学校系統と公立学校系統の選択——単線型学校体系の中の複線制

　第一に、チェンナイにおける SC/ST/OBCs 大学生の教育機会形成にとって大きな要因は、インドの学校体系における私立学校系統（含被補助学校）と公立学校系統（含被補助学校）が分離している中での初等・中等教育段階における学校系統の選択である。ガバメント・スクールと呼ばれる公立学校や公立学校に近い形で運営されている被補助学校つまり公立学校系列で初等・中等教育を送る者は、限られた教育資源の中で本当に優秀な者が奨学金制度や留保制度などを活用しながら高等教育まで学業を継続している。その一方で、私立学校や学費の高い被補助学校つまり私立学校系列で中等教育段階までの教育を受ける者は、社会集団の区分としてはOBCs などに分類されるが経済的にはいわゆるミドルクラスの者たちである。彼らは、州が定めた教育課程で学ぶのではなく、それに大学入学試験対策を付加したマトリキュレイション・ボードで学ぶことができる。そこには圧倒的な教育機会の差がある。

　最初にこの調査を始めるために、ある大学学部長に研究計画の説明をした際、クリーミーレイヤーと呼ばれる OBCs の最上位富裕層が対象の大学生・院生の中にどの程度いるのか尋ねたところ、「この大学・大学院にいる OBCs は皆クリーミーレイヤーだよ」と失笑された。確かに調査を進めていくと、厳しい経済状況の中でも苦学をしている OBCs 学生もいたが、富裕な OBCs 学生の方が圧倒的に多く、その富裕な OBCs 学生の多くが、先述の私立学校系統で初等・中等教育を送ってきて、英語教育や質の高い初等・中等教育を享受してきていることがわかった。

　インドの学校制度体系は前述のように前期初等教育学校のプライマリー・スクールから大学・大学院まで単線的に構成されているように見える。しか

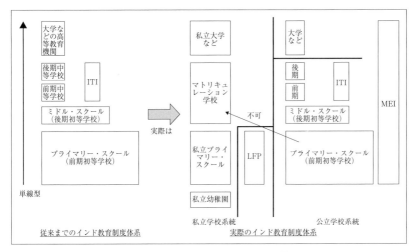

図2　単線型学校制度体系の中の複線制

し階層間の機会格差を考慮に入れると実際の学校制度体系は図2のように二分されており、「単線型学校体系の中の複線制」にもっと着目すべきである。それは、日本の高等学校教育が普通科と職業科に分かれているといった分岐とは選択の自由度が少ないという意味で位相の異なる分岐である。後述するマイノリティ・エデュケイショナル・インスティチューションやセルフ・ファイナンシング・コースの存在と併せて、インドの学校教育制度の複線的な性格と言えるだろう。前述のパターン3のように、初等・中等教育段階では私立学校や被補助学校を選択し、高い学費のかかる高等教育では国立／州立大学を選択する者もまま見られるので、富裕層学校と庶民層学校に厳密に分離した複線型学校体系とは言えないかもしれない。しかし公立学校で初等教育を開始したOBCsにとって、中等教育段階からマトリキュレイション学校に移行することは難しいという意味で、学校体系が事実上の公立学校系統と私立学校系統の複線制になっていることが指摘できる。

◆2　マイノリティ・エデュケイショナル・インスティチューションの利用

OBCs学生に面接調査を重ねていく中でわかってきたことは、彼らの初等・

中等教育段階での学校歴について尋ねた際、「この初等（または中等）学校は公立学校（ガバメント）か、それとも被補助学校か、私立か？」という質問をしても、彼らはあまり明確に答えてくれない、ということである。それよりも彼らが答えてくれるのが、その学校の設置母体がキリスト教系またはイスラム教系などの宗教と関わりがあることであった。大学教育にまで進学してきているOBCs学生の多くが、初等・中等教育段階でキリスト教系等のいわゆるマイノリティ・エデュケイショナル・インスティチューション（Minority Educational Institution、以下MEI）で学んでいる。インドでは一般にマイノリティとは宗教的マイノリティと言語的マイノリティの二者を指すが、マイノリティ・インスティチューションの設置と運営は、それらマイノリティの保護と利益促進を目的に憲法でも認められた権利である。[11] 2004年に制定された全国MEI委員会法の第10条でMEIの設置・運営が認められている。[12]

OBCsが初等・中等教育段階でMEIを選択する理由としては、第一に公立学校よりも高い質の教育を受けることができること、第二に私立学校に通うよりも学費が安いこと、第三にキリスト教系のMEIでは英語教育が充実していることが挙げられる。驚くべきことにOBCs学生たちは初等・中等教育の学校選択で、時には自らの出自とは関係なく、ヒンドゥー教徒であるにも関わらずキリスト教系のMEIを選んでいるケースも多かった。それは就学を継続させるため、またはより進学に有利な条件を得るための彼らの一種の学歴戦略である。

また、例えば運営資金の半分を政府からの補助金でまかなっている高等教育段階のMEIへの入学では、図3のようにカソリックのMEIならば学籍の半分がカソリック学生に留保されるため入学が容易になり、MEIを選択するメリットは大きい。例えばマドラス市内で優秀な学生を集めることで知られているロヨラ・カレッジ（Loyola College）はイエスズ会系のMEIだが、その場合まずは入学席の50％がカソリック学生に留保され、カソリック学生にとっては大きなアドバンテージとなる。さらにその残りの入学席50％にもキリスト教徒の留保席があり、同時に後述のセルフ・フィナンシング・

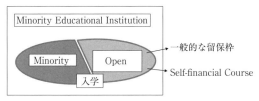

図3　MEIへの入学とマイノリティ

コースを利用して学籍を得る富裕なカソリック学生もいて、ロヨラ・カレッジはカソリック・カレッジとしての性格を色濃く保持し続けている。そのような制度があることによって、MEIは自らのマイノリティ集団の利益と文化を保持し、学生は自らのマイノリティ性を活用して学歴を継続させていく。

◆3　セルフ・フィナンシング・コース（Self-financing Course）等の利用

　セルフ・フィナンシング・コース（以下SFC）とは、私立学校または被補助学校の高等教育機関で、特別に高い授業料を負担して午後などに授業を受ける制度である。午前の通常学生の授業をシフトⅠと呼び、SFCをシフトⅡまたはイブニング・コースと呼ぶ。学費はシフトⅠの学生の約10倍の額を負担するという制度だが、2000年代に入ってから高等教育のプライバタイゼイション（民営化）が進展し、ほとんどの高等教育機関（公立以外）にSFCの学籍が存在している。そして約10倍の高額の学費を負担できる経済的に豊かな層しか受験・在学できないため、入学は一般枠（オープン・カテゴリー）よりも容易である。

　この「高額授業料を支払えば学籍が確保できる」という制度は、中等教育段階でも入学特別寄付金（Capitation Fee）、ファウンディング・フィーなど多様な呼称があり、一般的に慣行化されているものである。面接調査を進める過程で、留保制度による学籍確保よりも、この高額の授業料支払いによって学籍を得た事例が比較的多かったのは、インドにおける高等教育の民営化の影響と、高等教育までの学籍を得ているのはOBCsの富裕層が中心であることを物語っていると考えられる。

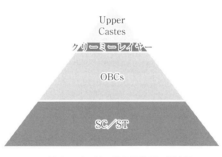

図4　インドの社会的階層の概略図

◆4　クリーミーレイヤーとしてのOBCs大学生

　クリーミーレイヤー（Creamy Layer）とは、OBCsの中で最も上層に位置する特権的な人々＝相対的に経済的・社会的・教育的に良好な状態にあり、政府の留保等の優遇プログラムの対象にならない人々を指す。親の職業（大統領、最高裁や高裁の判事、あるレベル以上の公務員、大佐以上の軍人、弁護士、会計士、医者、エンジニア、映画制作者、作家など）と収入（2013年時点で60万Rs以上）から判断される。インド社会ではOBCsの富裕な層に対して、政府の留保等の優遇プログラムから除外するべきであるという批判が強く、1990年代初頭からクリーミーレイヤーの指定が行われてきた。しかし実際は、I.A.Sオフィサーや医者などの明らかなクリーミーレイヤー以外は非クリーミーレイヤー証明書を賄賂の支払いなどの不正な手段で入手することが可能で、それが横行していると言われる。

　今回の調査の後半では、OBCs学生自身の「自分がクリーミーレイヤー層であるかどうか」という認識について図4を使って質問した。インド人学生には読み取れないよう、クリーミーレイヤーの部分は故意に日本語で表示をしておいた。すると「これは何だ？」と問われることが多く、その度に「OBCの中でも社会的に最上位の層だ」と説明した。クリーミーレイヤーの語を使わなかったのは、彼らの中にもクリーミーレイヤーと呼ばれることに抵抗があるからである。すると3割程度の学生が、そのクリーミーレイヤー層の部分を指さした。今後統計的なデータ集積・分析は必要だが、高等教育まで受

けている OBCs 学生の大きな割合が、OBCs 総人口の 0.1%[(13)] に満たないクリーミーレイヤーに占められていることは大きな発見であった。

まとめとして──チェンナイの公教育における教育機会の複層性──

　本章はチェンナイの大学生・院生と直接関わって調査をした結果を基にして考察を重ねた試みであった。最後に 2 点だけ述べてまとめとしたい。

　近年は留保や奨学金制度といった従来から用意されてきた優遇制度だけでなく、民営化・市場化＝プライバタイゼイションがさまざまな教育制度上のオプションを生み出し、OBCs の教育機会の形成に大きな影響を与えている。SC/ST と違って、もともと OBCs は従来からの優遇制度の対象となることは少なく、それら優遇制度への制度依存が比較的弱かったことに加え、経済的に富裕な層も一定数存在したことがその一因であろう。入学特別寄付金やセルフ・フィナンシング・コースの拡大など、大きくは家族の経済資源がどの程度豊かであるかという流れで、近年の OBCs 学生の学歴形成の変化の縦軸を説明できると考えている。それは教育第一世代と教育第二世代という単純な世代論ではなく、低額の学資ローンを利用してまで初等・中等教育の良い教育機会をつかもうとするか否かという OBCs 自身の主体性と選択性が差をもたらす状況である。

　しかしその一方で、マイノリティ性の活用によるさまざまな教育制度上のオプションが複線型の教育制度を拡大させていることも明らかとなった。経済的に豊か・貧しいという縦軸と同時に、OBCs 学生の学歴形成過程を検証する中で見えてきた横軸は多様なマイノリティ性である。自らの宗教や階層区分までを柔軟に変化させ、それによってより有利な教育機会を得ようとする姿勢は、まさにマイノリティ性を利用した学歴戦略とでも呼ぶことのできるものである。本人や家庭の経済的資源という縦軸と、多様なマイノリティ性という横軸が織りなす OBCs の教育機会の生成過程を両軸からさらに精

第 7 章　チェンナイにおける SC/ST/OBCs 学生の学歴形成と教育制度●──239

緻に分析していくことを今後の課題としたい。

　　　注

(1)　SC は scheduled Caste（指定カースト）、ST は scheduled Tribe（指定部族）の略。憲法上で指定され、さまざまな優遇制度の対象となる。OBCs は Other Backward Classes（その他の後進諸階級）のことで、本稿が対象とするタミル・ナドゥ州では人口の約 50% を占める。SC/ST ほどではないが、さまざまな教育機会の補償制度が用意されている。

(2)　タミル・ナドゥ州の教育概観については、Planning Commission, Government of India, 2005, Tamil Nadu Development Report, Academic Foundation, New Delhi, pp.195-232. を主に参照したが、それに筆者の現地調査での聞き取り結果を加えた。

(3)　一般的にはこの後期初等教育段階を higher　primary　school と呼ぶが、タミル・ナドゥ州では通常ミドル・スクールと呼ぶ。

(4)　RTE 法とは、2009 年に成立し 2010 年 4 月より施行された「無償義務教育に関する子どもの権利法」（The Right of Children to Free and Compulsory Education Act）の略称。拙著、インドにおける「無償義務教育に関する子どもの権利法（RTE2009）」と社会的弱者層の教育機会、『広島大学現代インド研究－空間と社会』Vol.2：63-74、2012.

(5)　オープンカースト（OC）とは、留保などの優遇措置の対象とはならない階層。

(6)　この額は学生の家族世帯の収入全体であり、家族全体がその収入で生活していることを考えれば、インド全体で約 3 割とも言われる貧困線以下の世帯に該当する低収入である。

(7)　インドの公教育は、大別すると設置者別に、州などが設置する公立学校（ガバメント・スクール）、州などから補助金を受けて運営されている被補助学校（エイデッド・スクール）、補助金など公からの資金を受けずに運営されている私立学校（プライベート・スクール）の三者がある。

(8)　マトリキュレーション学校（Matriculation　School）とは、主として後期中等教育段階の私立学校または被補助学校で、大学入学資格となる試験を州中等教育ボード（SBSEs）で実施せずに中央中等教育ボード（CBSE）や独自の試験で実施している。教授言語は英語で、授業料は高額のため、ある程度裕福な家庭の子どもが在籍している。

(9)　本文中の回答学生の名前はすべて仮名である。

(10)　調査は、2010 年 10 月、マドラス市内の DBSSS（Don Bosco Social Service Society）で実施した。DBSSS は、ドロップアウト生徒を約 1 年間教育し、公立学校に戻す活動をしているキリスト教系 NGO 学校である。筆者は通訳を介し、

ドロップアウトの原因や学校就学に対する考えなどを聞き取り調査した。

(12) インド憲法第 28 条はマイノリティの利益保護を定め、第 30 条はマイノリティの教育機関の設置と運営の権利を保障している。NCMEI（National Commission For Minority Educational Institution）が 2004 年 NCMEI 法によって設置されている。

(13) 同法の正式名称は、The National Commission For Minority Educational Institutions Act, 2004.〔Arulselvam, M. 2011：1863-1900〕

(14) クリーミーレイヤーの OBCs 人口に占める割合は定かではない。0.1% という数字は、2012 年春にマドラス大学英語学部学部長の S. アームストロング教授が答えてくれたもので、正確な統計的な値ではない。

参考文献

Arulselvam, M., 2011, *Arulselvam's All India Educational Code*, Chennai: C. Sitaraman & Co. Pvt. Ltd.

Bhushan, S., 2010, *Public Financing and Deregulated Fees in Indian Higher Education,* New Delhi: Bookwell.

Desai, S. B. et. at all., 2010, *Human Development in India*, New Delhi: Oxford University Press.

Govt. of India, 2014, Educational Statistics At a Glance 2014.（http://mhrd.gov.in/educational-statistics-glance-2 より 2015 年 8 月取得）

Khan, N.H., 2012, *Upliftment of OBCs: Human Rights Perspective*, Jaipur: Rawat Publications.

Narain, Dr. L., 2000, *Minority Educational Institutions and Review of Constitution*, Meerut: Shri Prakashan Publishers.

Planning Commission, Government of India, 2005, *Tamil Nadu Development Report,* New Delhi: Academic Foundation.

第8章

パキスタンにおける識字教育
——パンジャーブ州識字行政改善プロジェクト（2004-2007）より——

小出 拓己

はじめに

　パキスタンにおいては、2011年の段階でも未だに全人口の約半数が非識字という状態であり、この数字は低い識字率が問題となっている南アジア諸国においても最低レベルに属する。識字率向上のためには初等教育の普遍化がもっとも効果的な手段である。すなわち、小中学校が津々浦々に設置され、そこでは適切な教育内容にそった授業が行われ、またしっかりと教えられる教員が学校にいる。そして、そこに全ての子どもが通学する、というのがもっとも基本的なモデルであろう。しかしパキスタンにおいてはフォーマル教育による教育普遍化モデルは機能してこなかった。背景としては、学校設置の計画段階で子どもたちの通学の便や、現実的な教員配置が十分に検討できていないことや、教育の質の維持向上のためにきめ細かくモニタリングを行うだけの実施能力が政府側に備わっていないことなどがある。この政府直営による正規の学校教育を補完するためローカルNGOやNPOを活用したノンフォーマル教育が行われている。

　NGOやNPOなど民間セクターとの協働によるノンフォーマル教育は、ニーズベースであること、かつ低コストがうりの一つである。教育の必要な子どもたちが暮らすコミュニティーに居住する教師を活用し、校舎建設を行わないということで教師の自宅などが教育の場として活用されている。他方

で、この利点を最大限有効に活用するためには、本当に教育の必要な子どもたちがどれほどいるのかという識字・就学情報の把握や、モニタリングの有効性を確保するためのマッピングの整備が必要となる。

　民間セクターとの協働を伴う制度の設計のためには、政府としても直営事業の実施以上に、踏み込んだ形のベースライン整備が求められる。本章では、パキスタンのパンジャーブ州政府が独立行政法人国際協力機構（JICA）との協力で実施した、パンジャーブ州識字行政改善プロジェクト（PLPP）[1]の経験を共有し、悉皆調査による識字・就学状況の把握やモニタリングの組織化を進めたパキスタンの識字教育行政の一端を紹介したい。

第*1*節　パキスタンの識字率と初等就学率

　パキスタンにおいては、1991年時点での識字率[2]34.9%が2011年には58%と顕著な改善が見られる。しかしながら、未だに全人口の約半数近くが非識字という状態である。また、女性の識字率が著しく低く、識字率改善のボトルネックになっていることが特徴である（表1）。

　男女間の格差に加え、地域間の格差が大きいことも特徴のひとつである（表2）。西部のハイバル・パフトゥーンハー（KPK）およびバローチスターンの2州が東部の二つの州と比較して識字率が低い。とくに女性識字率が著しく低い。女性隔離の習慣（パルダ）が強固であることや女性の教育に対する意識が低いことが背景にあるといえるだろう。

　他方、パキスタンの初等就学率[3]も低迷を続けている。本来、義務教育が施行され、公教育による初等教育普及がなされていれば非識字問題は時間とともに解決する。しかしパブリック・セクター主導による教育の普及も足踏みを続けてきた。

　識字率自体は着実な上昇トレンドにあることは確かであるが、他方では絶対数としての非識字人口はいまだに増加している。これは、識字率の伸びを

第8章　パキスタンにおける識字教育●──243

表 1 識字率（10歳以上）

	男	女	計
1991 年			39.9%
2005 年	65%	40%	53%
2011 年	69%	46%	58%

出所：PSLM 2004-05, 2010-11.

表 2 パキスタン州別識字率（10歳以上）

	計		男		女	
	2005 年	2011 年	2005 年	2011 年	2005 年	2011 年
パンジャーブ	55%	60%	65%	70%	44%	51%
スィンド	56%	59%	68%	71%	41%	46%
KPK	45%	50%	64%	68%	26%	33%
バローチスターン	37%	41%	52%	60%	19%	19%
パキスタン全国	53%	58%	65%	69%	40%	46%

出所：PSLM 2004-2005, 2010-11.

表 3 初等純就学率

	男	女	計
1991 年			
2005 年	56%	48%	52%
2011 年	60%	53%	56%

出所：PSLM 2004-05, 2010-11.

表 4 パキスタンにおける識字率と非識字人口

年	10歳以上人口（百万人）	識字率（10+）	非識字人口（百万人）
1951	22.71	17.9%	18.64
1961	26.12	16.7%	22.08
1972	42.91	21.7%	33.59
1981	56.33	26.2%	42.69
1998	89.84	43.9%	50.38
2005	115.52	54.0%	54.29

出所：パキスタンのセンサスより筆者作成。2005年はPSLMに依拠。

人口増加率の伸びが上回っているためと考えられる。同時に教育サービスの提供が人口増加率のスピードに追いつかないということも考えられるかもしれない。ここで教育サービスの提供という場合には単に施設の建設だけではなく、その適切な配置も念頭におかなければならない。さらに質の高い教員が配置されており、かつ適切に教育活動を行っているということも含められるだろう。量と質、両面での教育サービスの問題点が低識字率問題の原因の一つである。

パキスタン連邦教育省は、1995年に入学した1年生約160万人についてのコホート分析を行った [Shami, et al. 2006]。その160万人の子どもたちで10年後の2005年に10年生として残っているのはわずか22％の約36万人であった。残りの78％の子どもたちが、それが私立学校への転籍であれば教育を継続したことになるが、多くの子どもはいわゆるドロップアウトとして読み書きそろばんのできないまま成人になってしまっているケースも多いと考えられる。いずれにせよ子どもたちは学校から去ってしまっているわけであり、公立学校のパフォーマンスの低さや公教育システムそのものが信頼されていないということを印象づけるデータである。

第2節　政府による識字教育事業

パキスタン政府はこのような公教育による供給ギャップを補完するために識字政策としてノンフォーマル教育事業を実施してきた。このノンフォーマル教育には大まかに2タイプのスキーム(4)がある。5歳—14歳までを対象として、一般小学校と同様の科目を教えるノンフォーマル教育初等学校と、15歳以上を対象とする成人識字センターである。

またこれらの識字事業は、業務委託あるいはパートナーシップという形でローカルNGOを活用し運営する方法が取られてきた。現場での手段を持たない政府はNGOを通じて地域や生徒などのニーズ把握、教師の雇用、教材

第8章　パキスタンにおける識字教育●──245

教具の配布を実施する。政府の役割としてはNGOが上げてくるニーズの確認、教師トレーニングや備品の調達、モニタリングという部分を担っていた。

　パキスタンは連邦制の国家であり、連邦政府と州政府はそれぞれ管轄事業の分掌がある。教育は州政府の管轄であり、連邦政府は直轄地域の事業のみを担当する。また同種の事業であっても、ニーズにしたがって州ごとに異なる実施方法を取ることもある。

　以下では基本的にパンジャーブ州での事例を取り扱う。またこの事例については2004年から2007年まで、パキスタンのパンジャーブ州政府がJICAの協力で実施した、パンジャーブ州識字行政改善プロジェクト（Punjab Literacy Promotion Project：PLPP）フェーズ1時点での状況を元にしている。

　このプロジェクトは、当時ムシャッラフ政権が進める地方分権化の機構改革の中で2002年8月に識字・ノンフォーマル初等教育局⁽⁵⁾（以下、州識字局）が設立され、その機能強化の一環となるものであった。2004年当時、州識字局は州内四つのモデル県を対象に「識字率100%を目指した識字教育促進⁽⁶⁾のためのモデル県識字事業」を実施するところであり、PLPPはこのモデル県事業の円滑な実施を支援することを主眼においていた。

◆1　ノンフォーマル初等学校と成人識字センター

　ノンフォーマル初等学校（Non Formal Basic Education school：NFBE）が対象とするのは学校未整備地域における未就学の子どもあるいは就学したもののドロップアウトしてしまった子どもである。年齢グループとしては5歳から14歳が対象である。

　NFBEの場所は主として教師の自宅やコミュニティー提供の場所であり、校舎の建設は不要となる。教科書、教具は無償で配布される。

　コース内容としては一般教科に準拠しており、ウルドゥー語、英語、算数⁽⁷⁾に加え総合教科として理科、社会を学ぶほかイスラームに関する教科を学習する。また初等レベル（1—5年）を約3.5年で速成するということを一つの特徴としていた。コース修了者は一般の第5学年修了試験を受験し資格の認

定を受けることができる。教員については10年修了（Matrics）レベルを最低資格としていた。また、教師一人が、1年から5年までの生徒を同時に教えなければならないことから、マルチグレード方式による教授法・教室運営法が取られている。

　成人識字センター（Adult Literacy Center：ALC）は対象が15歳以上の非識字者である。受講生のほとんどが女性であった。設置の方法や教師の資格はノンフォーマル初等学校と同様であるが、コース期間は約半年であり、読み書き計算とコーランを学習する。2004年当時の計画ではコース終了後に収入向上コースへ進むというものがあったが当時は実施できていなかった。

◆2　識字事業の課題とパンジャーブ州政府の対応

　パキスタンの識字セクターにおける問題点は、計画策定の裏づけ、あるいはモニタリングの基礎となりうるデータが欠如しているということである。したがって、パブリック・セクター主導によるNFBEおよびALC事業でも、ベースラインなしにローカルNGOへの「丸投げ」をせざるを得ないのが当時の現実であった。パンジャーブ州政府が「識字率100％を目指した識字教育促進のためのモデル県識字事業」を計画したのは、このような課題を克服するための試行錯誤の一環ということもできる。

　ベースラインの不備をより具体的にあげるならば、まず、特に、出生登録や住民登録が徹底されておらず、さらにそれらを反映した世帯データも完備されていない。したがって、識字率を測定するための分母は、実際にはあまり明確ではなかった。また、各世帯が所在する住居等の地理上の位置についても情報がまちまちなため、一貫した把握ができていたかについても疑問点が多かった。このようにベースラインが定まらず、確認手段のないままニーズ把握のみをNGOに依頼すれば、当然ながら意図せざる重複や取り残しが発生し、意図的な水増しなどの操作が行われる可能性も疑われる。例えば生徒リストに架空の氏名が入っていたとしてもそれを排除することは極めて困難である。

第8章　パキスタンにおける識字教育●──247

第2の問題としてはフォーマルの公立小学校などとの連携が図られていないことである。したがって、ニーズ調査時に未就学としてリストに載ったとしても、実際にそうなのかどうか確認を取ることが困難であった。また、マッピングによる地理情報が整っていなかったことで、開設されたノンフォーマル初等学校などを政府職員らがモニタリングのために単独で訪問することが困難な状況も多く発生した。

　結果として、リストにあっても実際は稼働していない「ゴースト・スクール」であるとか、モニタリング時に急ごしらえの「アレンジド・スクール」などが続出した。これは、ノンフォーマル教育や識字教育というものへの信頼性を揺るがせるものでもあり抜本的な対応が望まれていた。

　これらの問題を解決するため州識字局が取ったイニシアチブの一つが、「パンジャーブ州識字行政改善プロジェクト」である。このプロジェクトが主眼としたのは、1）ニーズ把握については事業実施を行うローカル NGO への委託ではなく、県政府の担当業務とする。同様に教師の雇用についても県政府の関与を明確にする。2）対象モデル県の悉皆世帯調査を実施し、ベースラインとしての住民情報、識字・就学状況を把握する。3）マッピングを通じて、識字事業地の可視化を図りモニタリングを容易にさせる、というものである。

　また上記を受けたプロジェクトのフローは以下のようなものである。

モデル県の選定

調査票の開発[8]

世帯（悉皆）調査によるデータ収集

識字マネジメント情報システム（Literacy Management Information System：LitMIS）の開発

データ入力、分析

LitMIS 活用による、学校・センター数、地理的・時系列別配置などの計画（Plan）

ノンフォーマル初等学校、成人識字センターの開設、研修の実施（Do）

表 5 ターゲット・グループ

県	人口	識字率 (女性%)	5-14歳人口 (県総人口 比%)	5-14歳 非就学人口 (対同年代 比%)	15-34歳人口 (県総人口 比%)	15-34歳 非識字人口 (対同年代 比%)
DGK	1,643,118	30.6% (18%)	518,623 (31.6%)	226,718 (43.7%)	486,843 (43.7%)	318,560 (65.4%)
KWL	2,068,490	34.5% (25.1%)	594,248 (28.7%)	226,691 (38.1%)	668,114 (38.1%)	358,182 (53.6%)
KHB	905,711	39.6% (21.7%)	220,032 (24.3%)	78,046 (35.5%)	287,848 (35.5%)	154,022 (53.5%)
MBD	1,160,552	45.0% (35.6%)	318,568 (27.5%)	97,962 (30.8%)	368,243 (30.8%)	155,510 (42.2%)
合　計	5,777,871	37.4% (25.1%)	1,651,471 (28.6%)	629,417 (38.1%)	1,811,048 (38.1%)	986,274 (54.5%)

注：1998年センサスに基づいたプロジェクト開始時点での推計。識字率は2004年推計。非就
　　学人口はドロップアウトを含む。

LitMIS活用によるマネジメント、モニタリング・評価（See）

◆3　モデル県の選定とターゲット・グループ

　パンジャーブ州には全体で35の県（当初は34県。実施中にナンカーナー・サー
ハブ県がシェーフープーラ県より分離）があるが、モデル4県の選定は識字率お
よび地理的分布を考慮し識字局が行った。高識字率の上位グループ県は優先
度が低いものとして除外し、中位グループからマンディー・バハーウッディー
ン（MBD）、また低位グループからハーネーワール（KWL）およびフシャー
ブ（KHB）両県が、最低位からデーラー・ガーズィー・ハーン（DGK）県が
選ばれた。また地理的分布の観点からは、北西部フシャーブ、北部マンディー・
バハーウッディーン、南部ハーネーワール、南西部デーラー・ガーズィー・ハー
ンというような配慮が行われている。なお、モデル4県での非就学・非識字
（5—35歳）人口、すなわちプロジェクトでのターゲット・グループは 約162
万人であり、これは4県総人口の28%にあたる（表5）。

第8章　パキスタンにおける識字教育◉──249

◆4 世帯調査

各世帯の悉皆調査によるデータ収集は、各県の人口10%を対象とするパイロット1回と、残り90%を対象とする3回（各30%）に分けて実施した。データ収集にあたってのローリング・プラン策定に当たって参考とした情報は、1998年センサス実施時の資料である。とくにセンサス時の調査員が作成した手書きのアナログ世帯地図には、1998年当時の各世帯の所在地が見取り図として記載されており、住宅地図が整備されていない環境においては、情報価値が高いものであった。それに加え、パトワーリー図と呼ばれる地権者地図を合わせて活用した。

◆5 識字マネジメント情報システムLitMISによるデータ管理

世帯調査で収集された約80万世帯のデータを活用するシステムが識字マネジメント情報システム（LitMIS）である。LitMISは上述した世帯調査によって得られたデータを入力するコンポーネント、および各種レポーティングへの出力コンポーネントなどから構成され、ノンフォーマル学校等の設置計画策定に至る一連の流れを管理する（図1）。

開発されたLitMISにおいて特徴的であるのは、データ表示コンポーネントにおける集落ニーズ・マッピング[10]であろう。ここでは各集落の非就学人口（5歳—14歳）、非識字人口（15歳—35歳）および10年生修了人口が男女別にマッピングされる（図2）。

◆6 ノンフォーマル学校等設置計画の作成

LitMISによって作成されたレポートやマッピングは、NFBEおよびALCの設置計画作成および設立された学校等の管理モニタリングを行うことが目的である。設置計画については、集落別非就学、非識字および10年生修了人口のリストおよびマッピング、さらに既存の政府学校のリストおよびマッピングが策定に必要な情報である。これらの情報活用のために、EDOを対象のセミナーおよび現場での指導（OJT）が実施された。

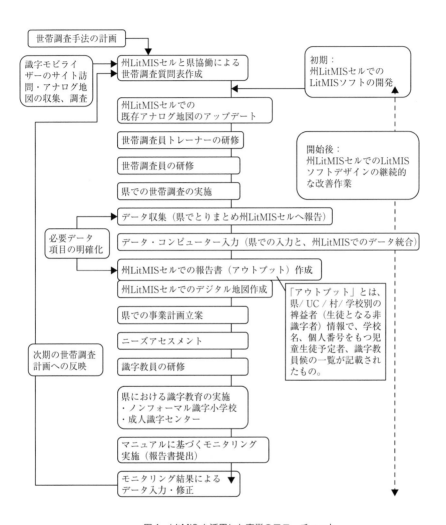

図1　LitMISを活用した事業のフローチャート
出所:「パンジャブ州識字行政改善プロジェクト（フェーズII）事前評価報告書」、2007：9。

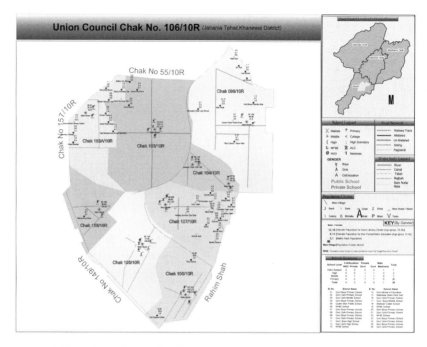

図2　集落ニーズ・マッピング例（ハーネーワール県ユニオン・カウンシル Chak No. 106/10R）
出所：PLPPプロジェクト事務所、2007年6月。

　LitMISがサポートする計画要素は、学校等の設立の可否（設立に足る非識字者等の人口があるか、近隣に政府小学校が存在しないかなどを勘案）、教員となりうる人口（最低10年生修了、女性識字センターのためには女性が必要）の有無、近隣集落と合同での学校等の設立の可否などである。EDOらは、そのような情報を活用し、州から配分される予算を念頭に設置計画の作成を行った。以上の設置計画は、EDOが策定した原案を県レベルで承認された後、州識字局に送付されその承認を受け、さらに予算の配分を待って具体的な事業が開始されるという流れとなる。

◆7　教員の採用など

　モデル県のプロジェクトにおいてはLitMISを活用してEDOが教員リス

トを作成する。連邦のプロジェクトでは委託されたNGOが独自に教員リストを作成していたわけであり、この面では透明性が向上した。ただし、リストにあるからと言って自動的に教師となるわけではなく、最終的には本人の同意が必要となる。この同意は県のモービライザーが取りつける。さらに、リストにある者の同意を取りつけられない場合、または教員が学校に生徒を集めることが困難な場合にサポートを行うのが村落教育委員会（Village Education Committee）である。メンバーとしてはユニオン議員、村長、モスク指導者、近隣のフォーマル小学校教師、NGO代表などである。

おわりに

　以上のように、パンジャーブ州政府はノンフォール教育が効果的にフォーマル教育を補完できるよう、そのステップを踏み出した。また、同様の枠組みを他の31県にも適用すべく、Literate Punjab Programmeを策定し2007年より実施している。政府としてNGOの力を活用した教育の普及を図るため「監督者」として必要不可欠なツールを導入したという点でPLPPは大きく評価できる取組みであったと考える。

　一方で、パキスタンにおいてはフォーマル、ノンフォーマルの枠組みを越えて、プライベート・セクターによる教育サービスが急激に拡大している。PLPPが開始された2004年時点では、パンジャーブの小さな地方都市にまで広がりつつあった私立の小中学校とも連携を図り、教育の普遍化を進めていくという視点は、まだ州行政の事業立案には反映されていなかった。

　2010年冬に私がパンジャーブ州南部のムザッファルガルに滞在した時には、ノンフォーマル小学校の教員経験者が私立学校の教員になっていたケースや、私立学校関係者がノンフォーマル学校の設立に関与しているというケースにも遭遇した。草の根レベルでの教育の動きが、政府がキャッチアッ

第8章　パキスタンにおける識字教育●──253

プすることができない速度で変化を遂げていることや、政府からのサービスに期待できない人々が自ら教育の機会のために動き出している実態があると思われる。

パキスタンにおいて教育が普遍化し識字率が格段に上昇するためには、フォーマル・ノンフォーマルを含めたプライベート・セクターによる教育を統合的に政策に反映させていく取組みがますます必要になってくるだろう。

注 ─────────────

(1) Punjab Literacy Promotion Project（PLPP）. なお PLPP 自体は 2007 年から 2011 年までフェーズ 2 が実施されており、その後、質の強化を主眼とするノンフォーマル教育推進プロジェクト（2011—）が実施されている。

(2) パキスタンにおける識字率は 15 歳からの国際基準とは異なり 10 歳以上を対象としている。連邦統計局による識字者の定義は「新聞を読解し簡単な文章を書き、簡単な足し算ができること」である。

(3) パキスタンの初等（Primary）は 1 年生から 5 年生で、年齢層としては 5 歳―9 歳にあたる。

(4) これらのスキーム自体は連邦政府の主導で策定されてきた。連邦レベルでの識字率向上を推進してきた機関は以下のとおりである。

 Literacy and Mass Education Commission（LAMEC）1981-89

 National Education and Training Commission（NETCOM）1989-95

 Prime Minister's Literacy Commission（PMLC）1995-99

 Pakistan Literacy Commission（PLC）1999-2001

ムシャッラフ政権初期に PLC が教育省に統合され最終的にその役割を終えた。

(5) Literacy and Non Formal Basic Education Department.

(6) デーラー・ガーズィー・ハーン、ハーネーワール、フシャーブ、マンディー・バハーウッディーンの 4 県（District）

(7) パンジャーブ州の教科内容については 2010 年以降整備が図られてきており、その概要は州識字ノンフォーマル教育局のホームページ（http：//www.literacy. gop.pk/curricula.html）でも参照できる。

(8) 調査票策定の過程としては、JICA 専門家のプロジェクト・チームが作成した原案を、モデル県識字担当官 Executive District Officer（EDO）Literacy および州教育マネジメント情報システム Education Management Information System（EMIS）の責任者が確認し、州識字局が承認した。

(9) 1998 年センサスに基づいたプロジェクト開始時点での推計。識字率は 2004 年推計。非就学人口はドロップアウトを含む。

(10) 地図上には、成人識字センター学習対象者となる15-35歳の非識字者数、ノンフォーマル識字小学校の対象者となる非就学児童数、識字教員の候補者となる10年生（Matriculate）修了者数が、すべて性別で記載されている。

参考文献 ─────────────

Shami, P.A., Ahmad, M. T., et al. 2006, *Retention and transition patterns of children at school education, 1995-96 to 2004-05*. Academy of Educational Planning and Management, Ministry of Education. Islamabad.

Statistic Division, Federal Bureau of Statistics, Government of Pakistan 2005, *Pakistan Social & Living Standards Measurement Survey（PSLM）2004-2005*. Islamabad.

Statistic Division, Federal Bureau of Statistics, Government of Pakistan 2005, *Pakistan Social & Living Standards Measurement Survey（PSLM）2010-2011*. Islamabad.

独立行政法人国際協力機構2007、「パキスタン・イスラム共和国パンジャーブ州識字行政改善プロジェクト（フェーズII）事前評価報告書」。

第 9 章

パキスタンにおけるマドラサ改革の問題

フマユン・カビル（日下部達哉・井出翔太郎　訳）

はじめに

　9.11 事件後、パキスタンのイスラーム学校であるマドラサは、イスラームの闘争性との関連から、世界中の関心を集めている。そのようなマドラサとイスラームの攻撃性の関連についての多くの議論は、大袈裟かつ単純化され、多くのマドラサの現実を捉えているとはいえない ［McClure 2009］。そうしたイスラームの攻撃性の観点からマドラサが注目される一方、マドラサにある教育機能は見落とされてきている。例えば、近年の多くの研究では、マドラサの多くが、ローカルコミュニティのサポートを受けながら経営がなされているという点が注目されている ［Bano 2007：6］。この背景には、数多くの子どもが未だに学校に通えてない現状がある。パキスタン政府の調査によると、学校に行っていない子どもの数は約 6,700 万人にものぼるが ［MoE 2013］、このような状況下で、パキスタンのマドラサは、1,500 万人の子どもたちに無償教育を提供している ［Bano 2007：6］。イスラームの攻撃性が注目されて以降、主に政府によって計画されてきたマドラサの改革は、世俗的・近代的マドラサが増加すれば、その攻撃性も弱まるだろうという筋書きのもとに実施されてきた。それ以前の改革政策では、マドラサを主流の教育に位置づけ、そこを卒業した生徒と他の教育を受けた生徒が等しく扱われることに重きが置かれていたが、マドラサ同士の関係性の複雑さが原因で、マドラサ側からの抵

抗にあったことや、国内の混乱が原因で改革政策は実らなかった。

　そこで本章では、まずは一般的なマドラサの概要について説明し、パキスタンの既存の教育システムにおけるマドラサの位置づけを試みる。次にパキスタンのマドラサ改革を概観し、それに対するマドラサの抵抗の内実について分析する。そして改革は、宗教的正統性との折り合いをつけること、マドラサの概念の変化や普通教育の状況変化への対応、改革内容の国民への普及活動を行うなどの実施枠組みなくしてマドラサの改革はありえない、という議論を提示したい。

第1節　パキスタンにおけるマドラサの役割

　パキスタンの教育制度については第Ⅰ部第2章（黒崎）の報告に委ね、本章では宗教教育の位置づけと役割に特化して議論する。

　パキスタンの教育制度は大きく2つに分けられる。一方はいわゆるメインストリームであり、近代的・世俗的な普通（duniya）教育で、もう一方が宗教教育である。普通教育はさらに、ウルドゥー語ミディアムの公立学校と英語ミディアムの私立学校という2つのタイプから成り立っている［Fair 2008：15］。普通教育と宗教教育の大きな違いは、宗教科目の内容量にある。普通教育では宗教クラスは名目的といえるほどしかないが、宗教教育では多くを占めている。しかしながら、Islamiyat（イスラーム科）と呼ばれる教科は、パキスタンでは公立学校と私立学校の両方で教えられている［Fair 2008：15］。そして、パキスタンには、バランスをとり、世俗的近代学校と宗教学校の両方の内容を結びつけることを目的とした、3つ目のタイプの学校も存在する。宗教とメインストリームの教育を結びつけようとするこの動きは、パキスタン社会では、ひそかに進められている。

　パキスタンの教育事業が、予算、地理的な格差、男女間格差、またアクセスや質の問題といったさまざまな要因によって制約され、学齢児童全体の人

数の 32% が未だに学校に通えていない状況については第 2 章（黒崎）において
も指摘されている。これは他の発展途上国と比較しても大きな割合だといえる。このような背景において、パキスタンのマドラサは教育のオルタナティブな制度として教育の機会提供に一役をかっている。宗教関連政策がマドラサに貢献すると同時に、教育に関する社会状況は、パキスタンにおけるマドラサの発展に大いに貢献している。

◆1　初等教育レベルにおける「モスク学校」

　パキスタンのイスラーム教育にはさまざまな形態が存在する。インフォーマルな初期段階のものとしては、モスクやカンカー（khanqah：イスラーム学者やスーフィズム指導者の複合体）といったものや、生徒がコーランの読み方、また礼拝や慣例といった基礎的なイスラームを学ぶマクタブ（maktab）教育といったものが挙げられる。南アジアの他の地域と同様に、一般的にマクタブは、モスクやマドラサの一角や、家の軒下、木の下やコミュニティの公共空間において自発的に開かれている。多くの場合、イマーム（礼拝指導者）やムアッジン（礼拝誘導者）、もしくは地域のマウラナが、就学前や小学校に通う子どもたちを相手にイスラームの基礎を教える。マクタブは早朝もしくは夕暮れに開かれ、普通教育の学校に通う子どもたちも同時に通うことができる。

　2004 年の報告［Abdalla, Raisuddin and Hussain 2004：8］によると 58,124 のマクタブが自発的に開かれているバングラデシュと比べて、パキスタンに特徴的なのは、1970 年代後半以来政府が、「モスク学校」あるいはモスク基盤のコーラン学校を通じて初等教育普及の達成を加速化するための、教育政策に着手していることである。1979 年の教育政策およびその実施計画では、既存のマクタブの役割を強化し、未就学状況にある半数の子どもたちおよび当時学校に通っていなかった 3 分の 2 の女子たちを就学に促す機関としてマクタブを活用しようとした［Bengali 1999:9］。政府はマクタブを「モスク学校」と改変して、世俗教育初等課程のカリキュラムを追加し、3 年生までの学校

として組織運営することを計画した。イスラームの授業を担当する宗教教育者に加えて世俗教育を担当する教員を雇用した。宗教教育者にも相当額の給与が支給された。これらのモスク学校は、バングラデシュの「ヌラニ(Nurani)」もしくは「フォルコニア (Furqania)」マドラサと比べることができるだろう。すなわち、イスラーム科目に加えてベンガル語や算数、英語といった宗教外科目を導入する、組織化されたマクタブである。バングラデシュのこれらの学校では、通学期間は1年間から数年間までさまざまである。バングラデシュと同様に、パキスタンのモスク学校の子どもたちは、メインストリームの世俗初等教育やマドラサの初等教育課程、特別マドラサといった他の学校システムにおける教育と並行することができる。ヌラニやフォルコニアマドラサにおける宗教外科目の導入は、バングラデシュでは政府の干渉なしに実施されたが、パキスタンでは政府が自ら介入し、モスクを基盤とする学校に宗教外科目を導入することに関する政策を踏まなければならなかった。また、公的には、パキスタン政府は初等教育機関の統計にマクタブとモスク学校を担い手として含んでいるが、バングラデシュではマクタブやヌラニ、フォリコニアマドラサは統計には含まれていない。

　1998年の国家教育政策によれば、パキスタン政府は37,000のモスク学校を開設しているが、その数は政府が目標とした数からはほど遠い。それらのモスク学校は、既存のマクタブを改変したものであったり、新たに建てられた機関であったりする [Bengali 1999：23]。パキスタンのモスク学校は、とくに僻地農村における女子の就学率を上げることにおいて比較的成功している。このシステムは、既存のイスラーム教育初等レベルを改めたり忌避したりすることはなかったので、それまでマクタブやモスクを基盤としたコーラン学校に子どもを通わせていた農村部の貧困層の人々にも受け入れられた。戦略的に、この政策はコストの面でも効果があった。政府はいたるところですでに存在する学習空間を利用することで、新たな初等教育機関を建てずに済んだのである。モスク学校への就学率の上昇は、間接的に初等教育の就学率上昇にも影響した。モスク学校を修了した多くの子どもたちが、正規の初

等教育機関に入学するようになったのである［Warwick, Reimers and McGinn 1991：9-11］。

◆2　マドラサ教育システム

　よりフォーマルなイスラーム教育の形態としては、パキスタンの *Deeni Madaris* に見られるような、マドラサの後期段階といったものがある。パキスタン政府はマドラサを「宗教教育初期段階のための施設であり、ジャーミア（*Jamia*）、ダルル - ウルーム（*Dar-ul-Uloom*）、学校、大学、または宗教教育に関係し、下宿施設を提供するものであれば、他のいかなる形でもそれに属する」と定義している［cf. Bano 2007：9］。

　またマドラサの教育は、体制化・組織化されている。生徒はアラビア語、ペルシャ語、コーラン、ハディース、フィクフを徐々に学んでいく。これらの教科の内容量は、マドラサ教育のレベルに応じて増えていく。パキスタンのイスラーム教育の制度はいくつかのレベルに分かれ、学校教育年数はレベルごとに違う。

　前述のように、イスラームにおける就学前教育と初等教育は、しばしば、マクタブやモスク、家の中庭や、大きなマドラサの分施設において行われるイブテダイ（*ibtedai*）として知られている。内容が濃密なフォーマルなイスラーム教育は、普通教育システムの中学校レベルと同等に位置づけられるムタワシーター（*mutawassitah*）に始まる。ダルシ・ニザーミー（*Dars-i-Nizami*）カリキュラム[(1)]はこの段階から採用され、4つの段階に分けられるファウカニ（*fauqani*）の段階になると、その数も増えてくる。ファウカニのそれぞれの段階においては、生徒は通常2年間勉強し、アリミアー（*alimiah*）レベルを終了した生徒は、普通教育における MA 学位と同等に扱われ、イスラーム学者としてのアリム（*alim*）の学位を取得することができる。分派とそれぞれの方向づけは、ファウカニレベルに始まり、カリキュラムはマドラサのそれぞれの分派によって異なる。タクミール（*Takmeel*）レベルは生徒が1年から数年間かけて、イスラーム法学やコーランの釈義といった、より高度な

表 1　パキスタンのマドラサ教育の各段階

段階	就学年数	メインストリーム同等レベル
イブテダイ（初等課程）	5 年	小学校 5 年
ムタワシーター	3 年	中学校 8 年
ファウカニ	8 年	-
a．タンビーヤ・アマー	2 年	中学校 10 年（前期中等教育）
b．タンビーヤ・カサー	2 年	後期中等教育
c．アリア	2 年	学士
d．アリミアー	2 年	修士／アリム（イスラーム学位）
タクミール	1 年以上	大学院

出所：[Fair 2008：24-25]，[Riaz 2008：82]

表 2　パキスタンにおける派閥別のマドラサ委員会：設立年と所属マドラサの数（2007）

委員会名	帰属宗派	設立年	マドラサ数
ウィファクル・マダリス・アル・アラビーヤ	デーオバンド派	1959	9,500
タンズィムル・マダリス	バーレルヴィー派	1960	4,500
ウィファクル・マダリス・アル・サラフィーヤ	アウラ・ハディース派	1955	500
ラブタット・アル・マダリス・アル・イスラミア	ジャマーティイスラム派	1983	1,000
ウィファクル・マダリス・アル・シーア	シーア派	1959	500
合計			16,000

出所：[Rahman 2008：63]，[Bano 2007：12-13]

専門的知識を得るためのイスラーム教育の大学院として見なされる。

　パキスタンにおいて、マドラサが分派し始めたのは 1950 年代中頃以降のことである。それぞれのイスラーム学者の派閥グループが、マドラサ教育の委員会を築いた。5 つの派閥の中で、マドラサの学校数では、ウィファクル・マダリス・アル・アラビーヤ（*Wifaq-ul-Madaris al-Arabiya*）が最大を誇る。このボードに含まれるマドラサは、デーオバンド派（*Deobandi sect*）2 とのつながりが深い。その数は 2007 年には 9,500 校にのぼっており、現在では更に増えていると考えられる。各マドラサでは、コースに沿って授業が展開され、生徒に試験を課し、卒業証書が与えられる。1978 年より、イッテハド・タンジマット・マダリセ・ディニヤ（*Ittehad-e-Tanzimat Madaris-e-Deeniya*：*ITMD*）と呼ばれる、共通委員会の下、5 つを統制すべくイニシアティブが

第 9 章　パキスタンにおけるマドラサ改革の問題●——261

取られてはいるものの、イスラーム学者側（特にデーオバンドマドラサ委員会から）の統一政策に対する抵抗もあり、未だ成功に至ってはいない。

今日の ITMD は、マドラサ改革政策やその他の諸問題への対応を政府と共に行うという、5 つのボードの連合的役割を担っている。一方で 2001 年、ムシャラフ政権は、法令とマドラサ改革計画の下、全マドラサの共通ボードの設立を開始した。その委員会は、パキスタンマドラサ教育委員会（PMEB）として知られ、イスラマバードにあり、スタッフは公務員としての地位を与えられる。しかしながら、このボードも、無認可マドラサ委員会のリーダーたちを満足させることはできなかった。PMEB は 3 つのマドラサの形態を、宗教と一般カリキュラムを内包し、職員の給料とマネージメントコストが政府によって支えられる模範的マドラサに変えた［MoRA 2013a：24-25］。

政府無認可のマドラサも多く存在するため、正確な数の把握は難しく、情報源によって学校数の報告はまちまちである。また、過大評価・過小評価の傾向がある。例えば、9.11 以降、国際危機グループ（ICG）は、パキスタン全体の 3 分の 1 の子どもがマドラサに通っていると 2002 年の報告書で述べているのだが、この数値に対しては、誇張であり正確な見積もりではないという反対意見が多く存在したため、ICG は 2005 年に数値を、学校へ通う子ども全体の 5—8% へと訂正した［ICG 2002; Riaz 2008：91］。Andrabi らは 2006 年、教育統計のさまざまな二次データを基に分析を行い、マドラサ数は、数々のメディアや報告書で過大に見積もられているとし、以下のように主張した。

公立や私立の教育オプションに比べるとマドラサセクターは小さく、国全体の入学者数の 1% も占めていない。パキスタン内でマドラサ入学者の最も多いとされるアフガニスタン国境沿いの地域を見ても、その数は地域全体の 7.5% にも満たない。更に、近年のマドラサ入学者数の劇的な増加を示す証拠はどこにもなく、マドラサ入学者数の割合は、1975 年以前は減少しており、それ以降、徐々に増加傾向にある。2001 年以降、いくつ

かの地域においてはマドラサ入学者数に変化は見られないが、他の地域では増加している［Andrabi et.al 2006：447］。

　多くの研究者らが主張するように、報告されたマドラサ数は不正確であり、パキスタンにおけるマドラサの正確な状況を伝えきれてはいない［Riaz 2008：91-92］。政府の情報でさえも、Andrabi ら［2006］のそれよりもさらに多くの数を報告している。例えば、国家教育管理情報システム（NEMIS）は、パキスタンでは、マドラサ数は教育施設全体の5％を占めると報告している。2011—12年、マドラサ数は12,910で、その内378が公的セクター、残りの12,532（97％）は私的セクターに位置づけられる。全マドラサ入学者数は、172万人で、その内の62％は男子生徒が占めている［NEMIS 2011：22］。全てのマドラサとマクタブを含めた場合、その数はより多くなると考えられる。そして、国の至る所で独立して経営される未登録のマドラサ・マクタブ数は数千にも及ぶと考えられる。

第2節　現代のマドラサ改革計画

　パキスタンのマドラサ改革は3つの視点から描くことができる。初めにマドラサによる自主的改革、次にメインストリームの教育と宗教教育の架橋を目的とした、イスラーム学者や現代主義者による改革、最後にマドラサカリキュラムの世俗化、また教育行政やマドラサ官僚への介入に重点を置く、国家による改革計画という観点である。

　第一の改革はマドラサ側で、徐々に起きたものである。例えば、中世のマドラサ、南アジアにおけるイスラーム政権下でのマドラサ、現代のマドラサは同一の性質を有しているわけではなく、それらは、時とともに形を変えてきたのである。19世紀の、インドのデーオバンド派神学校による、ダルシ・ニザーミー（*dars-e nizami*）カリキュラムの改革は、マドラサ改革過程の一つ

第9章　パキスタンにおけるマドラサ改革の問題●——263

の例である。哲学や論理学といった合理科学よりも、元来、コーランやハディースといった啓示学に重きを置いていたダルシ・ニザーミーカリキュラムの重点を、合理科学に置くようになったことである。現代化と社会変化に続いて、多くのマドラサが、中世とは異なる新たな形に徐々に変化していった。

　第二の改革過程は、生徒にとって、イスラームの授業だけでは社会制度の変化に対応するうえで十分ではないという要求の結果として起こった。この手の改革計画の好例としては、学校チェーンをもつ私立教育財団であるイクラ・ロザトゥル・イフタル財団（*Iqra Rozatul Iftal Trust*：IRIFT）が挙げられるだろう。この財団は、1984年にカラチでデーオバンド派宗教学者らによって設立された。彼らは、近代のメインストリーム教育には、イスラーム教育が不足している一方で、マドラサには近代教育が不足していると感じていた。それゆえ、彼らは、マドラサと普通学校の双方を内包する教育システムを、男子用と女子用に分けて考案した。生徒は、学年開始時から初等教育段階までマドラサセクションで勉強する。そして、学校セクションに入る前段階として1年間予備コースに入る。予備コースには、普通学校の初等カリキュラムも含まれており、つまり、生徒は5年間分の教育内容を1年で勉強することが要求される。この後、一般的には、彼らは学校にて6学年から勉強を続ける。IRITは、パキスタンの115校の学校兼マドラサを経営している。このマドラサと学校制度の複合的制度は、他の私的法人や団体によっても取り入れられている［Fair 2006：19-21］。

　第三の、国家によるマドラサ改革計画は、パキスタン国民国家の形成後、継続されている。しかし、この手の改革は、政治団体や指導者と宗教団体の複雑な関係性により、未だ成功に至っていない。軍事・市民体制下の両方における多くの政治指導者や政党は、宗教団体、特に独自の権力においてマドラサの統制・管理を行うイスラーム宗教関係職者との対立を良く思ってはいない。パキスタン政府は、1970年にマクタブとマドラサの教育提供側としての役割を認める「新教育政策」を発表した。また、政府はマドラサに、そ

の教育政策の下、イスラーム教徒に私的セクターとして教育を提供すること
を命じた。国家教育政策と 1979 年の実施プログラムでは庶民が学べるコー
ラン学習が擁護された。1970 年代、政府は、初等学校がない地域における
新たなモスク学校とマクタブを支持した。学校を新たに設立するかわりに、
政府はイスラーム教育を施す施設の増加を促すマクタブやモスク学校を是
認した [Fair 2006：27]。1980 年代、軍事政権の支配者ジアウル・ホク（任期
978-1988）はマドラサに莫大な補助を行い、アフガンのための聖戦（Afghan
Jihad）の動きと連携させた。マドラサのイスラーム宗教関係職者からの支持
を得るべく、彼らはイスラームの浄財であるザカート（Zakat）の資金をこれ
らの施設に使い、これら施設に対する国家援助は徐々に大きくなっていった
[See, Malik 1999：143-53, Bano 2007：15-16]。パキスタンの国家政治において
支配権を得るため、そして対外政策、特に中東各国との関係性を築くための
ツールとしてのジアウル政権のイスラーム政策は、マドラサの正当化にもマ
ドラサ・マクタブといった施設の改革にも貢献してはいない。

　1860 年の団体登録（Societies Registration）法では、パキスタンのマドラサ
は認可されていた。認可後のマドラサは、社会福祉機関として免税や国家の
ザカート資金の使用が許可されるという権利を合法的に得る。しかし 1994
年には、マドラサの増加を和らげるため、ベナジール・ブットー政権によって、
この認可制度は廃止され、結果として、無認可マドラサの劇的な増加を招
くこととなる [Ali 2012：5, Rahman and Bukhari 2006：333]。9.11 事件や 2005
年 7 月のロンドン同時爆破事件の後、パキスタン政府は、特にアメリカやイ
ギリスから、マドラサを統制し、改革せよという大きな圧力を受けることと
なる。このような状況下で、団体登録法は 2005 年に修正され、政府は全て
のマドラサに対して、2005 年の 12 月 31 日までに認可を得ること、できな
ければ経営の停止を要求した [Rahmand and Bukhari 2006：333]。結果として
2012 年 3 月までに、計 21,402 校のマドラサが教務省の下で認可された（表 3
参照）。

　ムシャラフ政権は、2001 年に、マドラサ改革スキームをたちあげ、すべ

表 3　宗教省に所属するマドラサの数（2012）

団体登録法（第 2 改訂）条例公布後の登録数

パンジャブ	シンド	北西辺境地方 （NWFP）	バルチスターン	イスラマバード 都市管区（ICT）	合計
6613	3725	1311	499	136	12,284

団体登録法（第 2 改訂）条例公布前の登録数

| 6346 | 2308 | 統計無 | 449 | 15 | 9118 |

出所：［MoRA 2013b］

てのマドラサを公立委員会に加入させることをねらうべく、パキスタンマ
ドラサ教育委員会（Pakistan Madrasa Education Board：PMEB）を設立した。
しかし PMEB は、他の独立した 5 つのマドラサ委員会と競合する必要があ
り、独立したマドラサ委員会の指導者たちはムシャラフ政権の管理下に入
ることをこころよく思っていなかった。政府はまた 2002 年に、ディーニ・
マダリス（自主登録及び自主規制）法案を通過させた。この法案は、マドラサ
が PMEB に登録することをねらったものであり、登録しなければマドラサ
は国からのザカート資金といった補助金を受け取れなくなり、場合によって
は規則違反ということで、廃校にもなりかねないものであった［Ali 2012：5,
Loney 2003：265］。政府はまた、ディーニマドラサにおける正規科目の教授
を目的とした「マドラサ改革」のプロジェクトを立ち上げ、2002—2003 年
から有効の、5 年で 57 億 5900 万 Rs の予算を計上した。そのプロジェクト
は、主に初等、前期中等及び後期中等教育レベルのマドラサに対して、非宗
教科目・コースである英語、数学、パキスタンスタディーズ、社会科、一般
科学、コンピューター科学を紹介することをねらいとしていた。しかし改革
プロジェクトは、五つの独立委員会と宗教関係職者の抵抗を受け続けたこと
により、この改革スキームに取り込むことができたのは、わずか 432 校のマ
ドラサのみで、大部分のマドラサは未だ取り込めていない［MoRA 2013a：15-
16］。とはいえ、ムシャラフ政権は、マドラサをメインストリーム化すべく努
力を続けた。しかし結果的に、その努力の大部分は、イスラームの宗教関係
職や先述の独立マドラサ委員会の抵抗により不成功に終わったのである。宗

教関係職者たちは、政府によるマドラサ改革スキームに以下 4 つの理由から不信感をもった。

1）改革スキームはマドラサのセキュラー化とパキスタン社会の脱イスラーム化を試みようとする西洋の考えの一部であること。
2）第二に、ほとんどが個人や宗教的権威・組織によって牽引されていたイスラーム教育のシステムに対して、そうした改革イニシアティブは、国が干渉・管理する余地をあたえてしまい、最終的には、宗教的権威・組織の有する力を減衰させてしまう危惧があった。
3）イスラーム政党を含む政治的指導者たちは、政治的権勢や利益の獲得のための意味合いとして、マドラサやマドラサ支持者たちを活用し続けていること。
4）改革スキーム自体、効率的にできていなかったこと。

　近年におけるパキスタン政府によるいくつかの政策の失敗にもかかわらず、特に9.11事件の後、パキスタンにおけるマドラサメインストリーム化のイニシアティブは、異なるメカニズムと戦略の中で発揮され続けてきた。最近の動きとしては、政府は2010年10月、前述のイッテハド・タンジマット・マダリス・ディニヤ（ITMD）というさまざまな宗派からなる5つの独立マドラサ委員会の連合体との話し合いで、ある合意をしている。その覚書はパキスタンにおける闘争性や宗派主義を促進するような出版物や教材を排除し、義務教育で行われている教科教育の包摂といったマドラサにおける学習者の視点の重視と教育内容の総合化という改革を保証するものであった［MoRA 2013a：24-25］。一方で、PMEBは現在も財政的インセンティブでもってマドラサを改革スキームに取り込もうと尽力している。多くのマドラサが改革スキームに入れば、マドラサの生徒たちは、奨学金や給食のための財政支援を受けるようになるだろう。現在、PMEBは政府の改革スキームを受け入れ、普通教育科目と、宗教科目を教育しているモデルとなるマドラサ3

第9章　パキスタンにおけるマドラサ改革の問題●——267

校を運営及びアドバイスしている。それらは、イスラマバードのモデル・ディニ・マドラサ（女子マドラサ）、スックルとカラチにそれぞれあるモデルディニマドラサ（男子マドラサ）の3校である。これら3校における生徒数は合計848名で、彼らは、イスラマバードにある国際イスラーム大学とPMEBとの提携により、中等教育の修了証試験である中等教育修了証（SSC）や後期中等教育修了証（HSC）といった公的な試験の受験資格を有する［MoRA 2013a：25-26］。こうした動きはあるものの、パキスタン政府が主導するマドラサ改革の成功は、未だ遠い道のりである。

◆1　マドラサ改革への抵抗

　政府主導のマドラサ改革に対する抵抗は、他の南アジア諸国にも共通する。例えばバングラデシュでは、次章で日下部が言及しているように、無認可のコウミマドラサの改革計画は未だ途上である。イスラーム教育と世俗カリキュラムを両立する政府認可のアリアマドラサは、1980年代初頭に政府主導のもと改革に成功している。アリアマドラサで取得する学位は政府に認可されているが、マドラサにおける教育は、政府カリキュラムの導入をはじめとする政府の改革計画を受け入れようとしないことを理由に、政府からは無認可の状態にとどまっている［Kabir 2008, 2009a, 2009b］。

　インドでも、政府の主導によりマドラサ中央委員会のもとであらゆるタイプのマドラサを統合し、国家統一カリキュラムを導入する試みが、未だ成し遂げられないままである[(3)]。ウッタルプラデーシュ州における筆者の調査が示したように、同州はインド国内で最大のムスリム人口を抱え、マドラサ数も全国一であるが、各マドラサはきわめて多様な経緯と宗教基盤、そしてカリキュラムを有している。パキスタンとは異なり、インドのマドラサは、いくつかの州に民間のマドラサネットワーク委員会があるのはあるが、学校システムとしての組織体制を欠いている。

　その一方で、ネパールにおけるマドラサは、人口の4.2％を占めるムスリムマイノリティの教育において、もっとも高い役割を有している。ネパール

新政権における多民族多文化教育政策のもと設立されたマドラサ委員会は、ネパール政府の教育計画にマドラサを位置づけるべく、ムスリム指導者との連携によって機能している。しかし、小規模かつ経済的弱小のマドラサは、マドラサ教員への給与支給など政府の誘因を受け入れたが、より確立したマドラサは、ネパールでもはやり政府の改革計画を受け入れることをよく思っていない。このように、国家のマドラサ改革計画に対する抵抗は、南アジアにおいては国家を超えた現象であり、そのことはパキスタンにも共通する。何がこの国家を超えたマドラサ改革への抵抗の引き金になっているのかを明らかにするには、この地域のイスラームに関する宗教社会学や人類学的研究を探る必要がある。

　まず、マドラサは独自の経済市場を有し、その市場はイスラーム学者やコミュニティの有力者、地元政治家によって独自にコントロールされている。マドラサの運営は、その大半が寄付その他の収益によって賄われており、そうした指導者たちによって管理運営されている。仮に国家の改革政策が受け入れられれば、この市場自体が政府官僚の主導となり、管理監視システムが独自のマドラサ経済に影響を及ぼす。それゆえ、マドラサに関わる指導者たちは国家の介入を歓迎しない。

　2点目は、改革がなされれば、新たなカリキュラムは多くの非イスラーム教育を含むことになり、既存の教師はイスラーム知識に特化しているため、新たな教員を雇用する必要が生じる。そのことがマドラサの構造自体を大きく変え、既存のイスラーム学者たちは、彼らがもつマドラサでの主導力が縮小されることを懸念する。

　3点目は、教育の相違が、異なる文化志向を導くということである。メインストリームの現代的あるいは西洋的教育を受けてきた者とは異なり、マドラサで教育を受けたムスリムは独自のライフスタイル、文化志向、服装、行為を実践し、そうした実践こそがムスリムとしての文化的アイデンティティを形成する。加えて、イスラーム指導者たちは、彼らのもつ宗教的専門知識や器用さでは現代の公共雇用部門では大部分において適用できないことを自

覚し、そのことが、自らの生活機会を再生再現するための手段として、彼らに新たなマドラサ成立を促している。彼らは、自分たちが建てた学校に自らの帰属意識を感じ、インフォーマルセクターとしての生活の糧を得て、そしてコミュニティにおける文化宗教的志向を維持する。マドラサの現代改革計画は、マドラサ教育を通して形成される文化志向と生活様式の再生産を衰えさせるだけでなく、マドラサに対するイスラーム学者たちの帰属意識をも衰退させることになるのである。

　4点目は、政府とイスラーム指導者間の関係形成が、マドラサ改革計画に影響を及ぼしている。パキスタンでもバングラデシュでも、イスラームの指導者たちは社会的役割を広め、単なる宗教指導者や教師から、政治活動家や指導者になりつつある。他のリベラルな民主主義指導者や政党との密な連携によって、彼らは公共生活にイスラーム主義を広げる。こうした中では常に、ムスリムとしての文化的アイデンティティを養う初等イスラーム教育機関としてのマドラサが歓迎される。この政治的文脈においては、イスラームの政治指導者がイスラーム化のアジェンダのもとでマドラサ改革計画に抵抗するだけでなく、リベラルな世俗指導者もまた、彼らの権力を維持するためにイスラーム勢力からの支持に頼っているところがある。これらの要因に加えて、パキスタンでは、政府およびグローバル社会の新たな文脈によって引き起こされる問題を抱えた国際関係が推進する強固なイスラームの取り決め（Establishments）は独特で、南アジアの他のどの国よりも、マドラサ改革問題をより複雑で困難なものとして特徴づけている。

おわりに

　本章は、国際社会と政府の双方から、大きな改革と変化の圧力を与えられているパキスタンのマドラサの概観を示した。パキスタンにおける現在のマドラサのコンテクストは、国の「支援」によるイスラーム化の過程、増大す

る社会的格差、進展しない国の教育、重要な社会的政治的勢力としての宗教
関係職者らの出現、といった複合的な要因が絡み合う渦中に巻き込まれてい
る。時間が経つにつれ、マドラサ内での自主的改革過程が行われたものの、
自分たちのマドラサ教育を行う、という焦点がぶれることはなかった。一方、
国主導の改革における、マドラサにセキュラー化を押しつけるための狙いと
マドラサの動きとは、終始かみ合うことがなかった。イスラームの攻撃性の
促進者として常に糾弾してくる政府主導の改革アジェンダなどを、マドラサ
に関係する宗教関係職者たちは西洋化の取り組みの一部として糾弾してい
る。さらに国主導の改革政策は、個人の権威にしろ、組織の権威にしろ、マ
ドラサを運営・統率する宗教関係職者たちからの信頼を得ることはできてい
ない。マドラサ改革では、政治的利害と民衆を惹きつけるために、イスラー
ムの名においてマドラサを使う、パキスタンの多くの政治家たちに、マドラ
サ関係者たちとの信頼構築と、利害を顧みない強い政治的決断が求められて
いる。マドラサ改革のプログラムは、メインストリームの教育にマドラサを
組み入れることのみに終始するのではなく、マドラサの増加現象に影響して
いるパキスタンの社会経済的格差や、構造的脆弱性の問題を解決できるよう
な、包括的な教育改革プログラムにすべく、力を入れなければならないので
はないだろうか。改革プログラムもまた、外部からの圧力によるものではな
く、国内事情を推し量ったものにすべきであろう。国と、地方のコミュニティ、
宗教関係職者、そして社会のあらゆるセクターとのより深いかかわりを推し
進めることこそが、信頼を醸成し、今日のパキスタン社会のニーズにかなっ
たマドラサの改革、発展に貢献するはずである。

注 ─────────────────────────

(1) ダルシ・ニザーミー（*Dars-i-Nizami*）カリキュラムは、南アジアで最初にシス
    テム化されたマドラサカリキュラムの1つで、*Farangi Mahall*（インド・ラクナ
    ウの有名なイスラーム学習施設）に拠点をかいて活動したイスラーム学者 Mulla
    Nizamuddin Sihalvi（1784 死去）によって考案されたものである。このカリキュ
    ラムは、1866 年にインド北部デーオバンドに設立されたデーオバンド学院（Darul-

Uloom Deoband) マドラサにおいて採用された。南アジアにおける宗派間の違いにもかかわらず、伝統的なすべてのマドラサが、原型とは異なるものの、修正を加えてこのカリキュラムを採用している。カリキュラムの詳細については、［Robinson 2001］を参照。

(2)　1866年にインド北部デーオバンドにおいてイスラーム学者たちのグループが設立したデーオバンド学院神学校の系列を引くマドラサ。南アジアの多くの地域にある何百ものマドラサが、このデーオバンド学院神学校の伝統に従っている。

(3)　政府は、2009年に、国家マイノリティ教育機関委員会によって人的資源開発省に提出された中央マドラサ委員会議案のもとで、マドラサ中央委員会の設置を目指した。

参考文献

Abdalla, Amr, Raisuddin, A.N.M. and Hussain, Suleiman 2004, *Bangladesh Educational Assessment*：*Pre-primary and Primary Madrasah Education in Bangladesh*, Basic Education and Policy Support Activity, USAID & Creative Associates International.

Ali, Syed Mohammed 2012, *Another Approach to Madrassa Reforms in Pakistan*. Policy Brief Report, Jinnah Institute, Islamabad.

Andrabi, Tahir, Jishnu Das, Asim Ijaz Khawaja and Tristan Zajonc 2006, "Religious School Enrollment in Pakistan：A Look at Data." *Comparative Education Review*, Vol. 50, No. 3 (special issue)：446-77.

Bano, Masooda 2007, *Contesting Ideologies and Struggle for Authority*：*State-Madrasa Engagement in Pakistan*, Religions and Development Research Programme Report, UK Department for International Development (DFID).

Bengali, Kaiser 1999, *History of Educational Policy Making and Planning in Pakistan*. Working Paper Series-40, Sustainable Development Policy Institute, Islamabad.

Fair, C. Christine 2006, *The Madrassah Challenge*：*Militancy and Religious Education in Pakistan*. Washington, DC：United States Institute of Peace Press.

International Crisis Group 2002, *Pakistan*：*Madrasas, Extremism and the Military*, ICG Asia Report No. 36 (amended in 2005), Islamabad/Brussels：ICG.

Kabir, Humayun 2009a, 'Replicating the Deobandi Model of Islamic Schooling：The Case of a Quomi Madrasa in a District Town of Bangladesh,' *Contemporary South Asia*, Vol.17. No. 4：415-428.

＿＿＿ 2009b, 'Exploring Disciplinary Knowledge of Islam in Madrasa Schooling in Bangladesh：The Allegiance of a *Quomi* Madrasa to Deoband,' *The Journal of Social Studies*, No. 123 (July-September)：18-38.

＿＿＿ 2008, 'Diversity and Homogeneity of Islamic Education：Colonial Legacy and

State Policy towards *Madrasas* in Bangladesh,' *The Journal of Social Studies,* No. 120. (October-December, 2008)：1-24. Centre for Social Studies, Dhaka.

Khalid, Rahman and Syed Rashad Bukhari 2006, "Pakistan：Religious Education and Institutions," *The Muslim World,* Vol. 96（Apr）：323-39.

Looney, Robert 2003, "Reforming Pakistan's Educational System：The Challenge of the Madrassas," *The Journal of Social, Political and Economic Studies,* Vol. 28, No. 3（Fall）：257-74.

Malik, Jamal 1999, *Colonialization of Islam：Dissolution of Traditional Institutions in Pakistan.* Dhaka：The University Press Limited.

Ministry of Education and Training（MoE）2013, *Country Report of Pakistan 2013-15：Accelerating Millennium Development Goals.* Islamabad：Ministry of Education and Training, Government of Pakistan.

Ministry of Religious Affairs（MoRA）2013a, *Ministry of Religious Affairs 2011-12.* Islamabad：Ministry of Religious Affairs, Govt. of Pakistan.

Ministry of Religious Affairs（MoRA）2013b, *Registered Deeni Madaris in Pakistan.* MoRa, Govt. of Pakistan, http：//www.mora.gov.pk/gop/index. php?q=aHR0cDovLz E5Mi4xNjguNzAuMTM2L21vcmEv（accessed Apr 30, 2013）.

National Education Management Information System（NEMIS）2011, *Pakistan Education Statistics 2010-11.* Islamabad：Government of Pakistan.

Riaz, Ali 2008, *Faithful Education：Madrassahs in South Asia,* New Brunswick：Rutgers University Press.

Robinson, Francis 2001, *The Ulama of Farangi Mahall and Islamic Culture in South Asia,* London：Hurst and Company.

UNESCO and Japan Funds-in-Trust（JFT）2010, *Secondary Education Regional Information Base：Country Profile Pakistan.* Bangkok：UNESCO Asia and Pacific Regional Bureau for Education.

Warwick, Donald P, Reimers, Fernando M, and McGinn, Noel F. 1991, *The Implementation of Educational Innovations in Pakistan：Cases and Concepts.* Development Discussion Paper No. 365ES, Harvard Institute for International Development, Cambridge, Massachusetts.

第 10 章
バングラデシュにおけるマドラサ教育の複線性と多様性

日下部　達哉

はじめに——バングラデシュにおけるマドラサの二つの系譜——

　本章では、バングラデシュにおけるマドラサの基礎的な構造を説明しつつ、マドラサというムスリムのための宗教教育制度が、国内に二つあることによっていかなる問題を生じさせているのか、また国家レベルでいかにその矛盾点を解消させようとしているのか、その複線性に関し詳述する。

　他のイスラーム国家同様、バングラデシュにもマドラサが存在する。国民にとってその存在は身近であり、ムスリムらしさ、ムスリムとしてのあるべき姿（ムスリムネス）を学ばせるために、親がマドラサに行かせる場合も多い。また後述するとおり政府が、学校教育を発展させるため、教育開発が本格的に進む以前から村々に存在していたマドラサの教育機能を活用してきた歴史がある。さらにマドラサには複線性があることによって生み出される多様性も、今日バングラデシュにおける新しい教育のあり方を示すこととなっている。ここではまず、国内でその数が増え続けているマドラサの定義を試み、バングラデシュにあるマドラサの特性を述べておく必要があるだろう。

第1節　マドラサの多義性
——定義の困難性とマドラサへのまなざし——

　定義を試みるといいつつも、ことマドラサに関しては、単純ではなく、また、操作的に定義できるほど閉じられた系にあるわけでもない。マドラサ、メドレセ、マクタブといった言葉自体は、ムスリムが住む所ならどこでも聞くことができるが、世界各地のムスリムが想起するマドラサの概念にはそれぞれに個性が伴う。

　こうした、イスラーム世界におけるマドラサ (madrasa) という言葉にある多義性を整理することは困難であろう。しかしもともとは、「イスラーム諸学を学ぶための高等教育施設」を意味している。歴史的には 10 世紀ごろに、イランのホラーサーン地方で建設され始め、その後、デリー・スルタン朝期インド、14 世紀にはスペインでも建設され、現在に至ってもマドラサは、洋の東西を問わず世界的な広がりをみている［森本 2002：921-922］。そして教育対象とする人々の範囲は非常に広く、就学前教育の段階から大学院レベル、また成人まで、規模については、農村部における寺子屋的な小規模なものから、日本にある大規模大学のキャンパスと比べても遜色ないほどの敷地をもつものまで存在する。また後に本章で問題とするように、国家教育制度の中に正規の教育機関として位置づけられているものから、完全に非正規の教育機関として位置づけられているもの、さらには聖戦士（ムジャーヒディーン）養成機関として認知されるものもある。

　こうした概念の幅広さもさることながら、世界各地におけるマドラサが教育する内容の範囲も多様である。イランや湾岸諸国では、主に高等法学院を意味するが、インドネシアやマレーシアでは、イスラーム教育に加え、一般科目を導入、学年制の採択や、椅子や机の使用など「近代的」な要素をもつものをマドラサと呼んでおり、ポンドック・プサントレンと呼ばれる伝統的な寄宿制イスラーム教育組織の中に設置されることが多い。しかし本章が対象とするバングラデシュの場合、寄宿舎がある場合、その寄宿舎も含めてマドラサととらえている。また、地域によってはマクタブ (maktab) とよばれ

る寺子屋式のイスラーム教育もマドラサと呼ぶ場合がある。

　バングラデシュにおける基本概念としてのマドラサは、イスラーム教育を行うのみならず、一般教科も教える「学校」の側面も持っている。詳細は後述するが実際には、子どもあるいは成人の学習者が学びの場として集う教育機関として機能していることがほとんどである。しかし、南アジアにおけるマドラサをめぐる報道や言説をみた場合、必ずしも適切なイメージが形成されてきたとは言い難い。たとえば、マドラサをめぐる出来事には、パキスタンのマドラサが、ムジャーヒディーン（聖戦士）を養成し、ソ連侵攻下のアフガニスタンに送ったことや、2007年にムシャラフ大統領による教育改革に反対し、イスラマバードの中心地にある、ラール・モスジッドに立てこもり、政府軍によって制圧されるというような事件があった。南アジアのイスラーム国家であるバングラデシュでも、2001年のイラク戦争以降、テロリストの潜伏先だとしてマドラサが批難を浴びたり、中東諸国からの出稼ぎ送金、イスラーム開発銀行などのODA、各種宗教団体からバングラデシュに流入する資金の一部が、マドラサに流れ、アル・カーイダやターリバーンを支援する勢力育成に使われていると、米国のマスコミに報じられる事態も生じた［村山 2003］。こうした先鋭化した事例と結びついたイメージは、少なくともマドラサを代表するものではない。

第2節　南アジアにおけるマドラサの発展

　冒頭に述べた、世界におけるマドラサの概念化が、多様かつ困難であるように、南アジアのマドラサもまた多様性に富んでいる。南出による1835-1838年におけるアダムズ・レポートの検討では、現地に土着の教育機関として、ヒンドゥーのためのパートシャーラーやムスリムのためのマクタブが400人に一校の割合で存在し、人々の間にかなり浸透していたという［南出 2003：39-42］。しかし、19世紀半ばの南アジアにおいて、在来の、体系的な教育課程をもたない小規模私

塾的なイスラーム教育施設は衰退していった。それになり代わるように、イギリスによる植民地支配は、植民地支配の効率を高めるための、安価な労働力創出の手段として、初等大衆教育に手をつけることとなった。1853年、イギリス下院特別委員会が行った教育開発調査を基礎とし、東インド会社のチャールズ・ウッドの手によって記された『ウッド教育書簡（Wood's Education Dispatch）』はその契機となった。この後、パートシャーラーやマクタブなどの、主に子どもを対象とした教育施設にたいし、一定の基準を満たせば補助金を出す、などの施策により、近代教育セクターは土着の教育施設を次々と教育制度に取り込んでいった。

これらのうちバングラデシュに3校ある国立マドラサで、最も古いマドラサは、1780年、イギリスの手によって設立されている。1971年の独立以後、バングラデシュでは、そのマドラサのことを、「アリアマドラサ」と呼び、国家近代化のための一教育機関とみなし、修了証なども普通学校と共通化してきた。また政府は、5ヵ年計画などの中で「マドラサの近代化」をうたい、1990年の「万人のための教育世界宣言（Education For All：EFA）」によって世界的な教育普及キャンペーンに取り込むなど、並立しているマドラサ教育制度を、修了証や学位のうえでは自国のメインストリームの教育と同じものにしようとしてきた。EFAは、万人に教育を施すための世界的キャンペーンであるとともに、万人に普通教育で行われている教科を学ばせようとするキャンペーンでもある。マドラサは、そうした教育の世界的制度化ともいえる潮流に組み込まれようとしている。各国政府の立場からすれば、マドラサを公教育制度に取り込むことで、マドラサの就学率数値などを就学率に含むことができる。このため、アリアマドラサは学習内容の調整と修了証の共通化によって、普通教育との連携が可能である。例えば、マドラサ・イプテダイー（小学校レベル）を卒業して一般の中学校に進学したりするケースである。しかし一方で、パキスタンにおけるムシャラフ政権のように、アメリカとの関係を重視する政策から、統制を強めるために、マドラサ設置を許可制にしたり、一般科目を導入したり、異なる論理によって無認可と認可が併存する場合もある。

◆1　デーオバンド系コウミマドラサの台頭

南アジアでは、近代教育の萌芽ともいえる上記のアリアマドラサの形成によって、多くの「西洋化」されたムスリムエリートが生み出されることとなった。しかし彼らムスリムエリートの姿勢は、ウラマー（イスラーム学者）に対し、懐疑的なものであったため、多くのウラマーたちは、新たに宗教的リーダーシップを発揮する必要性に迫られた［Muhammad 2007：63-65］。このことを発端とし、1867年にムハンマド・カーシム・ナノウタヴィーら改革派ウラマーたちにより、体系的イスラーム教育を施すデーオバンド学院が創設された。

支部や提携を含めた系列校は、年月とともに南アジア全域に及び、現在その数は数千といわれている［前掲：63］。このデーオバンド系マドラサでは、大きな規模であれば、学生は南アジアのみならず、中央アジア、アフリカなどからも集まり、ハディースをはじめとし、ハナフィー学派の著名な法学者であるマルギーナーニーによるハナフィー法概論『ヒダーヤ（al-Hidaya）』などが学ばれた［前掲：63-64］。デーオバンド派のウラマーたちは、テクストを重視する姿勢をみせ、聖者の奇蹟や、預言者の神秘化などを重視したバーレルヴィー派と対立したが、19世紀末になり、南アジアでハディースについてのシステマティックな学習を行うには、デーオバンド以外にないといわれるまでになった［前掲：62-63］。現在、これらの非公立マドラサには、デーオバンド、バーレルヴィー、アウラ・ハディス、ジャマテ・イスラミア、アハマディアという五つのセクトが存在するが、中でもデーオバンド系マドラサが最大派閥となっており、パキスタンの巨大なデーオバンド系マドラサには、南アジア全域あるいはその他の地域から、留学生やウラマーたちが行き来している。これらのマドラサは、「コウミ（qawmi）マドラサ」と呼ばれ、アラビア語、ペルシャ語、ウルドゥー語などを用いた独自性の高い宗教教育を行い、現行の普通学校教育で施行されているナショナルカリキュラムを担保していない。バングラデシュでは、その潮流にのって、1896年、チッタゴン県ハタザリ郡に、ハタザリ・マドラサが設立され、国内最初のデーオバンド系コウミマドラサとなった。体系的な学習に

よって効率的に宗教教育が受けられるコウミマドラサは、現在でも増加を続けており、デーオバンド系女子マドラサ（ベンガル語ではモヒラ・マドラサ）も各地で新設が続いている。

　以上のように、バングラデシュを含む南アジアでは、宗教的な学習内容と同時に、一般教科も学習する、「スクール化」したアリアマドラサと、デーオバンド学院に端を発する、宗教的な内容を学習の中心に据える、いうなれば純粋に近いコウミマドラサ、とに大別することができよう。

第3節　バングラデシュ農村部におけるマドラサの位置づけ

　パキスタンや、アフガニスタンのマドラサは、山根やファリバーらによって、ソ連侵攻に関わって数が増加し、かつ、ムジャーヒディーン養成のために、右傾化した背景が指摘されている [Fariba 2008, Yamane 2008]。しかし、同じデーオバンド系列のマドラサでも、バングラデシュのそれは、ムジャーヒディーン養成が主要な目的ではない。ムスリムとしてのあるべき姿を教育するのはむろんのこと、印パ分離独立後の、ヒンドゥーとのコミュナル対立に際しての牙城として機能することや、近年では、NGO の進出など、特に欧米先進諸国からの影響に対する警戒なども目的の一つであった[6]。結果的に、世界を震撼させるような極端に過激化した団体が出てくる傾向にはない[7]。このように、同じ系譜を踏襲している場合であっても、国毎の事情によってマドラサのあり方は多様性を見せている。

◆1　マドラサの制度的現状と役割

　次に、バングラデシュにおけるマドラサをめぐる制度的位置づけを見ていくことにする。先に見たように、一般教育も施し、修了証が普通の学校と同じように取得できるマドラサのことを、バングラデシュでは「アリアマドラサ」と呼ぶ。アリアマドラサは、通常の学校教育制度とは別の系統として位

置づけられており、イプテダイー（*ibtedayee*）という小学校レベルからカミル（*kamil*）という大学院レベルまで整備されている。地域によってはマクタブ（*maktab*）という幼稚園レベルの、コーランを暗記するための寺子屋的教室もマドラサ（あるいはフルカニアマドラサ）と呼ぶ場合がある。たいていの農村にはモスクに併設するマクタブおよびマドラサがあり、常駐するモオラナや、「フズール」と呼ばれるマドラサ教師が、子どもへのコーラン朗誦指導をしたり、宗教関係者（別のマドラサ教師、モオラナなど）を養成したりしている。このうち、アリアマドラサでは普通教育を施しているため、途中で普通教育のコースに移ることも可能となっている。また小学校レベルまではマドラサに通い、その後マドラサではない通常の中学校に編入するような事例もあって、そうしたコースをたどり、ＮＧＯのディレクターや企業経営者を務めている者もいる。ただし、これは政府の財政支援（主として教員給与）を受けることができるアリアマドラサでのみ可能である。全国的にアリアマドラサはかなり増加傾向にあり、政府の統計のうえでは1970年に1,000校程度だったものが2000年には7,279校［BANBEIS 2002：49］、2010年には9,361校［BANBEIS 2011：144］と、約1万校になっている。これは1990年代、国際援助の後押しもあったためである。こうした学校数の増加に加え、授業についても、現在では、ナショナルカリキュラムを完全に担保した、つまり、政府の定めに基づく一般的な教科教育を実施するものでなければ政府からの財政支援は支払われない。

　一方、コウミマドラサのほうでは、一般教科をアリアマドラサほどは導入せず、独自の資金源（村人からの寄付、中東イスラーム組織や中東への出稼ぎ者からの寄付）で独立採算の運営をしている。コウミマドラサでは、発行する修了証（学位）が政府に認められている公的なものではないので、いったんコウミマドラサに入学すると途中で通常の学校へと鞍替えするということはできなくなる(8)。教育内容についてもアリアでは、宗教教育というよりは、むしろ普通教育のほうを重点的に施すのに対して、コウミでは約80％が宗教的内容となっている。さらに12年というコウミマドラサの課程のうち、一般

コウミマドラサの授業風景（筆者撮影）

的教科内容（ベンガル語、数学、英語、科学など）がカリキュラムの一部として加わるのは、実質的には最初の3年（あるいは4年）までで、あとはすべてアラビア語、ペルシャ語、ウルドゥー語を教授用語としてコーランやハディースに関する授業を受けることになる。[9]

第4節　コウミマドラサの独自性維持か、国家教育制度への統合か

　既述のとおり、「公立」ともいえるアリアマドラサは、現在では学位、修了証の点で普通学校と何ら遜色はなく、ベンガル語、数学、英語など日本でもおなじみの通常教科を学んだ上で、宗教科目は、エクストラカリキュラムとして学ばれる。また教員給与も、政府認可を受けた「登録私立校」となっている場合は、他の登録私立学校と同様の額が政府から補助されている。このため、アリアマドラサは、世界銀行やアジア開発銀行からの援助対象となり、多くのアリアマドラサが援助を受けている。[10]　一方、「非公立」ともいえ

るコウミマドラサでは、独自の学位、修了証制度を有し、それらは政府によって認められてはいない。したがって教育内容は宗教的な内容が中心で、ナショナルカリキュラムには準拠していない。このため生徒たちは、コウミマドラサに就学すると最初の数年間に、ベンガル語、英語、数学を学ぶのみである。また運営資金も基本的には寄付金及び自己資金（マドラサが所有する農地や池からの収入）でまかなわれ、政府補助は一切受けていない。

　この、アリアマドラサとコウミマドラサが併存しているという複線性は、国家が独立してから政府内で問題となり、コウミマドラサ教育委員会と教育省側とで非公式な話し合いがもたれてきたが、独自の教育制度を維持したいコウミマドラサの意図と、コウミマドラサを国家教育制度に統合したい政府の意図とが、平行線をたどるばかりであった。この間アリアマドラサは、1985—87年にかけ、修了証制度を普通学校と共通化するなど、着々と改革を進めていった。しかし、これに積極的な動きがみられたのが2009年の話し合いで、政府が「コウミマドラサ委員会の存在を認める」と、歩み寄り、2013年10月、コウミマドラサ教育機関法-2013（Qawmi Madrasa Shikkha Kartripakkha Ain-2013）が起草された。しかし国会での法成立には至らず、さらにイスラームの極右派からなるヘファジャット - イスラーム党（党首はバングラデシュ最大のマドラサ校長）はこれを認めず、内戦予告をした。しかし水面下では、コウミマドラサ委員会と政府の話し合いは、未だ継続中であるとみられる。大きな障壁として横たわるのが、コウミマドラサ側で一枚岩になれないことである。現在、それは非常に難航しており、コウミ各派の代表者全員が、議論のテーブルについているわけでもない。こうした意見の統一が図れる状態ではないことで、制度の統合には、まだ時間が必要であることが推測される。

第5節 住民とマドラサの関係性に関する村落レベルの地域間比較

　バングラデシュは、日本の4割の面積しかないにもかかわらず地方的特異性が高い。筆者は地図に示す4村において、1990年代に国家的に力を入れた学校教育拡充施策の結果、農村部で学校教育制度を村人はどれだけ受容したのか、ということについて1999年から調査してきた。バングラデシュでは、積極的な学校教育拡充政策のもとで、子どもを就学させた世帯への穀物支給や、中等教育進学者に対する奨学金支給など、さまざまなインセンティブが提供された。それらは、これまで学校教育になじみがなかったような僻地貧困層の子どもも学校に誘引するような力となった。このインパクトは、マドラサにも及んだ。なぜなら、同じ村内で小学校が次々に増えれば、村内あるいは近隣地域に最低一校あるマドラサでは、生徒の流出や、新たな生徒が確保できないリスクが生じたからである。そこでこうしたインパクトに、筆者がフィールドとしている4つの村のマドラサがいかに影響を受け、対応したかを描いてみる。

◆1　廃校寸前になったマドラサ

　西部メヘルプール県にあるカラムディ村は、バングラデシュ西端に位置しており、最僻地的性格を有している。この地方の県地誌（District Gazetter）で言及されているマドラサについて、1947—8年の調査によれば、ノディア県内には5校のマドラサしかなかった［Ashrof 1976：16］。1954—55年の調査では旧制度における高等マドラサ、中等マドラサが1校ずつ、そして2校の初等マドラサがあり、合計で2,250人の生徒が学んでいたという。1965—66年の調査では、高等マドラサ、ダキルマドラサが3校ずつ、そして新制度の初等マドラサ1校、および初等ハフェズマドラサ10校、合計の生徒数は2,243人であった［前掲：161］。この記述からは、47年の印パ分離独立後、すなわち東パキスタン時代の当初10年ほどは、ムスリムのためのマドラサの校数が増加していることを示すが、生徒数に変化はない

第10章　バングラデシュにおけるマドラサ教育の複線性と多様性●──283

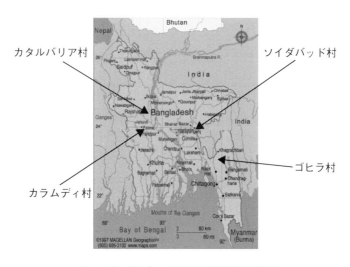

図1　バングラデシュにおける調査対象村の位置

ことがわかる。

　カラムディ村には、コウミマドラサはなく、歴史は浅いが（1974年設立、80年政府認可）アリアマドラサ1校があり、300人程度の生徒が学んでいる。基本的にはベンガル語による授業で、アラビア語は外国語として学び、英語も学ぶ。およそ8割は一般教科であり、2割をイスラームの内容を学ぶことになっている（2007年の現在では、ほぼ普通の教育内容を担保するようになっている）。1990年代の初等教育拡充政策は、このマドラサに大打撃を与えた。90年代前半までは、近隣住民が「学校よりもマドラサの方が近いから」という理由で、またあるいは「宗教心から」あるいは一部の貧困層がマドラサに子弟を通わせていたため、比較的一定数の生徒を集めていた。しかし、Food for Education（FFE）という、一定日数学校へ通えば小麦を配給する政策が開始されたとたんに、マドラサ生徒は小学校に流出していったのである。こうした状況にマドラサも服を配布して対抗したが、その傾向は止まらず、一時はわずか3人にまで生徒が減り、最終的には廃校まで考えるようになったという。マドラサ教員へのインタビューによれば、慌てたマドラサでは、教育行政官に高額の賄賂を送り、学校としての資格が取り消されないように仕

組むことに決め、実行したという。政府は後に FFE をアリアマドラサにも
適用し、また校舎の改築を政府に申請、認められたことでアリアマドラサの
教育環境が改善され、生徒数は多少持ち直した。

◆2　マドラサの廃校と再出発

　バングラデシュ西部ラジシャヒ県に位置するカタルバリア村は、近くにあ
るラジシャヒ市（約65万人）というバングラデシュ第三の都市からバスで30
分ほどの場所にある。ラジシャヒからの経済的影響は大きく、多くの人々が
ラジシャヒ市へ通勤、通学をはじめ、買い物、医療などでも往来している。
　ここでは将来、マドラサに入学させたいと思っていたり、あるいは親がマド
ラサ出身で、宗教的な意識を特にもつ場合を除けば、マドラサへは通わせない
ほうが一般的である。この村のプティア・ダキルマドラサは、実質的には 1962
年設立であるが公式には 1995 年設立となっている。その前身はマクタブで、67
年までマクタブとして運営された後の 68 年、正式なマドラサとして「スクー
ル化」されスタートした。しかし生徒数が減少の一途をたどったため、92 年
に一旦閉鎖に追い込まれてしまった。その後、体勢を立て直した 95 年、新た
にマドラサを再開校させ、98 年に政府登録、9 割の教員給与（現在は 10 割）を
支給されるようになった。生徒数は 95 年には 150 人程度であったのが、現在
は 251 人であり徐々に増加傾向にある。経営方針について、プティア・ダキル
マドラサ校長は、「この地域の人々は、ここには良いマドラサが無いと思って
います。その人々の理解を得て生徒数を増やすためには、少しでも近代化に対
応していかなければなりません。それは、政府が定めた修了証にきちんとつな
げること、そしてマドラサを卒業したって就職はできることを示すことです。」
と述べていた。つまりこのマドラサは学校間の競争で生き残るため、マドラサ
では宗教も普通教育も学べる、特色ある学校運営を行う選択をしているのであ
る。
　これらマドラサが、廃校の危機にさらされた二村の事例からわかることは、
ほうっておいても人々がマドラサに子どもを送ってくれるわけではなく、教

第 10 章　バングラデシュにおけるマドラサ教育の複線性と多様性●──285

育の質向上を図り、優れた経営手法を実施しなければ、生徒は集まらないということである。カラムディ村のマドラサは、不正に手を染めながらも政府に救いを求め、カタルバリア村のマドラサは、宗教教育も施す、という普通学校にない特色を打ち出し、親の宗教心に訴えた。

◆3　むしろ生徒数が増加したマドラサ

ブラフモンバリア県ソイダバッド村は、僻地村落型の生活形態となっており、かなりの住民が農業または農業関連産業に携わることによる村落経済が成立している。また、この村からはブラフモンバリア市（約13万人）がローカルバスで90分の圏内にあるものの、大規模な経済圏をもっているわけではなく、ある程度まとまった現金収入にアクセスしようとすればダッカあるいは中東諸国方面への出稼ぎとなってくる。

ソイダバッド村にも、90年代の初等教育拡充政策の影響は及んだ。カラムディ村ではアリアマドラサの生徒が流出したわけだが、ここのコウミマドラサでは生徒数は年を追うごとに増加し、1998年には校舎を増設した。通常、農村ではカレッジ（高校相当）が広大な敷地を持つことが多く、ソイダバッド村にも1969年以来の比較的規模の大きなカレッジが存在し、広い敷地を有している。しかしマドラサも同程度の敷地を有し、しかも生徒数はカレッジが1,200名（教師一人あたりの生徒数は46人）であるのに対しマドラサは535名（教師一人あたりの生徒数は29人）であり、カレッジよりも良い教育環境を実現している。

1927年に設立されたソイダバッド村のマドラサは正式名称をソイダバッド・サニ・ユヌシア・ジャルル・ウルム・マドラサといい、デーオバンド系のコウミマドラサである。政府からの援助は全く受けておらず、独自のカリキュラムによって授業は進められる。この、通常の教育課程[11]に加え、コーラン暗唱のみに重点を置いたハフェズ（hafez）コース（年数は決まっておらず、コーランの文言に加え抑揚、発音の全てを朗誦し、試験に合格したら卒業。平均は3年程度）、コーランの基本的なことのみを学ぶヌラニシッカ（nurani shikkha）コース、そして就学前教育として位置づけられているマクタブ（maktab）という計4つの

コースが設定されている。2001年に調査を行ったとき、教師数は校長もふくめて18名、生徒数は通常マドラサ教育課程が250名、ハフェズが45名、ヌラニシッカが90名、マクタブが約150名で生徒総在籍者数は535名である。給料は校長が3,750tk（02年で約8,200円）、その他の教師たちは3,200tk（約7,000円）、これは公立小学校のレベルからは60％程度だが、マドラサでは教師たちも寄宿舎に住み、食事も供されることを考えれば決して安い給料ではない。授業料は無料だが、年に数回は寄付を募るために村内を回るという。

　2006年までのデータであるが、運営の財源は、①村内外からの寄付金、②中東に移住した卒業生からの寄付、③マドラサ所有の二つの池のリース料、④コルバニ・イード（犠牲祭）やロジャ・イード（断食明けの祭）の際に村人から寄せられる牛皮革の換金分、⑤村内から寄せられる寄付米（マドラサ教師と生徒で消費）というように5つに分かれており、独立採算でこれだけの財源を確保できるのは村内外からの支持を集めているからこそである。またマドラサは寄宿制だが、村内居住者は、通う者が多いため寄宿しているのは535名中240名（マドラサ教育課程100名、ハフェズ45名、ヌラニシッカ90名）であった。

　また1928年から、ワズ・マフィルという宗教行事をマドラサの校庭において年に1―3日程度主催している。これは学祭のような行事で、村人たち（男性のみ）を校庭に集め、マドラサ教師や外部招聘した著名なウラマー（イスラーム学者）の話を聞かせる機会である。村人は概ね参加（女性は敷地外から）し、講演では「死後の世界の準備」が語られ、フォルース・スンナット（ムスリム的な服装や口ひげ）の実践と、子どもをマドラサに通わせることを促される。実践されれば、親は宗教的義務を果たしたことになり天国に近づく。また1人のハフェズ（コウミマドラサ暗誦コース修了者）は60人の人々を天国に誘うことから、複数の子どもがいれば、一人はコウミマドラサに入れることを勧奨される。

　教育内容について、ソイダバッド村では80％以上が宗教的内容である。国語、数学、英語の一般科目は11年ある教育課程のうち4年まで設定されているが、実質的にはあまり実施されない。あとは全て宗教的な内容で、アラビア語、ペルシャ語、ウルドゥー語を習得しながら、かつそれら三つの言

葉を教授用語としてコーランの文法、イスラームの歴史、ムスリムの取るべき態度などといった宗教の諸科目を学んでいくというものである。

　以上のように、本村のマドラサは、4村の中でも、際だった充実が図られ、また村人の尊敬も集めている。またこのマドラサ校長はモオラナという宗教関係職だが、信仰心篤い村人たちにおいては、コウミマドラサが戒律に厳しいデーオバンド系にもかかわらず、彼をピール（聖者）と位置づけ、土着化した聖者信仰の中で崇拝している。

　以上をみる限りは、この村のコウミマドラサが初等教育の隆盛にかかわらず、強力な正統性を保持し続けているというようにみえる。しかし一方で、小学校も増加してきており、初等教育拡充政策の影響が「直撃」したカラムディ村と状況的には符合している。住民意識の上でも親は積極的に学校就学をさせていく、という意識面でも符合している。また政府やメディアからは、マドラサの「近代化」が盛んに唱えられ、公立のマドラサになってしまう流れを警戒している。ではなぜ隆盛を保っていられるのであろうか。

　まず、特色あるイスラーム教育によって村外部からの学生をも集めていることがあげられる。またコウミマドラサには寄宿舎があり、大学院相当の教育まで無償で受けられる。このためバングラデシュでよく目の当たりにする、公務員や政治家といった、あからさまな権力にアクセスできない貧困層の子どもたちにとって、聖なる権力を身につけ、村人からも尊敬されているマドラサに憧憬をもつことも考えられるし、将来宗教関係職に就くことは、「宗教関連経済」のウエイトが大きいこの県では、現実的選択でもある。

　また、郡内では、近年、コウミマドラサが増設されてきており、その数は10年前に30数校であったものが2003年で66校になったといわれている。[12]この増加は、一つにはコウミマドラサ卒業生があらたに小規模なマドラサを設立していることが大きい。またもう一つには、女子マドラサも新たに建設されていることである。この村でも、2010年に新しく建てられた女子マドラサがあり、教員には、ダウラハディースという12年課程のコウミマドラサを終えた者に与えられる資格を有する教員4名、生徒60名が属し、月に200tk（2014

年時点で300円程度)の授業料を徴収している。生徒は、ほとんどが貧困層からで、寄宿しているのは4人であった。ただ規模は非常に小さく、校舎も村内で比較的大きい個人宅を活用したものである。校長の給与は2000tk、最若手の教員給与は500tkと、普通学校の教員のレベルからすると非常に低いといわざるをえない。女性校長の話ではカリキュラムは、デーオバンド学派のもので、ダッカのコウミマドラサ教育委員会に属しているという。

◆4　近代教育と共存を図ったマドラサ

　ゴヒラ村の近くにはバングラデシュ第二の都市チッタゴン市(約370万人)があり、バスで40—50分の距離である。チッタゴン県はムガル帝国の時代にはイスラマバードとよばれたほど、イスラーム的価値観の強い地域であり、この村でもイスラームの価値観が強く保持されている。教育に関しては、村内にもカレッジに相当するアリアマドラサが存在し、また近隣のハタザリ郡にはバングラデシュ随一のコウミマドラサがある。

　またこの村は1960年代から70年代にかけてかなり工業発展が進んだ場所で、現在は輸出加工区として、日本や欧米の縫製工場、化学工場、機械工場などが安価な労働力を求めて進出している。当初工場労働者には一定程度の学歴(少なくともSSC：Secondary School Certificate)が要求されたため、もともと教育程度の高い村といわれていたゴヒラ村はそうした労働力供給源でもあり、多くの人々がチッタゴン市経済とつながっている[原 1969：255]。

　このような近郊農村という位置づけもあって、初等教育発展が問題となっているバングラデシュの中にあっては、比較的早期に、学校教育が発展してきた。その要因として考えられる第一は、現金収入の重要性である。イスラーム均分相続法のもとでは、長子相続によって広大な土地が保持されるわけではないので、ある世代で広大な土地を所有することがあったとしても、世代を経るごとにその土地は細分化していき、数世代後にはもともとの土地は、耕作しても僅かな生産しかできないごく狭い土地に分割されてしまうことになる。そのため、村人の多くの土地所有規模は零細で、自家消費量を賄う農

業生産も困難という状況にある。また村内の農業労働需要も限定的であるとともに、都市との近接性から農村雑業（零細規模商店、さまざまなサービス業）も発達しにくい。しかし、上記のような半農村という状況では、本格的な農業労働雇用は無く、農業にかかわる農村雑業層も発達しにくい。これにより積極的に出稼ぎや工場労働などの現金収入を求めていくことになり、その条件として最低限の教育を受けていることが認識される。こうしたことから初等教育制度が未発達な昔でも教育の程度を上げようとする住民の意識が働いていたのではないだろうか。そのため、状況的に近い前出のカタルバリア村同様、マドラサが廃校かそれに近い状態になるはずである。しかし、ここではそうならないようなシステムが成立していた。

　この村のマドラサには比較的規模の大きい２校がある。まず、一つ目のF. Kマドラサが設立されたのは1938年で、41年に政府登録されている。それはすなわちアリアマドラサであることを意味するが、このマドラサはハフェズコースと低学年のケラットコースを別に設定するという独自の運営形態をもつ。また、生徒数はイブテダイからカミルまでで820人を数える巨大なマドラサである。資金は教員給与分が政府から支払われるが、独自の資金調達方式として、教員を毎年一人アブダビに送り、現地のバングラデシュ移民のネットワークを使って25万tkもの資金を集めてくる等の方法をもつ。また、村人からの寄付金も多く寄せられるという。建前上は政府の援助を受けるため、アリアマドラサの形態であるが、ハフェズコースも併設し、コウミマドラサ的な要素も持ち合わせているマドラサなのである。むろんカリキュラムもアラビア語で書かれており、寄宿舎も完備している。一方、村にある別のマドラサはF. Kマドラサに比べて、歴史が浅いため、比較できないくらいに小規模であり、生徒数も少なく（それぞれ82人、85人）、資金も潤沢とはいえない。さらには建物も大変粗末な作りである。また、生徒から20tk／月の授業料を徴収しているが、生徒は増加傾向にあるという。しかも、この近くの公立小学校における校長からのインタビューによれば、「現在は生徒が減少傾向にあります。理由はマドラサに流れているからです。しかも無償の

小学校ではなく、月に 20tk 支払わなければならないマドラサに行くのはやはり宗教心からくるものでしょう」という嘆息が聞かれた。こうした新設マドラサが繁盛する理由は、やはり村人がマドラサに対する尊敬や、ムスリムの義務を認識しており、マドラサを支えるような動きをとるからではないか、と考えられた。しかし、現金収入への依存度が大変高い地域であり、なおかつ皆が宗教関係職になれるわけではないマドラサになぜ生徒が通うのであろうか。

　一つは、この村の子どもたちの多くは、小学校就学以前にマクタブへ行き、その際の教師はマドラサ生徒が務めていることがほとんどであるという事情がある。また、この村で多いのはマドラサ生徒を居候させるか、一定金額を支払い、家庭教師で、一般教科の内容と、コーランやハディースの教えなど宗教的な内容を同時に教えさせるやり方である。この方式でマドラサ生徒を居候させている世帯は少なくない。こうした「経済システム」は、貧困層子弟がマドラサに送ることの合理性を生み出している。さらにもう一つは、マドラサ教育を受けても、就職先が宗教関係職に限られるわけではない。筆者はチッタゴン工業地帯の日系工場における工場長に対して、工場労働人的資本の質や学歴について聞き取りを行っているが、「学歴があるにこしたことはないが、管理部門は別としても、実のところラインの現場労働者には、学歴はあまり関係なく、普通の学校とマドラサの違いもほとんど意識されていない」という結果を得ている。また実際、マドラサ出身者も多く働いているということであった。つまりマドラサに就学すれば、チッタゴン市内の就業も含め、むしろ進路選択の幅は広がるのである。また、マドラサの側でも、コースをいくつも用意するなど、住民のイスラームに対するニーズに積極的に応えようとしていた。

おわりに

　本章では、前半部では主にマドラサの概論的説明を行い、後半部でバング

ラデシュのマドラサをケースに、フィールドレベルにおいて、近年、マドラサが衰退した２村と、むしろ興隆した２村における描写を行った。

結果としてわかったことは、近年においては、マドラサだというだけで学生が集まることもなければ、牧歌的な雰囲気で営まれているわけでもないということである。アリアであれコウミであれ、マドラサ教育の担い手が地域の宗教教育ニーズを慎重に見極め、地域に合った経営手法を考案し、生徒あるいは親をはじめとする村人たちのニーズに応えていかなければならない実情が浮き彫りとなった。

さらに、前半二村のケースでみたように、アリアマドラサは、教育機関として、生徒たちに対して積極的に将来設計を提示していかなければ廃校もあり得ることがわかった。「米と日銭」をどうにかして稼いでいかなければならないようなカラムディ村で、アリアマドラサは、ライフコース・ビジョンを提示することに失敗したといえる。カタルバリア村では、一度廃校の憂き目に遭ったが、学校競争環境の中で宗教も普通教育も学べるマドラサとして再出発し、たゆまぬ経営努力を行った結果、生徒増に結びつけている。

後半二村のケースであるソイダバッド村では、あくまでコウミマドラサとして、独自の教育を守ろうとしていた。むろん、寄宿舎や大学院レベルまで無償で受けられるという特色は、生徒を集めるに十分な魅力であった。実際に、ブラフモンバリア県では「宗教関連経済」がかなりのウエイトを占め、宗教関係職者はさほど高くはないまでも、将来の仕事としては現実的なものである。さらに進路の選択肢も拡大することになる。また、やはり東部に位置するゴヒラ村でも、同様にマドラサがその存在意義を模索して、生徒が家庭教師として機能するようなシステムを作り上げ、マドラサ進学が合理的なものである状況を作り出すことに成功していた。[14]

また、後半２村のマドラサの特徴すなわちコウミマドラサの特徴とも言い得るが、ハフェズの資格保有者の輩出、イスラームの行事や、ワズ・マフィルという学祭などを通じて、村人たちに対し、「ムスリムネス（ムスリムらしさ、あるべき姿）」の創造と発信、すなわちあるべきムスリムの姿を伴う宗教

的メッセージを発信していることがあげられる。つまり、人々のイスラーム意識に訴えかける戦略もとっているのである。たしかに、子どもの宗教教育は、イスラームにとって非常に重要である。なぜなら、農村においてもテレビやインターネットが普及し始めた現在、放っておけば、イスラームを遅れた存在と見なすメタ・メッセージが含まれる外国の映画、ニュースその他の情報にまとわりつくグローバルな情報網に簡単に絡めとられてしまうからである。これら力のあるマドラサは、ムスリムネスの創造・発信までも行って、マドラサの繁栄を維持している。

　以上みてきたように、マドラサはムスリムにとって生活の一部であるとともに、不安定な政治経済の中で村人たちが生きていくための生活戦略によって選択される対象でもある。これからもこうした村人との関わりを起点として、宗教教育としてのみならず、政治、経済、文化、ジェンダーなどの視点(15)からマドラサ研究が行われ得るであろう。

注 ――――――――――――――――――

(1)　インドネシア、あるいはマレーシアでは、ポンドック・プサントレンと呼ばれる伝統的な寄宿制イスラーム教育組織があり、これにマドラサが併設されることが多い。また、タイ南部でもポノと呼ばれる寄宿制のイスラーム組織がある。西野が明らかにしたところによると、インドネシア宗教省は、プサントレンの古い要素をできるだけ残し、入ってくる新しい要素を最小限にとどめているサラフィー（Salafi）と、発展の過程において、設置されているマドラサに一般教科を導入している、あるいはプサントレン内に一般学校を開設しているハラフィー（Khalafi）に分けている。

(2)　ムシャラフ大統領は、マドラサへの統制を強め、一般教科を教える教育機関として改革を行った。

(3)　例えば、パートシャーラーのグル（指導者）に対して、教育訓練を行い、その訓練が終了したグルがいる場合にのみ運営のための補助金を出す、といったような基準であり、伝統部門を近代部門にシフトさせる形がとられた。

(4)　マイヤーとラミレスによる概念で、世界規模で同じような教科が学ばれており、特定の科目に対して割り当てられたカリキュラムの消化時間も多くは同程度で、科学や数学には一つの世界的トレンドが見られるのを明らかにし、このことを教育の世界的制度化と呼んだ。[Mayer & Ramirez 2000]

第10章　バングラデシュにおけるマドラサ教育の複線性と多様性●――293

(5) 2007 年 12 月から 2008 年 1 月にかけて行ったパキスタン、ラホールにある巨大なマドラサ、ジャミア・シェルフィアの調査では、インドをはじめとし、バングラデシュ、中国などからも留学生がきたらしいが、9.11 事件後のマドラサをめぐる情勢悪化によってかなりの留学生たちが国に帰ったということであった。

2008 年 9 月 23 日、NIHU プログラム「イスラーム地域研究」早稲田拠点・グループ 2「マドラサ研究班」研究会「アジアのマドラサ：急増とその背景」発表資料。

(6) 高田によってフォトワ宣告と NGO に関する興味深い仮説が提示されている。

(7) バングラデシュにおいてもむろん、選挙前など政治運動の機運が盛り上がるときには、マドラサ生徒がデモに参加したり、右傾化したマドラサ経営者の方針によって、マドラサ生徒の行動が先鋭化する場合がある。

(8) ただし、村人たちの中には、意外に、一旦自分の子どもをコウミマドラサに通わせてから、数年後に適性をみたうえで、小学校に一年生から転学させるケース、あるいはその逆パターンなどが多くみられ、一旦学校をドロップアウトする、またそれに伴う年月の浪費をさほど問題視していない。

(9) ソイダバッド村のコウミマドラサでみられたカリキュラムは、アラビア語、ペルシャ語、ウルドゥー語の文法を習得しながら、かつそれら三つの言葉を教授用語としてコーランの文法、イスラームの歴史、ムスリムの取るべき態度などといった科目を学んでいくというものであった。

(10) 2007 年 3 月に実施した教育省マドラサ教育局におけるインタビュー調査では 133 のアリアマドラサが、世界銀行とアジア開発銀行のプロジェクトに含まれていたということであった。

(11) 今回データがあまりに大きいため掲載を見送ったが、バングラデシュのコウミマドラサの 1 － 1 2 年までのカリキュラムの例は［日下部 2007: 76-79］に掲載している。

(12) このデータはマドラサ教師からのインタビューに基づいているが、郡教育事務所におけるインタビューでは 50 数校から 70 数校になったというような食い違いがある。これを確定するためには今のところしらみつぶしにカウントするしかない。それを試みた研究者もないではないが、あまりに時間が必要なため、断念したという。そのため現在はこの食い違ったデータを掲載するしかないが、増加傾向にあるということは事実として判断して良いだろう。

(13) ハフェズコースは、コーランを暗唱できるようにするためのコースで、3 年ほどで課程を終える。コーランのステップ毎に、マドラサ教師（フズール）による試験に合格し、最終試験に合格すれば終わりということになっているため、中には 5 年ほどかかる生徒もいる。

(14) 実はこうした分析モデルは、イスラームだけではなく、他の宗教を普及する際にも考察が可能である。チッタゴン県における、ある 15 世帯ほどのキリスト教集落を調査したとき、宣教師が 22 年そこに滞在し、ヒンドゥーの集落を改宗させた

という。インタビューを進めるうちに、宣教師は、ダッカにあるキリスト教系の高校や大学を奨学金付きで通うことができ、卒業すれば欧米あるいはカナダの、やはりキリスト教系大学院に留学できるというライフコース・ビジョンを提示していたことがわかった。実際に何人かの集落出身者が留学に成功したという。

(15)　マドラサには教育機関あるいは宗教機関という表の顔があるが、その運営委員会にはたいていの場合、政治家や企業家も入る。バングラデシュのマドラサは、学校教育同様に、政治化（politicization）されている場所でもある。

参考文献

Ashraf Siddiqui 1976, Bangladesh District Gazetteers-KUSHTIA, Bangladesh Government Press, p.161.

Bangladesh Breau of Educational Information and Statistics（BANBEIS）2002, Statistical Profile on Education in Bangladesh, p.49.

BANBEIS 2011, Bangladesh Education Statistics, p.144.

Fariba, Adelkhah 2008, 'The Madrasas in Kabul : How to Assess the Religious beyond Stereotypes?'.

Mayer, Jhon W. Ramirez, Francisco O., 2000, 'The World Institutionalization of Education', Jurgen Schriewer（ed）Discource Formation in Comparative Education, Peter Lang pp.112-132.

Muhammad Qasim Zaman 2007, 'Tradition and Authority in Deobandi Madrasas of South Asia' Robert W. Hefner and Muhammad Qasim Zaman, Schooling Islam- The Culture and Politics of Modern Muslim Education, Princeton University Press, pp.63-65.

Yamane, So 2008, 'Establishment of Madrasas and Transformation of Tribal Leadership in Pakistan'.

大塚和夫他 2002,『岩波イスラーム辞典』pp.921-922（森本一夫〔マドラサ〕）.

日下部達哉 2007,『バングラデシュ農村の初等教育制度受容』東信堂.

高田峰 2006,『バングラデシュ民衆社会のムスリム意識の変動――デシュとイスラーム』明石書店、pp.389-421.

西野節男・服部美奈編 2007,『変貌するインドネシア・イスラーム教育』東洋大学アジア文化研究所・アジア地域研究センター、pp.35-61.

原忠彦 1969,「東パキスタン・チッタゴン地区モスレム村落における paribar」『民族学研究』34 巻 3 号、p.255.

南出和余 2003,「バングラデシュ初等教育の歴史」『遡河』14 号、pp.39-54 所収、pp.39-42.

村山真弓 2003,「バングラデシュ　米国関与の長期化が『ジレンマ』を軽減」、松井和久、中川雅彦編著『アジアが見たイラク戦争――ユニラテラリズムの衝撃と恐怖』明石書店、pp.38-44 所収.

column

【コラム】

インド・デリーのリキシャ引きの子どもと教育

黒崎 卓

　混沌のインドを象徴する交通の縮図と言えば、冷房の効いた近代的地下鉄・近郊電車であるデリーメトロと、その駅前で客待ちをするサイクルリキシャの行列がなすコントラストであろう。筆者はデリーのサイクルリキシャの調査を2005年以来続けており［黒崎 2013］、その過程で多くのリキシャ引きにその生活や家族のことなどを聞いてきた。リキシャ引きという仕事自体は、典型的な肉体労働であり、教育とは無縁に思われる。そのような仕事に従事する彼らの子どもにおいても、インドの大多数で見られるような教育競争の波は影響しているのだろうか。親の教育水準が高いほど子どもへの教育投資が大きくなるという一般的に観察される関係は、リキシャ引きの子どもに限っても成立するだろうか。

　このコラムでは、これらの問いについて、2010/11年度調査1,320名のリキシャ引きサンプルに含まれる2名の例とデータの分析結果を用いて考えたい。我々のデータではリキシャ引き1,320名中679名がビハール州、499名がウッタル・プラデーシュ (UP)

州出身の出稼ぎ者であり、1,320名中596名が全く教育を受けていなかった［黒崎 2013：表1］。1,320名のリキシャ引きの子どもで6歳以上の者が1,917名いたが、そのうち847名が全く教育を受けていなかったことを見ると、リキシャ引きの次世代における教育の改善は微々たるペースでしか進んでいないようだ［黒崎・吉村 2015：図表1］。

　教育は、それ自体に人間開発の意義があるだけでなく、マクロ面での経済成長を促進し、教育を受けた個人の生産性や賃金が上昇するという機能的な価値を持つ［Sen 1999］。それゆえに、教育の経済学においては、教育の投資という側面が重視されてきた［黒崎 2014］。さまざまなタイプの教育機会が併存する近年のインドにおいて、ミドルクラス、工場労働者、非熟練労働者、貧困層など階層を問わず、教育熱が高まっている背景のひとつとして、投資としての教育を無視できない。インドのNSSなど大規模標本調査のミクロデータを使い、全階層を入れたクロスセクションの重回帰分析を行うと、成人の賃金は教育水準の違い

を確かに反映しているし、学校へのアクセスが良好な地域ほど、経済条件や教育水準の良い親を持つ子どもほど、就学状況がよくなるという関係が統計的に明瞭に得られる［黒崎・吉村 2015］。これらの統計的関係は、投資の粗収益が高く、費用が低いほど投資水準が高くなるという投資としての教育観と整合的である。

＊＊＊

メトロのシャーダラ駅から5kmほど離れたマンドリチョーク居住区は、最初のパイロット調査でも対象とした、筆者にはなじみ深い地域である。ヤムナ川東岸のデリー北東部に位置し、隣のUP州に接した商工業地域で、ムスリム人口比率がデリー全体よりもやや高い。

ここでサイクルリキシャを走らせるAさんは、UP州シャージャハンプル県の農村出身の35歳。「その他の後進諸階級」（OBC）に属し、本人は全く就学経験のない非識字者である。さまざまな仕事を経て、約5年前にデリーに移住し、2年前にリキシャ引きを始めた。同じく非識字者の妻を持ち、家族7名はシャージャハンプル県に残っている。一日平均で約350Rs稼ぎ、そこから親方にリキシャ賃借料40Rsを引いた差額が純収入となる。平均で月に約2,600Rsを田舎に残された家族に送金する。

村には13歳の長女を筆頭に、3人の

「デリーメトロの駅で拾ったお客を乗せるサイクルリキシャ（デリー2010年12月）」

娘と1人の息子がその母親と一緒に生活している。長女は、小学校5年を終えて、そのあとは進学していない。次女（11歳）、三女（9歳）、長男（7歳）は全員小学校に行っている。次女の年齢は本来なら小学校ではなく中学校（Middle school：6—8年生）に行くべき年齢だが、もともと就業開始が遅かった。Aさんは我々に対し、長男に対しては、きちんと教育を受けてほしいとの希望を伝えたが、具体的にどのレベルまで学校に行かせたいのか、その結果彼にどのような仕事が得られる見込みがあると考えているのかといった問いには口をつぐんだ。次女・三女の今後の教育については、周りが行かせているうちはそれに倣いたい、という答えだった。

UP州の彼の家族は土地なしで、「貧困線未満」（BPL）の政府認定を受けている。彼がデリーに出稼ぎに来る前は、食費にも困り、教育に回す生活費の余裕

はほとんどなかったが、出稼ぎ後は多少余裕ができ、子どもが学校に行けるようになったと彼は答えた。彼が 7 年前に出稼ぎ（最初はデリーではなく UP 州の地方都市に移住した）を決めた直接の理由は、兄が亡くなり、家族の稼ぎ手が減ったことである。

* * *

同じくマンドリチョークで働く B さんを紹介しよう。彼は、ビハール州東部のプルニア県農村出身の 28 歳で、やはり OBC に属している。10 年生で学校を辞め、9 年前に故郷を離れ、7 年前にデリーに移住した。3 年前にサイクルリキシャ引きを始め、一日平均で約 300Rs 稼ぐ。そこから親方にリキシャ賃借料 40Rs を払うのは A さんと同じである。結婚しており、母親と妻（非識字者）、3 人の娘と 1 人の息子とともにデリーで生活している。狭いアパートの家賃を月 1,300Rs 払うと、残りはほとんど食費に消える。デリーでこの家族が生活できているのは、彼の兄がやはり出稼ぎに出ており、そこからの支援もあるためである。

11 歳の長男、10 歳の長女ともシャーダラの公立小学校に通っている。本来は私立にやりたいが、低授業料私立学校であってもその授業料が捻出できないとこぼした。長男に対する教育の希望は比較的明確で、12 年以上の教育を終えればホワイトカラーの就職ができるのではないかとのビジョンを持っていた。今やインドでは 15 年教育の学士号でもホワイトカラーへの就職が保証されないのが現状だが、これは彼には想像つかないことなのだろう。4 歳の次女は就学前教育（pre-school）を受けており、続いて 3 歳の三女も就学年齢に達する。リキシャ引きの B さんがこの後どうやって 4 人の子どもの教育をファイナンスしていくのか、前途は容易でないように思われる。

* * *

以上の 2 例を含む 1,320 名のリキシャ引きのデータを用いて、リキシャ引きの子どもの教育水準の偏相関要因を明らかにするために、重回帰分析を行った［黒崎・吉村 2015］。6 歳から 18 歳の子どもの就学決定要因に関しては、親の教育水準が高いほど、とりわけ母親が識字者であれば、就学確率が上昇すること、これらの条件をコントロールすると、指定カーストや指定部族のリキシャ引きの子どもであることは相関を持たなくなること（むしろ指定部族の子どもの場合は逆に就学率が統計的に有意に高いこと）、デリーに子どもが住んでいることはむしろ子どもの就学確率を下げることなどが明らかになった。意外なことに、子どもが母親と同居しているかどうかに関し統

計的に有意な差が検出されなかったが、これはおそらく母親の教育水準の効果に母親との同居効果が捉えられていると解釈できる。出身地よりも相対的に良好な学校環境の下にあるにもかかわらず、デリー居住の子どもの就学率が低くなっているのは、働くことを目的にデリーの父親と同居する年長の男子の効果を拾っていると思われる。回帰分析結果は、Bさんのようなパターン、すなわち非識字者の母親とともにデリーに住んでいる出稼ぎリキシャ引きの子どもが皆、きちんと学校に行くというパターンはむしろ例外的であることを示している。印象論的に書いた「前途は容易でないように思われる」には案外統計的裏づけがあったのだ。

回帰分析結果から、リキシャ引きの子どもに限った場合においても、親の教育が高いほど教育投資が高くなるというインド全体で観察される関係が確認できたことは、非常に興味深い。リキシャ引きの仕事そのものにおいては、10年以上の教育が収益を引き上げる効果は見られないため［黒崎 2013］、投資としての教育の役割に親が懐疑的になってもおかしくない。しかし分析結果は、逆にそのことが、教育によって所得が顕著に上昇するような職種・業種に、子どもを就業させたいとの意欲を親に強めさせている可能性を示唆している。リキシャ引きの

ような都市インフォーマルセクターでの稼ぎは、子女の教育に好影響をもたらして、次世代が人的資本を蓄積し、人的資本の収益率が高い仕事に就くような転換につながる面を持つのである。

引用文献 ────────

Sen, Amartya K. 1999, *Development as Freedom*, New York：Alfred A. Knopf（石塚雅彦訳『自由と経済開発』日本経済新聞社, 2000）。

黒崎卓 2013「インド・デリー市におけるサイクルリキシャ業：都市インフォーマルセクターと農村からの労働移動」『経済研究』64(1)：62-75.

── 2014「途上国、教育普及へ工夫を」『日本経済新聞』経済教室, 2014年11月3日。

黒崎卓・吉村典子 2015「インドにおける農村・都市労働移動と人的資本投資：デリーのリキシャ引きの事例を中心に」押川文子・宇佐美好文編『激動のインド　第5巻　暮らしの変化と社会変動』日本経済評論社：213-246。

第Ⅲ部
教育のモビリティ

第 11 章

インド高等教育におけるテクニカル教育ブーム
──ウッタル・プラデーシュ州ワーラーナシーのマネジメント教育の事例的検討──

佐々木　宏

はじめに

　1970 年代に開発途上諸国の学校教育について論じたロナルド・ドーアは、インドを「大学卒バス車掌発祥の地」［ドーア 1978］と命名した。高等教育を修了したにもかかわらず、その学歴にふさわしい就職ができない者が多く存在していたことを指摘した表現である。当時、独立後の積極的な教育政策を受けて高等教育が普及しつつあった。しかし、高学歴者向けの雇用機会（フォーマルセクターの職やホワイトカラー職）が少なく、大学を出た若者が就職難に直面していたという。こうした状況は現在もあまり変わっていない。むしろ深刻になっていると考えた方がよいだろう。インドでは、ドーアの時代に比べはるかに多くの者が高等教育に進学するようになっているし、90 年代以降の経済成長を経ても彼らが望む雇用の機会はそれほど増えていないといわれているからである。

　インドにおける 2000 年代の高等教育機関数の増加率は8.3％であった［UGC 2008］。この値は独立以来最も高い数値である。一方で最近の統計や調査研究は、学卒者の就職難が依然として続いていることを指摘している。雇用統計を参照すると、若者の失業率は他の年齢層と比べて高いこと、とくに高学歴若年層の失業率が高いことがわかる。[1] また、就職難に苦しむ現代の高学歴者の姿はエスノグラフィーとしても記録されている［Jeffrey 2010］。筆者（佐々

木）自身も 2000 年代の北インドの地方都市における調査で出会った、大学
は出たが学歴にみあう職業に就けない若者たちを「中途半端な高学歴者」と
名づけたことがある［佐々木 2011］。

　ドーアは高学歴者の就職難は学歴インフレを導くと指摘していた。この指
摘は現代でも未だ有用である。「中途半端な高学歴者」とは、具体的にいえ
ば地方のカレッジレベルの「大学」修了者のことを指すが、彼らの学歴を「中
途半端」と形容したのは、同じ都市の若者たちの一部が自らの就職を確実に
するため、より価値の高い学歴を得るための競争の中にあったからである。
つまり、学歴インフレのなか、地方のカレッジ卒程度の学歴の価値が切り下
げられつつある状況をふまえた表現が「中途半端な高学歴者」なのである。

　インドの高等教育は大枠ではドーアの指摘どおりの展開をしているが、当
時は、想定されていなかったいくつかの新しい様相もみせている。その一つ
が「テクニカル（プロフェッショナル）教育」のブームという現象である。テ
クニカル教育とは、エンジニアリング、テクノロジー、マネジメント、建築、
都市計画、医歯薬、看護、法律、教育等の分野に関する専門職養成教育のこ
とであり、1990 年代から急拡大した。

　この現象の背景には学卒者の就職難がある。テクニカル教育は特定の職業
への就職を念頭においているので（実際に就職が叶うかどうかは別であるが）若
者やその親に就職に有利なコースと受け止められ人気を集めているわけであ
る。こうした若者の思いを吸収し急成長しているのが私立の教育機関（私立
学校）である。これらの私立学校のなかには、国際的なランキング上位に登
場する学校も含まれているが、教育の質がきわめて低い学校、公的認証を受
けていない「非正規」「偽の」学校、虚偽の広告で学生集めをする不法な学
校なども多く含まれているという。また、これらの私立学校の経営には、イ
ンド国内の非営利の「学校法人」的な組織のみならず、海外に拠点におく団
体や営利企業なども参入している。

　こうした動きは、いわゆる高等教育の市場化の問題として、インドの高等
教育の論点となっている。一般に学校教育の市場化は、教育の質や教育機会

304

の平等へ悪影響を与える動きとして問題視されることが多い。インドでも同様の懸念から野放図に乱立する私立学校が問題視され、高等教育改革の諸法案が2010年前後に国会に提出された。これらの法案からは、限られた資源で高等教育の質と量を向上させなくてはならないという条件の下、私立学校に一定の期待を寄せながら、同時に私立学校への管理統制を強化しようとする教育政策の姿勢をみてとることができる。近年の高等教育政策をめぐっては教育の市場化の是非論の文脈で研究者がさまざまな発言をしており、実証的な研究も少しずつ始まっている[2]。ただ、一つ大切なことがまだ十分に議論されていないように思う。それは、市場主導ですすむ高等教育の拡大は果たして若者たちのニーズに応えているのか、という問いである。慢性的に続く就職難を背景に私立のテクニカル教育が成長しているならば、若者たちの思いに即して、その動きを検討することは重要な課題ではないだろうか。

　本章ではこの問題意識をベースにしてテクニカル教育の典型の一つであるマネジメント教育の動向を紹介し、今ブームとなっている私立テクニカル教育の評価について考えてみたい。なお、この課題に取り組むにあたっては主として「フィールドの現実」に目を向ける。先に述べたように、公的制度の外にはみ出す形で成長してきたマネジメント教育の姿は、政府統計や公文書では的確につかむことが容易ではないためである。また先行する調査研究も少なく、現状に接近するためには自分の足でフィールドに入っていく必要がある。筆者は2011年から北インドのウッタル・プラデーシュ（UP）州東部の都市ワーラーナシー（Varanasi：VNS）において、マネジメント教育を提供する学校の調査をすすめてきた。

第1節　インドの高等教育制度におけるマネジメント教育

　インドの高等教育制度における、マネジメント教育（Management Education）とは大学院経営学修士課程に該当するMBA（Master of Business

Administration）プログラムを中核とする、その他の学士（Undergraduate）レベルあるいはそれ以上（Post Graduate）レベルの学位や資格を授与するプログラムのことを意味する。これらのプログラムへの入学要件は学士レベルか大学院レベルかによって異なるが、中核をなす MBA の一般的な入学要件に関していえば、学士取得者であること、各学校が指定する共通試験を受験することが基本的な条件とされている。ただし、学校によっては企業での就労経験を要求することもあり、共通試験の受験を課さない学校もある。入学要件の一つに共通試験の受験があげられるのは、そのスコアを各学校が志願者の選抜に使うためである。

　入学者選抜に使われる共通試験は全インドあるいは州レベルで複数実施されている。全インドレベルの試験で著名なものとしては、インド経営大学院（Indian Institutes of Management：IIMs）ほかの名門ビジネススクールの多くが受験を課している Common Admission Test（CAT）、All India Management Association が 1988 年に開始し、2003 年以降政府によりマネジメント教育の入学者選抜共通試験に認定されている Management Aptitude Test（MAT）などがあげられる。

　マネジメント教育は、テクニカル教育の主要な公的認証機関である All India Council for Technical Education（AICTE）が統括しており、その動向[3]はまずは AICTE が公開している情報から確認することができる。AICTE が公開する統計を参照すると、1990 年代以降、テクニカル教育全体が拡大していることがうかがえる。マネジメント教育は 2000 年代後半のわずか 5 年間で、プログラム数が倍増（2005—06 年の 1888 プログラムから 2010—11 年の 3858 プログラムへ）した［AICTE 2011］。また、マネジメント教育を含むテクニカル教育の急拡大をけん引しているのは、私立学校であることもまた AICTE のデータから指摘されている[4]。

　しかし、上記の数字は全体像を正確に示したものではない。マネジメント教育の担い手には公的認証機関の管理下にあるものだけでなく、公的認証を受けていないが事実上、教育機関として存在している「学校」も少なからず

306

含まれているためである。こうしたいわばインフォーマルな「学校」まで含めた全体の動向については、正確に把握することは困難である。ただし、マネジメント教育サービスの提供者と受け手（学生や親）の間を媒介するメインツールであるインターネットの上には、玉石混淆ではあるが大量の情報が存在している。これらの情報を整理すると、まずは学校数の増加についてAICTEのデータと同様の動きが確認でき、またいくつかの興味深い特徴もみえてくる。それは、第一に、多くの学校の授業料は二年間のMBAプログラムで数十万Rsと高等教育の他のプログラムに比べるとはるかに高く設定されていること、第二に学力的にみた場合、少数の難関校と入学に際し高い学力を必要としない多くの学校に二極化していることである[5]。

第2節　UP州VNSにおけるマネジメント教育の展開

ウッタル・プラデーシュ（UP）州・ワーラーナシー（Varanasi：VNS）は、人口およそ120万人程度の都市である。発展著しいデリーに近接するUP州西部と比較すると開発が遅れている東部地域に位置し、宗教上の聖地でもある古都VNSには、ガンジス河沿いに10km以上続くガート（沐浴場）群、諸宗教の寺院群、車や人のみならず動物で混雑する通りや曲がりくねった細い路地など「古いインドの街」の姿がよく残されている。

この街の主な高等教育機関は、中央政府立のBanaras Hindu University（BHU）と二つの州立大学（Mahatma Gandhi Kashi Vidyapeeth：MGKVとSampurnand Sanskrit Visvavidyalaya：SSV）であり、これらの傘下にあるカレッジも多数存在している。

筆者が初めてVNSを訪問したのは1997年である。その後、断続的に訪問を繰り返しているが2000年代中ごろくらいからだろうか、ある現象が目につくようになった。それは、中等教育（Class10やClass12）修了者向け、あるいは学士レベルの高等教育を修了した者向けの雑多な「私立学校」（私立

写真1　アマル・ウジャーラー（Amar Ujala）紙 2012年8月11日朝刊より

教育サービス）の乱立である。

　写真1は2012年夏にVNSを訪問した際に目にした新聞（ヒンディー語紙）の広告面である。中高等教育修了程度の若者に向けた私立学校の学生募集広告であり、このような広告は新聞紙面や街角の看板などで盛んに発信されている。写真1の紙面には、公教育制度上の正規の高等教育機関と呼べるもの、「大学」のような看板を掲げつつ制度上はそうではない可能性があるもの、明らかに公教育制度の枠の外にある「塾」「予備校」のようなもの等、さまざまな学校が並んでいる。たとえば、①は南インドのタミル・ナードゥ州の州立大学のMBAやMCA（Master of Computer Applications）の遠隔地教育を提供する学校、②はAICTE認証のテクノロジーとマネジメント関連のプログラムを提供する学校、③は検眼業務（Optometry）に関するディプロマを授与する学校、④はIITs（インド工科大学）入試の予備校、⑤は国有鉄道、銀行、軍など公的セクターの雇用（公務員）採用試験の予備校である。

　これらの新興の私立教育サービスの受け手は誰か。広告に登場する学校の種類は雑多でさまざまなニーズを持った学生に応えているように一見みえるのだが、実は明確な目的を共有する学校群である。その目的は「就職」である。公務員試験予備校はいうまでもないが、IITs入学は難関であると同時に確実に安定した職業に至る道といえる。そして、マネジメント、コンピューター、エンジニアリングなどのテクニカル教育を提供する学校の広告には、

たとえば「卒業生の就職率100%」「就職できなければ、授業料をお返ししします」といった、自らの学校が如何に就職に有利であるかを誇示するメッセージが必ず登場する。就職を目的とする学校の繁栄はそれを求める若者たちの存在に支えられているのだが、そうした若者たちこそ、はじめにで触れた「中途半端な高学歴者」である。

　VNSにもかねてより「中途半端な高学歴者」は多数存在していた。2000年代前半頃までは、このような状況への反応として、主に経済的余裕のある家族の若者に限ってであるが、大学院に進学してより上位の学歴を得ようとする者、またVNSを離れデリーや州都ラクナウなどの高等教育機関に進学しようとする者がみられた［佐々木 2011］。ところが、近年はそれらの選択肢に加えて「就職保証」を掲げる新興の私立教育サービスもあらたな選択肢になりつつある。

　筆者によるVNSのマネジメント教育に関する調査は2011年8月に開始した。その後、2012年3月と同年8月にVNSを訪問し断続的に調査をすすめた。調査では、まずVNSのマネジメント教育の概要を知るために、インターネット上でマネジメント関連のプログラムを提供している学校を調べた後、その存在を自分の足で確認し、各校の設立主体、プログラム編成、授業料、入学要件等の基礎的情報を収集し、学校リストを作成した。そして、私立学校の一つであるInternational Management Academy（IMA）にターゲットを絞り、経営者から学校の運営や教育の内容、そして学生の社会経済的バックグラウンドと修了後の進路に関する情報を収集した。IMAについては次節で紹介するが、ここではまずVNSにおけるマネジメント教育の展開の全体像を確認したい。

　VNSのマネジメント教育のプログラムは1980年代までは、BHUでしか提供されていなかったが、1990年代半ばから主として私立学校の設立が相次ぎ、2010年頃までには、公立と私立をあわせて10校以上の学校がフルタイム通学プログラムを提供するようになっていたようだ。調査の際（2012年6月の時点で）、確実にその存在を確認できたのは9校であった。そのうち2

校は、比較的古くからマネジメントプログラムを設置していた公立の学校
（BHU と MGKV）である。

　作成した学校リストからは、1990 年代以降の VNS における私立学校に大
きく依存したマネジメント教育に関するいくつかの特徴を指摘することがで
きる。第一の特徴は、多くの学校はマネジメント教育のみを提供しているわ
けではなく、その他いろいろなプログラムを提供しているという点である。
ただし、さまざまといっても、コンピューター、エンジニアリング、薬学、
教育（教員養成）といった先の新聞広告に登場するいわゆる「就職のための
資格」という共通項はある。つまり、VNS のマネジメント教育、とりわけ
新興の私立学校が担っているそれは「就職のための資格」の束の一つとして
存在しているといえるだろう。

　第二の特徴は、多くの学校の入学に関する学力的なハードルはそれほど高
いとはいえないという点である。私立学校 7 校のなかで、MBA プログラム
の全国格づけに登場する学校は 1 校しかない。また、各学校がウェブ上で示
す入学要件をみるかぎり、CAT や MAT あるいは UP 州の共通試験で高得
点をとることを要求している学校はない。したがって、多くの学校は厳し
い競争を受験生に課し「学力エリート」を選抜している学校ではないと思わ
れる。また、全インドの動向と同様に、2 年間の MBA プログラム修了まで
に数十万 Rs という高い学費課す学校がある一方で、州立大学の MGKV の
MBA プログラムの授業料とほぼ同じ水準の授業料しか課さない学校も存在
した。⁽⁶⁾次節で紹介する私立学校（IMA）の経営者の聞き取りによれば、2010
年頃より急速に MBA プログラムの低価格化がすすみつつあるという。

　第三の特徴は、情報公開が現状ではあまりすすんでいないということであ
る。これらの学校の情報発信の主たるメディアは各校のウェブサイトであり、
大量の情報をそこで発信しつつも、その情報には偏りがみられる。具体的
にいうと、自らの学校のメリットを誇示する情報は大量にあるが、AICTE
の認証証明書あるいは AICTE が提出を課している学校情報の開示文書
（Mandatory Disclosure）のウェブ上での公開には消極的な学校が多い。調査

310

で確認した私立学校 7 校に関しては筆者自身で AICTE が公開する認証学校リストを閲覧し、すべて認証を受けた学校であることは確認済みである。[7] したがって「偽の学校」ではないのだが、各学校の情報発信をみるかぎり、入学希望者の目からは学校の内情はかなりみえにくい状態にある。

最後に、VNS のマネジメント教育の全体像に関わって指摘しておく必要があるのは、この業界では学校の参入と撤退が短期間で繰り返されていることであろう。2011 年からのフィールドワークのなかでは短期間で撤退した 5 校の私立学校の存在が確認されている。このことは、VNS のマネジメント教育が学校間競争と淘汰がみられる世界のなかにあることを示している。ちなみに短期間で撤退した学校には、いわゆるディプロマミル（Diploma mill）として知られている海外の「偽大学」のプログラムを提供していた学校、独自の校舎を持たないなど設備が劣っていた学校、全国展開をする大資本に比べ経営上の体力が弱いと思われる地元の小資本による学校、といった競争において不利な条件を持った学校であった。

第*3*節　International Management Academy

IMA は VNS のマネジメント教育においては新規参入組といってもよい私立学校である。この学校の経営者は、もともと VNS の都心で CAT や公務員試験のための予備校を経営しており、2009 年にその校舎の一部を利用して小さな学校・IMA を開いたという。しかし、3 学年を受け入れた時点で学生募集を取りやめた。

IMA が提供していた MBA プログラムは、ハリヤーナー州ロータク（Rothak）にある州立大学 Maharshi Dayanand University の遠隔地教育プログラムである。先に「小さな」と述べたのは、IMA は、MBA のほかにもさまざまなプログラムを併置している私立学校とは異なり、MBA プログラムのみを提供していた単科の学校であり、また、独自の校舎がなくビルのワ

第 11 章　インド高等教育におけるテクニカル教育ブーム●──311

ンフロアを利用した小規模な学校であったためである。

　IMAの入学案内（Admission Prospectus）パンフレットやポスターといった宣伝媒体からは、学校が志願者に伝えようとしているメッセージが明確にみてとれた。入学案内パンフレットの表紙には「教育を受けて、より良い明日を！（Get trained today…for better tomorrow）」「願望を現実に！（Realising Aspirations：綴りはママ）」という教育を通じた成功への誘いが、また、ポスターには「アメリカ式MBA、二年間のフルタイムプログラム、ノートパソコン・海外研修・教科書・制服付き、100％就職保証。これが、たったの21万Rsで！」という、いかに高い質の教育をリーズナブルなコストで提供しているかをうたう惹句が踊っている。そして、入学案内パンフレットのページをめくると、優秀な教育スタッフ、高度なプログラム、そして質の高い設備等々、学校のメリットが卒業生の体験談や見栄えの良い写真を付して、紹介されている。

　なお、入学案内パンフレットでは入学手続きについて「出願要件は、学士取得ないし取得見込みであること。出願時にCATやMAT等のスコアを提出すること。出願後、集団討論と個別面談を実施し、入学者を選抜する」と説明されていた。この説明にもある程度にじみ出ているが、経営者や事務スタッフへの聞き取りではIMAは厳しい入学者の選抜を行っていなかったことが確認されている。

　学校が発する宣伝メッセージに対して、実際のIMAの姿はかなりのギャップがあった。IMAは都心のビルのワンフロアの一角にあったが、そのビルは銀行、商店、小さなクリニックなどが雑居する4階建ての古い建物である。IMAの姿は、入学案内パンフレットが誇示するモダンな学校像はもちろん、一般的な「学校」のイメージからも大きくかけ離れたものであった。また、IMAはCATや公務員試験のための予備校と教室ほかの施設を共有していた。さらに、学校の教員他のスタッフは9名であったが、専任者は2名のみで、その他は非常勤であった。

　IMAはわずか3年間で学生募集を停止した。その理由について経営者は学校間の競争に敗れたことを率直に認めていた。開校以降、IMAよりも授

業料の安い MBA プログラムが続々と登場し、思うように学生が集まらなく
なったという。3期生の募集をしていた2011年に経営者は「一学年20名を
切ると、経営が苦しい」と述べていたが、IMA の学生募集はまさにそのラ
インを大きく割った時点で停止となった。3年間の入学者数は、2009年が
50人、2010年が17人、2011年が6人である。

第4節　IMA 入学者の属性と MBA 取得後の進路

　では、誰が IMA に入学し、修了後どのような進路にすすんでいるのだろ
うか。ここでは、最も学生数が多い第一期生の属性や進路についてみてみた
い。表1は第一期生の出身地、入学前の学位、修了後の進路と初任給などを
整理した表であり、いわば IMA の入口と出口の様子を示すものである。

　第一期生の属性に関しては、2点指摘しておくべきことがある。まずは、
50名中26名が VNS 県（District）出身者であり、その他もほとんど VNS 県
近郊の UP 州東部地域の出身者である。次いで、B.A（14名）や B.COM（22
名）といった、インドの高等教育において最もありふれた文系学位（就職に
おいて「つかえない」資格）保持者が多いという点である。これらのことは、
IMA が地元の「中途半端な高学歴者」の受け皿になっていたことを示唆し
ている。

　ならば出口はどうか。就職率は MBA プログラム修了直後の時点で60%
程度だった。就職先の企業名をみると、Cipla（グローバルに展開するインド資
本の製薬業）、P&G（外資系の生活用品製造業）、Apollo Hospital（インド全土に
病院やクリニックを展開する医療サービス業）、Idea Cellular（大手携帯電話キャリ
ア）、など、名の通った大企業が並んでいる。業種としては、金融、ICT、サー
ビスといった、経済成長下で躍進する「花形産業」が目立つ。また、就職者
27名中19名の勤務地は VNS ないし東 UP である。

　以上のことからは、IMA のマネジメント教育は、VNS とその近郊の高学

表 1 IMA 第 1 期生の属性と進路

No.	性別	出身地	出身州	学士号	MBA 修了後の就職先 （2011.9 月現在）			
					会社名	業種	給与（Rs./ 月額）	勤務地
1	F	VNS	U.P	B.BA	未就職			
2	M	VNS	U.P	B.COM	R7 INFOTAINMENT	サービス（広告代理店？）地元企業	8000	VNS
3	M	VNS	U.P	B.COM	未就職			
4	F	VNS	U.P	B.SC	就職希望なし			
5	F	VNS	U.P	B.COM	就職希望なし			
6	M	VNS	U.P	B.A	CIPLA	製造（製薬）	16000	イラハバード(東 UP)
7	F	VNS	U.P	B.COM	就職希望なし			
8	M	MIRZAPUR	U.P	B.A	Chandrani Compliments &Exports pvt.ltd.	製造（皮革製品輸出）	10000	コルコタ
9	M	VARANASI	U.P	B.COM	WESTERN UNION	金融・保険	65000	ドバイ
10	M	AZAMGARH	U.P	B.COM	未就職			
11	M	VNS	U.P	B.CA	BANK OF BARODA PIONEER	金融・保険	11000	VNS
12	M	VNS	U.P	B.COM	家業継承			
13	M	VNS	U.P	B.CA	APOLLO HOSPITALS	サービス（医療）	8000	VNS
14	F	VNS	U.P	B.A	未就職			
15	M	不明	不明	不明	不明			
16	M	VNS	U.P	B.A	R7 INFOTAINMENT	サービス（広告代理店？）地元企業	8000	VNS
17	M	AZAMGARH	U.P	B.A	未就職			
18	M	GHAZIPUR	U.P	B.BA	未就職			
19	M	GAYA	BIHAR	B.COM	CIPLA	製造（製薬）	16000	VNS
20	F	VNS	U.P	B.COM	TIME	サービス（教育）	7000	VNS
21	M	BALLIA	U.P	B.A	未就職			
22	F	MAU	U.P	B.COM	未就職			
23	M	JAUNPUR	U.P	B.A	未就職			
24	M	MIRZAPUR	U.P	B.COM	Chandrani Compliments &Exports pvt.ltd.	製造（皮革製品輸出）	10000	コルコタ
25	M	VNS	U.P	B.COM	ALLIANCE HOSPITAL	サービス（医療）	10000	VNS
26	M	VNS	U.P	B.SC	MTS	運輸・通信（通信）	10000	VNS
27	M	SONBHADRA	U.P	B.SC	P&G	製造（日用品）	8000	VNS
28	M	VNS	U.P	B.SC	家業継承			
29	M	VNS	U.P	B.COM	未就職			
30	M	SONBHADRA	U.P	B.COM	AON HEWITT	金融・保険	14000	デリー
31	F	AZAMGARH	U.P	B.SC	HB ENTERTAINMENT	サービス（娯楽）	23000	デリー
32	M	VNS	U.P	B.A	未就職			
33	M	GHAZIPUR	U.P	B.A	IDEA CELLULAR	運輸・通信（通信）	10000	アーグラー
34	M	SULTANPUR	U.P	B.COM	INDIAMART	小売（オンラインマーケット）	12000	コルコタ
35	M	VNS	U.P	B.COM	PUNEET KR. & CO	金融・保険	6000	VNS
36	M	VNS	U.P	B.A	R7 INFOTAINMENT	サービス（広告代理店？」）地元企業	8000	VNS
37	M	GONDA	U.P	B.COM	KARVY	金融・保険	8000	VNS
38	M	JAUNPUR	U.P	B.A	HDFC BANK	金融・保険	8000	VNS
39	M	SONBHADRA	U.P	B.COM	HDFC BANK	金融・保険	8000	レヌクート（東 UP）
40	M	VNS	U.P	B.BA	未就職			
41	M	SONBHADRA	U.P	B.COM	KARVY	金融・保険	8000	レヌクート（東 UP）
42	M	VNS	U.P	B.CA	FUTURE GENERALI LIFE INSURANCE	金融・保険	15000	VNS
43	M	VNS	U.P	M.COM	家業継承			
44	M	VNS	U.P	B.BA	MTS	運輸・通信（通信）	10000	VNS
45	M	MAU	U.P	B.CA	APOLLO HOSPITALS	サービス（医療）	6000	VNS
46	M	VNS	U.P	B.COM	未就職			
47	M	AZAMGARH	U.P	B.COM	未就職			
48	M	JAUNPUR	U.P	B.COM	未就職			
49	M	JAUNPUR	U.P	B.SC	Chandrani Compliments &Exports pvt.ltd.	製造（皮革製品輸出）	10000	コルコタ
50	M	VNS	U.P	B.A	未就職			

注：「出身地」は、District（県）名であり、事例 No.19 を除き、すべて東 UP 地域の県である。学位の略称は、B.A (Arts)、B.COM (Commerce)、B.BA (Business Adminisration)、B.SC (Science)、B.CA (Computer Application) である。「業種」は日本総務省「日本標準産業分類」にもとづいている。

歴者に何某かのスキルや資格を付加し、彼らが望む「優良企業」の職に結び
つけることについて、それなりの成果をあげていたといえるだろう。また、
上記のような企業がVNSで若者たちを雇用していることも興味深い事実の
一つである。社会経済開発の遅れたUP州東部では、民間セクターにおける
高学歴者向けの職業機会が希少であるが故に「中途半端な高学歴者」が生ま
れていた。しかし、IMAの修了者の進路からは、その規模やスピードは定
かではないが、そのような職業機会が徐々に広がりつつあることが確認でき
た。

　ただし、この新しい高学歴者向けの職に関しては一つ指摘しておくべき
ことがある。それは彼らの初任給額である。多くの事例の初任給は5,000—
10,000Rsの間にあった。この額は、VNSの高等教育修了者の調査時点での
給与水準と比較すると、低いとはいえないが高いわけではない。この当時、
マネジメント教育調査と並行してVNSですすめていた若者聞き取り調査で
は、参入は容易であるがあまり待遇のよくない高学歴者向けの仕事（私立の
小中学校・高等学校やコンピュータースクールなど民間の教育サービスの教員職、地
元の小企業の事務職など）の給与は5,000Rs程度であることが確認されている。
IMA修了者の給与水準はこれよりいくらか高い。しかし、中高等教育を修
了した若者たちが古くから「良い仕事」とみなしてきた公的セクターでの雇
用（公務員）の初任給は15,000Rsを超えていた。つまり、IMA修了者の就
職先は、企業名や業種は確かに華々しいものの、給与そのものは公務員と比
較すると見劣りがするわけである。

　経営者への聞き取りでは、IMAには求人があっても就職しようとしない
学生、また就職直後に離職する者も少なくないことが語られている。就職後、
飛び込みの営業や地味な事務仕事などからスタートする仕事もあるようで、
それを忌避する若者がいるという。そのような若者たちについて、経営者は
「初めから個室や秘書付きのデスクワークなんてありえないのに、彼らは仕
事を選んでいる。我慢が足りない」と嘆いていたが、給与水準を念頭におく
と若者たちばかりを責めても仕方ないようにも思える。もっとも、若者の思

いについて直接聞き取りをしたわけではないので、この点についてこれ以上は述べないが、少なくとも言えることは、IMA 第一期生の就職先には、20万 Rs 以上の学費負担とのバランスがとれているのかどうか、あるいは「成功」と呼べるのかどうか疑問のある職が多く含まれていることであろう。

おわりに──テクニカル教育ブームの評価をめぐって──

これまで 2011 年から 12 年にかけての VNS のマネジメント教育の動向を整理した。調査では北インドの地方都市のマネジメント教育の混沌とした状況と、とある私立学校（IMA）の状況を事例的に把握したにすぎず、体系的で豊富な情報を得ているわけではない。したがって、何がしかのまとまった結論を述べることはできないのだが、インドの高等教育研究の焦点の一つである私立学校問題をめぐる今後の議論のための示唆は得られたように思う。最後に調査結果をふまえて 2 点指摘しておきたい。

第一に VNS のマネジメント教育の姿は、私立学校に大きく依存しすすむ高等教育の拡大の功罪を浮き彫りにしている。もちろん調査で得られたことから、功と罪いずれが強いのかを断ずることはできないが、両面をはらみつつ高等教育の市場化が進展していることだけは指摘できるだろう。

高等教育の市場化をめぐり最も懸念されている点は、教育の質保証と教育機会の平等への悪影響である。厳しい入学者選抜をしない私立学校、ディプロマミルの参入、短期間で閉校する学校、校舎を持たない学校、非常勤スタッフに依存した教育、学校情報の不透明性、といった VNS のマネジメント教育のあり方は、やはり私立学校の乱立により質保証に関して懸念すべき点が生じていることを物語っている。また、一部の私立学校が課している高い学費は、家庭の経済状況によってマネジメント教育へのアクセスには大きなハードルがあることを示している。

しかし、一方で、調査では市場主導の教育供給のポジティブな側面も垣間

見ることができた。一般に、市場による教育供給への期待は受け手のニーズに敏感な市場の優位性を根拠に語られている。たしかに、VNS の MBA プログラムを提供する私立学校は若者たちが求める教育を迅速に提供していた。また、短期間で撤退を余儀なくされる学校の存在は、教育の安定供給という側面での問題を孕みつつも、消費者の選別によって粗悪な学校は着実に淘汰されていることを示している。なお、この競争と淘汰という観点からいえば、マネジメント教育それ自体も淘汰されうる存在だと考えておいた方がよい。VNS でみたようにマネジメント教育は「就職保証」を看板にする他の多様な教育サービスと競合していたからである。実際のところ、ここで扱ったマネジメント教育を対象にしたフィールドワーク（2012 年まで）が一段落した直後から、VNS あるいは UP 州のマネジメント教育ブームには影がさしはじめていた[9]。さらに、マネジメント教育の低価格化の動きは、それが質の低下をどれだけ伴っているのかをさしあたり問わないとすればではあるが、マネジメント教育の機会の拡大と平等化についての市場的な解答と受け止めることも可能である。

　IMA を上述の高等教育の市場化の是非論の上で評価すると、この学校もまた市場化の正負の側面を示す事例であったといえる。しかし、このような議論から少し距離をおいて IMA をみるとまた違った評価もできるのではないだろうか。これが調査から得られた 2 点目の示唆である。VNS のテクニカル教育の動向を振り返ると、一人ひとりの若者やその親にとっては「どこの学校に行けば望む就職ができるのか？」がきわめて重要な問いであるといえる。この教育の受け手の関心に IMA が応えていたことは第 4 節で示したとおりである。

　ここでは IMA が就職支援について成功を収めていたと言いたいわけではない。成果はともあれ IMA が若者たちの学校教育から職業への移行を支える役割を担おうとしていたことに着目している。インドの「中途半端な高学歴者」問題は、一義的には高学歴者向けの職の数と高学歴者数の量的なギャップに起因しているのだが、この需給のミスマッチは、学校教育制度と労働市

場の接合の不具合の顕れともいえる。

　この点において日本の戦後の学校教育制度は稀にみる幸運な成功をおさめたことはよく知られている。日本では高度経済成長期に新卒一括採用や学校推薦といった慣行が普及し、学校教育制度の出口と労働市場の入口が、学歴と職業的地位の対応関係により序列化されつつ、あたかもパイプラインのように接合する構造が形成された（90年代以降、解体しつつあるが）。しかし、インドの学校教育制度と労働市場の間には、一部の学校や教育系統を除き、円滑な移行を支える仕組みは存在していなかった。

　ならば、近年の私立テクニカル教育の拡大、とりわけ学力的にも経済的にもエリートとは呼べない層を対象にした私立学校の増加は、学校教育制度と労働市場の間が少しずつつながり始めている動きとして受け止めることもできるのではないか。今、インド各地で乱立する「就職保証」をうたう私立学校は、まずは教育の市場化の「鬼子」といえるが、見方を変えると学校教育制度の大きな変容の「新芽」のようにも思える。もちろん、本当にそう受け止めてよいのかどうかは、テクニカル教育のみならず高等教育の一般プログラムや中等教育まで、そして学卒者の受け皿となる労働市場にまで、視野を広げて現代インドの学校と労働市場の接合の全体像を明らかにした上で判断する必要があろう。このことは、VNSで継続中のフィールドワークの課題である。

注 ───────────────────────

(1) 第61回 National Sample Survey（2004—05年実施）の結果にもとづく失業率（Usual Principal Activity Status）を年齢層別に整理した TeamLease の報告書［TeamLease 2007］を参照すると、15—20歳の失業率は8.7％、21—25歳の失業率は8.1％、26—30歳の失業率は3.5％である。また、いずれの年齢層においても学歴が高くなればなるほど失業率は高くなる。たとえば、21—25歳層の失業率は、大学卒者（学士レベル修了者）で31.7％であるが、同年齢層の前期中等教育（Class10）修了者は11.2％、義務教育（Class8）修了者は5.6％であった。

(2) 高等教育改革諸法案の準備が始まった2000年代半ば以降、インドの社会科学総合学術誌 Economic and Political Weekly には、高等教育改革の是非をめぐる論

稿が数多く掲載されるようになった。その多くは、私立学校に依存した高等教育普及への疑義ないし批判である［Tilak 2012、Chattopahyay 2009］。ただ、これらの論稿の多くは短い論説であり、私立学校の実際や高等教育の市場化のダイナミズムに関する研究の蓄積はそれほど厚いとはいえない。そうしたなか、近年の研究で参照すべきものとしては、高等教育の現状と論点を包括的に整理したAgarwalの研究［Agarwal 2009］、インド国内の外国大学（641 プログラム）と学生を対象にした量的調査の報告書［UKIERI 2008］、高等教育の市場化の特徴とその背景にあるロジックを政策動向と裁判判例から検討したKapu らの研究［Kapu and Metha 2004］などがあげられる。

(3) マネジメント教育ほかテクニカル教育の大部分の領域は AICTE が管轄しているが、一部は別の認証機関が管轄している。たとえば、医学専門職教育は Medical Council of India が、教員養成教育は National Council of Teacher Education が管轄している。

(4) AICTE のデータを使ってテクニカル教育の学校数に占める私立学校の割合を整理した Agrawal によれば、2007 年の時点で、テクニカル教育全般に私立学校が占める割合は 80%（マネジメント教育に限ると 64%）であったという［Agrawal 2009：88］。

(5) 教育ポータルサイト大手 Siliconindia.com の "Top MBA Colleges in India"（www.siliconindia.com/mba/）に 2012 年 4 月 6 日にアクセスした際に閲覧した 1126 校の学校情報の分析の結果による［佐々木 2014］。なお、多くの私立 MBA プログラムが課している「二年間で数十万 Rs」という授業料は、注（6）にあげた VNS の州立大学の他プログラムの授業料と比較するとその水準の高さが指摘できる。

(6) 州立大学 MGKV の MBA プログラムの 2010 年度授業料は 4 万 Rs（第 1 学年）であった。同年の他コースの授業料は、文系学士レベルでは、BA 第一学年が 2,000Rs、B.COM 第一学年が 2,050Rs、法学士（LLB）第一学年が 3,130Rs、文系修士レベルでは、MA 第一学年が 2,459Rs、M.COM 第一学年が 2,509Rs、である。なお、多くのインドの高等教育機関には上記の定員枠とは別に、高い授業料を課す枠が設置されている。MGKV の別枠定員の授業料（2010 年度、第一学年分）は、BA で 6,805Rs、B.COM で 6855Rs、LLB で 10,215Rs、MA で 8,165Rs、M.COM で 8,215Rs、MBA で 8 万 Rs であった。

(7) AICTE ウェブサイト（www.aicte-india.org）に掲載されている認証学校リストを 2012 年 7 月 10 日に閲覧した。

(8) 「就職率（61.4%）」は、50 名から「就職希望無し者（3 名）」「家業継承者（3 名）」を引いた 44 名を分母とし、27 名の就職者を割った数値である。

(9) 2012 年 7 月 29 付ザ・タイムズ・オブ・インディア紙は、UP 州の MBA プログラムについて、プログラム過剰供給による大幅な定員割れが生じていることを報じていた。http：//timesofindia.indiatimes.com/home/education/news/89-MBA-

第 11 章　インド高等教育におけるテクニカル教育ブーム　●──319

seats-vacant-in-UP-B-schools/articleshow/15244818.cms（2013 年 3 月 2 日アクセス）。本章でみた VNS の「MBA バブル」も現在（2014 年 10 月）は終息状態にあるが、公務員試験予備校を中心に「就職」を看板とした中高等教育修了者向けの私立教育サービスの隆盛それ自体は続いている。

参照文献

Agrawal, P. 2009, *Indian Higher Education：Envisioning the Future*, New Delhi, Sage publications.

All India Council for Technical Education（ACTE）2011, *Approval Process handbook 2011-2012*, New Delhi, AICTE.

Chattopahyay, S. 2009, "The Market in Higher Education：Concern for Equity and Quality", *Economic and Political Weekly*（EPW）, 44-29, pp.53-61.

Jeffrey, C. 2010, *Timepass：Youth,Class,and the Politics of Waiting in India*, Carifornia, Stanford University Press.

Kapu, D. and Metha, B. 2004, "Indian Higher Education Reform：From Half-Baked Socialism to Half –Baked Capitalism", Center for International Development at Harvard University Working Paper No.108.

Team Lease 2007, *India Labour Report 2007：Youth Unemployability Crisis,* http：//www.teamlease.com/index.php?module=research&event=india_Labour_Report,（February 15,2013）

Tilak, J.B.G. 2012, "Higher Education Policy in India in Transition", *EPW*, 48-13, pp.36-40.

UKIERI 2008, *Foreign Education Providers in India：Report on Collaborative Arrangements*, New Delhi, UKIERI.

UGC（University Grants Commission）2008, *Higher Education in India：Issues related to Expansion, Inclusiveness, Quality and Finace*, New Delhi, UGC.

佐々木宏 2014、「インドにおける高学歴者の就職難とテクニカル教育ブーム――ウッタルプラデーシュ州・ワーラーナシーのマネジメント教育の事例的検討」、『社会文化論集』、第 13 号、1-26 頁。

佐々木宏 2011、『インドにおける教育の不平等』、明石書店。

ロナルド・ドーア 1978、『学歴社会――新しい文明病』、岩波書店。

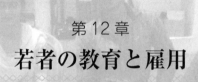

第12章
若者の教育と雇用
──デリー低所得地域の調査から──

村山　真弓

はじめに

　成人に比べて高い失業率に象徴されるように、若者の雇用に関しては、世界のあらゆる国々、社会でさまざまな問題が生じている。しかし、問題解決のために必要な、若者の労働市場に関する情報は、質、量ともにまだまだ十分でない［Matsumoto and Elder 2010］。本章は、こうした認識に基づき、デリーのある低所得地域に暮らす若者について、その教育と雇用の実態を素描したものである。

　調査地のスンデルナガリ（Sundernagri「美しい町」の意味。以後SNと略）地区は、近年急速に都市化が進んでいるデリーのヤムナー川東岸の北部、行政的にはデリー州シャーダラ県（Shahdara District）の東端にある。SN地区は、後述するように、再定住コロニー、つまりスラム撤去に際してその住民の移転先としてデリー開発局（Delhi Development Authority）が整備した住宅地の一つである。デリーには、SN地区のような再定住コロニーが、2012年現在、45か所あり約400万人が暮らしている(1)。

　筆者がSNを知ったのは、インフォーマル・セクターで働く女性たちを組織化したことで有名なSelf Employed Women's Association（女性自営業者協会：SEWA）のデリー支部が、SN地区で女性在宅労働者組織化のプログラムを実施していると聞いたことがきっかけであった(2)。そのプログラムの効果に

第12章　若者の教育と雇用──321

関する調査結果は Murayama［2011］にまとめたが、調査の過程で新たに筆者の関心を引いたのが、若者の状況だった。一つのグループは、在宅労働に関わる若い女性たちである。あるものは学業を続けながら、またあるものは、一定程度の年齢に達すると学業から離れ、母親、姉妹と共に、刺繍以外にもさまざまな内職仕事に携わっていた。もう一つのグループは、筆者の調査を手伝ってくれた女性たちである。彼女たちの日常もまたさまざまな活動から成り立っていた。通信教育で大学の学位取得を目指しつつ、SEWA Delhi が実施している種々の研修プログラムに参加しつつ、政府や NGO が行うフィールドサーベイの調査員をしたり、家で子どもたちを集めて私塾を開いたりしていた。

　家の中で家事に内職に忙しい女性に対して、外で目につくのは、ぶらぶらしているように見える 10 代後半の少年たちである。また、知り合った若い男性のなかには、家庭の経済状況が悪化したために、早くから学業を離れ小規模工場で労働者として働いていたもの、輸出向けアパレル製造企業のマーチャンダイザー[3]として働いたが失業し、その後、同じような職を得ることができず苦闘していた男性もいた。インドの最高学府の一つ、ジャワハルラル・ネルー大学の日本語科を卒業し、日本に留学して修士課程を終えて戻ってきたばかりという若い男性もいた。

　これらの若者に共通しているのは、再定住コロニーおよび隣接するスラムという決して恵まれたとはいえない経済社会環境に暮らす若者が、より良い生—その鍵となるのは仕事である—を目指して、学歴を含む、生きるためのスキルの獲得、近年よく使われる用語でいえば Employability（雇用されるための能力）向上の努力を重ねている姿だった。彼らのことをもっと知るために、2010 年の 9 月から 11 月にかけて行った質問票調査が、本章のもとになっている。

第1節　調査地・調査世帯の概要

◆1　調査地

　SN 地区を含む再定住コロニーの建設が始まったのは 1960 年代である。とりわけ 1975 年から 1977 年までのインディラ・ガンディー政権下の非常事態宣言期間中、デリーでは大々的なスラム移転プログラムが実施された。SN 地区も、もともとは 1976 年に建設された再定住コロニーの一つで、オールドデリー地域のスラム住民の強制移住先として、ウッタル・プラデーシュ（UP）州に接するこの地域が割り当てられた。移転した住民には、世帯あたり 25 平方ヤードの土地が無償供与された。当初は小屋掛けだった建物もその後 40 年を経て、多くが 3 階―4 階建てに増築され、公園、学校なども挟んで、一見すると計画的な町並みを形成している。今では当初からの住民は少なく、近接する UP 州をはじめとする他地域からの移住者が大勢を占めている。

　SN 地区には。再定住コロニーとして建設された 13 のブロック（区域）があるが、それ以外に空いていた土地に形成された無認可ブロック、いわゆる不法居住地区が 3 つ存在する。無認可ブロックでは、狭く曲がりくねった細い道の両側に住宅が密集している。合わせて 16 ブロックある SN 地区の中で、最も人口が多いのは、無認可ブロックの一つである。再定住コロニーと無認可ブロックの住民の間には、社会経済的な背景には大きな違いはないが、再定住コロニー住民の中には、無認可ブロック地域を一段低く見る傾向がある。

　SN 地区が位置するシャーダラ県は、2012 年までは北東県（North East District）に含まれていた。北東県は、デリーの中でも社会経済的な後進地域である。2011 年の人口センサスによれば、北東県の人口密度はデリー平均のおよそ 3 倍と高く、女性の識字率は、デリー 9 県の中で最下位、男性は下から 2 番目と低い。また男女間の識字率格差も 9 県の中で最大であった。他方、0 から 6 歳の子どもの性比はデリー平均を上回っており（上から 4 位）、低所

表 1 若者サンプルの数と年齢

年齢分布	男性		女性		男女計	
	人数	%	人数	%	人数	%
15-19	52	33.3	69	43.4	121	38.4
20-24	67	42.9	63	39.6	130	41.3
25-29	37	23.7	27	17.0	64	20.3
計	156	100.0	159	100.0	315	100.0
男女比（%）	49.5		50.5		100.0	
平均年齢（歳）	21.5		21.5		21.1	

出所：SN 若者調査。以下同じ。

得や識字率の低さが、必ずしも女児の生存に関わる性差別の温床となるわけではないということを示唆している［GOI 2011］。

2008 年に SEWA Delhi が SN 地区で行った悉皆調査によれば、SN 全体の世帯数はおよそ 12,150 世帯、人口は約 61,800 人だった。この調査結果は未確定のものであるが、人口構成の概略を知ることはできる。SN 地区の住民は約 54％がイスラーム教徒であり、インド（2011 年 14.2%）、デリー（同 12.9%）、北東県（同 29.3%）を遥かに上回る。一方指定カースト（SC）および指定トライブ（ST）を合わせた割合は約 25％で、デリー（2011 年 16.8%）、北東県（同 16.7%）よりも全インド（同 25.3%）の数値に近い。[(4)]

我々の若者調査では、全国標本調査（National Sample Survey：NSS）にならって 15 歳から 29 歳までの年齢集団を若者として定義した。上述の悉皆調査によれば、同年齢層の人口は 21,440 人（男性 54％、女性 46％）と推計されていたので、その 1％にあたる 214 世帯のサンプルを収集した。その際に次のような条件を考慮した。① 214 世帯を、ブロック別人口に比例するように配分。② SEWA デリーの悉皆調査にもとづき 15 歳―29 歳世帯員を一人以上含む世帯から、ブロック別標本世帯数をランダムサンプリング。③そのうえで、労働実態や学歴がある程度多様性をもつサンプルになるように一部を恣意的に追加／削除した。結果的に収集できた有効サンプル数は男性 156 人、女性 159 人、合計 315 人となった。15 歳から 29 歳までの若者を対象としたものの、21 歳というサンプルの平均年齢からわかるように、結果的には若い年齢層

に偏ったサンプルとなった（表1）。

◆2　調査世帯の状況

　さて、調査世帯の特徴を見ていこう。宗教別にはイスラーム教徒が過半数を超える。カーストでは「その他後進諸階級（OBC）」がほとんどなく、一般カーストが7割近く、残りがSC・STである。4分の3の世帯がUP州の出身で、第2位のデリーと合わせて9割近くを占める。過去10年の間にSN地区に移住してきた世帯の割合は23.8％にとどまっており、比較的長く住んでいる世帯が多い。なお、我々のサンプル世帯の30％強は無認可ブロック世帯である。政府から区画を割り当てられて居住している世帯もしくはその子・孫世帯、すなわち再定住コロニーの元々の住民は、全体の14％に過ぎず、約70％が元の住人から権利を買い取り、または無認可ブロックに見られるように、自分たちで建設した住宅に住んでいる。借家に住んでいるものは13％と少ない。家賃の平均は1ヵ月当たり1,742Rs（当時1Rsは約1.8円）だった。サンプル世帯の86％は自宅にトイレを持ち、また水道栓から飲料水を得ているが、無認可ブロック世帯に限ってみれば、トイレ保有世帯は63％、自宅に水道栓を備えている世帯は6％に留まっており、85％の世帯は公共の水栓から水を汲んで生活している。無認可ブロックの住環境が劣っていることが伺われる。

　サンプル世帯の所得は、月額平均1万Rs強で、3万Rsを超える世帯は全体の3％に過ぎない。世帯人口（平均5.9人）で割った一人当たり月額所得は、1,747Rsである。一人当たり消費支出に基づく2009—2010年度のデリー都市部の貧困線は1,040Rsである［GOI 2012］。所得と支出という計測の違いはあるものの同貧困線を目安とするならば、26％が貧困世帯、人数を基準とするならば貧困率は28.7％となる。ちなみにデリー都市の貧困率は12.9％、インドの都市平均は20.9％と推定されている。

　次に収入のある世帯員個人の収入状況を見てみよう。月額平均収入は、全体で4,245Rs、男性5,334Rs、女性2,015Rsと、男女間では倍以上の格差があ

第12章　若者の教育と雇用●——325

る。月収の最高額は男性が35,000Rs（2人）、女性が25,000Rsである。世帯員の中で最高の収入を得ている男性の職業は、公務員と民間企業従業員、当該女性は以前カレッジの教員で、現在は民間企業に勤めている。男性2人は40代であるが、女性は30代の未婚女性である。このような高学歴者の相対的に安定した職種がある一方、男性の場合は、露天商を含む商業、運転手・人力車引き等運輸関係、小規模製造工場、職人等低収入の職業が大多数を占める。女性については、刺繍や花輪作りなどの在宅労働が最も多い。

　デリーの教育制度は前期初等（Primary）5年、後期初等（Middle）3年、前期中等（Secondary）2年、後期中等（Senior Secondary）2年、その後高等教育となっている。調査世帯員全体の教育水準をみると、最も人数の多いのは、男女計および男性は前期中等レベル（10年）の教育経験であるが、女性は後期初等レベル（8年）が最多である。学歴と平均月収の関係をみると以下の点が指摘できる。第1に、一般的に学歴が高くなれば所得も上昇する傾向はあり、修士レベルの学歴保有者の平均月収が最も高い。ただし第2の点として、学歴と収入の間にプラスの関係が働くのは中等教育以上であり、後期初等レベル（8年生）程度までは、学歴が月収に与える影響はほとんど見られない。

第2節　若者調査：学校経験

◆1　若者のプロフィール

（1）従業上の地位

　表2は現在の従業上の地位から見た若者の内訳である。

　この調査ではSNの就業の実態に合わせて、現在就業しているものを、主に賃金の受け取り方および在宅労働かそうでないかといった点から、固定給を受けている雇用者、歩合給雇用者、日雇い雇用者、自営業者、在宅労働者に分けている。一方、NSSなどの公式統計では、通常、従業上の地位

表 2　調査対象若者の従業上の地位

	男性		女性		男女計	
	人数	%	人数	%	人数	%
固定給雇用者	40	24.4	17	10.1	57	17.1
歩合給雇用者	25	15.2	2	1.2	27	8.1
日雇い雇用者	15	9.1	0	0.0	15	4.5
自営業者	36	22.0	33	19.5	69	20.7
在宅労働者	6	3.7	50	29.6	56	16.8
就労経験なし	28	17.1	35	20.7	63	18.9
失業者	14	8.5	4	2.4	18	5.4
収入なし家事労働従事	0	0.0	28	16.6	28	8.4
延べ人数	164	100.0	169	100.0	333	100.0
複数の就業形態保有者	8		10		18	
実人数	156		159		315	

を、常用雇用者（regular wage/salaried employee）、日雇い・有期雇用者（casual worker）、自営業者（self-employed）の3つに分類している。常用雇用者とは日雇いあるいは有期の契約更新でなく、俸給ないしは賃金で雇われて働く労働者であり、中には歩合給賃金のもの、パートタイム労働者も含まれる。また日雇い・有期雇用者とは、日当ないしは有期契約で賃金を得る労働者を指す。この定義に照らすと、詳しくは後述するが、サンプルのうち期限のない固定給雇用者の9人と期限のない歩合給雇用者の1人、合わせて10人のみが公式統計でいう常用雇用者にあたる。その他の、有期固定給雇用者と有期歩合給雇用者74人は、公式統計の定義では日雇い・有期雇用者に含まれる。

　他方、表に挙げた在宅労働者（homeworkers）は、雇用者ではないため、通常は自営業者にカウントされる。しかし自営業者の定義上、重要な要素である「自己決定」（何を、何処でいかに生産するか）、「経済的独立性」（市場、操業の規模、資金等に関する）が在宅労働者には欠けており、他の企業や中間業者からの報酬で（特に歩合制で）仕事を家で行うので、その実態は「偽装賃金労働者」、「従属的下請け労働者」に他ならない。[5]

　ここでは複数の就業形態を持つ18人を二重に数えているが、公式定義に従って労働者224人を区分しなおすと常用雇用者10人（4.5%）、日雇い・有

表 3　若者サンプルの学歴

	男性		女性		合計	
	人数	%	人数	%	人数	%
前期初等	19	12.2	17	10.7	36	11.4
後期初等	35	22.4	33	20.8	68	21.6
前期中等	37	23.7	38	23.9	75	23.8
後期中等	29	18.6	28	17.6	57	18.1
大学	18	11.5	27	17.0	45	14.3
大学院修士課程	3	1.9	4	2.5	7	2.2
職業教育	8	5.1	1	0.6	9	2.9
非識字	6	3.8	9	5.7	15	4.8
ノンフォーマル教育	1	0.6	2	1.3	3	1.0
合計	156	100.0	159	100.0	315	100.0

期雇用者 89 人（39.7%）、自営業者 125 人（55.8%）となり、自営業者（そのうち半数近くは在宅労働者）が大多数を占めるということになる。2009/10 年度の NSS 調査によれば、デリーの労働者全体のうち常用雇用者は 55.2%、自営業者は 41.1%、日雇い・有期雇用者は 3.7% である[6]。若者に限ったデータではないため、単純な比較はできないが、概して、一般的には定めのない安定した雇用と考えられる常用雇用者の割合の低さと、それに対して日雇い・有期雇用者比率の高さは顕著で、SN 地区の若者の就業の難しさを示している。

(2) 学歴

　表 3 は若者の学歴を示している。男女ともに前期中等（9―10 年生）レベルの学歴保有者の割合が最も高い。男女別に見ると、このサンプルでは、高等教育を受けている女性の割合が男性よりも高いこと、男性に関しては、女性よりも職業技術教育を受けた割合が若干高いことが見てとれる。また、教育年数別には 10 年の教育を受けたものが男女ともに最も多い。5 歳ごとの年齢集団別に学歴をみると、若い集団ほど非識字者の割合が少ないことから、近年の就学率の上昇傾向が読み取れる。他方、15―19 歳の若い年齢集団の中にも、初等教育（1―5 年）レベルの学歴者が約 13.2%（しかも 3 つの年齢集

団の中で前期初等教育学歴者比率が最も高い）含まれていることは、若い世代の中で一律に高学歴化が進んでいるわけではないことを示唆している。

◆2　学校経験

　若者の学校経験を概観してみよう。SN 地区が含まれるデリーの公立学校は、前期初等教育（1―5 学年）を地方自治体であるデリー自治体（Municipal Corporation of Delhi：MCD）[7]、後期初等教育（6―8 学年）以上は、州政府に相当するデリー（National Capital Territory of Delhi）政府によって運営されている。また私立学校には政府の支援を受けない無補助私立学校と財源のほとんどを州政府から受ける被補助私立学校がある[8]。SN 地区の若者の場合には、その約 9 割が、初等、中等教育を公立学校で受けている。

　公立学校については、近年エリート私立校に匹敵する高いレベルのモデル校も設置されているが［押川 2010a］、大多数の公立校は質の面において大きな問題を抱えている。そうした公立校を回避する選択が私立学校であるが、小原［2009］は、私立学校のなかにもいわゆる英語を教授言語とする富裕層、ミドルクラス向けの私立学校とならんで、政府から認可を受けていない貧困層向けの私立学校があると述べている。私たちの調査では認可の有無までは尋ねていないが、SN 地区にある私立学校 8 校は、すべて無認可私立校である。前期初等教育レベルでは、12％近くの若者がこうした無認可私立校で学んでいた。

　他方、教育レベルごとに教授言語の割合をみると、給料・待遇の良い仕事につく条件である英語教育を受けた割合は、どのレベルにおいても 1 割に満たない。初等教育から中等教育まで一貫して英語ミディアムで学んだのは男性 3 人と女性 1 人、合わせて 4 人に過ぎなかった。

　次に高等教育を受けた若者の状況を概観しよう。若者 315 人のうちカレッジレベル在学中または修了したものは 51 人である。そのうちいわゆる普通課程（regular course）に通ったあるいは通っているものは 7 人で、残りの 44 人（86.3％）は通信教育での学位取得を目指している。希望すれば誰も

が入学可能な、通信教育で学位が取得できるデリー大学の School of Open Learning やインディラ・ガンディー国立オープン大学（IGNOU）に入学を希望する学生には3種類ある。1つは後期中等教育修了試験での点数が、デリー大学傘下カレッジの普通課程入学に必要な点数に満たなかった者、第2は他のコースで既に勉強している者、第3は働きながら学位取得を目指す者である。通信教育の入学者は近年増加傾向にある[9]。しかし、SN 地区の若者に、なぜこうした通信教育の大学を選んだのかと尋ねると、最も多い回答（15人）は「他に良い選択肢がなかったため」すなわち上記の、良い普通課程に入るには点数が満たないという理由だった。他方、「良い教育を受けられるから」と肯定的な選択肢として捉えていた者も9人いた。

　SN 地区の最高学歴者にあたる普通課程に通った7人のプロフィールをみると、いくつかの「恵まれた条件」を拾い出すことはできる。例えば、世帯の主たる稼ぎ手が政府の仕事についている、比較的高収入世帯が多い、父親の教育は10学年前後と相対的に高い、兄、姉に高学歴者がいるといった点である。しかし、必ずしも全員が家族・世帯内に十分な経済的・文化的資本を持っていたわけではない。ただし、後述するが、学校教師など、欠けた資本を補う存在の重要性が、聞き取りから指摘された。

　教育を受けること、および学校選択において誰が主な意思決定者であったかをみると、教育水準の上昇にともない、本人の意思が大きく働いていることがわかった。とりわけ高等教育まで続けること、そしてどの学校で勉強するかということについては、7割以上が自らの判断と答えている。その前段階、後期中等レベルでは、本人による意思決定は3分の1に過ぎなかったことと比較すると大きな違いがある。また、このサンプルで見る限りは、すべてのレベルにおいて父親よりも母親の意思決定が大きく作用したというのは注目に値する。他方、学校教師からの影響力というのは少なく、0.6—2.3％に留まっていた。

　さらに学校選択における主な理由を尋ねると、前期初等教育では、過半数が学校への距離を重視しているが、教育レベルの上昇に伴い近接性の重要性

は低下する。一方、後期初等教育以上では、他に良い選択肢がなかったという、ネガティブな認識が増えている。ただし、どのレベルにおいても、よい教育を求めて学校選択をしたという回答は3割前後あり、各レベルで一番目、あるいは2番目に多い理由であった。このことは、世帯や個人によっては、例えば学費や距離、成績などによって選択肢が限られたとしても、教育の質というものが、最も重視される条件として認識されていることを示唆していると考えられる。

押川［1998、2010b］によれば、インドやバングラデシュでは、実態として、初等教育入学時に、教育達成の可能性がほぼ決定されるという状況がある。したがって、ここで近接性を理由に挙げた、全体のうち6割の若者の将来においては、その結果受けられる初等教育の質が、将来を左右する決定的な意味を与えることになる。適切なスペース、飲料水、トイレ、電気に関する評価を教育レベルごとに比較すると、良いと評価した割合は、前期初等教育において最も低かった。したがって子どもが受ける最初の教育段階において、その施設に問題があることは、教育への意欲を左右する深刻な課題であろう。なお、教師の態度については、後期中等までのどのレベルにおいても6割が良いと評価していた。

学校を中退した者は、前期初等12.9%、後期初等21.8%、前期中等22.3%、後期中等12.8%、高等教育18.4%と、どの段階でも1—2割の水準に達している。把握できた限りでは、貧困要因よりも勉強に興味がわかないという理由が、最大の原因となっていた。

授業以外に、家庭教師についたり塾に通ったりすることは、SNのような低所得地域でもかなり一般化しているが、サンプルの中でもおよそ3割にその経験がある。とりわけ前期中等レベルでは7割近い若者が家庭教師ないしは塾に通っていた。

他方、仕事経験に関しては、初等教育段階からおよそ10%が家族の収入活動の手伝いを含め仕事に従事していた。この割合は、後期中等教育では3割に増加し、さらに高等教育では半数近くが仕事経験を有していた。佐々木

[2011] は、ヒンディー語を教授言語として高等教育まで進んだ若者たちの育ちを「働きながら学ぶ」と表したが、SN 地区の若者も少なくとも半数近くは、このパターンを踏襲している。

第3節　若者調査：雇用の実態

◆1　平均年齢・月収・学歴

次に、雇用の側面から若者の状況を概観していこう。[10]

表4, 表5から、従業上の地位別に平均年齢、月額平均収入および学歴を見渡すと、就労経験のない若い年齢層の平均年齢が低いのは想像に難くないが、在宅労働者の平均年齢も相対的に低いことがわかる。自宅で行われる家族の仕事に若いうちから加わっていること、学業と並行して行いやすい仕事としての在宅労働の位置づけが推測できる。

月額平均収入では、最も高いのは自営業者であるが、後に示すとおり、自営業者の所得の数値には自営業を営む家族の収入が回答されている場合もあり、若者個人の収入とは明確に捉えられない。2番目に収入が高いのは固定給の雇用者である。所得の高さは、表5に示した学歴とも関係していると思われる。高学歴者の割合が高いのは、固定給および自営業の労働者である。対して、非識字者の割合は、日雇い雇用者、歩合給雇用者に相対的に高い。男女間の賃金格差はこの表4で見る限り、かなり大きい。

◆2　雇用地位別の特徴

(1)固定給労働者

表6のとおり、SN 地区の若者の就職先は民間企業か NGO に限られており、多くの若者が望んでいる公務員の職を得ているものは、このサンプルの中にはいなかった。全雇用者のなかで、相対的に安定した職と見られる固定給雇用者であるが、既に述べたように、固定給雇用者のうち雇用期間に定めのな

表 4　従業上の地位別平均年齢と月収

	固定給雇用者	歩合給雇用者	日雇い雇用者	自営業者	在宅労働者	失業者	就労経験なし
平均年齢（歳）	22.4	22.2	22.9	22.2	19.8	21.5	18.1
平均月収（Rs.）	4682	3556	3720	6438	1150		
男性	5275	3740	3720	8232	1933		
女性	3288	1350		2250	1054		
人数（人）	57	27	15	69	56	18	63

表 5　従業上の地位別学歴分布（%）

	固定給雇用者	歩合給雇用者	日雇い雇用者	自営業者	在宅労働者	失業者	就労経験なし
前期初等	7.0	25.9	33.3	7.2	21.4	16.7	0.0
後期初等	15.8	37.0	26.7	24.6	33.9	22.2	4.8
前期中等	14.0	22.2	26.7	27.5	23.2	16.7	25.4
後期中等	19.3	0.0	0.0	15.9	8.9	16.7	41.3
大学	22.8	3.7	0.0	14.5	5.4	11.1	22.2
大学院修士課程	8.8	0.0	0.0	2.9	0.0	0.0	1.6
職業教育	7.0	0.0	0.0	1.4	0.0	16.7	4.8
非識字	1.8	11.1	13.3	4.3	5.4	0.0	0.0
ノンフォーマル教育	3.5	0.0	0.0	1.4	1.8	0.0	0.0
	100	100.0	100.0	100.0	100.0	100.0	100.0

表 6　固定給雇用者の概要　（人）

合計	雇用形態		雇用主の属性		雇用主の性格		
合計	合計	57	民間企業	NGO	組織部門	非組織部門	請負業者
男性	常用雇用	7	6	1	5	1	1
40	有期雇用	33	28	5	12	18	3
女性	常用雇用	2	1	1	2	0	0
17	有期雇用	15	9	6	5	9	1

表 7　固定給雇用者の属性別平均賃金（Rs）

性別		雇用形態		雇用主の属性		雇用主の性格	
男性	5275	常用雇用	7944	民間	4998	組織部門	6200
女性	3288	有期雇用	4071	NGO	3615	非組織部門	3282
合計	4682	合計	4682	合計	4682	請負業者	5240

い常用雇用者は、男女合わせて9人（固定給雇用者の約16%）に過ぎない。雇用主の性格を詳しく見ていくと、57人のうち組織部門（10人以上を雇用する民間部門の非農業事務所と、雇用規模に関係なくすべての公的部門事業所。主要な労働・社会保障法が適用されている）に雇用されているものは24人と半分以下である。さらに常用雇用に限ってみると組織部門で仕事を見つけることができた若者は、わずか7人にとどまっている。また57人中4人は、請負業者によって雇用されている請負労働者である。

　雇用形態、雇用主の属性や性格は賃金の違いにも反映されている。仕事の内容、勤続年数、個人の属性など厳密な統計的処理を行っていないため目安に過ぎないが、表7からは、各指標において大きな賃金格差があることが伺われる。

　常用雇用で固定給を得ている労働者の職種は、コンピューター・オペレーター、人事管理スーパーバイザー、NGOのフィールドワーカーといったホワイトカラーの職種とともに刺繍労働者、印刷所工員といった手仕事の職種も含まれている。固定給雇用者全体の中で最も多いのは工場労働者の18人である。女性のなかでは教師が最多（3人）職種だった。学歴別の平均収入は修士課程が最も高く、職業教育、学士課程がそれに続くが、後期中等教育までは、職種、経験次第では、非識字の労働者との差は認められない。

(2) 歩合給雇用者

　歩合制雇用者の大多数は、縫製、刺繍労働者である。表8からは、歩合給雇用者は固定給雇用者よりも、雇用保障が低い有期雇用の状況で働いているケースが大部分であることがわかる。常用雇用は1人のみで、しかも請負労

表 8　歩合給雇用者の概要

			雇用形態	雇用主の属性		雇用主の性格		
合計	合計	27	民間企業	NGO	組織部門	非組織部門	請負業者
男性	常用雇用	0	0	0	0	0	0
25	有期雇用	25	23	2	0	18	7
女性	常用雇用	1	1	0	0	0	1
2	有期雇用	1	0	1	0	1	0

表 9　日雇い雇用者の学歴別平均月額収入（Rs.）

	平均	標準偏差	最少	最大	人数
前期初等	4300	837	3000	5000	5
後期初等	4125	854	3000	5000	4
前期中等	4000	2160	2000	7000	4
非識字	900	849	300	1500	2
合計	3720	1653	300	7000	15

働者として働いている。またすべての雇用主が非組織部門であった。

（3）日雇い雇用者

　日雇い雇用者15人はすべて男性である。オート三輪運転手、リキシャ引き、左官仕事、物売りなどの仕事に従事している。学歴別の平均月収は表9のとおりで、一日当たりの賃金は平均約160Rsである。

（4）自営業者

　自営業者には、商店、路上商、運転手、家内工業などさまざまな職種が含まれている（表10）。そのなかで、男女ともに単独職種として、最も多かったのは仕立て仕事（男女各6人）である。また家庭教師あるいは自宅で子どもたちを集めて開いている私塾の教師も男性4人、女性6人に上った。男性のみの仕事としてはオート三輪の運転手（2人）がいる。自営業者のグループの中には、若者が独立した自営業として営んでいる場合以外に、自営業として営まれている家族の仕事に雇われているか、そこでの無償の家族労働者

第12章　若者の教育と雇用●──335

表10　自営業の種類

種類	詳細
家内工業	ボタン、バッグ、靴製造、刺繍、衣類仕立て
商店	コンピューターのハード機器、サイバーカフェ、金物類、宝石
修理	自転車、時計修理
露天商	魚売り等
その他	教師、写真家、セールス、運転手

表11　在宅労働者の仕事内容（人）

	ビンディ作り	腕輪作り	刺繍	花輪作り	ベルト作り	仕立て	ベルト穴あけ	金物類作り	フック作り	花器作り	合計
男性	1	0	0	0	2	2	1	0	0	0	6
女性	16	12	9	6	2	1	1	1	1	1	50

注：ビンディは女性の額飾り。

として働いているケースも相当数ある。また自営業に従事している69人中17人（約25％）は、在宅労働など他の形態の仕事も兼ねている。

　ちなみに、家庭教師としての月額収入は17歳、12年生─大学1年生の場合1000Rs、20歳台で学部─修士課程の若者は5,000Rs、デリー大学ラムジャス・カレッジで学んだ後、SN地区で英語学校を開設した若者の収入は15,000Rsだった。表4などで見てきた平均収入に比べて、学業と並行して行われる家庭教師からの収入は、決して少なくない額であることがわかる。

(5) 在宅労働者

　在宅労働者の仕事内容は表11のとおりである。SNの住宅街を歩くと多くの女性が家の入口のところで（家の中には光が届かないため）、さまざまな内職仕事に精を出しているのが観察できる。在宅労働者の9割近くは、請負業者を通じて仕事を得ている。SEWA DelhiのようなNGOの仕事をしているのは7％、残り3％が請負業者とNGOの両方から仕事を得ていた。

　在宅労働者の66％は家事と、また23％は学業と並行して在宅労働に従事している若者である。ただし月あたりの平均仕事日数は25日と多く、副次的な仕事であるとしても、在宅労働が日常化していることが伺われる。

(6) 失業者

現在失業中と答えた若者は 18 人（男性 14 人、女性 4 人）である。そのうち失業期間が 3 カ月未満の若者が 6 人、1 年未満の合計は 11 人であった。残り 7 人は 1 年以上の長期失業者である（最長失業期間は 5 年）。18 人中 15 人は過去に就業の経験があり、また現在全員が求職中である。

失業する前の仕事について判明した 10 件の詳細をみると、その職種は月収 16,000Rs を得ていたアパレル企業のマーチャンダイザーに始まり、コール・センター、データ入力、フィールドワーカー等のホワイトカラー職の他にも、オート運転手、在宅労働など多様であった。仕事を辞めた原因については、収入の低さ、雇用主・上司の態度、休みが取れなかったためといった理由が挙げられた。彼らが次の職に期待する月収は 5,000Rs から 5 万 Rs と幅が大きいが、平均で 11,500Rs である。失業前の職業での平均収入は 4,360Rs だったので 3 倍近くを希望していることになるが、希望する職種をみると、運転手、仕立、コンピューター・オペレーター、セールスマン、マーチャンダイザー、フィールドワーカーなど、漠然とした夢ではなく現実的な希望を持っていることがわかった。

(7) 就労経験のない若者

失業中の若者と比べると、就労経験のない若者の希望平均月収は男女ともに高い（表 12）。また、表には示していないが、学歴別には学士レベルが最も高く、職業教育がそれに次いでいた。

若者の希望職種は、女性の場合、教育関連が最も多く、その他コンピューター関連、公務員の人気が高い。現在求職中の若者は 3 人のみで、具体的な職種としては、デリー警察およびコンピューター関連の仕事を目指して努力をしているという回答があった。

表 12　失業中若者と就労経験のない若者の希望平均月収（Rs）

失業中	平均	標準偏差	最小値	最大値	件数
男性	12654	12307	5000	50000	13
女性	7750	2630	5000	10000	4
男女計	11500	10932	5000	50000	17

未就労	平均	標準偏差	最小値	最大値	件数
男性	24130	12400	10000	60000	23
女性	19571	10380	3000	40000	28
男女計	21627	11449	3000	60000	51

第*4*節　若者調査：学校から仕事へ

◆1　就職に関する意思決定、情報源、教育の役割

　就職に関する主たる意思決定者は誰かという質問に関して集団毎にみていくと、どの集団でも自分で決定するという回答が最も高く、7割以上を占める。とりわけ失業者については全員が自己決定を主張していた。自己決定の割合が最も低いのは自営業者（47%）であるが、これは先にも述べたとおり、家族の自営業に従事しているケースを含んでおり、その仕事に携わることは家族の集団的決定によるものであるとの回答が多かったためである。就労経験のない若者の場合においても、家族の集団的決定という割合が1割弱を占めた。他に目立った傾向としては、日雇い労働者の13%、在宅労働者の21%がそれぞれ父親、母親が決定したと答えていた点である。これは日雇い労働者が全員男性、在宅労働者の9割が女性という性別役割・分業に関係している。しかし、この二つのケースを例外として、就職における自己決定の割合におけるジェンダー格差は認められなかった。

　若者たちは、就職において何を重要な要件とみなしているだろうか。表13は、現在働いている若者に関しては現職に関して、また失業者および就労経験のない若者については今後の就職においてと、質問の趣旨に若干の違いがあることに留意されたい。それを踏まえて回答をみると、就労経験のな

表 13 就職において重要な要因（%）

	固定給雇用者	歩合給雇用者	日雇い雇用者	自営業者	在宅労働者	失業者	就労経験なし
学歴	57.9	0.0	0.0	21.7	10.7	55.6	95.2
技術的熟練	52.6	77.8	33.3	31.6	10.7	88.2	57.1
ビジネス上のスキル	36.8	29.6	33.3	24.6	10.7	23.5	29.0
伝統・家族のビジネス	7.0	0.0	20.0	22.8	10.7	18.8	1.6
人的ネットワーク	56.1	74.1	86.7	14.0	10.7	64.7	9.7
運命	5.3	11.1	20.0	3.5	10.7	12.5	15.3

い若者ほど学歴に重きを置いていることがわかる。失業者の場合には、学歴よりも技術的なスキルや人的ネットワークの重要性を指摘した回答の方が多かった。この傾向は現在雇用されている若者たちにも共通である。学歴の重要性は固定給雇用者の場合半数以上に達しているが、その必要性を全く感じていない歩合給雇用者や日雇い雇用者を含め、現職に就くにあたっての学歴の重要性は全般的に低い。むしろ、より多くの若者は、技術的熟練や人的ネットワーク（自営業者や在宅労働者は除く）、ビジネス・スキルといった要素の必要性に言及している。在宅労働の場合には、どの要素もあまり必要としない仕事として認識されている。

　表 14 は、就職に関して若者がどこから主に情報を得ているかを示している。自ら情報を集めてくるという答えは情報収集先が不明であるので除外すると、固定給雇用者、歩合給雇用者、失業者にとっては友人が最も重要な情報源となっている。また親戚（日雇い雇用者）、近所の人（在宅労働者）、父親（自営業者、就労経験なし、日雇い雇用者）、母親（在宅労働者）も主な情報源である。こうした情報源は、基本的に血縁、地縁に基づく伝統的な情報ネットワークである。先にみたように、調査対象世帯の中には、デリー及び SN 地区での居住年数が比較的長い世帯が多く、それによって構築された地縁的ネットワークが、雇用、教育に関する重要な情報源の基盤を形成していると推測される。

　表には示していないが、失業者、就労経験なしの若者を除く、現在就業中

表14　就職に関する主な情報源（%）

	固定給雇用者	歩合給雇用者	日雇い雇用者	自営業者	在宅労働者	失業者	就労経験なし
自分	19.3	22.2	40.0	48.8	19.6	18.2	21.1
父親	7.0	3.7	13.3	26.8	5.4	0.0	15.8
母親	3.5	3.7	0.0	0.0	17.9	9.1	10.5
学校教師	3.5	3.7	0.0	0.0	0.0	0.0	13.2
家庭教師	0.0	0.0	0.0	2.4	0.0	0.0	0.0
兄弟姉妹	7.0	3.7	0.0	4.9	3.6	0.0	10.5
近所の人	14.0	7.4	0.0	0.0	41.1	9.1	0.0
親戚	10.5	22.2	33.3	7.3	3.6	9.1	2.6
友人	31.6	29.6	6.7	7.3	1.8	45.5	5.3
新聞	0.0	0.0	0.0	0.0	0.0	9.1	15.8
インターネット	0.0	0.0	0.0	0.0	1.8	0.0	2.6
斡旋所	1.8	0.0	0.0	0.0	0.0	0.0	2.6
その他	1.8	3.7	6.7	2.4	5.4	0.0	0.0
合計	100.0	100.0	100.0	100.0	100.0	100.0	100.0

注：自営業者の回答数は全体の 6 割にとどまった。比率は有効回答数に対する割合。

の若者が現職に就く際には、自営業者を除くと、5—6割の若者がこうした
情報源から具体的な支援を受けていた。他方、インターネット、新聞、職業
斡旋所といったより広範囲な情報収集源の利用は、非常に限られている。た
だし、就労経験のない若者の情報源が多様化していることは、注目すべき変
化だろう。

◆2　若者の情報ニーズ

　就職に限らず、若者はどのような情報を必要としているだろうかという質
問で、3位までのランクをつけて挙げてもらった。すると、やはり仕事や教
育に関する情報のニーズが最も高い。また予想以上に健康に関する情報を求
めていることが判明した（表15）[11]。

　図1、図2は、雇用と教育に関して若者が主に利用している情報源である。

表15　若者の情報ニーズ（人）

	第1位	第2位	第3位	合計
仕事	137	55	7	199
教育	91	77	3	171
健康	28	25	64	117
娯楽	0	5	26	31
結婚	2	0	1	3
合計	258	162	101	521

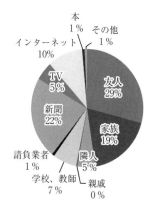
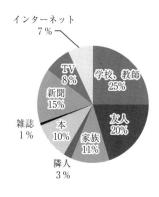

図1　雇用に関する情報源（複数回答）　　図2　教育に関する情報源（複数回答）

　情報ニーズの具体的な中身は、具体的な就職・仕事の斡旋やアドバイス、まだ漠然とした「良い仕事」に就くための相談、あるいは日頃の勉強から就職を見据えた具体的なコースに関する情報など多様である。雇用については友人が、また教育に関しては学校・教師が最大の情報ソースなっている。両方ともに、友人、家族、隣人など身近な人的ネットワークを通じた情報の影響が大きいことがわかる。他方、より広域な媒体としては新聞・テレビの役割が大きい。インターネットは、全体の1割に留まっている。こうした現在有している情報源から適切な情報を得ているとの回答は、雇用で57％、教育については58％だった。すなわち、情報不足を感じている若者は4割を超えているということである。

第12章　若者の教育と雇用●——341

職業斡旋所、新聞・雑誌、インターネットについて、情報源としてどの程度有効かを尋ねたところ、職業斡旋所についてはその存在を知らないものが7割を占める。新聞・雑誌が最も高い割合で適切な情報を提供してくれると認識されているが、それでもそう感じているものは26.3％と3割にも満たない。インターネットについては4割近くが利用したことがないが、利用したことがあるものの中でも3分の2は役に立たない、あるいは不十分な情報しか得られないと感じていた。

おわりに

　これまで見てきた調査結果を改めて整理してみよう。

　まず、調査世帯の経済状況はSN地区の中では最底辺ではないが、調査世帯の約4分の1は、デリー都市部の貧困線水準以下の世帯である。月額の世帯平均収入は1万Rs強で、3万Rsを超える世帯はわずか3％に過ぎない。とはいえ公務員や高学歴のホワイトカラーの仕事に従事している世帯員を含む相対的な富裕世帯と、露天商や在宅労働、人力車引、日雇い雇用者等を中心とする低所得世帯との間で、一定程度の経済格差が存在する。

　こうした世帯の経済水準のもとで育った若い世代の学歴水準は、親世代に比べて上昇していることは明らかである。世帯員全体の中での非識字者は17.5％であるが、若者のなかでは5％弱に過ぎない。

　若者の学校経験をみると、およそ9割の若者が公立学校で、またヒンディー語での教育を受けている。大学まで進んだ、あるいは修学した若者の割合は16％だったが、そのうち9割近くは、通信教育課程を選んでいる。その背景には、若者たちの受けた中等教育で習得した成績では、デリー大学傘下のカレッジ等、経済的、距離的に進学可能な高等教育機関の普通課程には入学が困難であることが挙げられる。しかし彼らは学位や、とりわけ英語能力を高める必要性を強く認識し、家庭教師・私塾や地元NGOでのフィールド調査

員など、働きつつ学ぶ、あるいは学びつつ働くというスタイルを続けている。この働きつつ学ぶというパターンは、仕事に就いた後にも、また低所得階層に限らず、インドの多くの若者の中に見られる、学校と仕事を結ぶ重要な回路の1つであると思われる。

　次に仕事経験から若者の状況を見た。調査対象となった若者は、比較的若い層が多かったこともあり、安定した常用雇用についている者は5％に満たなかった。しかし、それでも雇用者のうち固定給雇用者は、歩合給雇用者や日雇い雇用者、在宅労働者に比べると相対的に高収入である。親世代には公務員もいたが、若者で現職のあるもののなかには公務員への就職を果たしたものはまだおらず、民間企業とNGOが雇用主であった。これらの事業体の中には非組織部門も含まれており、常用雇用の9人のうち組織部門の雇用は7人とさらに少なかった。こうした「恵まれた仕事」に就くには学士、職業教育以上の学歴が必要であり、後期中等教育までの学歴で就職できた職種においては、学歴が優位性をもたらすということはない。この傾向は、歩合給雇用者、日雇い雇用者、在宅労働者の場合、より顕著である。自営業者のステイタスに含まれるが、多くの高学歴の若者が行っている家庭教師、私塾の収入は、SN地区の若者が従事している他の職種と比べると決して少なくない。地域、階層を越えて広がる教育熱が、その仕事の需給両面を保障している。

　失業者については、非識字者はおらず、大学卒、職業教育を修めた若者の割合が高いなど、SN地区の場合においても高学歴者の失業という傾向が見て取れる。他方で、7割の失業者は中等教育水準の学歴である。失業の理由を見ると、収入の低さ、雇用主・上司の態度、休みが取れない等、少なくとも調査回答を見る限りにおいては、罷免というような受動的理由による結果としての失業というよりは、雇用条件の悪さゆえに選択的に失業状態に入ったというケースが、どの学歴においても多いようである。世帯の経済的サポートがある故に失業できる「贅沢な」高学歴者の失業という通念を超えて、よりきめ細かく若年者の失業の実態についての検証が必要であろう。

　いまだ就労経験のない、すなわちこれから労働市場に参入していこうとい

う若者は、期待収入の額などから、相対的に野心的な希望を持っていることが伺える。希望職種では、教育、コンピューター関連、公務員の人気が高い。また就労経験のない若者ほど就職において学歴が価値を持つと期待している。しかし現在就職している若者の場合には、半数以上が学歴の重要性を認識している固定給雇用者、失業者の場合でも、未就労の若者に比べて人的ネットワークの重要性を高く意識している。それが就職の現実を経験したものと、そうでないものの認識の差であると思われる。

　人的ネットワークの重要性は、就職の際の情報源に直結している。友人、親戚、隣人、家族は、現在就業中の若者にとって最も重要な情報源として位置づけられている。他方、失業者や未就業の若者のなかには、新聞やインターネットなどを通じて、より広域な情報収集も行うものも出てきている。しかしながら、現在若者たちが利用している情報源からの情報について、約４割が満足していない。

　キャリア形成の機会やそのルートに関する情報の重要性について、Krishna and Brihmadesam［2006］が、バンガロールのIT企業３社に採用されたソフトウェア専門家の社会経済的出自を例にとって強調している。これら企業に採用された若者の大多数は、都市の学校出身者であるが、農村部の高校出身者や低所得層も少ないながらも看過できない比率で入社している。こうした若者を取り巻く環境として重要な要件は、両親ともに高学歴（父親は全員高校卒以上、母親の教育水準は父親より低いが80％が高卒以上）であったこと、それがとりわけ農村部におけるキャリアに関する情報不足を補填する上で決定的に重要だったと著者らは主張している。また、他のケースでは、学校教師がその役割を果たした。しかしこれは農村部の学校教師は一般的に情報や動機に乏しいなかにあって、きわめて稀な例外であると位置づけられている。

　SN地区のケースにおいても、大学普通課程へ進学した数少ない事例に関してみると、父親の学歴は全員が後期中等教育まで達していた。また、ラムジャス・カレッジというデリー大学傘下でもランクの高いカレッジに入学し

た例、また冒頭に紹介したジャワハルラル・ネルー大学の日本語科に学部から入学した例、繊維工業関係の職業教育と通信教育での学士を修めてアパレル製造企業のマーチャンダイザーとして職を得た例には、後期中等教育時代に同じ教師から大きな刺激とサポートを得たことが明らかになっている。図2でみたように、教育に関する情報源として若者の4分の1は学校教師を第1に挙げていた。したがって、そこでの情報や動機づけの質は、若者のキャリア形成の上で極めて大きな意味を持ってくると考えられる。そうした文脈のなかで、少なくとも4割の若者が既存の情報源には満足していないということは大きな問題である。また筆者自身が聞き取りの中で感じたことは、地縁・血縁ネットワークを中心とした既存の情報源がもたらす情報は、職業とそれに至る教育の選択肢を狭い範囲で固定化させる傾向があるということである。例えば将来目指したい職業に、公務員、教師、コンピューター関係の3つ以外の具体的可能性に関する情報が、ほとんどの若者のまわりに存在しないのである。

　これまで、厳然として存在する階層的な職業体系のなかで、その階層を乗り越える唯一の道として教育が認識されてきた。しかし、Jeffrey［2010］や佐々木［2011］が指摘したように、現在の学歴インフレの高進、組織部門雇用・常用雇用の伸び悩みの帰結としての厳しい競争社会の中では、単なる学位の蓄積は意味をなさない。若者たちは、戦略的に学歴形成を行う必要がある。実は、これまでも多くの若者が限られた情報の範囲の中でそれを実践してきた。しかし、より質の高い情報提供と若者自身の情報収集能力の強化は、教育や雇用の質の向上という課題と合わせて取り組むべき重要な課題である。それによって若者の選択肢を広げ、適切なキャリア形成に到達するような教育を選択する機会を提供し、今よりもスムーズな学校から仕事への移行を支援することが可能になると考える。

注

(1)　'40 lakh to own 2.5L plots in resettlement colonies,' The Times of India, July

12, 2012.

(2) SEWA Delhi は、正確には支部ではなく、SEWA の理念を共有する別の団体である。このような団体がインド各地にあり、SEWA Bharat という連合体を組織している。

(3) 売り手と買い手の間で製品の生産から出荷までを中心的に調整する職種。

(4) インド、デリー、北東県の数値は人口に占める比率なのに対して、SN の数値は世帯単位の数値である。

(5) 在宅労働者（homeworkers）に関する議論については Murayama［2011］参照。

(6) NSSO［2011］Table S35, 71 ページ。

(7) MCD は 2012 年に North Delhi、South Delhi、East Delhi の Municipal Corporation に 3 分割された。

(8) それぞれの学校の性格、社会的位置づけについては押川［1998］、小原［2009］参照。

(9) "Admission rush continues at Delhi University's School of Open Learning," *The Indian Express,* July 31, 2012.

(10) ここでは収入のない主婦の若者 28 人（すべて女性）については分析対象としていない。

(11) 健康に関する情報ニーズの具体的な中身は、病気のこと、その対応といったものから、健康な肉体を維持するにはといった質問が挙げられた。

引用文献

Government of India（GOI）2011, *Census of India 2011：Provisional Population Totals, NCT of Delhi.*

Government of India（GOI）2012, P*ress Note on Poverty Estimates, 2009-10,* GOI, Planning Commission.

Krishna, Anirudh, Vijay Brihamadesam 2006, "What Does it Take to Become a Software Professional?" *Economic and Political Weekly,* Vol. 41, No. 30, pp.3307-3314.

Jeffrey, Craig 2010, *Timepass：Youth, Class, and the Politics of Waiting in India,* Stanford：Stanford University Press.

Matsumoto, Makiko, Sara Elder 2010, *Characterizing the School-to-work Transitions of Young Men and Women：Evidence from the ILO School-to-work Transition Surveys,* Employment Working Paper No.51, Geneva：International Labour Office.

Murayama, Mayumi 2011, "Challenges for Inclusive Sustained Employment：An Attempt to Organise Female Embroidery Homeworkers in Delhi," in Shigemochi Hirashima, Hisaya Oda and Yuko Tsujita eds., *Inclusiveness in India：A Strategy for Growth and Equality,* Basingstoke and New York：Palgrave MacMillan.

NSSO (National Sample Survey Office) 2011, Key Indicators of Employment and Unemployment in India 2009-10, NSS 66th Round. Ministry of Statistics & Programme Implementation, Government of India.

押川文子 1998、「『学校』と階層形成：デリーを事例に」古賀正則、内藤雅雄、中村平治編『現代インドの展望』岩波書店、pp.125-148。

押川文子 2010a、「『教育の時代』の学校改革：能力主義と序列化」『南アジア研究』第22号、pp.394-404。

押川文子 2010b、「変動する社会と『教育の時代』：趣旨と全体報告」『南アジア研究』第22号、pp.66-74。

小原優貴 2009、「インドにおける貧困層対象の私立学校の台頭とその存続メカニズムに関する研究：デリー・シャードラ地区の無認可学校を事例として」『比較教育学研究』第39号、pp.131-150。

佐々木宏 2011、『インドにおける教育の不平等』明石書店。

第13章

南インド村落の30年
――職業と教育の変化を中心に――

柳澤　悠

はじめに

インド経済は1980年前後を境に成長率を加速し、それ以降6%前後を超える持続的な成長を遂げている。こうしたインド経済全体の成長にとって、インドの農業の発展と農村社会の変容は重要な基盤となってきた。本章では、インド農村社会が、1980年代以降いかに変容してきたか、南インドの一農村の事例を中心に検討する。その中心的な課題は、職業の多様化と教育との関係の検討である。調査村は、タミル・ナードゥ州ティルチラーパッリ県の水田地帯に立地するM村落で、筆者は1979年と81年に延べ1年近くの滞在により調査し、2007―8年に質問票によるデータ収集を中心とする再調査を行った。

第1節　1979―81年調査時点の特徴

南インドの大河川カーヴェーリ川からの灌漑に恵まれて、肥沃な農業地帯を背景にして発展したティルチラーパッリ（以下「ティルチ」）市は、インドを代表する重電機工場を擁する。工業的な発展も顕著で、複数の大学など教育機関が立地するなど、タミル・ナードゥの経済的社会的文化的な中心地の

ひとつであった。

　M村は、ティルチ市からバスで30分ほどのところの河川灌漑地帯に立地し、ティルチ市への通勤が可能な近郊農村である。1980年の時点では、M村には約470世帯が居住していた。村民の中の最大のコミュニティは、行政上「その他の後進諸階級」（以下では「後進カースト」と呼ぶ）として扱われる、ムトラージャ（Muthuraja）と称するグループで世帯総数の42%を占めていた。次いで大きなグループは、「指定カースト」のパッラン（Pallan）やパライヤ（Paraiya）のグループで総世帯数の24%を占めていた。行政上「先進カースト」（以下では「先進カースト」と呼ぶ）として区分されるのは、ピッライ（Pillai）やチェッティ（Chetti）の称号をもつグループでこれらの二つであわせて総世帯数の12%を占めていた。このほか、道路沿いの地域に住むムスリム世帯などがいる。

　村内の農地所有の上では、村外にすむバラモン世帯が重要である。この村とティルチ市との間にある、州内でも著名な大寺院ティルワーナイコーイルとその周辺に住むバラモンの38世帯が、耕地の半分以上を所有する土地所有者であった。

　バラモン世帯

　1979—81年の村落調査では、以上の主要コミュニティについて、次のような傾向を明らかにした。タミル・ナードゥ地方の水田地帯で共通してみられるように、19世紀にはバラモンは農地の非常に多くの部分を所有し、その土地を、主として被抑圧カースト（「不可触民」カースト、後には「指定カースト」）の住民から成る隷属的な労働者を使役して農業経営を行うか、小作人に耕作させて小作料を徴収するなどの方法で、利用してきた。しかし、19世紀末以降、バラモン世帯の多くは次第に都市の高級公務員・弁護士・教師などの職に就くようになり、またそうした職に就くための子弟の教育のために、次第に農村内から都市部に移住し始めるとともに、農業経営から次第に離脱して、農地所有を少しずつ減らしてゆく傾向を示し始めた［柳澤1991］。

この村の農地を所有するバラモン世帯も、多くはティルワーナイコーイル等の寺院の僧職を代々勤めるとともに農地を所有して農業経営あるいは地代収入を得てきた。しかし、これらのバラモン世帯の多くは、次第に農業経営から離脱し、非農業職とくに都市のホワイトカラー職に就くことに重点を移動させつつあった。村落内の農地についていえば、1952 年には農地全体の52％を所有していたが、1980 年の時点では 38％に減らしていた。他方で、バラモン世帯の就業者の最大部分 43％ は、都市雇用に就いており、しかも都市雇用者のうちの 7 割は 1980 年の時点で月収 500Rs を超える職についている。バラモン世帯の多くは、子弟に大学程度の教育をつけ、公務員や公共企業の上級職・管理職クラスやエンジニア職に就かせることが多かった。

　バラモン世帯については、その後の調査を行っていないが、M 村の土地所有者台帳に基づき村落の農地所有者の分布の概要を算出した。そこからは、バラモン世帯による所有地面積は 1980 年時点よりは大幅ではないが減少しており、バラモン世帯の経済活動の中心は農業や農村経済から一層離脱しつつあると推定してよいであろう。

ピッライ・チェッティ世帯

　先進カーストのピッライ・チェッティ世帯は、村内居住の世帯の中では 1 割強の数に過ぎないが、村落社会の中では一番高い社会的経済的な地位にあった。多くは小さな面積とはいえ農地を所有し、その農地を経営する小規模農業経営者であった。1980 年の時点で、彼らは農業経営を行いながらも、非農業分野へ進出する傾向を示していた。ピッライとチェッティの就業者の7 割は、非農業分野であった。この二つのコミュニティの非農業分野への進出は二つの方向をとった。一つは、小規模自営業を営むことで、村落周辺に小さな店舗をもって商業に従事したり、精米所、映画館などを村落周辺で営業していた。もう一つの傾向は、都市就業である。都市就業で重要なものは、ティルチ市の公共部門の重電機工場（BHEL）や軍需工場などで熟練工として働くなどとともに、都市のセールスマンなどである。これらのコミュニティ

では、子弟を都市などの私立学校に通学させて、大規模企業における熟練工や監督者に就業させることを目指す世帯が多かった。こうして、この二つのコミュニティはすでに非農業分野への進出とそのための教育投資を進めていたが、都市近郊に立地するこの村の場合は、ほとんどは、農業から全面的に離れることなく、農業経営を行いつつ非農業就業を行う兼業形態をとっていた。

ムトラージャ世帯

村民の4割を占める、後進カーストのムトラージャは、かつては村外地主の土地を耕作する小作人の階層であった。1950年代からの土地改革や「緑の革命」を通じて、ムトラージャは中核的な農業生産者として上昇してきた。1980年の時点で、ムトラージャの一部は、他のコミュニティから耕地を購入したり小作地の拡大を通じて、井戸の削掘や新技術の導入を積極的に行う大規模経営者として発展してきた。他方で、かなり多くのムトラージャ世帯は、かつてもっていた小作権を失い、農業労働者として農業に従事していた。1980年には、就業者の70%、世帯の74%は農業分野に就業していた。1980年の時点では、第10学年修了時のSSLC（Secondary School Leaving Certificate 中等教育修了資格）試験を通ると、都市雇用の可能性が高まり多くの村民は職業紹介所（Employment Exchange Office）に登録したが、大規模農業経営者のムトラージャの子弟はその登録をしないことが少なくなかった。ムトラージャは、この時点では農業生産者としての発展を目指しており、農外の就業を追求する志向性は弱かったといってよいだろう。

指定カースト

指定カーストの世帯は、前述のように1980年に村民の2割強を占める。他のタミル地域と同様に、彼らの祖先はほとんどが農業労働者で、そのうちのかなりの部分は長期に特定の農業経営者に隷属的な条件で雇用される労働者であった。1950年代にこの村の主要な指定カーストのパッランは、反カー

スト・反バラモン運動の一環として農業労働者組合を結成し、ストライキを決行した。その結果、バラモンの土地所有者達は、約50エーカーの農地について組合メンバーが小作地として耕作することを認めた。こうして、この村の指定カーストのほとんどの世帯は、小作人兼農業労働者として0.5エーカーというわずかにせよ小作地経営地を持ち、その結果村落の土地所有者に対する交渉力を強化することとなった。こうして、指定カーストは農業関係における地位の上昇をみたが、非農業分野への進出の程度は1980年の時点では低く、世帯の8割は農業に主として依存していた。非農業分野では、刈り入れ後の稲藁の取引などが重要であった。

第2節　職業構成の変化

◆1　非農業分野への進出と農業との結びつき

　1980年以降の30年弱の期間に、村民の農業との関係はどう変化したであろうか。表1は、ピッライ・チェッティについては該当する村民全員を含むが、その他の群は居住者にムトラージャが圧倒的に多い街区と、同じくほとんどの居住者が指定カーストである街区に関するデータである。

　まず、村民の生活の農業への依存は大幅に低下したが、先進カーストのピッライとチェッティは、農業からの完全離脱という意味での脱農の面では非常に顕著な進展を見た。これらの二つのコミュニティの世帯全体の71%は、全く農業に従事していない。1980年調査では約30%の世帯が農業を主とする生計を立てていたが、2007年ではその比率は12%に減少している。すでに1980年に非農業分野への進出の点でピッライ・チェッティは顕著であったが、2007年には一層進出が進むとともに、農業への従事を基本的には止めてしまったといってよいだろう。この点は、農業所得の比率を検討すると一層はっきりしてくる。後に掲げる表2から、ピッライとチェティアの総所得のうち「農業経営・ミルク生産・農業賃労働」からの所得が占める比率は

わずか12％に過ぎないことがわかる。ただ、この中で都市の国営大企業の管理層に属する一世帯は、自家用車で会社に通勤しつつ、10エーカーを超える農地の経営を行っていることにも留意する必要があろう。

　後進カーストや指定カーストでも、農業外への就業は拡大した。表1で見るように、ムトラージャが圧倒的に多いNo.1街区の住民世帯では、非農業分野の就業を中心とする世帯は48％に達し、1980年時点でのムトラージャの26％と比べて大幅に増大し、何らかの非農業分野からの収入がある世帯は63％に達している。さらに、所得の職種別の分布を算出した表2からも、ムトラージャ等における農業就業収入は43％に過ぎず、農外収入が家計収入全体では過半を占めていることがわかる。指定カーストの場合も、農業外への就業を主たる職業とする世帯は、1980年調査での19％から57％へと顕著に増大し、何らかの農外収入を得ている世帯になると68％に達し、農外就業の比率はムトラージャ等の世帯よりも高い。さらに所得の面でも、農業就業は指定カースト世帯の総所得の37％を占めるに過ぎなくなっている。こうして、ムトラージャや指定カーストにおいても、農業外の就業がかれらの生計をささえる主要な経済活動となっていることがわかる。ムトラージャなど後進カーストと指定カーストの両方を合わせると村落居住人口の6割を超えるから、村落に居住しながらも、村民の生活は農業外の活動によって主として支えられるようになったという重要な事実を明らかにしている。

　しかし、ピッライやチェッティの場合と異なって、ムトラージャや指定カーストの場合は、非農業分野の就業の増大が直ちに農業からの全面的な離脱を意味しない。表1からは、ムトラージャの世帯の37％は農業経営を行いつつ農業労働者としても働くなど農業専業であり、農業主非農業副の世帯15％を加えると農業を中心とする世帯は半数近くに及び、さらに非農業就業を主として農業を副とする世帯を加えると、78％が何らかの形で農業に従事していることになる。指定カーストの世帯の場合も同様で、農業専業32％、「主職農業＋副職非農業」が10％、つまり42％は農業中心の世帯であり、「主職非農業＋副職農業」の29％を加えると72％の世帯が何らかの農業就業（圧

表 1　ティルチ県 M 村における主要職業別世帯分布：2007 年

	ピッライ・チェティ		主にムトラージャ が居住する街区		主に指定カースト が居住する街区	
	世帯数	分布	世帯数	分布	世帯数	分布
農業経営	1	2%	8	7%	2	2%
農業労働者	2	3%	10	9%	29	25%
農業経営＋農業労働者	2	3%	22	20%	6	5%
（主職農業　合計）	5	9%	40	37%	37	32%
農業経営＋非農業職	0	0%	6	6%	2	2%
農業労働者＋非農業職	2	3%	8	7%	8	7%
農業経営＋農業労働者＋非農業職	0	0%	2	2%	2	2%
（主職農業＋副職非農業　合計）	2	3%	16	15%	12	10%
非農業職＋農業経営	8	14%	11	10%	10	9%
非農業職＋農業労働者	2	3%	9	8%	23	20%
非農業職＋農業労働者＋農業経営	0	0%	8	8%	1	1%
（主職非農業＋副職農業　合計）	10	17%	28	26%	34	29%
地域のビジネス	2	3%	4	4%	8	7%
専門職	2	3%	1	1%	2	2%
その他非農業職	32	55%	19	18%	23	20%
人造宝石研磨	5	9%	0	0%	0	0%
無所得	0	0%	0	0%	0	0%
（非農業職のみ　合計）	41	71%	24	22%	33	28%
合　　計	58	100%	108	100%	116	100%

倒的に農業賃労働が多いが）に就いていることになる。つまり、ムトラージャ
や指定カーストの場合は、非農業就業の増大は農業からの離脱という形態を
採らず、多くは世帯としては農業への従事を続けつつ非農業就業を行うとい
う、世帯単位でいえば兼業の形を取っている。

◆2　職業・所得・就業

　こうした農業就業と非農業就業との関係をより詳しく検討するために、職
業をさらに細分して、検討を加えたい。まず、就学していない 16 歳以上人

表 2 　M 村における職業別 1 人当り平均所得と所得の職業別分布

		ピッライ・チェッティ		ムトラージャ等*		指定カースト	
		男子	男女合計	男子	男女合計	男子	男女合計
		一人当たり所得(Rs.)	所得分布(%)	一人当たり所得(Rs.)	所得分布(%)	一人当たり所得(Rs.)	所得分布(%)
A 群	農業経営	2,167	2	3,939	17	5,900	5
	ミルク生産	6,283	4	2,400	1		0
	農業賃労働	2,741	6	3,059	23	2,399	31
	農業賃労働＋農業経営	-	0	4,467	2	3,854	1
	村落近辺商業	3,375	4	5,037	3	4,000	1
	村落近辺ビジネス	2,992	6	4,250	2	9,250	12
	村落手工業・サービス	2,759	3	2,530	3	2,937	4
	人造宝石研磨	2,679	5	4,875	4		0
	合計（平均）	2,912	29	3,537	56	3,512	54
B 群	合計（平均）	3,013	6	2,766	9	2,902	6
C 群	合計（平均）	3,610	8	3,992	7	3,817	8
D 群	合計（平均）	3,720	10	3,714	10	3,469	10
E 群	合計（平均）	6,015	23	6,383	8	7,125	10
F 群	合計（平均）	9,083	24	7,817	10	10,125	11
総合計（総平均）		4,308	100	3,853	100	4,035	100

注：＊「ムトラージャ等」は、ムトラージャが居住者の大多数を占める一街区の居住世帯

口に占める就業者人口の比率は、男子はどのコミュニティも 92％ から 96％ の間にありほとんど差異がないが、女子では指定カーストで 52％ と過半が就業し、ムトラージャ等で 26％、ピッライ・チェッティで 19％ と大きな差異があることに注目しておこう。また、女子の場合は、指定カーストでは 72％ が農業労働者であり、ムトラージャ等でも 53％ が農業労働者でそれ以外でも村落内の手工業・サービス、人造宝石研磨など、ほとんどが村落内の職業である。

　表 2 と表 3 では、村民が従事している職業を次の A 群から F 群まで区分している。A 群は農業、村落手工業・サービスなど農村内や近辺の職業、B 群は建築労働など下層の肉体労働者、C 群は商業販売員など都市部の下層の

表 3　M村における職業別就業者比率（%）：2007 年

		ピッライ・チェッティ		ムトラージャ等*		指定カースト	
		男	女	男	女	男	女
A 群	農業経営	4	0	18	4	4	2
	ミルク生産	1	6	1	0	0	0
	農業賃労働	10	13	26	53	40	72
	農業賃労働＋農業経営	0	0	2	0	1	0
	村落内外辺商業	5	6	2	2	1	2
	村落近辺ビジネス	10	0	2	2	6	0
	村落手工業・サービス	5	13	5	13	6	2
	人造宝石研磨	8	19	3	11	0	1
	合計	42	56	59	84	58	79
B 群	合計	10	13	13	5	9	3
C 群	合計	10	13	7	5	8	10
D 群	合計	13	0	11	4	13	5
E 群	合計	13	19	5	0	6	1
F 群	合計	13	0	5	2	5	1
総合計（総平均）		100	100	100	100	100	100

注：＊「ムトラージャ等」は、ムトラージャが居住者の大多数を占める一街区の居住世帯

　ホワイトカラー職、D 群は運転手、電気工など資格と関連する職や車掌など
で月収 5,000Rs 未満のもの、E 群は同様の職種で月収 5,000Rs 以上の者（多
くはフォーマル部門に雇用されていると推定される）、F 群は大企業の熟練工・公
務員・専門職等の職が含まれている。(1) 表2は、それぞれの職種について、コ
ミュニティごとに、就業者 1 人当たりの所得を算出してある。

　表2から、男子の職と所得についていくつかのことが明らかとなる。第一
に、大まかにいって、A 群と B 群との所得は近似していることである。農
業賃労働などに代表される農村内外の諸職業と、建築労働など都市の下層肉
体労働者群とは、所得の面ではおおよそ同一の水準にある。第二に、販売員
など都市下層ホワイトカラー層 C 群の所得は、この A・B 群の所得水準よ
り高いこと、第3に、さらに、C 群、D 群、E 群、F 群の順に所得水準が上

昇してゆくことである。第4に、それぞれの群の中では、コミュニティによる差異はそれほどないことである。第5に、農村内近辺のビジネスとして指定カーストのケースで1人当たり所得が非常に高いことが注目される。この中心は、川砂など建築用材の取引関係のビジネスである。この村落でも、下層階層も含めて非常に多くの村民家屋の改築・新築が進んでいるが、こうした建築業の発展が村落内外の職業に大きな影響を与えていることがわかる。

　これらの職業の分布はコミュニティによって異なっていることを表3から検討しよう。まず、前述したように、農業関連の職業（農業経営、農業賃労働、ミルク生産）への就業者の比率は、ピッライとチェッティでは男子の15％に過ぎないのに対して、ムトラージャ等では47％、指定カーストでは45％に達する。この対極にあるのは、E群（5,000Rs以上の運転手・車掌等）とF群（大企業熟練工など）への就業者で、ピッライとチェッティでは男子の26％がこの2群に職を得ているのに対して、その比率はムトラージャ等と指定カーストではそれぞれ10％と11％と非常に低い。これらのOBCや指定カーストの世帯では男子就業者の6割程度の職はA群とB群の、基本的には農業賃労働に近い低水準の職に就いている。ムトラージャ等の指定カーストでは、その多くの世帯は農業から離脱せず、非農業就業を行う場合も多くは農業からの収入と補完させることで生計を維持していることを指摘したが、この構造はこれら後進カーストと指定カーストがF群やE群のような相対的に高い所得がある程度安定的に得られる非農業就業に就く世帯が少ないことによるといってよいだろう。

　同時に、この表からは、先進カーストのピッライとチェッティの世帯にとっても、農業から離脱をしながらも、安定的な収入を得られる職を非農業分野で確保することが容易ではないという状況を示している。F群やE群の職を得ていればある程度の安定的な生計が可能であろうが、そうした地位にある就業者は26％に過ぎない。農業からの離脱を行っているからこそ、非農業分野での安定的な高収入職に就くことの重要性は高いといってよいだろう。

第13章　南インド村落の30年　●——357

◆3 修学年数の増大

村民の就学年数はかなり上昇してきた。1980年の時点では、SSLC資格や ITI（産業訓練校）資格の保持者が就業者中に占める比率は、ピッライで30% を超えるが、そのほかの村民のコミュニティでは20%未満であった。[2]

2007年調査における18歳以上の村民を18歳から40歳のグループと41 歳以上のグループとに二分し、コミュニティごとに男女別に世代間の就学年 数の差異を算出したのが表4である。1980年の数値と直ちに比較はできな いが、人口中の就業者比率が90%を超える男子についてみれば、41歳以上 人口についても、SSLC資格に相当する10年以上の修学者の人口に対する 比率は、ピッライ・チェッティの63%を先頭に、ムトラージャ31%、指定カー スト33%と、1980年の時点に比して顕著に増大していることは明らかであ る。

2007年の調査における40歳以下の年齢層と41歳以上の年齢層との比較 からも、この両世代間で修学年数が顕著に増大したことがわかる。両世代間 での平均修学年数の上昇率は123%から264%の間であるが、41歳以上世代 の修学年数の低かった女子で上昇率は高く、特に指定カーストとムトラー ジャ等の女子での上昇率はそれぞれ264%と232%と非常に高い。指定カー ストでは、男女の平均修学年数にほとんど差異がなくなっていることは注目 すべきことといってよいだろう。

こうした平均修学年数の全体的動向を確認したうえで、修学年数別の分布 の特徴をみよう。まず、男子の中では、コミュニティによって分布の型が異 なることがわかる。ピッライ・チェッティでは13年から17年という学士・ 修士レベルの修学者が最近20年で顕著に増大して40歳以下年齢層の36% を占め、11年から12年の修学年数層を加えるとこの年齢層男子人口の半分 に達する。これに対して、指定カーストの男子では、5年以下の短期修学者 層が激減し、11年—12年層が顕著に増えて、全体として6年から12年の間 にある程度均等に集中する傾向を示している。ムトラージャの場合も、指定 カーストとほぼ同様の傾向を示しているといえよう。この二つのコミュニ

表 4　世代別修学年数分布：2007 年

（%）	男子			女子		
	18-40 歳	41 歳以上	合計	18-40 歳	41 歳以上	合計
ピッライ・チェッティ						
教育なし	0	4	2	0	24	10
1—5 年	9	11	10	14	27	19
6—9 年	14	21	18	27	30	28
10 年	27	40	34	14	11	13
11—12 年	14	19	16	29	3	18
13—17 年	36	4	20	16	5	11
合計	100	100	100	100	100	100
平均年数	11.09	9.00	10.01	9.98	5.54	8.11
世代間上昇率	123			180		
ムトラージャ等						
教育なし	1	8	4	14	46	26
1—5 年	12	37	23	19	30	23
6—9 年	28	24	26	32	19	27
10 年	26	20	24	19	4	13
11—12 年	21	8	16	12	2	8
13—17 年	12	3	8	5	0	3
合計	100	100	100	100	100	100
平均年数	9.57	6.59	8.31	7.26	3.12	5.69
世代間上昇率	145			232		
指定カースト						
教育なし	8	11	9	8	50	25
1—5 年	7	26	15	14	18	16
6—9 年	26	30	28	22	24	23
10 年	24	23	23	22	8	16
11—12 年	22	9	16	16	1	10
13—17 年	14	1	8	18	0	11
合計	100	100	100	100	100	100
平均年数	9.38	7.10	8.37	9.25	3.50	6.94
世代間上昇率	132			264		

ティとピッライ・チェッティとの間では、13年以上の修学者層の比率で大きな差異があることが、以下述べる職と修学年数との関連の検討との関係で、特に重要である。

女子については、指定カーストでは「修学なし」の層が激減したこと、13年以上修学の層が指定カーストの男子よりも高いことがわかる。ムトラージャ女子でも「教育なし」層は激減し、6年から10年までの修学層に集中する傾向が見られ、13年以上の修学者の比率は男子よりもかなり低い。

全体として、修学年数に関するコミュニティ間と男女間の差異は縮小してきたが、後に見るように高収入職に就くために必要な13年以上の修学をした者の比率については、ピッライ・チェッティと後進カースト・指定カーストとの間の差異は男子については縮小しているとは言えないことが注目される。ただ、女子をも算入すれば、指定カーストの女子の13年以上修学者の数の増大によって、ピッライ・チェッティと後進カースト・指定カーストとの間の差異がかなり縮小していることも、同時に注目される。

◆4　職業と修学年数

次の表5は、前述の職業別の就業者の修学年数である。この表から明らかとなることは、第一に、平均修学年数はおおよそA群からF群への順で長期化することである。この傾向は、41歳以上層と40歳以下層および男女の区別を超えて、共通している。すでにA群からF群への順で月収の増大が見られることを確認したが、修学年数もそれに対応していることがわかる。予想されたことではあるが、修学年数の増大は、より収入のよい職業を得ることと密接に関連していることは明らかである。たとえば現時点で10学年の修学期間がなければ、農業や農村周辺での職業であるA群や、建築労働など都市の下層の肉体労働のB群を中心に就業することを余儀なくされることは、この表から大体は予想ができよう。

第二に、40歳以下層と41歳以上層との間には、同一の職種群の中で大きな差異があることである。40歳以下層では修学年数が概して上昇している

表 5　職業別修学年数

		男子		女子	
		40 歳以下	41 歳以上	40 歳以下	41 歳以上
A 群	農業経営	10.6	7.3	10.0	0
	農業経営＋農業賃労働		7.3		0
	ミルク生産	10.0	5.0	12.0	0
	農業賃労働	7.6	6.1	5.5	2.5
	農業賃労働＋農業経営	8.5	5.7		
	村落近辺商業	11.0	8.0	8.0	9.0
	村落近辺ビジネス	9.0	8.0		
	村落手工業・サービス	6.6	5.8	10.0	4.2
	人造宝石研磨	7.1	3.0	8.6	
	小計（平均）	8.1	6.6	6.3	3.1
B 群	小計（平均）	8.4	7.6	8.5	
C 群	小計（平均）	10.4	10.4	10.3	
D 群	小計（平均）	10.6	9.9	12.0	
E 群	小計（平均）	12.4	10.2	13.9	10.0
F 群	小計（平均）	13.0	10.5	15.0	
総合計（平均）		10.0	7.6	7.8	3.2

が、特に顕著なのは E 群（男子では 10.2 年から 12.4 年に、女子では 10.0 年から 13.8 年に）、F 群（男子 10.5 年から 13.0 年に）という所得の高く安定性もある職業である。41 歳以上層では SSLC 程度で車掌などの E 群や、大企業や公務員に職を得ることが普通だったのが、40 歳以下の若い層ではそれぞれ 12 年あるいは 13 年の教育年数を経ていることが平均となっている。

　表 6 は、農村内の職業である A 群を除外した、農村外の非農業就業である B—F 群の間で、男女を合算して 40 歳以下の村民と 41 歳以上の村民とでいかなる職に分布しているかを見たものである。

　農村外就業者の分布をみたこの表から明らかとなることは、たとえば、13 年—17 年の教育を受けた農村外での就業者は、41 歳以上ではその 75% が大企業の熟練工など F 群の職についているが、40 歳以下では F 群の職は 18%

表 6　職業群別修学年数別就業者分布：農村外の非農業就業

	教育なし	1—5 年	6—9 年	10 年	11—12 年	13—17 年	合計
40 歳以下							
B 群	67	56	50	22	19	3	26
C 群	33	22	14	35	29	15	25
D 群	0	11	31	29	24	21	25
E 群	0	11	3	10	26	42	18
F 群	0	0	3	4	2	18	6
合　計	100	100	100	100	100	100	100
41 歳以上							
B 群	0	80	45	15	6	0	22
C 群	0	20	0	7	19	25	11
D 群	0	0	27	19	13	0	16
E 群	0	0	9	30	19	0	19
F 群	100	0	18	30	44	75	33
合　計	100	100	100	100	100	100	100

に過ぎず、E 群の職を加えて 60％に達するに過ぎない。それより修学年数の少ない 11 年—12 年の修学者層では、41 歳以上層では F 群に 44％、E 群に 19％であるが、より若い 40 歳以下の階層では F 群は 2％、E 群で 26％で、この程度の教育年数では相対的に高収入の安定性が予想される職につくことができない現状となっていることを示唆している。SSLC（10 年修学）レベルでは、41 歳以上では 6 割が F 群と E 群の職についているが、40 歳以下の層ではわずかに 14％に過ぎない。つまり、村内の年長層の時代には、SSLC資格を取る程度に修学すれば、相対的に高賃金の安定性のある職をえることができたのが、40 歳以下の世代ではそれらに相当する職を得るには 13 年以上の修学を必要とするようになってきている。ましてや F 群に属するような職を得るには、学士号のみではその保証はなく、修士号が必要となってきているといってよいようである。

　いうまでもないことであるが、教育は、農業外の職業に就く場合にもっとも重要なステップとなっている。上記の事実は、農村外の職を得るために実

質的に必要な教育年数が過去20年程度の間にかなり上昇したこと、その傾向は大企業の常雇や公務員、高所得の運転手や車掌などF群やE群の職を得るために必要となる教育年数について特に顕著であること、その意味では農外職を得るための教育の障壁は高くなったことは間違いないであろう。前述のように、過去20年間での村民の教育年数の増大は顕著である。しかし、そこにコミュニティ間で大きな差異があることも指摘した。つまりピッライ・チェッティの40歳以下の層では、男子の半分は11年以上の教育をうけることによってE、F職のある程度の確保に成功しているのに対して、ムトラージャや指定カーストでは11年以上の教育歴をもつ就業者は40歳以下でも3割台にとどまっており、E・F職への就業者も低い比率にとどまっている。

◆5 高い教育への要求

こうして、村民の教育水準は上昇してきたが、F群やE群の職を得るためには12年以上つまり大学教育相当以上の教育水準を事実上必要とされるようになってきたといってよいが、その結果、村民の教育への要求は、1980年時点とは比較にならない程度に高まっている。1980年の時点では、かなりの数の子どもが村外の学校にバスや電車を使って通学したり寄宿制の学校に就学していたピッライやチェッティの世帯を除けば、他の村民世帯のほとんどは村内の小学校、隣村の中学校に就学させていた。

その事態は、2007年には大きく変化していた。ピッライ・チェッティでは村内や近村の学校に通わせている小中学生は男子の36%、女子の44%にすぎず、多くは郡の役場があるラールグディ町の学校などに通学している。ムトラージャ等と指定カーストでは、子弟の多くは村内や近村の学校に通っているものの、3割前後の生徒はラールグディ町はじめより遠隔地の学校に通っている。村民の教育への志向は、大学レベルの教育の可能性を見据えて初等教育においても教育の質を求めていることが推定されよう。[3]

おわりに

　以上の M 村調査の検討をまとめれば、次の点が指摘できよう。第一に、1980 年前後にすでに非農業分野へ進出していた先進カーストのピッライ・チェッティはもちろん、80 年には 7 割が農業に主として従事してきた後進カーストのムトラージャや指定カーストでも、農業外の就業が非常に拡大し、所得の面では農業外就業が主たる収入源をなっていることである。

　第二に、ピッライ・チェッティは 2007 年の時点ではほとんど農業生産に従事せず、農業からの離脱をほとんど完了しているが、ムトラージャや指定カーストの世帯の 7 割以上は農業労働者や農業経営者として農業に従事していることである。つまり、ムトラージャや指定カーストの世帯の多数は、農業と非農業就業との結合によって維持されているといえる。

　第三に、OBC や指定カーストの世帯では男子就業者の 6 割程度は、農村内・近辺の職や都市の下層肉体労働の職など、基本的には農業賃労働に近い低収入水準の職に就いている。このことが、これらコミュニティで非農業就業を行う場合も多くは農業からの収入と補完させることで生計を維持していることの重要な原因と推定できる。

　第四に、村民の修学年数は顕著に増大し、修学年数に関するコミュニティ間と男女間の差異は縮小してきたが、13 年以上修学した者の比率については、ピッライ・チェッティと後進カースト・指定カーストとの間の差異は男子については縮小しているとは言えない。

　第五に、過去 20 年間に、高収入職をえるために必要な教育水準は大幅に上昇した。村内の年長層の時代には、SSLC 資格を取る程度に修学すれば、相対的に高賃金の安定性のある職をえることができたのが、40 歳以下の世代ではそれらに相当する職を得るには 13 年以上の修学を必要とするようになってきている。ピッライ・チェッティの 40 歳以下の層

では、男子の半分は11年以上の教育をうけることによって相対的に高賃金の安定性のある職のある程度の確保に成功しているのに対して、ムトラージャや指定カーストでは11年以上の教育歴をもつ就業者は40歳以下でも3割台にとどまっており、高賃金の職への就業者も低い比率にとどまっている。

第六に、後進カーストや指定カーストからも村外の町や都市の学校へと通学する生徒の比率は3割を超えることに示されているように、村民の教育への志向は、大学レベルの教育の可能性を見据えて初等教育においても教育の質を求めていると推定されることである。

以上の村落調査の結果の含意を、既往の研究との関係で簡単に検討しておこう。

Hnatkovska［2012］は、1983年から2004—05年の間に、指定カースト・指定部族とそれ以外のカーストとの間の教育、職、賃金、消費などの面における格差が急速に減少したことを指摘する一方で、高等教育水準では両者の格差は若干の拡大を示し、ブルーカラー職の獲得の面では格差が縮小しながらもホワイトカラー職に関しては拡大したことを指摘している。

本章の調査結果は、この議論と整合的であるといってよい。南インドの指定カースト成員など下層階層は、上昇階層による支配に抵抗しながら自立への志向を強め、非農業雇用の就業を拡大し、農業労働者賃金の上昇を実現してきた。過去30年間の動向も、非農業就業の拡大によって、村落内外の社会的経済的な格差を縮小する過程であった。Hnatkovska［2012］が示唆するように、教育水準の上昇は、この格差の縮小に重要な貢献を行ってきたことは間違いない。しかし、この格差の縮小は、本調査もHnatkovskaも指摘するように、高等教育と安定的な相対的に高収入の職への就業の面では実現していない。そのため、農村人口の多数を占める階層は、低収入で不安定な非農業収入に全面的に依存することは困難であり、農業収入への依存を継続せざるを得ないことになる。

この問題の背景としていくつかの点を指摘できよう。第一に、1990年代からのインドの経済発展は、就業人口に関してはフォーマル部門の増大はほ

第13章　南インド村落の30年●——365

とんどなく、雇用を急増させたのはインフォーマル部門であった。さらに、フォーマル部門企業の中で、臨時工等の不安定な雇用条件にある労働者の比率が増大してきた。その意味では、雇用のインフォーマル化が1990年代から顕著に進んだ。したがって、90年代以降、インドの非農業の雇用市場で、インフォーマルな労働者は顕著に増大しつつ、都市での自立した世帯を維持し再生産できる程度の高収入と安定性のある雇用の規模は、ほとんど増大しなかったといってよいだろう。1980年以降、本事例のように、先進カーストだけでなく、後進カーストや指定カーストからも労働市場への参入が拡大する中で、増大しない高収入安定職への競争の激化により、より高い学歴や資格が必要になるような事態が生じていることは、いわば当然といってよいであろう。

　第二に、過去20年の熟練労働市場における変化も関連しているように思われる。自動車産業などインドの先端的産業では、生産過程のオートメーション化やコンピュータ化の進展の中で、旋盤工や電気工というような伝統的な熟練工への需要が減少している。特定技術への習熟を目的とした職業教育経験者よりも、認知能力の高く入職後の学習能力の高い、より学歴の高い者を需要し、雇用者の長期雇用を保障・奨励しつつ、企業内での訓練・教育を通じて、日々変化する技術環境に対応できるフレキシビリティが高くかつ仕事や職場へのコミットメントの高い労働者の形成を目指す方向が指摘されている［Vijayabaskar 2005; Okada2004］。一方で、従来型の未熟練工からの「たたき上げ」方式に変わってITI出身者をより雇用するという動向も指摘されている。全体としては、大学卒等より学歴の高い者への需要が増大していると推定される。

　第三に、他方で、大学教育を受けるために経費は非常に高くなっている。南インドの一村落における農外就業に関する、Sato［2011］の優れた研究は、先進カーストのレッディの世帯が、子弟の大学進学のために、海外出稼ぎの兄弟からの送金や親類からの借金を含めて6万から28万Rsの「巨額」の学資を用意しなくてはならない現状を見事に描き出している。

大学教育の民営化の進展のもとで、大学教育への進学の可能性は、その世帯がもつ資産を動員する力に大きく依存する状況が今日強まっている。大学卒の資格を得ても、さらにホワイトカラー職を得るための紹介者への数万 Rs の謝礼など、高等教育を受けて高給の職を得るために必要な、農地を含めた資産所有やネットワークの重要性を示唆している。

　村落調査の中では、村落内の上層階層として高等教育や高給職を得るうえでは有利な位置にある、ピッライ・チェッティなどの先進カーストの人々も、こうした構造の中で決して問題を抱えていないわけではない。本文中でも言及したように、これらの世帯は農業からほとんど離脱したにも関わらず、就業者である程度の所得と安定性がある職（本文中では E 群と F 群）に就いているのは、就業者の 3 割弱にすぎない。それだからこそ Sato 論文が指摘するような「巨額」を動員して職の確保を目指すのであるが、問題は構造的であるから、個別的な努力によって全体としてのこの階層の不安定性は簡単には解決できる問題ではない。

　おそらく重要な問題は、下層階層にいかに安価に高等教育を提供しうる体制をつくれるか、さらにより根本的にはインフォーマル雇用における雇用の安定と社会保障など都市定着を可能にする条件をいかに作れるかなどの点が、今後の課題として重要であると思われるが、その点を含めて問題がインド社会や経済・教育の全体と構造的に関わっていることを指摘して、本章を閉じたい。

注 ────────────────

(1)　各群の詳細は、柳澤 2014b、図表 10、に掲げてある。

(2)　Yanagisawa 1983, Table 21-A（pp. 133-136）.

(3)　柳澤 2014b、図表 15 参照。

参考文献 ────────────

Knatkovska, Viktoria, Amartya Lahiri, and Sourabh Paul 2012, "Castes and Labor Mobility", *American Economic Journal*：*Applied Economics*, Vol. 4, Issue 2, pp. 274-307.

Okada, Aya 2004, "Skill Development and Interfirm Learning Linkages under Globalization：Lessons from the Indian Automobile Industry", *World Development*, Vol. 32, No. 7, pp. 1265-1288.

Sato, Keiko 2011, "Employment Structure and Rural-Urban Migration in a Tamil Village：Focusing on Differences by Economic Class", *Tonan Ajia Kenkyu*, Vol. 49, No. 1, June, pp. 22-51.

Vijayabaskar, M. 2005, "ICTs and Transformation of Traditional Workplaces：The Case of the Automobile Industry in India" in Saith and Vijayabaskar (eds.), *ICTs and Indian Economic development：Economy, Work, Regulation*, New Delhi：Sage, 2005, pp. 386-413.

Yanagisawa, Haruka 1983, *Socio-economic Changes in a Village in the Paddy Cultivating Area in South India,* Tokyo：Institute for the Study of Languages and Cultures of Asia and Africa.

柳澤悠 1991、『南インド社会経済史研究』、東京大学出版会。

柳澤悠 2014、『現代インド経済―反転の淵源・軌跡・展望』、名古屋大学出版会。

柳澤悠 2014b、「タミル・ナードゥ―中核的農業生産地への歩みと脱農化への転進―」、柳澤悠・水島司編『激動のインド第4巻　農業と農村』、日本経済評論社、189-232 頁。

第14章

教育第一世代の教育経験
——バングラデシュにおける教育と社会移動——

南出 和余

はじめに

バングラデシュ農村部では、1980年代後半からとくに初等教育の普及が急速に進み、人々にとって学校は身近な存在となった。1980年代以降に生まれ、学校に通うようになった世代は、学校に通った経験がほとんどない親世代とは異なる「子ども時代」を経験する、いわば「教育第一世代」である。彼らの人生、進路選択にとって、学歴や学校教育の経験は、どのような影響をもち、前世代とはどのように異なる子ども時代と青年期を過ごしているのだろうか。

教育の制度や動向、あるいは社会的インパクトが議論されるなか、その直接の中心的受益者である子どもの視点は往々にして置き去りにされる。その理由はおそらく、個人にとっての教育の効用や意味は就学と同時的に捉えうるものではなく、個人の人生において後に意味をなすというのが一つの理由であろう。あるいは、初等教育の普遍的普及は、第1部第3章でも述べたように、教育の意味と価値を問うよりも、就学自体に人権的価値があるものとして、その定着を目指すからであろう。しかしその中心的受益者にとっての教育経験のもつ意味を意識してみることなしには、教育の本来の社会的インパクトは捉えられない。本章では、筆者が2000年（当時10歳前後）から現在（20代前半）までを追うバングラデシュ農村出身の「子どもたち」の、子ども時

代から青年期の進路選択行動を、認識と実態の両面から捉えることで、教育と社会移動の連動について検討してみたい。

第*1*節 「教育第一世代」の子どもたち

いうまでもなく、都市や農村の一部の層においては、学校教育は古くから浸透し、当該社会を導くエリート層を形成してきた。その一方で、教育の機会から排除されてきた大多数の人々が、バングラデシュ独立以降の社会開発のなかで教育を受ける機会を得てきたことは、本書第Ⅰ部第3章において述べた。本章が対象とする子ども・若者たちは、まさに新たに教育を受ける機会を得た層であり、彼ら彼女らの家庭における「教育第一世代」である。

◆1 調査地の概要と教育普及状況

本章の舞台となるN集落は、バングラデシュ首都ダッカから北へ約200kmのところに位置するジャマルプール県中央郡の農村部にある。バングラデシュのなかでは比較的海抜が高く、県東部のジョムナ川流域を除くと、他県ほどには洪水の影響を受けず、年間を通じて農業が可能な全国有数の稲作地域である。海抜が低く頻繁に洪水に見舞われるバングラデシュにおいては、とくに氾濫原地帯では農業ができない雨季の時期に、都市部への季節労働移動が一般的に行われてきた。また、そうした洪水多発地域では、1980年代以降とくに農村開発の流れのなかで、政府やNGOが公共事業を展開してきた。都市労働や公共事業が展開される地域ほどかえって学校教育や教育イデオロギーが浸透し、南部の洪水多発地域の方が安定した地域より教育レベルが高いという興味深い状況が見られる。ジャマルプール県の、季節移動の必要性が低い比較的安定した状況は、逆に、教育面では他県に遅れをとってきた。1991年の統計ではジャマルプール県の7歳以上の識字率は全国最下2位（21.48％）で、県別5歳から24歳の就学率においても全国平均値

表1　N集落の学歴別人口　　　　　　　　　　　　　　（人）

	0-10歳	11-20歳	21-30歳	31-40歳	41-50歳	51-60歳	61-70歳	71歳—	合計
就学前	34	0	0	0	0	0	0	0	34
就学中	58	49	2	0	0	0	0	0	109
小学校	0	4	10	6	5	0	3	0	28
10年生	0	14	17	10	2	3	0	0	46
SSC 1）	0	1	3	3	1	0	1	0	9
HSC 2）	0	0	3	2	2	0	0	0	7
BA	0	0	1	1	0	0	0	0	2
MA	0	0	0	1	0	0	0	0	1
アラビア語 3）	0	0	3	4	1	2	1	0	11
少し	0	0	0	0	0	0	0	1	1
なし	0	6	25	28	19	13	10	3	104
合計	92	74	64	55	30	18	15	4	352

出所：2004年の調査にもとづき筆者作成。

1）Secondary School Certificate の略。初等・中等教育10年間終了後に実施される全国試験。

2）Higher Secondary Certificate の略。SSCの後、後期中等教育2年間終了後に実施される全国試験。

3）コーラン学校で教育を受けた者。ベンガル語は読めずアラビア語のみ読める（音読）ケース。

36.5％より低い28.9％を示していた［BBS 2011］。しかし、1991年から2001年の10年間、さらに現在までの10年間における教育機会の浸透は顕著であり、2011年国勢調査の統計ではジャマルプール県の就学率は、全国平均の52.7％より高い54.7％となった［前掲］。

　この状況は調査地においても顕著にみられる。表1は、N集落の2004年の就学経験を示している。20代以上では通学経験「なし」が多くを占めるのに対して、10代の世代では、就学中も含め大半が就学経験を有している。本章が対象とするのはこの世代である[1]。

　N集落で暮らす彼らに就学経験をもたらしたのは、集落内に1991年から始められたバングラデシュ国内NGO（Basic Development Partners）によるノンフォーマル学校である[2]（図1、N1校）。それまでN集落を含むM村6集落

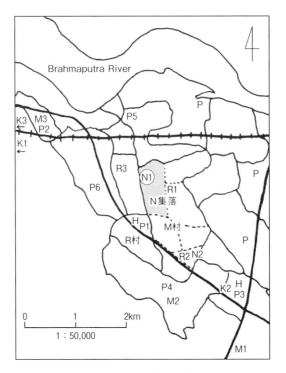

図1　調査地周辺の学校分布図

には小学校はなく、それ以前に教育を受けた人々は、隣のR村の公立学校（P1校）に通っていた。N集落からはそう遠くはなく、現在でも中等教育にはR村の中学校（H）に通っている。しかし、P1校には複数村から子どもが集まるため生徒数が非常に多く、教育環境は決して十分とはいえなかったため、途中で離脱する生徒が多かった。N1校では集落内に住む女性が教師となり、30人の子どもたちを集めて教師の自宅敷地内で開校した。開校当初はN集落の子どもが大半であったが、通学範囲は徐々に広がり、隣接する集落や村からも子どもたちが通うようになった。N1校はノンフォーマル学校とはいえフォーマルに近いかたちで運営されている。毎年新入生を迎え入れ、1年生から5年生までのクラスが常設され、政府発行の国定教科書を使っている。N1校ができた後に、M村には2つの登録学校（R1、R2、のちに公立学校）が

表2 （1）：2000年当時4年生に在籍していた子どもの進路状況

No.	名前	性別	進路（2000年→2013年）
1.	Is	（女）	4年／5年／10年まで／SSC不合格／結婚（恋愛結婚）夫：稼業（農業）……（息子1人）
2.	Cha	（女）	4年／5年／10年／SSC合格／カレッジHSC合格／結婚／BA（Degree）
3.	Shir	（女）	4年／5年／10年まで／SSC不合格／結婚 夫：全国各地（軍隊）／出産（息子）
4.	Shib	（男）	4年／5年／マドラサ7年で中退／商売／海外出稼ぎ（ドバイ）／（帰郷）
5.	Sam	（女）	4年／5年／結婚（？）／ダッカで生活・（娘1人）
6.	Hep	（女）	4年／5年／10年まで／SSC不合格／結婚 夫：市内薬局経営／出産（娘）
7.	Bur	（女）	4年／5年／5年留年 10年／SSC合格／カレッジ 市内で寮生活／HSC合格／結婚／出産（息子）／BA（Degree）
8.	Shop	（男）	4年／5年／マドラサ5年～10年／SSC不合格／SSC再受験／不合格／ダッカ出稼ぎ（縫製工場）
9.	Muk	（男）	4年／5年／農業・日雇い／結婚／（帰郷）ダッカ／（息子誕生）／（娘誕生）／農業・日雇い
10.	Sabi	（女）	4年／5年／10年まで／SSC不合格／結婚 夫：チッタゴン（縫製工場）／出産（双子の息子）／ダッカで生活 夫：ダッカに移転
11.	Kol	（男）	4年／5年／10年まで／SSC不合格／ダッカ出稼ぎ（縫製工場）／（不明）
12.	Bea	（女）	4年／5年／7年で中退／結婚 夫：稼業（農業）／出産（娘）／離婚（帰郷）
13.	Mr	（男）	4年／5年／9年で中退／ダッカ出稼ぎ（行ったり来たり）（縫製工場）／（帰郷）／結婚 一子誕生予定 農業、農機操作
14.	Sha	（女）	4年／5年／9年で中退／結婚 夫：大工／出産（息子）
15.	Jon	（男）	4年／5年／8年で中退／オープンスクール／SSC合格／ダッカ出稼ぎ（タイル会社）
16.	Tip	（女）	4年／5年／10年まで／SSC不合格／結婚／出産（息子）夫：ガジプール（縫製工場）／ガジプールで生活
17.	Sam	（男）	4年／5年／10年／SSC合格／カレッジ マイメンシン寮生活／ポリテクニクカレッジ／結婚・娘誕生 ガジプール 電機会社勤務、BRACUniv（電気）夜間
18.	Nir	（女）	4年／5年／10年まで／SSC不合格／結婚 夫：ダッカ縫製工場→ドバイ（19カ月）→別の海外出稼ぎ
19.	Jol	（男）	4年／市場パーン店／結婚（息子誕生）
20.	Zah	（男）	4年／ダッカ（タイル会社）／海外出稼ぎ（ドバイ）
21.	Lip	（女）	4年／5年／10年まで／SSC不合格／マドラサ／ダキル合格／カレッジ
22.		（女）	4年／結婚→離婚／ダッカ（縫製工場）

出所：2000年からの継続調査により筆者作成

できた。一時的にBRACがノンフォーマル教育活動（N2）を行っていたが、1期4年間のみで閉鎖となった。

◆2 「教育第一世代」の進路

筆者はN1校で、2000年当時4年生に在籍していた22人と、2003年に4

第14章　教育第一世代の教育経験●——373

表2 (2):2003年当時4年生に在籍していた子どもの進路状況

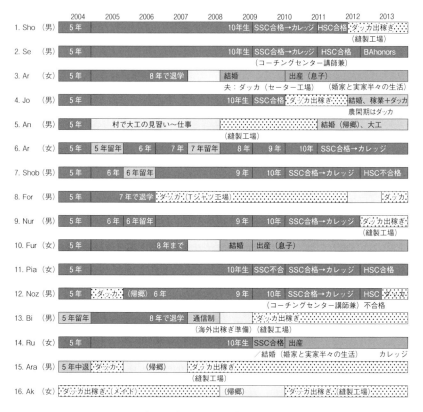

出所:2003年からの継続調査により筆者作成

年生に在籍していた16人の計38人の、当時の様子から現在にいたるまでを追っている。この地域で長期フィールドワークを実施した2000年と2003年には村に住み込んで子どもたちと一緒に毎日学校に通い、一緒に席に座って勉強をしたり遊んだりという経験を共有した。この38人のほとんどが「教育第一世代」であり、小学校に通っていた当時、また青年期を過ごす現在において、彼らの親世代とは明らかに異なる子ども時代と青年期を生きている。彼らの小学生時から現在までの進路をまとめたのが表2である。

既述のように、当該地域で暮らす子どもたちの大半が小学校に就学するよ

うになった。N1 校に通う子どもたちの家庭背景に大差はなく、当時、大半の子どもたちの家庭が専業農家であった。しかし、小学校修了後の進路、青年期の過ごし方はさまざまである。次節以降では、彼ら彼女らの進路選択を事例に、学校という時空をめぐる子どもたちの新たな視野、小学校卒業後の彼らの進路選択とその背景について、述べていきたい。

第2節　学校がもたらす「子ども時代」

　第Ⅰ部第3章で述べたように、バングラデシュの初等教育は多様な担い手によって普及が進められている。図1が示すように、N集落周辺においても、子どもたちの通学圏内にさまざまなタイプの学校が併存しており、その多くが1990年代になって開設された学校である。ほとんどの子どもたちは家からもっとも近い学校に通うが、各学校の持っている性格やイメージによって、近隣以外の学校を選択する子どももいる。学校選択の詳細については、図1のN1校（NGO学校）、P1校（公立学校）、M1校（マドラサ）、P1校（私立学校）間における学校選択について［Minamide 2005］および［南出 2014：第5章］でまとめているのでそちらを参照されたい。子どもたちの小学校就学状況および学校選択には「教育第一世代」に特徴的な学校解釈が垣間見られる。

　当然ながら、就学前の幼い子どもたちが学校を自ら選択するのは不可能であり、そこには親の判断が往々にして働く。N1校に通う子どもの親たちは自ら通学経験をほとんどもたないが、学校という場は周辺社会に古くから存在し、一部の層が教育経験のもとにより高い社会的地位を獲得していれば、子どもあるいは家族の将来の生活に役立つ可能性をもつものとしての教育を否定する理由はない。また、農家にとって、小学校就学年齢の子どもたちは、家事雑用や農繁期の手伝い要員にはなるが、家計を支えるほどには役立たない。農村で「ぶらぶらしている」子どもたちを学校に通わせることは、親たちにとっては大した代償を払うものではない。[3]したがって、近隣に学校がで

きることを親たちは歓迎し、ときに積極的に協力して、子どもたちを学校に通わせる。しかし、その受容と理解はきわめて脆弱であり、容易に外的要因の影響を受ける。農繁期の手伝いや親戚訪問を理由に、子どもたちは学校を簡単に休む。親だけでなく、地域住民である教師たちも、「村で生きているのだから仕方がない」と、子どもたちの欠席を容認する。村落社会には子どもたちにとって学校より「大切なこと」がたくさんある［南出 2003］。

　また、親たちは、学校で教えられる教育の内容や、学校という場で子どもたちが何を学んでいるかの詳細については熟知していない。「学校のことは子どもの方がよく知っている」といって、とくに口出しをすることもない。あるいは、学校の規則に反することをしたとしても、「子どもはブジナイ（わからない）から仕方がない」といって容認する。子ども同士のケンカによって、子どもが学校に行かなくなったり勝手に学校を転校するようなことがあっても、無理やりに子どもを学校に行かせるようなことはしない。こうした状況からは、学校という場は既存の村落社会と子ども観の範囲内で新たにできた「子どもたちの時空間」であり、脆弱ながらも子どもたちに与えられた自由な「子ども時代」を形成している。

　親の計り知れない学校で、子どもたちは何を学び、何を得ているのだろうか。子どもたちと一緒に小学校に通っていた時、筆者は子どもたちとの会話から、彼らの描く生活世界や将来像を、とても楽しく、興味深く聞いていたものである。遊びでは、異年齢の子どもが入り混じった集団のなかで、遊びの技術と価値規範の伝承も行われ、彼らなりにおとな社会を洞察し、おとな社会をどこか模倣したような「子ども社会」を形成していた。友人関係には親族関係を基盤とする村落社会が反映されていて、ジェンダーの行動規範も年齢が上がるにつれて体現されていた。学校選択においては、子どもたちは自らが通う N1 校以外の学校のこともよく知っていて、ときに他校を訪れたり、勝手に転校することさえあった。4 年生の子どもたちは小学校卒業後のことも考えていた。大半の子どもが中学校への進学を希望し、どこの中学校に行きたいかも意識していた。「ケンカしても親に叱られないように、自宅

から少し離れた中学校に自転車で通う」などと希望している男子もいた。将来の夢は、多くの子どもが「チャックリ（サラリーマン）」や教師、医者と述べていたが、多くの男子が軍隊と答えていた時期があった。1991年に入学したN1校第一期生のなかに、中等教育修了後に軍隊（公務員）に入った卒業生が出たときであった。子どもたちは、そうした村の「成功者」の話を聞きながら、小学校卒業後は中学校に進学し、その後自分がどのような生活を送るかを彼らなりに想像する。その将来像は明らかに、子どもたちの親とは異なる道である。

このように、初等教育の浸透それ自体がもつ意味は、新たな「子ども時代」の創造にあるといえよう。教育第一世代の子ども時代は親世代と大きく異なるがゆえに、子どもたちの自由な時空として学校が存在し、そのなかで、親世代とは全く異なる将来像を描く機会を得ている。

第3節　教育と移動──青年期の進路選択──

第Ⅰ部第3章で述べたように、多様な担い手による初等教育に対して、中等教育は公立認可学校とマドラサに集約される。現状ではNGOの中等教育への参入は一部の職業訓練校を除いて認可されておらず、私立学校としての運営に限られる。授業料をとる私立学校は都市部では急増しているが、農村部では初等教育レベルにとどまっている。N集落周辺でも、N1校、P1校、R1校、R2校、さらに近隣の小学校からも、皆が同じ中学校（H校）に進学する。

インフォーマントの子どもたちにおいても、2000年当時の4年生では22人のうち20人が中学校に進学し、うち12人が10年生まで修了している。また、2003年当時小学4年生だった子どもたち16人では、中学校に進学したのは12人（4分の3）で、10年生まで留年することなく終えたのは5人（3分の1）、途中で留年しながらも10年生を修了したのはさらに4人で、やはり半分強の子どもたちが前期中等教育を終えている。2000年組と2003年組

を比べて興味深いのは、10年生修了後の進路において、その後も教育を継続する者が2003年組では増えていることである。これには前期中等教育修了試験（SSC）の合格率の上昇も関係していることを第I部第3章で述べたが、この数年の間でも教育はより浸透していることがわかる。

　一方、約半数は5年間の中等教育の間に教育を離れ、異なる進路をとっている。多くの男子は都市へ出稼ぎに出て、女子は結婚している。彼ら彼女らの進路選択を追いながら、教育経験の意味を考えてみたい。

◆1　教育 VS 都市出稼ぎ労働

　男子の進路をみると、教育と並行する進路選択としてダッカへの出稼ぎが顕著にみられる。出稼ぎ先の大半は縫製工場である。現在、中国の経済発展と労働賃金の上昇にともなって、バングラデシュの安価で豊富な人口の労働力に先進諸国からの縫製業が殺到し、ダッカ都市近郊に縫製工場が急増している。縫製品輸出は、ニットウェアと衣料品を合わせて、現在バングラデシュ全輸出額の75％を占めている。毎日どこかで新たな工場が開設されているといってもよいほど縫製工場は増えつつあり、労働者には引手数多である[4]。しかし「安価な労働力」というイメージと実態は内外に共通しており、バングラデシュ国内においても、縫製工場の労働者は長時間重労働のわりに低賃金で、学歴が反映されない非熟練工のイメージが強い。縫製業は、子どもたちが将来の夢として語った「チャックリ（サラリーマン）」には含まれない。まず雇用形態が受注に応じた日給を基本としており、社会保証もほとんどなく、そして、もっとも大きな要因とされるのは、工場内での昇進システムの無さである。すなわち、工場労働者は常に工場労働者で、「スーパーバイザー」と呼ばれる監視員は最初から監視員である。管理ポジションは給与も比較的安定しており社会的認知も低くはないが、工場労働者から昇進するのではなく、その雇用は従来の縁故雇用に支えられている。工場労働者の就職も、最初は縁故に頼る場合が多く、先に出稼ぎに出た地縁関係者や友人を頼ってダッカに行くケースが多い。つまり、教育第一世代の「新参者」たちにとっ

ては、管理職に就く機会は限られている。それでも、近年の縫製業の増加と雇用機会の需要が状況として合致していることは確かで、縫製業が、若者たちの都市移動をはじめ、さまざまな変化をもたらす原動力となっている。

インフォーマントの子どもたちのダッカでの仕事はいずれもこの縫製工場の労働である。調査地からダッカへ出稼ぎに出る大半は男子であるが、都市の縫製工場の状況をみると男女ともに働いており、その多くが10代後半から20代前半の若者たちである。バングラデシュ全体の統計では女性の方が多い（労働者の6割が女性）とされている。

2012年9月に訪れたダッカ郊外のある縫製工場の事例から、工場労働者の実態をみてみたい。筆者が訪れた工場は約300人規模の工場であり、開業して2年ほどの工場であった。経営者の理解と協力によって、訪問時に働いていた労働者218人に対して、出身や生活形態、学歴、労働年数と給与についてアンケート調査を実施した。

工場内では男女分業が行われていて、サンプル品の試作、布裁断、アイロンかけ、品質管理を男性が担い、ミシン縫製を女性が担う場合が多い。仕事による賃金差はほとんどなく、初任給が2,500tk（当時のレートで2500円）から4,000tk（就労年度によって異なる）で、訪問した2012年当時の平均月給は約4,000tkであった。6割の労働者が他の工場での労働経験を有しており、この工場での勤続平均は10ヵ月であった。現在、労働力の売手市場である縫製業では、労働者にとって仕事は引手数多で、経験をもって異動することで給与が上昇する。Tシャツプリント工場で働くインフォーマントの男子は、7年生で中途退学してダッカに出稼ぎに出て、この7年間で7か所の工場を異動し、現在では13,000tkを稼いでいる。

家庭の事情で労働を余儀なくされる場合を除き、学校教育を続けるかダッカに出稼ぎに出るかは、常に背中合わせにある。調査地の子どもたちの進路選択を見れば、中学校を途中で退学してダッカに出た者もいるし、10年生を終えてから出た者、12年生まで終えてから出た者と、さまざまである。学校での勉強に意欲を持てなくなった子どもは比較的容易にダッカへの出稼

表 3　縫製工場の労働者の学歴

学歴	4 年以下	5 年生	6 年生	7 年生	8 年生	9 年生	10 年生	SSC	HSC	BA
人数	13	57	21	23	51	10	8	25	6	3

出所：2012 年のアンケート調査にもとづき筆者作成

ぎを決断する。しかし、教育に意欲をもつ子どもたちは、学歴を積んで縫製工場労働よりも「よい仕事」を希望する一方、その現実味は乏しく、また教育にもお金がかかるようになると、出稼ぎの道を選ぶ。12 年生を終えて後期中等教育修了試験（HSC）にも合格した男子が、「勉強はもういい」といって、ダッカに出ることを選択した。周りの友人たちがダッカで働き、現金収入を得て「人生の次のステージ」に進んでいるのを見ると、将来の見通しなく教育を続けることへの不安と焦りが強くなったようである。彼はダッカに行く前に「苦労して HSC まで取得したのに、働き出せば 5 年生修了者と同じ給料しかもらえないのは辛い」と語った。

　都市近郊の工場で働く若者たちに教育経験を聞いたところ、表 3 のような結果が得られた。

　表 3 をみると、5 年生あるいは 8 年生の節目まで教育を受けている者が多い。と同時に、上記で述べた男子がいうように、SSC を取得している者も少なからずおり、さまざまな教育経験をもった者たちが同じ職場で働いていることがわかる。

　1990 年代の農村部での初等教育の浸透と 2000 年代の縫製業の急増は、結果的に結びつき、初等教育を受けた若者たちが、現在の縫製業を中心とするバングラデシュの経済成長を根底で支えている。小学校での教育経験は、どのような文脈で、この都市出稼ぎに関係しているのだろうか。ひとつには「非農業志向」である。教育を受けた子どもたちは、不確かな将来ではありながらも、親世代の農業とは異なる将来像を描く。そうした若者たちは、たとえ学校教育から離脱して稼業の農業を手伝っていたとしても、農業に従事しているという自覚を持たず、「何もしていない」「ぶらぶらしている」と自らの状況を説明する。また、バングラデシュ農村では古くから未婚男子の「家出」

380

が日常的にみられる。1960年代から70年代のバングラデシュ農村で人類学調査をした原は、彼らの「自主独立の個人」性を述べるにあたって、男子の家出について次のように述べる。

　　村人に聞いたところでは、1960年当時の成年男子の80%以上が、親に相談なく、あるいはその意に反して家を出て、遠方の都市で生活し、1年から3年くらい音信不通になる経験があることを見出した。その家出の動機の1つは、「自己の運命を外社会で試みる」ということであるが、その半数は、父や兄との深刻な言い争いが原因になっている。……この家出は、年齢的には15歳くらい以上、25歳くらいまでの間におこることが多いが、この下限15歳がきまってくるのは、それ以前の場合、子どもの雇用機会がなかなかないので、家出後の生活に差支えるからである。……ちなみに25歳くらいが上限になるのは、その頃には大方の者が結婚をして、生計的にも居住的にも、また権威の点からみても親から独立した存在になるので、「家出」の必要がなくなるからである。これ以外にも、こういった頻繁な家出を可能にする条件がある。1つはいうまでもないことであるが、労働力の売手市場で、弱年者であっても職をたやすく得られるという条件である。当然のことであるが、この条件は、政治・経済の変動に応じてかわってくる。東ベンガル地方でいえば、1950年から70年までは「家出」にとって好条件であり、70年から80年までは悪条件、現在は、やや職の条件はもちなおしつつあるといってよい。[原 1986：337-338]

　原の見解に即していえば、現在の縫製工場での仕事はまさに「家出」の好条件である。

　この従来からの「若者の家出」は、青年期の親との対立を避け、生まれ育ったコミュニティからいったん離れる機能を果たす。現在の若者たちの都市出稼ぎは、村で「ぶらぶらしている」ことからの転換や、自らの決断という点においては「家出」の要素を持ち備えている。さらに、非熟練業で、学歴を問わず、親戚や知人の伝手で容易に仕事に就ける縫製工場労働は、準備のい

第14章　教育第一世代の教育経験●──381

らない職の機会として、若者の家出に好都合であるといえる。実際にインフォーマントの男子たちの出稼ぎの経緯を見てみると、教育との二者択一状況にありながら、一度ダッカに出たもののしばらくして戻ってくる者や、教育からの離脱後、村で「ぶらぶらする」空白期間の末にダッカに出稼ぎに行くなどといった、「必要に迫られた出稼ぎ」とは一概にはいえない状況も垣間見られる。

　都市縫製工場への出稼ぎが若者期特有の動機を含む一方で、しかし、現代の出稼ぎは、原の調査に示された1980年代よりもはるかに現実味をもった経済的利益をともなうゆえに、彼らの稼ぎに対する家族からの期待も大きい。また携帯電話の普及によって、彼らはダッカに出かけても頻繁に連絡をとるようになり、コミュニティからの一時離脱の機能を果たしづらくなっている。この点は、海外への出稼ぎについても同様のことがいえる。

　このように、教育経験が非農業志向を導きながらも、具体的に手の届く範囲に提示される縫製業という職は、学歴が効力を発揮しない。彼らはそのことに躊躇しながらも、都市への出稼ぎは「家出」という村落社会からの一時的離脱に理由を与え、青年期の選択肢を築いている。

◆2　上昇する女子の学歴

　では、女子はどうだろうか。第2節で示した子どもたちの現状を見てわかるように、女子の大半はすでに結婚している。2000年に4年生だった22人のうちの女子13人は全員が結婚し、2003年に4年生だった16人のうちの女子6人では4人が結婚している。男子はダッカへの出稼ぎが急増しているが、調査地では女子の都市への出稼ぎはごく稀である。

　ダッカの工場では多くの女性が労働者として働いているのに、なぜ調査地周辺の女子は出稼ぎに出ないのか。背景で述べたように、当該地域は稲作地帯で季節移動労働が強いられない環境にある。従来から男子たちは青年期の「家出」を経験していたが、女子が農村を出ることはほとんどなかった。そうしたなかで、縫製工場での労働が男子の間では家出的要素を帯びて行われ

382

ていたとしても、女子の出稼ぎは積極的選択とはみなされていない。女子の出稼ぎは明らかな経済活動と理解され、一部においては「縫製工場に働きに出ざるを得ないほどの貧しい家」というネガティブなイメージのなかで捉えられている。訪れた都市近郊の工場の実態をみても、女性労働者の多くが家族と一緒に生活をしていた。都市近郊の村で家族と一緒に暮らしている未婚者であるか、あるいは夫と一緒に働きに来ていた。独身者の割合は男性70％に対して女性は48％であった。つまり、調査地域では女子の縫製工場労働を中心とした出稼ぎ選択の余地は、男子のそれに比べると格段に少なく、比較的安定した農業に支えられて、女子には「出稼ぎに行かなくてもよい」イコール「行くのはよくない」といったジェンダー規範が働いていると理解できる［Minamide 2015］。

　そして、むしろインフォーマントの彼女たちに顕著にみられる状況は、学歴の上昇である。2000年に4年生だった女子たちには10年生修了時のSSC試験が節目となって、試験に不合格であった場合、翌年に再挑戦することなく教育から離脱していた。教育の節目は婚期につながり、多くの女子たちが10年生修了時、SSC試験の結果を待つ数ヵ月の間に結婚している。そして、試験に合格すれば、既婚未婚に関わらず後期中等教育カレッジに進学する。実際には毎日通学していなくても、カレッジに籍をおいて試験のみ受ける女性も多い。

　通学している場合に顕著にみられるのが、結婚後も実家で暮らす女子たちである。婚姻後も実家での生活を続けうるのには、上記でのべた男子の都市出稼ぎも関係している。近年では、女性の結婚相手の条件として賃金労働に就いていることが重視される。しかし農村では賃金労働の機会はごく限られているので、結婚相手がダッカに出稼ぎに出ている場合が多い。彼女たちにとって、夫不在の婚家で暮らすよりも、夫が帰郷したときのみ婚家に行き、それ以外は実家で生活する方が楽である。婚家に住めば「嫁」として家事を担わなければならないが、実家だと母親が担ってくれる。さらに、通学していれば実家にいることの大義名分にもなる。女子にとって結婚は最大の通過

第14章　教育第一世代の教育経験●──383

儀礼であり、父系社会の当該地域では、女子は婚姻を機に婚家に移ることに
なっている。しかし、婚姻後も実家で生活し、ときには教育を受け続ける彼
女たちを見ていると、結婚が節目でありながら、節目を超えたあとにも「移
行期」があるように感じられる。これを長くしているのが夫の単身出稼ぎで
あり、そして教育である。

　このようにして、男性が都市労働に出るなかで、村に残された女性たちは
さらに教育経験を積むことが可能となる。妻の学歴が夫の学歴よりも上がる
状況が頻繁に見られる。村での女子の高学歴化は、具体的な就職を期待する
というよりは、「今後あるかもしれない」村の小学校教職員やNGOスタッ
フなどの募集機会に備えて、また「近い将来生まれてくる子どもに教えられ
る」というのが説明原理となっている。結婚後も女性が実家で生活すること
や通学を続けることを、夫や婚家の家族、あるいは実家の親たちは、どのよ
うに思っているのだろうか。親も義理の親も、本人が語るように、賢母思想
（「母親に教育があれば子どもに勉強を教えうる」）によって彼女たちの教育の継続
を容認する。夫不在中の実家生活については、婚家に、義母をはじめ家事の
担い手がいる場合は了承されがちである。夫が都市から一時帰郷すれば、夫
が妻を実家に迎えに来る。その状況は子どもが生まれた後も継続してみられ
る。とくに子どもが就学前の幼い時期には、彼女たちは実家で子どもを育て
ている。Rさんは、SSC受験直後に結婚したが、試験に合格したのでカレッ
ジに籍をおいている。結婚当初は婚家で生活していたが、夫が都市にいるた
め不在の間は実家で生活することが多い。筆者が、実家と婚家どちらでの生
活が中心かと尋ねると「半々」と答えるが、実際には筆者がいつ訪ねても彼
女はだいたい実家にいて、出産後もそれは変わらない。彼女の実家には、出
稼ぎから帰宅した夫だけでなく、義母もたまに子どもに会いにやってくる。
「あなたがこっちにいて夫や義母は怒らないの？」と尋ねると、「婚家には義
母も兄嫁だっているし、主婦はそんなにいらないわよ」と答える。カレッジ
には妊娠後はほとんど通っていなかったが、子どもが少し大きくなると通信
制のカレッジで教育を再開した。

このように、農村では、教育が浸透するなかであっても 10 年生修了時（15、16 歳）に多くの女性たちが婚期を迎える。遅くとも 12 年生修了時には大半の女性が結婚する。男子の教育と出稼ぎが二者択一状況にあるのに対して、女子の場合、結婚後も教育を続けうることが多く、男子ほどの迷いは見られない。そして、15、16 歳で結婚する彼女たちにとって、教育の機会や夫の単身出稼ぎによって「移行後の移行期」が長く保たれ、20 歳前後になった今も、そのような状況にある者も少なくない。教育の浸透によって「子ども時代」が確保されるのと同様に、教育が彼女たちの「娘時代」を引き延ばしている。就職など教育の効力への期待は農村部ではまだ現実味に乏しい。しかし、彼女たちのこうした結婚前後の状況は、親世代の女性たちの同時期とは明らかに異なる。

◆3 「よりよい教育」を求めて

　教育第一世代の教育経験は、学歴が直接仕事に結びつくというよりは、背景としての経済成長、従来からの家出文化や賢母思想に支えられて、結果として村落と都市の間、婚家と実家の間の往来を促し、親世代とは異なる青年期を形成している。その特徴は「移動」によって捉えられる。この経験が、青年期に特化したものとして、村に帰郷したり婚家での生活が定着すると既存の社会に埋没するのか、あるいは、彼ら彼女らの将来や村落社会に変容をもたらすものとなるのか、変化をもたらすとすればどのようにもたらすのかは、彼ら彼女らの今後を追ってみていくしかない。現段階ではそれを提示することはできないが、その変化を暗示する状況が、もう一つの「教育による移動」にみられる。

　国内の労働移動の延長として、とくに 1980 年代以降、バングラデシュからは多くの男性海外出稼ぎ労働者が、日本をふくむ東アジアや、マレーシアや中東諸国といったイスラーム圏へ出たが、その出身地は一部の地域に限られていた［池田 1993］。しかし 2000 年代に入ると、政府間の労働協約や仲介業者の改善、さらには国内経済市場のインフレによる現金需要が後押しして、ジャ

マルプール県からも多くの男性が海外に出稼ぎに出るようになった。Ｎ集落でも海外出稼ぎ労働のため中東で働く男性が2000年半ばから増えた。海外への出稼ぎはダッカへの出稼ぎとは異なり（あるいはその次のステップとして）、家計を担う既婚男性が中心である。出稼ぎ先は中東諸国が大半で、まれにヨーロッパへの出稼ぎ者もみられる。彼らが出稼ぎ先で従事する仕事は、建設業やホテル・店でのサービス業、あるいは縫製業など、やはり非熟練工である。ダッカでの仕事内容とあまり変わらないが、賃金の差が何よりの海外出稼ぎの動機となる。海外への出稼ぎにも学歴はほとんど関係がなく、支度金が用意できるかが決め手となる。少し前までは縁故の有無も関係していたが、現在では斡旋業者の普及により、支度金を用意できればいけるようになった。

　海外からの送金によって経済的に急成長する家庭が投資する先は、農村での土地の購入と子どもの教育である。現在、当該地域ではバブルのごとく地価が急騰している。また、村にも私立学校が急増し、夫が海外出稼ぎに出ている家庭では、子どもを私立学校に通わせるのが大半である。またそうした家庭では、夫不在のなか妻が子どもと一緒に地方都市に家を借りて生活し、町の学校に子どもを通わせることも少なくない。彼らは、「町と村では学校の質の差は歴然としている。子どもが町の子どもたちと交友関係を持つことも大切」と述べる。第Ｉ部第3章で述べたように、バングラデシュでは小学校から全国共通試験があり、農村と都市では結果の差も大きい。経済的に急成長する家庭だけでなく、村で教育を受けて育った親たちの間でも、関心はすでに、子どもの「教育の機会」から「教育の質」へと移行し、それにともなう町への移住がみられる。「学校のことは子どもの方がよく知っている」といっていた世代とは異なり、教育第一世代の彼らが親になると、子どもの教育への関心は、より具体性をもつようになることが予想される。現在、村に急増する低授業料私立学校では、「リキシャ引きの子どもでも私立に通わせる」という状況が、実態としても意識としても垣間見られる。たとえ農村で生活していても、自らの教育経験や、出稼ぎ等を通じた情報流通の影響が、「教育第二世代」には見られるように

なるのではないだろうか。この点については、今後注意深く追っていきたい。

おわりに

　教育は、国家や社会にとっては人材育成、また個にとっては人生を生きていくうえでの財として語られる。バングラデシュの教育第一世代の彼ら彼女らの教育経験を、人材や財の保障という観点からみれば、その有機的な接合には限界があるといわざるをえない。しかし、彼らの教育経験を学歴や財という意味のみに限定してしまうことによって見過ごしてしまう現状理解がある。本章で捉えた教育第一世代の彼ら彼女らの教育経験は、学校がもたらした新たな「子ども時代」と不確かな移行期を背景に、実態と意識の両面において、親世代の青年期とは明らかに異なる「移動」をもたらしている。

　学校に通った経験のない親たちは、教育そのものの意義を受け入れたものの「学校のことは子どもたちの方がよく知っている」という認識のもとで子ども本人に任せていた。子どもたちは、親からの「放ったらかしの自由」のもと、また学校と村落社会の壁が低いゆえに、村落社会で従来から機能してきた社会化のシステムを学校という場に持ち込むことで、子どもなりの社会化のプロセスを展開していた。[5]そのことが、「子ども時代」の創出にもつながっていた。しかし、初等教育段階では比較的「自由」が機能するが、中等教育になると、教育の将来的効用が求められる。教育と就職の繋がりが脆弱ななか、就労年齢に達した彼らは、実質的には教育と都市出稼ぎの間で二者択一を迫られ、その間を往来する。また、男子の都市労働が単身出稼ぎである場合が多いため、農村で暮らす女子は、結婚後も夫不在の結婚生活を送り、賢母思考にも支えられて、婚家と実家の間を行き来しながら学校に通い続け、結果、女子の高学歴化が見られる。そして、彼ら彼女らが次の世代を育てる時期になれば、「教育第二世代のよりよい教育」を意識した移動や変化の可

能性がみられる。

このように、教育第一世代にとっての教育経験は、新たな子ども時代や青年期を形成していることは間違いない。彼らの選択行動は、新たな価値イデオロギーと既存の文化が入り混じったなかで、実態として当該社会に大きな変化をもたらしている。若者たちは、経済的急成長をみせる現代バングラデシュを根底で支える存在として、その変動の一端を担っているのである。

注 ────────

(1) 彼らの子ども期に関する詳細は［南出 2014］を参照。
(2) ノンフォーマル教育の詳細については第Ⅰ部第３章を参照。
(3) 一部貧困層の家庭の子どもたちが他家の（ときに住み込み）お手伝いとして働く状況はある。
(4) バングラデシュにおける縫製工場の進出は 1980 年代半ばから見られ、その後順調に増えているが、とくに 2000 年代以降の縫製業の高まりは顕著である。
(5) 筆者は［南出 2014］において、このプロセスを「子ども域」とみて議論している。

引用文献 ────────────

Bangladesh Bureau of Statistics (BBS) 2011, *Statistical Yearbook of Bangladesh 2010*, Dhaka：Government of the People's Republic of Bangladesh.

Bangladesh Bureau of Educational Information and Statistics (BANBEIS), 2011, *Bangladesh Education Statistics*, Dhaka：BANBEIS.

Minamide, Kazuyo 2005, 'Children Going to Schools：School-Choice in a Bangladeshi Village,' *Journal of the Japanese Association for South Asian Studies* 『南アジア研究』17：174-200.

────── 2015, 'The First Educated Generation as "Social Transformers" in Rural Bangladesh：An Overview from their Childhood to Adolescence in a Village of Jamalpur,' *Nrvijnanan Patrika* (*Jounal of Anthorppology*), 20:33-51.

池田恵子 1993、「出稼ぎ労働者の出身地域と出身階層」長谷安朗、三宅博之編『バングラデシュの海外出稼ぎ労働者』明石書店 pp163-184。

原　忠彦 1986、「イスラーム教徒社会の子ども」小林登他（編）『新しい子ども学 3 子どもとは』海鳴社 pp.311-368。

南出和余 2003、「開発過程における教育の受容──バングラデシュ農村社会を事例にして──」『子ども社会研究』9：73-88。

―――― 2010、「結婚前後の女性の学歴形成――バングラデシュ農村の社会変容を背景に――」
『多民族社会における宗教と文化（宮城学院女子大学キリスト教文化研究所）』14：13-36。
―――― 2014、『「子ども域」の人類学――バングラデシュ農村社会の子どもたち――』
昭和堂。

column

【コラム】

バングラデシュ農村における教育の自立発展性
——僻地農村と近郊農村の比較から——

日下部　達哉

　1990年、タイのジョムティエンにおいて万人のための教育世界宣言が採択されてから、世界中で初等教育・基礎教育の普及と拡充が図られてきた。宣言採択の年、南アジアは、サブサハラアフリカとともに、最もEFA（Education for All：万人のための教育）関連政策を傾注すべき課題をもつ地域として認識され、その後、バングラデシュでは初等・基礎教育が拡充・発展された。しかし、その過程をよく観察すると、EFAという世界的な教育キャンペーンの影響をうけてから拡充された地域もあれば、自立発展的に教育を拡充した地域もあることがわかる。ここでは僻地農村と近郊農村という比較の視点から、教育開発援助と教育の自立発展性の関係を考えてみたい。

　メヘルプール県カラムディ村は、バングラデシュの西端、インド国境沿いに位置している。景観的には田畑、泥と牛の糞を混ぜた家々が建ち並び、人々が農作業に汗を流し、ジュートなど農作物を満載した牛車が村内を往来するような、牧歌的な風景が見られる。約20年前まで電気もなく、井戸もなく、外部との接触

も限定的なものであった。しかし、80年代に井戸、90年代には電気が引かれ、現在では携帯電話の貸し出し所、インターネットのアクセスポイントが設置されるようになっている。そのため、ひとたび目線を上にやると、電線が張り巡らされ、目線を下にやると、道行くおじさんの手にある携帯電話が目にとまる。牧歌的風景の中に、ここ15年ほどで訪れた変化である。

　教育開発政策は、こうした学校になじみがなかったような僻地農村にこそ大きなインパクトを与えた。1990年以前、僻地農村の大多数を占める零細農、あるいは土地なし農民たちは、学校というものになじみがなく、祖父母世代、親世代のほとんどが、初等教育未就学・中途退学という状況であった。村に学校施設は基本的に政府立のものが一校あるのみで、全ての子どもを受け入れるほどの余裕はなかったからである。しかし1990年のEFA（Education for All：万人のための教育）世界宣言に呼応したバングラデシュ政府の初等教育拡充政策によって、多くの村人たちは学校に触

390

れることになった。92年のFood For Education Program（教育のための食料計画：小学校就学で穀物を配給）、94年のFemale Secondary Assistance Project（女子中学生奨学金計画：女子の中学進学を実質無料化）などの就学促進政策に誘引されて子どもを学校へ就学させた。これにより、およそ1万人の村人に対し、小・中高・マドラサ4校、それも1920年から50年がかりで整備されたものだったが、90年以降2010年までの20年でさまざまな種類の学校が9校も増加、計13校となった。

これらの学校には子どもが殺到したが、それゆえに教育の質は低下した。また、マドラサという村内にあるイスラーム教育を施す学校では、乱立した小学校に生徒を奪われ、閉校寸前に陥った。しかし、就学者の数は増加し、初等教育ないしは中等教育の卒業者も増加した。といって仕事の選択肢も拡大したわけではない。この村で支配的なのは農業や農村工業関連の仕事であり、農村的発展がこの村の開発のあり方を規定している。つまり学校に行く人々が増加した割には、その出口で受け皿となる職業が増加していないのだ。

筆者による1999年から2009年にかけて経年変化についての調査結果では、アクセス改善という点においては、先述のとおり祖父母・親世代に比べて格段に改善され、誰もが初等教育に就学可能な状況であった。一方、調査した標本調査世帯の中で、1999年に子ども世代であった73人（男子44名、女子29名）の子どもたちを、10年後の2009年に追跡調査したところ、男子では陸軍入隊、カレッジ進学（高校相当）、大学進学・卒業、SSC（中等教育修了証）取得といった初等教育の先にある進路を進み、一定の結果が出ているのが5名（うち女子1名）、貧困層からSSCを取得した男子がそのうち1名のみで、1990年の初等教育拡充政策以降、約20年が経過した現時点では、それ以前の状況とさほど変わっていなかった。

しかし、教育拡充政策以前から学校制度の自立発展を遂げ、教育発展をし続けている村もある。チッタゴン県ゴヒラ村は、バングラデシュの中でも最大の経済都市の近郊に位置する。チッタゴンのEPZ（Export Processing Zone）という輸出加工区では、機械、電気機器や輸送機器（主にバイク）など輸出指向型の製品生産が盛んである。周辺村落はチッタゴンで働く人材の重要な供給地で、2000年から筆者が調査をしているゴヒラ村からも多くの人々が働きに出ている。70年代から、チッタゴン市域の工業化が進むにつれて、製造業に従事

する人材が求められるようになり、市域のみならず、周辺の近郊農村においても日本でいう高校レベルまでの中等学校が盛んに設立されてきた。これは90年代に施策されたEFA関連施策よりも前、つまり、僻地農村で盛んに教育拡充が行われた時期より2-30年も前から教育拡充が図られていたのである。ゴヒラ村では、1884年、村で初めての小学校設立を皮切りに、次々と学校やマドラサが設立され、その数は16校に達した。この中にはディグリーカレッジと呼ばれる、短大相当の機関も含まれる。既出のカラムディ村とは人口規模も違うことから比較ができないが、この16校のうち1990年以降に設立されたのは、3校のみで、1996年の小学校建設を最後に、村の教育開発は事実上完結したことが、前出のカラムディ村との最も大きな相違点といえる。つまり、この村の学校教育整備は、EFAというキャンペーンによるものではなく、自分たちの手で自立発展的に行われたのである。

EPZからの求人は、新聞の求人欄からもたらされることが多く、求人欄をみた若者たちが応募する。今から15年ほど前には、履歴書を持ってEPZの工場の前に列を作るほどの人気ぶりだったそうである。その際、おおむね志願者はSSC（中等教育修了証）やHSC（後期中等教育修了証）の学歴を有していた。今もSSCを有している人たちは多いが、工場のライン仕事は、学歴がなくても採用はされる。こうした仕事では、毎月決まった日に給料が支払われ、その額も、家族に経済的安定がもたらされるほどである。これは先進国の人間からみれば当たり前だが、給料遅配も未だに多いバングラデシュの人々にとっては、得がたい就業機会である。

この村の38世帯の標本世帯を2001年と2011年の10年間で追跡調査したデータからみると、年間現金収入が2,816,700tk（2001）であったものが7,328,550tk（2010）と、2.6倍になっている。むろん、単純な現金収入の伸びは僻地農村でも観察されている。しかし、標本世帯の借金をみてみると、185,000 tk（2001）から1621,000tk（2010）と、実に9倍近い金額になっている。これは僻地農村にはない傾向で、借金の理由のほとんどが「生活のため」なので、現金を稼ぐことにかなり真剣にならなければ生活は厳しいものになってくる。

そうなると、一人前に生活をするための準備段階として、学歴を取得したり、政治的コネクションや知人の「コネ」にありついたり、といった処世術が必要になる。近郊農村の人々が、子どもに学歴

をつけさせるために、学校教育制度を受容、促進してきたのも無理はない。

この村でも、筆者は2001年に子ども世代であった117人（男子69名、女子48名）の子どもたちを、10年後の2010年に追跡調査したところ、男子では、親あるいは自分に仕事が見つかってチッタゴンに移住したものが9名、まだ学生をしているものが31名、求職中・何もしていない者が17名、農業・労働者が3名、中東地域を中心とした出稼ぎ者9名であった。女子48名については、やはり親あるいは自分に仕事が見つかってチッタゴンに移住したものが7名、まだ学生をしているものが19名、何もしていない者が6名、家事労働者として働いている者が5名、初等教育修了あるいは中等教育をドロップアウトして結婚した者が11名であった。こちらは、僻地農村と比べて、貧困層の人々でも中等教育に進学、卒業する割合は相対的に多い。また、家族の者が首尾良くチッタゴンでの仕事にありついたら、チッタゴンに移住するケースもみられる。就農する男子は少ないが、学校を卒業して結婚する女子はまだ多い。しかしこの村では、先の僻地農村よりは教育制度がより機能しているといえる。

ただし、カラムディ村も、村の適切な人口規模、経済環境に合った形でゆるやかな自立的発展をしていたといえ、EFA関連教育政策という外から及び上からの風を受けてしまい、理想的な自立発展が急がされ、教育の質が下がってしまい、結果としてよりよい人材を輩出できていないといえる。一方、チッタゴンのゴヒラ村は、経済発展の風が先に吹き、教育は、自立発展せざるを得ない事情が浮き彫りになった。自立発展してきた学校と職業の接続も機能し始めている兆しがあり、これから産業人材輩出が進んでいくものと考えられる。教育開発援助は、こうした教育の自立発展性のポイントを見極めてから行われるべきであり、教育の質が落ちない工夫を施しながら進められなければならないだろう。

あとがき

　本書は平成 22 年度から 24 年度までの 3 年間実施した日本学術振興会科学研究費助成事業基盤研究 (B)「南アジアにおける教育発展と社会変容——『複線型教育システム』の可能性」（代表：押川文子）の成果の一部である。また並行して実施した京都大学地域研究統合情報センターの共同研究「南アジアの教育における新自由主義——私事化、市場化、国際化の国際比較に向けて」（平成 24 年度、代表：押川文子）、「ポスト・グローバル化期の教育に関する国際比較——新自由主義、子どもの権利、国家の役割の再編」（平成 25 年度、代表：押川文子）の成果も含まれている。これらの研究会の共同研究者だけではカバーできない課題については、各地域、各研究領域の専門家にも章やコラムを分担していただいた。

　科研研究会や地域研究統合情報センターの研究会では、まずなによりも南アジアの教育を可能な限り現地の視点で考えることを試みた。幸い、学校という教育の「現場」や地域社会における学校の位置づけ、さらに変動する社会のなかの若者などに注目する研究に着手していた比較教育学、文化人類学、経済学など多様な分野の研究者の参加を得て、多くの事例研究を蓄積することができた。本書にもみるように、それはきわめて多様かつ格差をもつ状況である。しかし、数多くの事例を通じて研究会参加者があらためて実感したのは、南アジアのどの国においても、また都市でも農村でも、富める人々も貧しい人々も、それぞれ教育に大きな期待をかけ、学校が生活の重要な部分となる時代が到来している、ということだった。社会のなかの子どもや若者のあり方は大きく変わり、「子どもの教育」は経済や政治の大きな変化と家族や個人の変化が交錯し相互に作用するきわめてアクティブな領域になっていたのである。研究会での議論では、教育を課題にしながらも、その背後に

ある社会全体の変化に気づかされることが常だった。言い換えれば教育は、南アジア諸社会の現在、そして未来を考えるうえで、きわめて重要な視点になったということであろう。本書の試みが、教育を通じて南アジア社会の変化を考える一助になれば幸いである。

　研究会参加者の多くが共有したもう一つの問題意識は、南アジアの教育というレンズを通して日本の教育を再考することだった。もちろん教育をめぐる南アジア諸社会と日本の歴史的条件や社会構造の間には大きな違いがあり、単純な比較はあり得ない。南アジアの教育を特色づけるものが多様性、格差、非標準化であるとすれば、強力な学校教育行政のもとできわめて平準化された学校教育が実現した日本は、むしろその対極にあるといってもよいだろう。しかしそれだからこそ、南アジアの事例は、今日の日本が直面している教育の閉塞感、さらに多様性の保証や国際化といった課題を、いわば対極から照射して再考の機会を与えている。教育の平等とは何か、子どもが学ぶべき内容はどこまで「標準化」されるべきか、教育における国家の役割とは何か、保護者は子どもの教育をどこまで決定できるのか、そして子どもの学ぶ権利とは何か。南アジア諸社会と日本は、異なる地点に立ちながらも、ともにこうした教育をめぐる基本的な価値や権利の問い直しを迫られている。そのなかには、教育における平等と当事者の選択権、子どもの生活圏に根差した学びと教育の国際化のように、現実の教育システムのなかではあたかも「二者択一」のように作用する価値もある。本書が、南アジアの教育の現状を、この地域「特有の」、あるいは「遅れた」状況としてではなく、日本も同じく問われている現代教育の基本的な問題群として示すことができていることを、編者として心から願っている。

　本書ができるまでには多くの方々から長年にわたってご協力とご尽力をいただいた。

　先述の諸研究プロジェクトは、実質的には2007年に、編者と、南アジアの子どもや教育に関心を寄せて研究をはじめたばかりの若手研究者や大学院

生との手弁当の勉強会からスタートした。その後、研究会や学会セッションを契機に、分野を超えた研究者の方々の協力を得て、科研プロジェクトへと発展し、プロジェクトの規模をはるかに超える多くの方々からご協力をいただいた。なかでも、日本におけるインド経済史研究を牽引してこられた柳澤悠先生から、若手研究者たちがこの研究会を通して学んだことは計り知れない。先生が長きにわたって研究されてきた南インド農村社会の変化において、教育がいかなる原動力となり、人々が教育とどのように向き合ってきたかという議論からは、教育の「本来」の役割に気づかされると同時に、地域と向き合う研究者のあり方においても大きな示唆をいただいた。本書を準備していた 2015 年 4 月に先生は旅立たれ、本書所収の「南インド村落の 30 年」がご遺稿となった。ご冥福を祈りつつ、先生の思いをそれぞれが受け継ぎ、さらなる研究を進めていきたい。

また研究会では、共同研究者以外にも多くの研究者の方々から、東アジア、ラテンアメリカ、東南アジア、中東などの教育をめぐる課題について報告をいただいている。こうした研究会を通じて得た知見や視点は、本書をまとめるうえで大きな力になった。また科研研究会などの運営は京都大学地域統合情報センターの事務・支援室のきめ細かな支援があって可能となった。

本書の出版については、平成 27 年度日本学術振興会科学研究費助成事業（研究成果公開促進費）をいただいた。昭和堂編集部の鈴木了市さんに巡り合ったことも編者にとって幸いなことだった。的確なアドヴァイスと折々の叱咤激励を発しながら、章とコラム、多数の図表や写真をまとめて一冊の本に仕上げてくださったのは鈴木さんである。

本書の出版を可能にしてくださったすべての皆様に、心より感謝申し上げます。

2016 年 1 月

押川 文子
南出 和余

■執筆者紹介（執筆順）

押川　文子（編著者紹介参照）

黒崎　卓（くろさき　たかし）
現職　一橋大学経済研究所教授
専門　開発経済学、南アジア経済論
主な業績　『貧困と脆弱性の経済分析』勁草書房、2009。『開発のミクロ経済学：理論と応用』岩波書店、2001。

南出　和余（編著者紹介参照）

フマユン・カビル
現職　ノースサウス大学（バングラデシュ）　人文社会科学部専任講師
主な業績　'Contested Notions of Being "Muslim"：Madrasas, Ulama and the Authenticity of Islamic Schooling in Bangladesh.' Keiko Sakurai and Fariba Adelkhah, eds., *The Moral Economy of Madrasas：Islam and Education Today*, London：Routledge, pp.59-84, 2001. "Replicating the Deobandi Model of Islamic Schooling：The Case of a Quomi Madrasa in a District Town of Bangladesh." *Contemporary South Asia,* 17（4）：415-428. 2009.

古田　弘子（ふるた　ひろこ）
現職　熊本大学教育学部特別支援教育学科教授
主な業績　「試験競争と振り落とされる教育弱者：学校教育の現実と教育援助」杉本良男ら編著『スリランカを知るための58章』明石書店、2013。Furuta, H. and Thambujaji, R., Promoting inclusive education in India：Roles played by NGOs under the Sarva Shiksha Abhiyan scheme in the state of Tamil Nadu. *Journal of Special Education Research*, 3（1）：15-22, 2014.

櫻井　里穂（さくらい　りほ）
現職　広島大学教育開発国際協力研究センター准教授
専攻　比較国際教育学・教育開発
主な業績　「教育の質を目指す学校教育──二部制から一部制の方向へ──メキシコ」「幸福な国の学校──ブータン──」ともに二宮晧編著『新版　世界の学校　教育制度から日常の学校風景まで』学事出版、2014。「子どもの就学・労働と自尊心──ナイロビの小学校8年生の事例から──」澤村信英・内海成治編著『ケニアの教育と開発』明石書店、2012。

森下　稔（もりした　みのる）
現職　東京海洋大学大学院海洋科学技術研究科教授
専攻　比較教育学
主な業績　『比較教育学の地平を拓く──多様な学問観と知の共働』（山田肖子と共編著）東信堂、2013。'Analysis of a Student Questionnaire on Citizenship Education and Education

for ASEANness', Kerry J. Kennedy, Andreas Brunold, eds. *Regional Contexts and Citizenship Education in Asia and Europe,* Routledge, 2015.

伊藤　高弘（いとう　たかひろ）

現職　神戸大学大学院国際協力研究科准教授

主な業績　'Caste discrimination and transaction costs in the labor market: Evidence from rural North India', *Journal of Development Economics,* 88(2): 292-300, 2009. 'Weather Risk, Wages in Kind, and the Off-Farm Labor Supply of Agricultural Households in a Developing Country', *American Journal of Agricultural Economics,* 91(3): 697-710, 2009（共著）.

小原　優貴（おはら　ゆうき）

現職　東京大学教養学部附属教養教育高度化機構特任准教授

専攻　比較教育学、南アジア地域研究

主な業績　『インドの無認可学校研究──公教育を支える「影の制度」』東信堂、2014。 "Examining the Legitimacy of Unrecognised Low fee Private Schools in India：Comparing Different Perspectives", *Compare,* 42 (1): 69-90, 2012.

針塚　瑞樹（はりづか　みずき）

現職　別府大学文学部講師

専攻：教育人類学

主な業績　「子どもが路上生活を止める／続ける理由──インド、ニューデリー駅周辺の事例から──」『子ども社会研究』第 13 号、18-31 頁、2007 。「インド都市部の「学校外の子どもたち」に対する平等な教育機会の提供に関する一考察──「無償義務教育に関する子どもの権利法」施行後の特別教育とノンフォーマル教育の事例から──」『アジア教育』第 9 号、1-25 頁、2015。

牛尾　直行（うしお　なおゆき）

現職　順天堂大学スポーツ健康科学部准教授

専攻　教育制度学

主な業績　「インドにおける「無償義務教育に関する子どもの権利法（RTE2009）」と社会的弱者の教育機会」『広島大学現代インド研究──空間と社会』vol.2, 62-73 頁、2012。「インドにおける RTE 法の成立と論点」『教育制度学研究』vol.20, 212-221 頁、2013。

小出　拓己（こいで　たくみ）

現職　公益社団法人セーブ・ザ・チルドレン・ジャパン国内事業部長

専攻　教育行政、社会人類学

主な業績　「パキスタン北部大地震・復興を阻むもの」『アジ研ワールド・トレンド』№ 165, 15-18 頁、2009。『タブー──パキスタンの買春街で生きる女性たち』コモンズ、2010（共訳）。

和栗　佳代（わぐり　かよ）

現職　株式会社サーベイリサーチセンター静岡事務所所員

主要業績　『バングラデシュ農村部における青年期女性の学歴取得の意義と性役割の変容──ガイバンダ郡後期中等学校生徒を事例に』広島大学大学院国際協力研究科修士論文、2014。

井出　翔太郎（いで　しょうたろう）

所属　広島大学大学院国際協力研究科修士課程

日下部　達哉（くさかべ　たつや）

現職　広島大学教育開発国際協力研究センター准教授・副センター長

専攻　比較教育学

主な業績　'Impact of Education Expansion on Employment in Bangladesh : Comparing Two Cases of Villages in Remote and Suburban Rural Settings', *Journal of International Cooperation in Education*, 15（2）:53-68, 2012.「バングラデシュの学校」二宮晧編『世界の学校』学事出版、2013。

佐々木　宏（ささき　ひろし）

現職　広島大学大学院総合科学研究科准教授

専攻　教育社会学

主な業績　「ポストモダニズムと社会福祉——『近代的なるもの＝社会福祉』批判への応答」『教育社会学研究』94、113-136頁、2014。『インドにおける教育の不平等』明石書店、2011。

村山　真弓（むらやま　まゆみ）

現職　日本貿易振興機構アジア経済研究所主任調査研究員

専攻　南アジア地域研究

主な業績　『知られざる工業国バングラデシュ』アジア経済研究所、2014（共編著）。*Gender and Development: The Japanese Experience in Comparative Perspective*, Basingstoke and New York: Palgrave Macmillan, 2005（編著）。

柳澤　悠（やなぎさわ　はるか）

東京大学名誉教授（2015　殁）

主な業績　『南インド社会経済史研究』東京大学出版会、1991。『現代インド経済——発展の淵源・軌跡・展望』名古屋大学出版会、2014。『農業と農村（激動のインド　第4巻）』日本経済評論社、2014（共編著）。

■編著者紹介

押川　文子（おしかわ　ふみこ）

京都大学名誉教授。

主な業績 『暮らしの変化と社会変動（激動のインド第5巻）』（宇佐美好文との共編著）、日本経済評論社、2015。「教育の現在——分断を超えることができるか」、水島司編『変動のゆくえ（激動のインド第1巻）』、日本経済評論社、2013。「インド都市中間層における『主婦』と家事」、落合恵美子・赤枝香奈子編『アジア女性と親密性の労働』、京都大学出版会、2012。

南出　和余（みなみで　かずよ）

現職　桃山学院大学国際教養学部准教授。

専攻　文化人類学。

主な業績 『「子ども域」の人類学——バングラデシュ農村社会の子どもたち——』昭和堂、2014。'The First Educated Generation as "Social Transformers" in Rural Bangladesh：An Overview from their Childhood to Adolescence in a Village of Jamalpur,' *Nrvijnana Patrika* (Journal of Anthropology), 20：33-51, 2015.

「学校化」に向かう南アジア——教育と社会変容——

2016年2月28日　初版第1刷発行

<table>
<tr><td></td><td>編著者</td><td>押 川 文 子
南 出 和 余</td></tr>
<tr><td></td><td>発行者</td><td>杉 田 啓 三</td></tr>
</table>

〒606-8224　京都市左京区北白川京大農学部前
発行所　株式会社　昭和堂
振替口座　01060-5-9347
TEL（075）706-8818／FAX（075）706-8878

© 2016　押川文子・南出和余他　　　　　　　　　印刷　亜細亜印刷

ISBN978-4-8122-1539-5

＊乱丁・落丁本はお取り替えいたします。

Printed in Japan

本書のコピー、スキャン、デジタル化等の無断複製は著作権法上での例外を除き禁じられています。本書を代行業者等の第三者に依頼してスキャンやデジタル化することは、たとえ個人や家庭内での利用でも著作権法違反です。

「子ども域」の人類学——バングラデシュ農村社会の子どもたち

南出　和余 著　A5版上製・240頁　定価（本体5800円＋税）

だれもが「子ども」だった。しかし、時代や社会によって「子ども」の育つ道は大きく社会に左右され、常に違った答えが生み出される。本書は「子ども域」という概念を視座において、バングラデシュの子どもと社会の関わりを描き出し、日本の子どもとの比較を試みる。

インドの社会運動と民主主義——変革を求める人びと

石坂　晋哉 編　A5版上製・336頁　定価（本体5400円＋税）

大小さまざまの反植民地・民族独立運動を経て独立を果たしたインド。世界最大の民主主義国としての70年近くにわたる歩みのなかで、なお社会運動の活況が持続しているのはなぜか。

現代インドに生きる〈改宗仏教徒〉
——新たなアイデンティティを求める「不可触民」

舟橋　健太 著　A5版上製・272頁　定価（本体6200円＋税）

インドにおいて「不可触民」と呼ばれる低カーストの人々の間で仏教に改宗する人が増えているのはなぜか？　彼らが求めているのは？　文化人類学の視点で彼らの世界を描き出し、インド社会のこれからを展望する。

社会的包摂／排除の人類学——開発・難民・福祉

内藤　直樹・山北　輝裕 編　A5版並製・272頁　定価（本体2500円＋税）

先住民、難民、移民、障害者、ホームレス……。さまざまな現場で社会的に排除された人たち。彼らを社会的に包摂するための支援。その包摂が新たな排除を生み出すというパラドックス。遠い世界のどこでもない、いま私たちの足下で何が起こっているのか？

地域研究　15巻1号
———総特集：グローバル・アジアにみる市民社会と国家の間—危機とその克服

地域研究コンソーシアム『地域研究』編集委員会 編　A5版並製・212頁　定価（本体2400円＋税）

20世紀に「知」の体系として確立したアジア研究を、21世紀の今日的視点に立って改めて検討。個々の事例を超えてアジア的な類似性や共通性を見出すことができるか。暴力・災害・選挙を軸に考察する。

昭和堂刊

昭和堂ホームページhttp://www.showado-kyoto.jp/